종교개혁,

인물과 중심지를
따라 읽다

Reformation

Reformation
Zentren – Akteure – Ereignisse

© Brill Deutschland GmbH, Vandenhoeck & Ruprecht, Reformation.
Zentren – Akteure – Ereignisse, Irene Dingel (Göttingen, 2016, ISBN 978-3-7887-3032-1)
All rights reserved.

Korean translation copyright © 2022 by Yungeum Publishing Company

종교개혁,
인물과 중심지를 따라 읽다

발 행 일   2022년 3월 4일

지 은 이   이레네 딩엘
펴 낸 이   김기영
옮 긴 이   류성민

펴 낸 곳   도서출판 영음사
주   소   서울특별시 강남구 광평로 56길 8-13, 1406호
전   화   02-3412-0901
팩   스   02-3412-1409
이 메 일   biblecomen@daum.net
등   록   2008년 4월 21일 제2021-000311호.

ISBN 978-89-7304-169-5 (03230)

※ 신저작권법에 의하여 보호받는 저작물이므로 무단 전재와 무단 복제를 금합니다.
※ 책 값은 뒷표지에 있습니다.
※ 잘못된 책은 구입처에서 교환하여 드립니다.

종교개혁,
인물과 중심지를 따라 읽다

이레네 딩엘 지음
류성민 옮김

도서출판 영음사

추천사

Prof. Dingel hat mit diesem Buch etwas besonderes geleistet. Kompakt, Informativ und Sachkundig hat sie sowohl die Geschichte als die Theologie der Reformation auf sehr zugängliche Weise beschrieben. Ich freue mich sehr, dass dieses Werk jetzt auch in Korea benutzt werden kann. Es wird vielen helfen die Reformation besser kennenzulernen. Auf ein solches Buch haben wir schon lange gewartet aber jetzt ist es da!

딩엘 교수는 이 책을 통해 특별한 일을 해냈습니다. 간결하고, 유익하며, 전문적으로 종교개혁의 역사뿐 아니라 신학까지도 매우 접근하기 용이한 방식으로 기술했습니다. 저는 이 저작이 한국에서도 사용될 수 있게 되어 매우 기쁩니다. 이 책은 많은 사람이 종교개혁을 더 잘 만날 수 있도록 도울 것입니다. 이런 책을 우리는 오랫동안 기다려왔습니다. 그리고 그 책이 이제 바로 여기에 있습니다!

헤르만 셀더하위스 | 아펠도른 신학대학 교회사 교수

이레네 딩엘의 〈종교개혁사〉는 간략하면서도 선명하게 16세기 종교개혁의 주요 장면들을 생생하게 묘사하는 중요한 저술이다. 광범위하면서도 정확하게 제시되는 정보들과 물 흐르듯 서술되는 역사적 사건들은 종교개혁의 급박한 과정들과 핵심 요점들을 유려하게 조명하고 있다. 유럽 각 지역에서 벌어진 종교개혁을 개별적으로 조명하면서도 이 사건들이 유럽 전체의 종교, 사회, 문화 전반에 걸쳐 어떻게 영향을 끼쳤는지 종합적으로 설명하는 탁월한 구성을 보여준다. 상황 속에서 사실을 해석하면서도 사실이 상황에 매몰되지 않도록 하는 세심한 배려가 이 책의 각 장에 잘 드러나고 있다. 독자들은 이 책을 통해 오늘날의 독일 학계가 종교개혁을 어떻게 이해하고 해석하는지 하나의 중요한 단면을 엿볼 수 있을 것이다. 류성민 교수의 해박한 지식과 원문에 충실한 번역은 독자들에게 종교개혁을 더 깊이 이해할 수 있는 큰 유익을 준다. 이 분야에 식견을 가진 학자나 학생들 뿐 아니라 일반 독자들에게도 유용한 자료로서 적극 추천한다.

김요섭 | 총신대학교 신학대학원 역사신학 교수

이레네 딩엘의 〈종교개혁사〉는 16세기 초 교회와 국가의 관계 속에서 종교개혁이 어떻게 전개되었는지를 간결하면서도 매우 흥미롭게 묘사하고 있다. 시간적인 전개를 바탕으로 종교개혁을 지역과 인물, 사건과 이슈로 엮어서 입체적으로 제시한 것은 이 책의 특장점이다. 물론 타락한 로마 가톨릭교회에 맞서 "오직 은혜"와 "오직 믿음"을 외쳤던 종교개혁자들의 신학 사상을 일관되게 밝힌 것도 이 책의 중요한 가치로서 주목받아야 한다. 독일 역사신학자가 쓴 종교개혁사를 한국어로 읽을 수 있는 것은 큰 유익이다.

박상봉 | 합동신학대학원대학교 역사신학 교수

독일의 교회사학자 이레네 딩엘의 〈종교개혁사〉가 한글로 번역되어 출간된 것을 참으로 기쁘게 생각한다. 이레네 딩엘은 종교개혁의 본고장인 독일과 유럽에서 오늘날 종교개혁의 역사와 신학을 탐구하는 훌륭한 연구자이다. 본서의 저자는 탁월한 시각으로 종교개혁의 신학이 형성된 역사적 배경과 정치적, 사회적, 종교적 변동을 의미 있게 읽고 분석한다. 1517년 비텐베르크로부터 시작하여 취리히, 제네바, 스트라스부르 그리고 "종교개혁과 다른 견해들"로 명명된 그룹에 이르는 방대한 역사를 균형 있게 제시하는 본서는 유럽의 종교개혁사를 배우고자 하는 독자들에게 유용한 안내서가 될 것이다. 아울러 독일과 네덜란드에서 공부한 역자의 수준 높은 번역과 친절한 안내를 받는 것도 본서를 탐독해 가면서 누릴 수 있는 독자의 큰 기쁨이다.

안상혁 | 합동신학대학원대학교 역사신학 교수

  종교개혁사를 다루는 기존의 책들은 대체로 특정한 기간을 정해놓고 역사를 서술하는 경향을 보인다. 1981년에 발간된 오즈먼트(Steve Ozment)의 The Age of Reform은 1250년에서 1550년까지의 기간에 발생한 종교개혁의 역사를 다룬다. 많은 인기를 누리고 있는 맥클로흐 (Diarmaid MacCulloch)의 〈종교개혁〉(The Reformation, 2003)은 무려 896쪽에 달하는데 1490년에서 1700년으로 범위를 설정한다. 전통적이며 연대기 중심적인 종교개혁사 기술 방식과는 전혀 다른 방식은 아니지만, 최근에 독일 마인츠(Mainz)의 종교개혁 연구가 딩엘 (Irene Dingel)이 내놓은 〈종교개혁사〉는 종교개혁의 "중심지", "주요 인물", 그리고 종교개혁의 "결과"라는 세 가지 주제어를 중심으로 고찰하는 독창적인 접근을 시도한다. 딩엘의 접근 방식은 다음 세 가지 차원에서 기존의 방식보다 더 효율적으로 종교개혁사를 익힐 수 있도록 도와준다. 첫째, 이 단행본은 분량의 차원에서 학습자의 부담을 상당히 완화하는 효과를 지닌다. 딩엘의 단행본은 독일어 원본의 경우 308쪽에 지나지 않는데도 종교개혁사에 대한 지식에서 필수적이며 핵심적인 역사적 사실들을 빠트림 없이 제시하는 장점을 보여준다. 둘째, 세 가지 주제어를 활용하여 책을 기술함으로써 종교개혁의 핵심적인 인물들이 누구인지, 이들이 어떤 곳에서 어떻게 활동하면서 개혁 임무를 수행했는가를 파악하는 데 도움을 제공할 뿐 아니라, 그들의 종교개혁이 그 시대에 어떤 영향력을 행사했는가를 분명하게 보여준다. 셋째, 역사적 사건이 어떤 신학적 의미를 지니는가에 대해서 핵심 포인트를 간략하게 짚고 넘어감으로써 종교개혁이 제공한 신학적 변화를 학습자가 확실하게 익힐 수 있도록 돕는다. 16세기 종교개혁의 개신교가 어떻게 로마 가톨릭과 재세례파를 위시한 영론파들과 신학적으로 차별화되는가를 독자들 스스로 가름하는 기회를 제공한다. 방대한 주제인 종교개혁사를 신선한 방식으로 새롭게 통찰하는 기회를 제공한 딩엘의 역작을 모든 신학자들과 신학생들, 그리고 세계사의 맥락에서 종교개혁을 통해 탄생한 개신교의 위치와 중요성을 확인하기를 원하는 모든 성도에게 필독서로 강력하게 추천한다.

이신열 | 고신대학교 신학과 교의학 교수

목차

서문   17

한국 독자를 위한 서문(Vorwort für die koreanische Ausgabe)   19
서론   24

I. 배경

가. 1500년경의 정치, 사회, 법적 구조   30
  1. 계급 질서와 법 구조   30
  2. 독일 신성 로마 제국   33

나. 중세 후기와 근대 초기의 종교적 삶   43
  1. 교회의 기관적 외형과 구조   43
    1) 교회와 교황
    2) 교회 회의 사상
    3) 성직자
  2. 경건   51
    1) 신비주의와 새로운 헌신(Devotio moderna)
    2) 대중의 경건
  3. 갱신운동들   60
    1) 교회 비판과 종교개혁 이전의 개혁 주장들
    2) 르네상스와 인문주의

II. 종교개혁: 중심지 – 인물 – 결과

가. 비텐베르크의 종교개혁   74
  1. 개혁자가 된 마틴 루터   77
    1) 신학적 기초: 논쟁들과 종교개혁의 주요 저작들
    2) 복음의 선포: 성경번역 – 설교 – 지도
  2. 비텐베르크 교수와 신학 교사로서 필립 멜란히톤   103
    1) 만물학자와 그의 학문적 업적
    2) 신학자와 개혁자

나. 종교개혁의 확장: 방법과 매개체   118
  1. 설교   119
  2. 노래   121
  3. 인문주의자 집단의 활동들   124
  4. 책의 인쇄   126

다. 취리히의 종교개혁   131
  1. 종교개혁을 향한 훌드리히 츠빙글리의 길   132
  2. 취리히에서 종교개혁의 시작   134
    1) 츠빙글리의 종교개혁 설교
    2) 로마 교회와의 단절
  3. 취리히 토론회   142
    1) 제1차 취리히 토론회와 영향
    2) 제2차 취리히 토론회
  4. 종교개혁의 신학적 기초와 실천적 형성   147

II. 종교개혁: 중심지 – 인물 – 결과

라. 논쟁과 경계 153
  1. 비텐베르크 운동(1521/1522년) 153
  2. 에라스무스와 자유의지 논쟁(1524/1525년) 161
  3. 츠빙글리와 성만찬 논쟁(1525-1529) 166
  4. 반율법주의 논쟁(1527년, 1537/38년) 177

마. 종교개혁과 다른 견해들 183
  1. 세례파(Das Täufertum) 184
    1) 취리히의 초기 세례파 – 콘라드 그레벨과 펠릭스 만츠
    2) 다양한 세례파 – 발타자르 후브마이어, 한스 뎅크, 한스 후트
    3) 정착과 분리
    4) 뮌스터의 세례파 왕국
    5) 메노파와 후터파
  2. 영성주의의 형성 200
    1) 토마스 뮌처: 전투적 고난의 계승자
    2) 카스파르 슈벵크펠트 폰 오시히: 내적 그리스도의 전파
    3) 세바스티안 프랑크: 철저한 개인주의
  3. 반삼위일체적 사조들 222
    1) 시작
    2) 확장

바. 스트라스부르의 종교개혁 229
  1. 스트라스부르로 향하는 마틴 부처의 길 229
  2. 스트라스부르에서 종교개혁의 도입과 정착 233
  3. 분리와 정착 237
  4. 부처의 외부 활동 242

사. 종교개혁과 교육　　　　　　　　　　　　　　　　　251
　1. 중세 후기의 교육제도의 개요　　　　　　　　　　251
　2. 교육 개혁의 종교개혁적 기초들　　　　　　　　　253
　3. 실제적 변화 – 비텐베르크와 스트라스부르의 유형　259

아. 종교개혁과 제국의 정치　　　　　　　　　　　　　265
　1. 루터의 로마 재판과 제국의 상황　　　　　　　　265
　2. 종교개혁에 대한 제국회의의 의미　　　　　　　　273
　　1) 1521년 보름스 제국회의와 루터의 추방
　　2) 1526년 슈파이어 제국회의, 영주들의 교회 지배의
　　　 발생과 교회의 질서
　　3) 1529년 슈파이어 제국회의와 신앙의 문제에서 소수의
　　　 권리에 대한 다툼
　　4) 1530년 아우크스부르크 제국회의와 종교개혁의
　　　 신앙고백 형성
　　5) 슈말칼덴 동맹, 권력의 다툼, 첫 번째 종교 평화 결정들

자. 일치를 위한 노력　　　　　　　　　　　　　　　　298
　1. 비텐베르크 일치 (1536)　　　　　　　　　　　　299
　2. 황제의 공의회 정책과 슈말칼덴 조항 (1537)　　　304
　3. 하게나우, 보름스, 레겐스부르크의 종교 대화 (1540/1541)　308

II. 종교개혁: 중심지 – 인물 – 결과

차. 전쟁과 평화   315
   1. 농민 전쟁(1524-1526)과 마틴 루터의 반응   316
   2. 슈말칼덴 전쟁(1546/1547)과
      아우크스부르크 임시령(1548)   324
   3. 제후 전쟁과 파사우 조약(1552)   333
   4. 아우크스부르크 종교 평화(1555)   337
   5. 프랑스 종교 전쟁과 낭트 칙령(1598)   342

카. 제네바의 종교개혁   349
   1. 칼빈의 종교개혁을 향한 여정과 초기 종교개혁 활동   350
   2. 제네바에서 칼빈의 활동(1536-1538)과
      스트라스부르 망명(1538-1541)   353
   3. 칼빈의 제네바 귀환과 계속되는 활동(1541-1564)   355
     1) 교회의 새로운 규범 – 구조, 실행, 교회 치리
     2) 교리의 확정 – 신학적 논쟁들
   4. 생성되는 루터파와의 단절 – 2차 성찬 논쟁(1552-1557)   363
     1) 취리히 일치(Consensus Tigurinus)
     2) 칼빈을 반대하는 베스트팔
     3) 개혁파의 교리와 생활에 대한 영향들

III. 영향

가. 종교개혁의 영향 – 유럽의 범위에서   380
   1. 네덜란드   381
   2. 북유럽/스칸디나비아   384
   3. 프로이센과 발트해   390
   4. 헝가리와 지벤뷔르겐   395
   5. 보헤미아와 모라비아   400
   6. 프랑스   404
   7. 잉글랜드   408
   8. 스코틀랜드   412
   9. 스페인과 이탈리아   415

원전자료와 참고문헌
1. 원전자료   423
2. 참고문헌   426

색인
가. 인명색인
나. 장소색인
다. 성구색인

서문

　종교개혁과 같이 방대한 주제를 짧게 개관하는 것은 쉬운 일이 아니다. 게다가 다가오는 종교개혁기념일로 인해 서적 시장은 분주하다. (이 책은 종교개혁 500주년인 2017년에 앞서 2016년에 출간되었다—역자주) 특히 종교개혁이 발생한 시대와 마틴 루터의 영향에 관한 책들이 많이 출간되었다. 그러나 신학, 정치, 사회, 문화의 복합적인 상호관계를 통해 특별한 결과를 산출했던 그 시대에 도대체 어떤 새로운 점이 있었는가에 집중하는 것도 중요하다. 모든 영역에 결정적인 변화를 초래했던 종교개혁과 같은 사건을 포괄적으로, 전 유럽의 범위에서 다루기 위해서는 아마 몇백 페이지 분량의 책을 써야 할 것이다. 그래서 이 책은 중부 유럽의 주요 종교개혁 중심지와 종교개혁을 후원하거나 방해하여, 종교개혁에 변화를 주고, 특징을 부여한 핵심 인물들과 결정적 사건들만을 다룬다. 이 모든 것은 각각의 역사적 맥락과 상황에서 보아야 하고, 다양한 관점 가운데 하나의 섬세한 전체 그림으로 연결되어야 한다.

　학문적 관심을 가진 사람뿐 아니라, 흥미를 지닌 모든 독자가 쉽게 접근하여 읽을 수 있는 책(Lese-Buch)이 되려면, 사실 지금 책의 절반 정도 분량의 가벼운 책이 나왔어야 했다. 그러나 이 책은 원래 계획했던 것과 달리 그렇게 짧고 간결하게 작성되지 못했다. 그래도 쉽게 읽을 수 있는 책으로 잘 읽히고 쉽게 이해될 수 있기를 바란다. 그래서 각주는 꼭 필요한 경우에만 작성했다. 요컨대 중요한 증거 문헌과 필수적 추가 정보에 대한 이해가 필요할 때만 사용했다. 종교개혁의 중요한 인물들은 편의상 그들의 이름이 처음 언급될 때, 생몰년이나 재위 기간을 기록했다. 근대 초기 자료의 인용은 현대 언어 용법에 맞추었다. (*약어의 사용은 IATG³를 따른다.)

　이 책이 이렇게 출간될 수 있었던 것은 이 책의 내용을 줄이지 않고 그대로 받아준 노이키르헤너 출판사(Neukirchener Verlag)와 편집자 엑케하르트 슈타르케(Ekkehard Starke) 덕분이다. 나는 그들에게 매우 감사드린다. 그리고 전 세계에서 모인 저명한 종교개혁 역사가들이라 할 수 있는 마인츠의 유럽 역사 라이프니츠 연구소(Leibniz-Institut für Europäische Geschichte in Mainz, IEG)의 국제적이며 각 분야를 포괄하는 학자 공동체와 나눈 대화들은 내게 자극이 되었고, 모든 면에서 중요한 영향을 주었다. 무엇보다 IEG의 서양 종교사 분과의 구성원들은 그들의 방식으로 나의 짐을 덜어주었으며, 친밀하고 다정한 대화를 나눠주었고, 공통의 주제를 연구하면서 뛰어난 학문적 논의로 수고해 주었다. 이 책은 그러한 노력들의 결과로 나올 수 있었다. 특히 벤야민 판네스 씨(Herr Benjamin Pfannes)의 문헌목록 조사를 위한 수고와 안드레아 호프만 박사(Frau Dr. Andrea Hofmann)의 색인 작성을 위한 도움에 감사를 드린다.

2016년 7월 마인츠에서
이레네 딩엘

한국 독자를 위한 서문

(Vorwort für die koreanische Ausgabe)

Die Reformation, die von europäischen Zentren ausging, entwickelte sich schnell zu einem globalen Phänomen. Schon im 16. Jahrhundert begann von Europa ausgehend die Entdeckung und Erschließung neuer Kontinente und Länder. Dabei gingen Kolonisierung und Mission oft Hand in Hand. Während die römisch-katholische Mission in Übersee bereits im 16. Jahrhundert einsetzte, begann die protestantische Mission erst ein bis zwei Jahrhunderte später. Im 19. Jahrhundert erreichte sie auch Korea, nachdem bereits im Jahre 1627 niederländische Seefahrer den Fuß auf koreanischen Boden gesetzt und ihren evangelischen Glauben mitgebracht hatten. Sich zum Christentum zu bekennen war nicht ungefährlich. Aber die Zahl der Christen stieg kontinuierlich, so dass heute in Korea viele verschiedene Denominationen existieren.

Was die evangelischen Christen über kontinental-geographische Grenzen hinweg bis heute eint, sind die durch die Reformation des 16. Jahrhunderts etablierten Grundsätze für Glauben und Leben. Die Reformatoren stellten das Wort Gottes als oberste Instanz und normgebende Autorität in den Mittelpunkt (sola scriptura). Luther übertrug die Bibel in die Volkssprache und entwickelte dazu eine an Inhalt und Verständlichkeit orientierte Übersetzungsmethode. Jeder sollte die Heilige Schrift verstehen und lesen können. Zugleich bestimmte die Reformation das Verhältnis zwischen Gott und Mensch neu. Man betonte das Gnadenhandeln Gottes in Christus (solus Christus) und wies die Berufung des Menschen auf eigene gute Werke oder überschüssige Verdienste der Heiligen zurück. Dieses Gottesverhältnis, das als unmittelbare persönliche Beziehung verstanden wird, begründet die Rechtfertigung des Einzelnen allein aus Gnaden (sola gratia) und allein durch den Glauben (sola fide). Damit hatte die Reformation das Fundament für ein neues Menschenbild gelegt, das den Einzelnen unabhängig von Leistung, Stand und Geschlecht wahrnahm. Die „Freiheit des Christenmenschen", die Luther und auch seine Mit-Reformatoren in der individuellen Gottesbeziehung verbürgt sahen und die den einzelnen zugleich in die verantwortliche Weltgestaltung hineinstellte, wurde zu einem Hauptthema der Reformation und ist bis heute für christliches Leben und Handeln prägend.

Diese theologische Neuorientierung mündete in die Überwindung bzw. Abschaffung von überkommenen Strukturen. Im Bereich der Kirche bedeutete dies, dass die Reformation die Ämterhierarchie einebnete und den mit kirchlichen Funktionen verbundenen Autoritätsanspruch durch die Autorität der Heiligen Schrift ersetzte. Nicht das Papsttum, sondern die Heilige Schrift galt fortan als oberste Norm. Daraus ergab sich, dass im evangelischen Raum die schriftgemäße Wortverkündigung und die einsetzungsgemäße Verwaltung der Sakramente (vgl. Confessio Augustana Art. IV), deren Zahl man unter Rekurs auf das Zeugnis der Bibel von sieben auf zwei reduzierte (Taufe und Abendmahl), zum konstitutiven Merkmal der Kirche wurden. Abgeschafft wurde zudem die hierarchische Trennung von Geistlichen und Laien, was mit einer Aufwertung des weltlichen Lebens in Beruf, Ehe und Familie einherging. Ein zölibatäres Leben in Armut und Gehorsam im Kloster konnte nach reformatorischer Ansicht keine größere Gottesnähe hervorbringen als ein weltliches Leben in jenen Aufgaben- und Verantwortungsbereichen, in die der Mensch gemäß der biblisch bezeugten Schöpfungsordnung von Gott hineingestellt worden war. Zugleich wurden in der Frömmigkeit magische Verständnishorizonte in Frage gestellt und zurückgedrängt. In der religiösen Praxis vollzog sich ein Wechsel vom andächtigen Schauen auf das verstehende Hören und intellektuelle Aneignen der Predigt sowie der Inhalte von liturgischen und rituellen Vollzügen.

Diese reformatorischen Überzeugungen erzielten eine globale Wirkung. Weltweit sind es heute über 400 Millionen Menschen, die ihre religiösen Überzeugungen und lebensweltlichen Werte mit dem reformatorischen Gesamtimpuls verbinden. Auch unter diesem Aspekt ist es gerechtfertigt, von „Einer Welt" zu sprechen.

Dieses Buch versucht, die historischen Grundlagen und theologischen Entscheidungen der uns bis heute prägenden Reformation zu entfalten. Es zeigt, wie die Entstehung und Durchsetzung dieser wirkmächtigen Bewegung sowohl von politischen als auch von rechtlichen und gesellschaftlichen Konstellationen abhing. Zugleich versucht es deutlich zu machen, wie die vier Kriterien der Reformation – „sola scriptura", „solus Christus" „sola gratia" und „sola fide" – theologische Impulse setzten, die die Welt veränderten.

Dass dieses Buch nun auch den koreanischen Lesern und Leserinnen zugänglich ist, geht auf die Initiative und den gewissenhaften Einsatz von Dr. Seongmin Ryu zurück. Ihm bin ich zu aufrichtigem und großem Dank verpflichtet.

Mainz, den 24.8.2017
Irene Dingel

유럽에서 시작된 종교개혁은 빠르게 전 세계적 현상으로 발전했다. 16세기 유럽은 이미 신대륙을 발견했고, 개발을 시작했다. 여기에서 식민지화와 선교는 자주 연결되었다. 로마 가톨릭의 해외 선교가 이미 16세기에 시작된 반면, 개신교의 선교는 약 1세기에서 2세기나 늦게 시작되었다. 1627년 네덜란드 항해사가 이미 한국 땅에 발을 딛고 개신교 신앙을 소개했지

만, 19세기가 되어서야 선교는 한국에도 이르게 되었다. 당시에 기독교 신앙을 고백하는 것은 위험한 일이었다. 그러나 그리스도인의 수는 지속적으로 증가했고, 그 결과 오늘날 한국에는 다양한 교파가 존재하게 되었다.

대륙이라는 지리적 경계를 넘어 오늘날까지 개신교인들을 하나로 만드는 것은 16세기의 종교개혁을 통해 세워진 믿음과 삶에 대한 기본 원리다. 종교개혁은 하나님의 말씀을 최고의 기준과 규범적 권위로 중심에 두었다(오직 성경, sola scriptura). 루터는 성경을 민족 언어로 번역했고, 이를 위해 모든 사람이 성경을 이해하고 읽을 수 있도록 내용과 이해에 초점을 맞춘 번역 방식을 개발했다. 동시에 종교개혁은 하나님과 사람의 관계를 새롭게 정의했다. 그리스도 안에서 하나님의 은혜의 행위는 강조되었고(오직 그리스도, solus Christus), 자신의 선행이나 성자들의 잉여 공로에 기초한 사람의 소명은 거절되었다. 직접적이며 개인적인 관계로 이해되었던 하나님과 관계는 개인의 칭의를 오직 은혜로(오직 은혜, sola gratia), 그리고 오직 믿음으로(오직 믿음, sola fide) 세웠다. 또한 종교개혁은 사람의 능력, 계급, 성별과 관계가 없는 새로운 인간상을 위한 기초를 세웠다. 루터와 동료 개혁자들은 "그리스도인의 자유"가 하나님과 개별적 관계에서 보증된다고 보았다. 이 자유는 각 개인이 책임감 있게 세상을 만들어가도록 한다. 이 자유는 종교개혁의 주요 주제가 되었고, 오늘날까지 그리스도인의 삶과 행위에서 특징적이다.

신학의 새로운 방향은 전통적 구조를 극복하거나 제거했다. 이 의미를 교회에 한정하여 보면, 종교개혁은 교회의 직제 구조를 없애고 교회의 기능과 엮인 권위를 성경의 권위로 대체했다. 이제 최고의 규범은 교황이 아니라 성경이었다. 이를 통해 개신교에서 성경에 합하는 말씀 선포와 제정된 성례의 실행(참고. 아우크스부르크 신앙고백 4조)은 교회를 구성하는 특징이 되었다. 성례의 수는 성경의 증거를 따라 7개에서 2개(세례와 성찬)로 줄어들었다. 또한 성직자와 평신도의 직제 구조의 구분은 폐지되었다. 이를 통해 직업과 결혼과 가정 가운데 살아가는 세상적 삶의 가치가 높아졌다. 종교개혁의 시각에서 볼 때, 수도원의 가난과 순종의 독신 생활은 각자에게 맡겨진 영역과 책임 가운데 살아가는 세상의 삶보다 더 하나님께 가까이 나아가는 것이 아니었다. 사람들은 성경에 증거된 하나님의 창조 명령에 따라 각자의 영역에 자리 잡고 있었다. 동시에 경건의 영역에서 마술적 이해의 지평도 의문시되고 제한되었다. 종교적 실천에서 묵상적 관조는 이해할 수 있는 경청과 설교의 지적 습득으로 바뀌었다. 또한 의식적이고 제의적인 실천은 내용에 대한 관심으로 바뀌었다.

종교개혁의 신념들은 전 세계적인 영향을 끼쳤다. 오늘날 세계적으로 4억 이상의 사람들이 그들의 종교적 신념과 삶의 환경에 대한 가치 판단에서 종교개혁을 통해 중요한 자극을 받았다. 이런 관점에서 볼 때, "하나의 세계"라고 말하는 것은 마땅하다.

이 책은 오늘날까지 우리에게 영향을 준 종교개혁의 역사적 기초와 신학적 결정들을 펼쳐 보이고, 어떻게 이처럼 영향력 있는 운동이 생성되고 실천될 수 있었는지를 보여주기 위해 정치적, 법적, 사회적 상황과 관계를 살펴보고자 한다. 동시에 네 개의 종교개혁 시금석들이("오직 성경", "오직 그리스도", "오직 은혜", "오직 믿음") 어떻게 세상을 변화시키는 신학적 자극을 주었는지를 분명하게 하려고 시도한다.

이 책이 한국의 독자들에게 읽힐 수 있게 된 것은 류성민 박사의 제안과 성실한 노력 덕분이다. 그에게 나는 진심 어린 큰 감사를 드린다.

2017년 8월 24일 마인츠에서
이레네 딩엘

서론

종교개혁은 교회와 신학의 포괄적 갱신을 목표로 삼았을 뿐 아니라 그와 동시에 문화, 사회, 정치에도 근본적 영향을 가져왔던 역사적 과정으로서, 유럽 역사에 시대적 구분의 획을 긋는 사건이었다.[1] 종교개혁은 중세 후기의 개인적 경건과 교회갱신 운동들의 영향을 받아들이고 발전시켰지만, 동시에 근본적으로 새로운 것을 만들어 냈다. 교회의 신학과 영성을 변화시키고, 또한 유럽의 사회, 정치적 구조들을 근본적으로 변화시켰기 때문이다. 또한 윤리적 견해들도 새로운 기초 위에 세워지고 법적 규범들도 새롭게 정의되었다.

종교개혁은 유럽의 여러 지역에서, 다양한 정치적 국가 조직 가운데, 각자의 정치, 사회, 경건 역사의 기초 위에서 전개되었지만, 그 발전 가운데는 모든 종교개혁에 공통되는 요소들이 있었다. 그것은 바로 개혁자들이 전파한 새로운 성경 해석, 지배 권력 구조에 대한 비판, 새로운 미디어의 도움을 받은 종교개혁 사상의 대규모적 전파, 그리고 온 사회 계층의 강력한 수용

---

[1] 15, 16세기에서 현대에 이르기까지 종교개혁 개념의 다양한 의미에 대하여는 참고. Wohlfeil, Einführung, 44-79.

으로 인한 발전의 시작과 진전이었다. 이를 통해 사회적 생활과 정치적 행위의 근본적 변화가 발생하여 교회의 구조와 개인적 경건은 새로운 방향성을 지니게 되었다.[2]

그러므로 종교개혁이 중세를 극복하고, 근대 초기를 여는 시대적 분수령이라는 의미 부여는 정당한 것이다. 그리고 그 결정적 시점은 마틴 루터의 95개 조항이 출판된 1517년이다. 이 조항은 주요한 신학적 질문에 대한 고찰뿐 아니라, 교회와 사회의 갱신을 위한 호소를 결정적으로 강화했고, 계속하여 확장되었다. 또한 유럽의 다른 종교개혁적 동기들은 1517년 비텐베르크에서 시작하여 발전한 이 운동과 상호작용하며 종교개혁을 도왔다.

종교개혁이 중세에서 근대 초기로 이어지는 연속적 발전인지, 아니면 과거와 단절되어 새로운 것을 세우는 단절인지, 그래서 불연속 가운데 새로운 시대 앞에 있는 역사적 전환점인지에 대한 많은 논의가 있었다.[3] 연속과 불연속의 두 관점은 각각 자신들에 적합한 좋은 논지들을 만들어 낼 수 있다. 그러나 서로 반목하며 싸울 필요는 없다. 종교개혁의 영향을 받은 신학과 경건뿐 아니라, 법, 사회, 정치 구조에서도, 이미 존재하던 문화유산은 한편으로 새롭게 세워지는 사상에 영향을 주었다고 볼 수도 있고, 다른 한편으로 과감하게 버려짐으로써 새롭게 시작되었다고 주장할 수도 있기 때문이다.

이런 선택 과정이나 물려받은 전통으로부터 멀어지는 일에 결정적인 역할을 했던 요인은 개혁자들이 "오직 성경"(sola scriptura), "오직 그리스도"(solus Christus), "오직 은혜"(sola gratia), "오직 믿음"(sola fide)이라는 배타

---

2 참고. Dingel/jürgens, Historische Einführung, in dies. (Hg.), Meilensteine, 11.
3 참고. Moeller, Frühe Reformation, 1998; Müller, Luther's Transformation of Medieval Thought: Discontinuity and Continuity 105-114; Leppin, Luther's Transformation of Medieval Thought: Continuity and Discontinuity, 115-124.

적 표지들에 확고한 방향성을 두었다는 점이다. 이 표지들은—비록 명시적으로 작성된 적은 없지만—정치, 사회와 상호작용 가운데 개혁자들의 교리와 입장의 규범적 근거가 되었다. 개혁자들의 이 방향성은 교회의 설교나 개인의 경건만을 변화시킨 것이 아니라 사회의 구조 또한 변화시켰다. 일례로 사제와 평신도 간의 구분이 폐지됨으로써 이와 연관된 세상의 삶, 즉 "politia"(정치와 사회), "ecclesia"(교회), "oikonomia"(집과 가정)의 영역으로 이루어진 삶의 가치가 상승했다. 또한 종교개혁을 통해 하나의 기독교 교회 안에 있는 유럽의 종교적 통일이라는 잘못된 생각은 완전히 사라졌다.[4] 오늘날까지 존재하는 기독교의 큰 종파들은 오랜 시간에 걸쳐 생겨났다. 이 종파들의 생성과 정착은 빈번하게 국가의 생성 과정과 사회적 문화적 변화와 함께 연결되었다.[5]

이 책은 종교개혁의 정착과 확장의 과정을 유럽의 정치적 발전의 긴장 가운데 설명하려고 한다. 중세 후기의 정치, 사회, 교회 생활의 구조를 짧게 개관하여, 종교개혁을 도입하거나 거절한 근거를 개략적으로 그리려고 한다. 비텐베르크와 그곳에서 시작된 종교개혁만을 이야기하는 것이 아니라 취리히, 스트라스부르, 제네바 등 유럽 중부의 종교개혁 중심지와 뛰어난 인물들과 그들이 유럽 서부와 동부에 끼친 영향을 서술하고자 한다. 이 관점 가운데, 신학사, 사상사, 논쟁들, 종교개혁의 이견들, 교육 개혁, 제국 정치, 일치를 위한 노력, 전쟁과 평화의 문제들을 살펴본다. 종교개혁의 교리가 어떤 자극이 되었고, 정치와 사회의 맥락에서 어떤 영향력과 효과를 산출했는가, 종교개혁의 상황이 만든 변화는 무엇이고 어떤 경험을 주었는가

---

4   이미 발터 폰 뢰베니히(Walther von Loewenich)는 중세 교회의 종교적 복수성과 카를 대제의 시기에 들어온 세속화의 과정을 지적했다. 그리고 이를 하나의 종교적 동질성을 가진 서양이라는 미신으로 여기고 반대했다. 참고. Von Loewenich, Europa oder christliches Abendland?, 15-32.
5   이에 대한 개관을 위해 참고. Wolgast, Einführung der Reformation, 1-27.

를 묻는다.

각 장의 순서는 연대기 순서에 따라 진행하면서, 동시에 종교개혁사의 중요한 주제에 집중하도록 했다. 그리고 1555년 아우크스부르크 종교평화에서 끝을 맺는다. 이는 옛 제국의 관계에서 나온 것으로, 아우크스부르크 신앙고백과 같은 종류의 신앙고백을 제국의 법으로 용인하고 보장했고, 여기에 엄격한 제한을 두지 않았다. 나머지는 비텐베르크와 다른 종교개혁의 중심지 이외에, 부분적으로 100년 후에나 종교개혁의 영향을 받아 그것을 받아들였던 유럽의 다른 지역에 대해 다루었다. 의도적으로 마침표를 찍지는 않았다. 종교개혁 시대가 신앙고백 시대로 넘어가는 시점에 관한 질문에는 다양한 유럽적 맥락을 고려한 상황에서만 대답할 수 있기 때문이다. 이런 맥락에서 마지막 요약은 종교개혁의 다양성을 눈으로 보여줄 것이다.

종교개혁,
인물과 중심지를
따라 읽다

I. 배경

I. 배경

가. 1500년경의 정치, 사회, 법적 구조

1. 계급 질서와 법 구조

종교개혁이 유럽에서 뿌리를 내리고 신속하게 확장되며 지속적인 영향을 끼칠 수 있었던 것은 종교개혁이 펼쳐졌던 당시의 정치, 사회 구조 덕분이기도 하다. 이는 중세 이후 유럽의 개별 국가와 지역에서 진행된, 다양하면서도 유사한 요소들을 담고 있는 변화 가운데 발생한 발전 과정으로 정의될 수 있다.

중세 유럽의 정치 주권은 봉건제도와 예속관계로 특징지어진다. 주권은 정해진 경계를 가진 어떤 지역으로 정해지는 것이 아니라, 봉건 토지의 주군과 봉신 사이의 상호 신뢰 관계를 기초로 하는 개인적 관계의 복합적 연결을 통해 정해진다. 이런 봉건제도의 잔재물은 근대 초기까지 존속했었다. 그러나 이미 중세 후기에 원래 법적으로 황제에게 속해 있던 백작령과 제후령의 정치 구조는 변화하기 시작했다. 이 변화의 과정들은 이전에 자치 조합으로 조직된 구조와 관계되었다. 이는 예전에 이탈리아 도시 국가들이나 독일 제국 도시들 가운데 존재했던 연방(Eidgenossenschaft)과 같은 것이었다. 동시에 중세적 특징인 보편적 군주국이나 보편적 제국의 이상은 점차 사라지게 되었다. 황제 카를 5세(Karl V, 재위 1519-1556)는 이 이상을 실현하려 노력한 마지막 황제였다.

하지만 1300년경부터 독립된 개별 국가로의 발전은 이미 시작되었다. 예를 들면 프랑스의 미남 왕 필리페(Philippe IV, 1268-1314)는 교황 보니파시오 8세(Papst Bonifatius VIII)가 세상의 문제에 대한 "충분한 권능"(plenitudo potestatis)의 주장을 반대했고, 또한 세속적인 일에서도 어떤 세속적 주권자도 인정하지 않았다. 누구에게도 순종의 의무를 지지 않으려는 주권자의 자치권을 위한 노력은 프랑스에서 가장 분명하게 발견된다. 반면 이탈리아에서는 14세기에도 여전히 최고 재판관으로서 황제의 지위를 포기하려 하지 않았다. 귀족 가문들과 파당들의 내적 다툼 가운데 그런 권위는 안정화를 위한 영향을 줄 수 있었기 때문이다.

외부의 권리 요구를 제한하는 작업은 또한 각 공동체의 내부에서 독립된 지배구조를 만드는 노력과 보조를 맞추었다. 근대 초기까지 정치 조직은 정치 지도자들이 각자의 상관관계 안에서 움직이는 제후-계급 구조였다. 예를 들어 제국의 수준에서 선제후와 제후들, 교구장(수도원장 등)이나 주교, 제국 도시들이 그 계급들에 속해 있다. 영지의 수준에서도 계급 구조는 유사하다. 일반적으로 영지는 기사 계급과 고위성직자들과 각 영지의 도시들로 구성된다. 일반적으로 무게의 추는 제후의 편에 있었다. 그렇지만 제후도 계급 대표 회의의 조언과 도움에 의존한다. 여기서 제후와 계급 대표들 간에 긴장이 발생할 수 있다. 계급 대표들이 제후의 통치 행위에 참여하려 했고, 또한 제후의 통치를 통제하거나 제한하고자 했기 때문이었다. 그들은 제후가 특권을 가졌다고 스스로 여기지 못하게 만들길 원했다. 그러나 제후들은 가능한 한 자신에게 부속된 세력들의 권리와 협력을 약화하기를 원했다. 그래서 제후와 계급 대표들의 관계는 자주 계약을 통해 확정되었다.

하지만 그런 경우가 아니라도 계급 대표들의 권리라는 사상은 이미 존재했었다. 말하자면 낮은 권력을 가진 사람(피지배자 개개인이 아니라)은 주권자가 그들 사이에 성문화된 계약이나 구두 계약을 어겼을 경우 저항할 수 있다는 것이다. 이 구조들은 절대적 주권을 추구하는 관료적 권력과 영지 계급들 사이에, 그리고 황제와 제국 계급들 사이에 지속적인 다툼을 일으켰다. 이 다툼이 16세기 전반의 정치를 결정했다. 17세기에 이르러 이 계급 대표들은 지속적으로 중요성을 잃게 되었고, 왕이나 유사한 권력자들은 계급 대표들의 권력을 무력화하는 데 성공하게 되었다.

이 변화의 과정은 점진적으로, 마찬가지로 개별적으로는 이미 14, 15세기에 시작된 행정구조의 중앙화를 통해 이루어졌다. 첫 번째 동기들은 대영주들의 면책과 특권들이, 특히 그들의 사법적 권한이 제후의 지방행정을 통해 침해되었던 점에서 드러났다. 여기에서도 프랑스는 선도적 역할을 했다. 14세기 이래 프랑스는 지방에 한정되었던 행정 권한들을 중앙집권적 관리를 위해 해체하려고 했다. 지방의 계급 대표들은 이런 경향에 전력을 기울여 반대했다. 그래서 가장 강력한 중앙집권적 군주국가인 프랑스에서도 꽤 오랫동안 많은 지역이 중앙집권적 흐름에 영향을 받지 않고 독립적 권한을 소유하고 있었다. 심지어 중앙집권에 대한 반대를 강화하기 위해 종교개혁을 도입하기도 했다.

장기적으로 보면 이러한 모든 경향은 근대 민족국가의 발전을 가져왔다. 물론 진정한 의미에서 근대 민족국가의 개념은 19세기에 생겨났다. 근대 초기에 "국가"(Nation)나 "국가들"(Nationen) 혹은 "독일 국가"(deutschen Nation)라는 표현들은 이미 존재했지만. 이는 19세기 이후 국가(Staat)와 관련하여 발생한 민족국가(Nation)와는 상당한 거리가 있었다. 근대 초기와 종교개혁 시대에도 민족국가에 대한 근대의 이해와는 구별되는 국가

(Nation; 라틴어 "natio"에서 유래)라는 용어는 출신, 언어, 문화를 통해 하나의 집합을 이루는 사람들의 모임으로 이해되었다.

2. 독일 신성 로마 제국

비록 종교개혁의 다른 중심지들이 유럽의 다른 공간들에서 영향력 있는 발전을 이루었다고 하더라도, "독일 신성 로마 제국"(Heilige Römische Reich deutscher Nation)이 종교개혁의 핵심 지역이라는 사실은 분명하다. 비텐베르크에서 시작된 운동은 유럽의 다른 지역의 유사한 활동들과 달리 매우 빠르고 지속적인 영향을 끼쳤다. 여기에 도움을 준 것이 옛 제국의 특별한 정치적, 사회적 구조였다.[6]

"독일 신성 로마 제국"이라는 이름은 1486년 프랑크푸르트(Frankfurt am Main)에서 열린 제국회의의 국가평화규범(Landfriedensordnung)에 처음으로 등장한다. 이 명칭은 강령(Programm)이다. 이 이름을 통해 제국이 고대 로마 제국을 근원으로 삼고 그들을 계승한다는 것을 보여주기 때문이다. 동시에 "신성 로마 제국"이란 표현에는 옛 제국의 이상에 대한 보편적 사상도 반영된다. 제국의 정점에는 이전 그리스도의 대리자인 교황에 의해 이 땅에서 관을 받은 황제가 우두머리로 있다. 그는 교회의 보호자(advocatus ecclesiae)로서 교회를 위한 특별한 책임을 맡았다. 근대 초기의 제국이 사실상 옛 제국이 가졌던 영토 가운데 일부만을 차지하고 있었지만, 제국의 황제는—제국의 이전(Translatio Imperii)을 통해 합법화된 권리를 가지고—

---

6 참고. Moeller, Deutschland im Zeitalter der Reformation, 4-35 그리고 Dixon, The Reformation in Germany, 1-19.

첫 기독교 황제들과 후대의 위대한 중세의 주권자들과 같은 수준에 서게 되었다. 그래서 15세기 말부터 명칭에 국가적(nationale) 요소가 결정적 요소로 추가되었다. 물론 아직 민족국가에 대한 논의는 존재할 수 없었다. 이 정치적 구조의 이름이 의미하는 것은, 이 나라가 여전히 보편적인 것이며, 그 왕은 보편적 권리를 주장하면서, 비록 당시에 확정된 지리적 국경이 분명 존재하지 않았음에도 불구하고, 그 나라가 "독일 이외의"(nicht-deutschen) 나라와 매우 다르다는 것이다.

대부분의 경계 지역에서 법적 관할권이 분명하지 않다는 점은 중요했다. 예를 들면, 독일 기사단 국가(Deutschordnesstaat)는 제국의 북동쪽에 있는데, 1466년 폴란드 왕 토른(Thorn)의 평화협정으로 봉토가 되었다. 그러나 황제와 교황은 이 협정을 인정하지 않았다. 더하여 수도원의 기사들은 두 번 연이어—1498년과 1510년에—제국 제후계급의 구성원을 그들의 대표(Hochmeister)로 선출했다. 첫 번째는 베틴(Wettin)의 공자(Prinz)였고, 두 번째는 호헨촐러 가문(das Hohenzoller)의 일원인 브란덴부르크-안스바흐(Brandenburg-Ansbach) 계통인 브란덴부르크의 후작 알브레히트(der Markgraf Albrecht von Brandenburg)였다. 황제는 크라카우(Krakau)의 폴란드 왕에게 봉토 서약을 금지했다. 따라서 독일 기사단 국가는 제국에 소속되지 않았다. 하지만 그들의 우두머리를 통해 제국과 긴밀한 관계를 유지했고, 이는 법적 불분명함을 만들었다. 1525년 독일 기사단 국가는 우두머리인 알브레히트 폰 브란덴부르크로 인해 세속 공작령으로 바뀌게 되었다. 알브레히트는 이 땅에 종교개혁을 도입했다. 그러나 이 나라는 여전히 폴란드의 봉토로 남아 있었다.

제국의 북서부와 서부의 상황도 비슷했다. 네덜란드와 부르군트(자유백작령 부르군트, Freigrafschaft Burgund) 지역은 부분적으로 막시밀리안 1세(Maximilian I)와 부르군트의 마리아(Maria von Burgund)의 결혼(1477)을 통해 부분적으로 대범한 사람 카를 1세(Karl I, der Kühne, Charles le Téméraire, 1477)의 사망 후 유산을 통해 상속되어 합스부르크(Habsburg) 가문에 속해 있었다. 이런 이유에서 이 지역들은 제국의 영토로 간주되었다. 그러나 네덜란드와 부르군트의 귀족 중에는 프랑스 왕의 신하도 있고, 황제의 신하도 동시에 있었다. 그래서 이 합스부르크의 소유지들은 제국에 통합되기 어려웠고, 결국 지속적인 불안정 요인이 되었다.

제국의 남쪽 경계도 동일하게 느슨했다. 1499년 바젤의 평화협약으로 스위스 연방이 제국에서 최종적으로 떨어져 나갔다. 이에 앞서 소위 스위스 전쟁 혹은 슈바벤 전쟁(Schweizer-oder Schwabenkrieg)라고 불리는 스위스 연방과 잔혹한 제국의 전쟁이 있었다. 이 전쟁에서 제국과 슈바벤 동맹의 병력들은 스위스 연방의 농민 무리와 대결했다. 기동력이 매우 뛰어났던 농민 무리들은 잘못된 지휘를 받은 제국의 병력들을 압도했다. 이 모든 것은 스위스 연방의 제국 탈퇴 과정을 가속했다. 사실 이 과정은 이미 13세기에 시작되었다. 스위스 연방은 그들 편에서 농촌 지역과 도시들의 느슨한 동맹이었다. 그들은 공동의 논의, 소위 계급회의(Tagsatzungen)로 함께 모였고, 함께 영토를 관리하며, 상호 유사한 협동조합의 법 형태를 가졌다. 그들은 부당한 제국의 세금을 벗어나기 위해, 무엇보다 제국의 법적 관할을 벗어나기 위해 노력했다. 그래서 그들은 또한 후대에 기꺼이 "신성 로마 제국으로부터 특별히 자유로운 계급 대표들"(die des heiligen römischen Reichs besonders gefreite Stände)이라고 불렀다. 이 조합적 연맹에 대해 라인 강 저편의 도시들은 큰 매력을 느꼈다. 예를 들면, 바젤(Basel), 샤프하우젠(Schaffhausen), 밀하우젠(Mühlhausen) 같은 도시들이 연결되었다. 그러나 콘스탄츠(Konstanz)와 스트라스부르(Straßburg) 같은 도시들은 결국 제국의 동맹에 머물러 있었다.

이런 상황을 볼 때 제국의 경계를 확정 지으려 시도했던 합스부르크 가문의 황제 막시밀리안 1세(재위 1493-1519)의 노력은 그리 성공적이지 못했다. 그의 재위 기간은 역동적인 이탈리아 정책으로 특징지어질 수 있는데, 그 이유는 그가 이탈리아의 아주 오래된 제국의 봉토, 특히 부유한 밀라노(Mailand)를 다시 소유하기를 원했기 때문이다. 이로 인해 합스부르크 가문과 프랑스는 오랜 기간 지속적으로 대립할 수밖에 없었다. 프랑스 왕 또한 발렌티나 비스콘티(Valentina Visconti)와의 친족 관계를 근거로 밀라노에 대한 권리를 주장했다. 심지어 루이 12세(Louis XII)는 1499년 밀라노를 정복하고, 막시밀리안의 비앙카 스포르자(Blanca Sforza)와 두 번째 결혼을 통해 연결된 밀라노의 루도비코 스포르자 공작(Herzog Ludovico Sforza)을 1500년 프랑스 감옥에 투옥시켰다. 이 모든 사건들은 지속적인 전쟁으로 이어지는 다음 시대의 적대적 관계의 시작을 의미했다. 전반적으로 결속력이 약한 제국의 상황을 볼 때, 이런저런 정치적 시도들은 성공하기 어려웠다. 그래서 근본적 개혁에 대한 사상은 항상 존재했다.[7]

이 사상은 새로운 것이 아니다. 15세기 말, 오랫동안 요구되었던 제국법의 개혁이 드디어 실행되었다.[8] 이 개혁의 목적은 제국의 내적 구조에 견고한 틀을 제공하고, 제국 동맹의 기능을 분명히 세우는 것이었다. 가장 중요한 결정들은 1495년 보름스와 1500년 아우크스부르크에서 열린 제국회의에서 발생했다. 이 개혁은 어떤 기관을 제국에 새롭게 조직하거나, 부분적으로 새롭게 세우는 것으로 시행되었다. 제국회의(Reichstag)와 제국 최고법원(Reichskammergericht)이 그런 기관들이다. 그 밖에 평화규범, 제국세금, 제국 정부(Reichsregiment)의 제정이 결정되었다. 이 발전을 통해 수백 년 전부터 존재하고 지속되었던 황제와 제국의 계급 대표들의 대립은 명확해졌

---

7 참고. Moeller, Deutschland im Zeitalter der Reformation, 4-6.
8 참고. Schorn-Schütte, Reformation, 16-19.

다. 제국의 계급 대표들은 자신들의 주장을 관철시키고 황제의 권력을 제한하고자 했다. 그래서 그들은 막시밀리안의 대외정책의 실패와 그가 제후들에게 넘기려던 했던 패배를 받아들이도록 하는 데 공동의 책임이 있었다. 그러나 이 제국의 개혁은 황제와 계급 대표들 사이에서 경쟁의 무게추가 기본적으로 어떤 상태에 있었는가를 분명하게 보여주었다.

첫째, 제국회의는 제국의 권위 있는 기관이 되었다. 황제는 가능하면 매년 모이도록 제국회의를 소집해야 했다. 비록 지속적으로 이행되지는 않았지만, 초기에는 어느 정도 실행될 수 있었다. 황제는 제안서(Proposition)를 제안하여 의사일정을 확정했다. 그러나 황제는 실제 회의에서는 거의 제외되었다. 제국회의의 구조와 회의의 진행이 이런 방식이었다. 제국회의에는 지역의 권력자들, 즉 제국의 계급 대표들이 참석한다. 그들은 세 종류의 대표들(Kurie), 즉 선제후회의, 제후회의(Fürstenrat), 제국도시회의(Reichsstädtekollegium)로 구분된다. 회의는 구분된 모임에서 진행되었고, 그 후에 복합적 과정 가운데 포괄적 의사결정을 했다. 제국도시들의 의사는 참조 사항으로만 다뤄졌다. 앞서 합의된 결정들을 바탕으로 황제는 (1497년에 도입된) 제국결의(Reichs-Abschieden)를 공포했다. 이 제국결의들 중에서 점차 제국입법이 기록되었다. 제국회의 자체는 제국의 정치적 권력의 중심으로 발전했다.

둘째, 제국 최고법원은 개혁을 통해 새롭게 도입되었고, 제국회의 다음으로 제국의 두 번째 기관으로 여겨졌다. 이 기관의 설립 계기는 15세기 분쟁의 확산에 기인했다. 각 계급 대표들과 개인들은 여전히 법적 자립의 권리를 얻고자 했기 때문이다. 국가평화규범(Landfriedensordnugnen)에 대한 분쟁을 막으려는 시도는 실패했다. 1495년 보름스 제국회의는 "영원한 국가평화"(Landfrieden)를 결의했다. 제국 최고법원은 이를 보장하고, 그 준수의 문제를 다루었다. 그런데도 분쟁은 더욱 끈질기게 살아남았다. 이 모든 조치에도 불구하고 여전히 제국은 안정되지 못했다. 과거에는 황제의 궁에서 최고재판권이 시행되었지만, 이제는 제국 최고법원이 이를 넘겨받았다. 이것의 의미는 한편으로 황제 권력을 제한하고, 제국의 계급 대표들이 재판관의 임명에 영향력을 갖도록 하는 것이었다. 그러나 다른 한편으로 제후의 통치권 또한 제한되었다. 제국 최고법원이 개별 영지와 도시들의 재판권보다 상급이기 때문이다. 이 법원은 상시, 상주 기관으로 프랑크푸르트(Frankfurt am Main)에 위치하기로 결정되었다. 다수의 재판관들은 로마법을 기초로 직무를 수행하는 대학의 법학자들이었다. 제국 최고법원을 유지하기 위해서 재정적 수단은 필연적이었다. 그래서 1495년 "공전"(Gemeine Pfennig)이라는 상시적 제국세가 결정되었다. 그러나 성과는 만족스럽지 못했다. 세금 징수를 위한 효과적 수단이 없었기 때문이다. 계급 대표들도 세금을 반대했다. 그 결과 제국 최고법원은 재정 부족으로 인해 수년간 운영될 수 없었다.

마지막으로, 제국 정부는 제국 통치를 보장하는 제국개혁의 기관이었다. 이 목적으로 1500년 통치 규범이 공포되었다. 이 규범은 20명으로 구성된 위원회가 제국의 권력 행사를 하도록 하는 것이다. 황제는 의장을 맡고, 두 명의 대표를 정할 수 있으며, 도시들의 대표들과 선제후들이 대표가 되었다. 위원회의 다수는 보통 선제후들이다. 모든 주요 결정에서 황제는 제국 정부에 매여 있어야 했다. 이를 통해 황제의 대외 정치는 제어되었고, 전쟁은 관리되었다. 제국 정부는 뉘른베르크(Nürnberg)에 설치되어야 했다. 그러나 이 기관은 잠시 동안만 존재할 수 있었다. 황제 막시밀리안은 이 기관의 설립을 방해하려 했다. 더하여 재정적 수단도 인물도 없었고, 또한 기능을 위한 기본적 조건도 없었다. 실제로 이미 1502년에 제국 정부는 운영이 불가능했다. 1521년에서야 다시 보름스(Worms)에 세워졌다.

황제와 계급 대표들의 이원 분립 체제는 이런 방식으로 존재했고, 종교개혁 시대 전반에서 특징적이었다. 제국에서 어느 누구도 보편적 권력을 갖지 못했다. 반면 영국과 프랑스의 상황은 달랐다. 그 나라들에서 왕은 상비군을 소유하고 있었다. 자기 나라의 확실한 소득을 예상할 수 있었고 국가의 예산을 짐작할 수 있었다. 그에 반하여 막시밀리안 1세는 극단적 상황에서 자신의 식탁의 은을 저당잡거나, 미수금이 정산될 때까지 부인과 자신의 나라를, 예컨대 보름스의 채권자들에게, 몇 달간 담보로 제공했어야 했다. 그가 빈(Wien)에 있는 자신의 성의 천장에서 몰래 보물을 캐도록 했다는 소문이 퍼지기도 했다. 이런 사건들은 당시의 구조가 경제, 정치, 행정에서 얼마나 취약할 수밖에 없었는가를 잘 보여준다. 그래도 제국개혁은 분명 견고하고 방향을 잡아주는 법적 구조를 세웠다. 왜냐하면 어쨌든 이제 이 복잡한 제국의 구성 요소들의 결합을 위한 기관들과 규범이 있었기 때문이다. 그렇지만 황제와 계급 대표들 간의 정치적 주도권과 자기 이익의 실현을 위한 싸움은 여전히 존재했고, 이는 군주 중심의 중앙집권 국가와는 달리, 종교개혁의 정착을 위해 상당한 활동 영역을 열어주었다.[9]

이 문제는 또한 신성 로마 제국의 영토적 구조에 기인했다. 제국의 영토는 폴란드 왕국과 마찬가지로 매우 느슨하게 펼쳐져 있었다. 제국의 영토적·정치적 구성에서 통일성은 전혀 없었다. 특히 제국의 영역은 서남부, 서부, 그리고 중심부에서 쪼개져 있었다. 영토의 경계는 자주 좁게 나란히 놓여 있었고, 그래서 지배권 문제로 서로 충돌하려는 긴장이 고조될 수 있었다. 반면 제국의 동쪽은 넓은 지역으로 통일성 있는 구조로 존재했다. 이 문제는 어느 정도 법적 상황 때문이었다. 귀족 가문이 다스리는 나라에서는 유산을 상속하면서 유산을 받을 권리를 가진 아들의 수에 따라 새롭게 경

---

9   참고. Moeller, Deutschland im Zeitalter der Reformation, 7-10.

계가 정해졌다. 결혼에 의해서도 다시 경계가 정해질 수 있었다. 한편 영토를 분배할 수 없는 선제후령이 있었다. 이곳의 지배는 항상 지배 가문의 장자에게 주어졌다. 그 밖에 다수의 교회 영토가 있었다. 이 영토는 교회의 소유이기 때문에 나눠질 수 없었다. 이렇게 얽히고설킨 영토들 한가운데 자유제국 도시들이 있었다. 이 도시들은 선출된 관료들이나 의회에 의해 다스려졌고, 주변 지역의 영토를 소유할 수 있었다. 도시들은 분쟁 가운데 살아남고, 간섭을 피하고, 서로의 안전을 보장하고 돕기 위해 동맹과 병합을 맺었다.

제국의 사회 구조는 영토와 마찬가지로 통일성이 없었다. 모든 영토에 소위 국가계급 대표들(Landstände)이 존재했다. 그들은 자신의 영주에 맞서 나라와 백성을 대표했다. 국가계급 대표 중에는 (자유농민을 포함한) 토지소유자, 귀족, 고위성직자와 도시들이 포함된다. 그들은 협의를 위해 국가 회의(Landtag)로 모였다. 1500년경 모든 큰 영토에서 이는 일반적이었다. 제국회의와 마찬가지로 대부분 세 종류의 모임들이 있었다. 고위성직자, 귀족 혹은 기사 계급, 도시들이 그 대표들이다. 그러나 다른 모임도 있었다. 예를 들면, 더 많은 귀족이 모여 대표했던 국가회의도 있고, 귀족이 거의 자리도 주장도 하지 못했던 회의도 있었다. 상황에 따라 귀족석(Herrenbank)이 있었고, 매우 드물게 농민대표도 있었다. 또한 세 종류의 모임 중 하나 혹은 둘이 빠져 있는 경우도 있었다. 황제와 함께 다스리면서 그를 제어하는 영지의 제후들은 자신의 편에서 자신을 제어하는 국가계급 대표들에게 매여 있었다. 예를 들면, 영주가 세금을 인상하려면, 토지의 소유자들, 즉 귀족들의 동의를 받아야 했다. 또한 국가계급 대표들은 영주의 영지 지배를 방해하는 수단을 사용할 수 있었다. 예를 들면, 그들은 세금면제나 영지 분할을 반대할 수 있는 특권을 주장했다. 이 배경에서 영주들의 정치는 주로 계급 대표의 권한을 제한하는 방향으로 행해졌다. 그러나 어떤 제후는 계급 대표들이 적극적으로 영지의 책임과 입법에 참여하는 데 관심을 가지도록 유도했다. 왜냐하면 영지의 관심사에 같은 마음을 갖게 함으로 영지를 안정적으로 다스릴 수 있었기 때문이다.

제국 영토의 구조는 도시들로 인해 조각났다. 한 영지 안에 있는 도시들 가운데 국가계급 대표의 권한을 가지거나 세금, 전쟁의 결과, 재판권과 관련된 특권을 누리고, 개별 영주의 직접 지배에서 제외되는 도시들이 있었기 때문이다. 다른 한편으로 다른 도시들은 자유 제국 도시로서 제국과 직접 관계를 맺었고, 의회와 함께 독자적으로 정치를 하는 정부를 소유했다. 이 특별한 정치적 지위는 영토의 일관성을 깨뜨렸다. 그래서 영주들은 도시들의 권리를 빼앗고, 되도록 자신의 영지로 편입시키려고 했다. 이런 방식으로 15세기 말 마인츠(Mainz)와 에르푸르트(Erfurt)와 같은 도시들이 자유를 잃었다. 16세기에는 약 80개의 자유 제국 도시들이 있었다. 예를 들면, 뉘른베르크(Nürnberg), 아우크스부르크(Augsburg), 스트라스부르, 쾰른(Köln), 프랑크푸르트 등이 있었다. 하지만 그들의 정치적 영향력은 상대적으로 크지 않았다. 다만 이 도시들은 활발한 상업활동을 통해 대부분 풍부한 재정을 가졌다. 제후들이 만성적 재정 부족에 처해 있었다는 것을 생각하면, 이것이 그들의 자율성을 보장하는 데 적절한 영향을 끼쳤다. 예를 들면, 뉘른베르크와 같은 도시는 1500년을 조금 지나 영토를 완성할 수 있었다. 또한 슈배비쉬-할(Schwäbisch-Hall)과 함부르크(Hambrug) 같은 도시들은 영토를 소유할 수 있었다. 16세기 초 제국에는 약 3,000개의 도시가 도시법을 가지고 있었다. 대부분 인구가 2,000-3,000명이 넘지 않는 작은 도시였다. 5% 정도의 도시들만이 이보다 더 많은 수의 인구를 가졌다. 20,000명 이상의 인구를 가진 도시는 거의 없었다. 유럽의 대도시에 해당하는 제국의 도시는 없었다. 아우크스부르크와 쾰른은 약 40,000명의 인구를 가진 도시로, 제국에서 가장 큰 도시에 속했고, 멀리 프랑스와 이탈리아 도시들의 뒷자리를 차지했다. 그러나 그 도시들은 상업과 무역, 예술과 교육의 장려로 인해 문화의 중심지가 되었다.

도시들은 제후들이 통치하는 국가의 영토적 통일성에 구멍을 만들었다. 반면 교회는 영토의 주권을 넘어서는 촘촘하고 광범위한 체계를 가지고 있었다. 교회는 조직의 형식에서 국가의 경계를 넘어서고, 동시에 모든 개인의 삶을 관통했으며 큰 재산과 넓은 부동산을 소유했다. 예를 들면, 바이에른(Bayern) 제후령의 토지 중 약 50%가 교회의 소유였다. 그래서 영주들은 자신의 영토 내에서 주교의 관할권에 개입하려고 노력했다. 예를 들면, 인접한 교구를 지배하기 위해 주교좌(Domkapitel)나 주교의 임명에 영향력을 행사하려 했다. 이따금 목적했던 임명권이나 수도원이나 그 재산에 영향력을 행사하여 함께 관리하는 일에 성공하기도 했다. 또한 교회의 재판권에도 세속 통치 권력이 개입하여 제한하려는 시도가 있었다. 이런 관심은 종교개혁이나 종교개혁적 관심사와 연결될 수 있었고 도구로 사용될 수도 있었다. 그러나 이 모든 사건들이나 이와 유사한 사건들은 결코 경건에 대한 거부를 의미하지 않았다. 교회가 전통적으로 가지고 있던 정치적 권리들을 없애려 했던 그 정부들은 매우 진정성 있는 경건을 실천했고, 깊은 헌신 가운데 살았다. 그들이 교회의 구조와 관심사에 개입한 것은 통치권의 경쟁으로 인해 자극된 것이지, 구원을 전하는 교회의 독점권을 목표로 삼은 것이 아니었다.

나. 중세 후기와 근대 초기의 종교적 삶

1. 교회의 기관적 외형과 구조

1) 교회와 교황

교회는 중세 전성기와 후기에 특별히 영향력 있는 기관으로 발전하여 정치와 사회의 삶뿐만 아니라 개인의 삶에서도 상당히 중요한 의미를 가졌다.[10] 교회는 참된 교훈의 보호자요, 교육의 피난처로 여겨졌다. 교회는 주간, 연간, 요컨대 전 생애를 성례 행위들과 동행하게 함으로써 회중들의 일상에 매우 깊숙하게 침투해 들어왔다. 교회는 삶의 위기 상황과 극한상황에서 권위 있는 조력자로서 위로와 도움을 제공했다. 결혼과 가족, 계급과 직업의 전 사회적 질서는 교회가 전달한 원리들의 영향을 받았다. 정치와 경제도 마찬가지였다. 또한 교회는 상당한 물질적 재산을 소유했다. 교회는 토지와 법적 관할권을 가지고 있었고, 행정적 기능을 수행할 수 있었다.

교황은 또한 자신의 특권(Primat)을 강화하는 데 성공했다. 교황은 교회 회의와 주교의 권한에 상당한 영향력을 행사했다. 무엇보다 교황은 영적인 칼에 더하여 세상의 칼도 함께 소유한 것으로("두 개의 칼" 교리, Zwei-Schwerter-Lehre) 여겨졌다. 세상의 칼은 기름 부음과 대관식이라는 상징적 행위를 통해 세상의 권력자에게 전달된다. 이 교리의 이론적 기초는 교회의 "권력의 충만"(plenitudo potestatis) 교리에서 발견된다. 교황 보니파시오 8세(Papst Bonifatius VIII)가 1302년 교서 "우남 상탐"(Unam Sanctam)을 작성한 이후에 이것은 교회의 통치뿐 아니라 세속 정치영역의 통치 또한 의미하게

10　참고. Seebaß, Geschichte des Christentums III, 23-82.

되었다. 교황은 기독교를 보호하기 위해 세속 통치자에게 세상의 칼을 위임한 것이다. 보니파시오 8세 이후 교황주의자들은 이 원리를 계속 지지했다.

로마 교황을 중심으로 하는 교회는 점차 정치적 중요성을 얻게 되었다. 교회가 정치적 과제를 담당하고 관리를 중앙화하려는 시도는 점차 더 큰 재정적 요구를 필요로 했다. 그래서 교황들은 13세기부터 세금을 올리기 시작했다. 주된 소득은 교회 국가의 수확과 봉토의 의무를 지고 있는 왕국(예를 들면 나폴리[Neapel]와 영국[England])에게서 받는 이자와 베드로 세금(폴란드와 헝가리)과 실제 목적과 상관이 없던 십자군 세금에서 나왔다. 그리고 아비뇽(Avignon) 시절(1309-1377) 클레멘스 5세(Papst Clemens V) 이후 만들어진 새로운 소득원들이 있다. 예를 들면, 교황은 교회 직임(Pfründen, Benefizien)의 임용을 자신의 몫으로 남겨두었다. 규정에 따르면 새 성직자가 임명되면, 첫해 수입의 절반은 현직 주교에게 간다. 그러나 만약 교황이 그 자리를 맡아둔 경우, 소위 "연공"(Annaten)은 직접 "사도의 금고"(camera apostolica), 즉 교황청의 중앙재정기관으로 흘러갔다. 고위성직자들(Prälaten)은 교황의 인가를 얻기 위해 "상납금"(Servitien), 즉 그들의 연간수입의 1/3을 지불해야 했다. 그 밖에 교황청 기관의 관직도 돈이 필요했다.

또한 법도 큰 역할을 했다. 교회는 스스로 법을 제정하고 재판을 할 수 있었다. 12세기 중반부터 교회법은 갓 설립된 대학들의 학문분과로서 가르쳐졌다. 그 시대의 교황들은 모두 학식 있는 교회법학자들로서, 중요한 법 조항을 모으고 접근 가능하도록 만드는 수고를 했던 사람들이었다. 그렇게 교황은 점차 최고의 법 제정자가 되었고, 교회 회의의 권한은 지속적으로 제한되어 교황의 교령을 추인하는 것에 머무르게 되었다. 교회법은 사람들이 성례들의 시행 또한 법적인 것으로 이해하는 수준으로 생각할 만큼의 중요성을 갖게 되었다. 예를 들면, 고해성사는 죄를 통해 감당해야 하는 죄과를 제거하는 것으로 이해되었다. 죄과는 하나님이나 교회가 죄의 무게에 상응하게 정한 형량을 수행할 때 갚아진다.

2) 교회 회의 사상

이런 발전을 바라보면서, 13세기 이후 교회 개혁에 대한 호소는 점차 커져갔다. 교황청 중심주의와 교황의 "권력의 충만" 주장에 반대하여 교회 회의 사상(Konziliarismus)이 생겨났다. 14세기 파리 대학에서 가르치던 마르실리우스 폰 파두아(Marsilius von Padua, 약 1290-1342/1343)는 "평화의 방어자"(Defensor pacis)[11]를 통해 교회의 개념을 전파했다. 그 개념에 따르면 "신자들의 공동체"(universitas fidelium)는 보편적 교회 회의로 대표된다. 이 개념은 성직자와 평신도로 구성된 교회 회의에 최고의 교회적 권위를 부여한다.[12] 이를 통해 마르실리우스는 내재적으로 당시 교회를 향한 분명한 비판을 작성했다. 그의 시각에 따르면, 교회는 평신도의 참여가 없는 사제의 교회로 발전했다. 그는 또한 교황의 수위권에 대한 성경적 근거에 의문을 제기하고, 역사적 해설을 통해 비판했다. 그는 교회의 직임들이 영적 권력에 있어 모두 같고, 다만 교황은 명예적 우선권을 갖는다고 인정했다. 더 나아가 그는 교회가 종교적 문제에만 집중하고 무소유를 실천해야 한다고 주장했다. 마르실리우스 폰 파두아는 이 글을 통해 교회와 교회의 위계질서적 구조를 용감하게 공격했다. 그 결과 교황 요한 22세(Papst Johannes XXII)는 그를 출교했고, "평화의 방어자"라는 불쾌한 책을 이단서로 정죄하여 불태우는 당연한 수순의 사건이 발생했다. 200년이 지난 16세기 전반, 영국 왕 헨리 8세(Henry VIII, 재위 1509-1547)가 이 글을 다시 출간했을 때, 다시 한번 그

---

11 Marsilius von Padua, Der Verteidiger des Friedens, 1985.
12 참고. 추가로 Gähler, Einfluß von Marsilius von Paduas Defensor Pacis, 2008.

것은 교회 정치에서 직접적인 중요성을 갖게 되었다. 그 시기에 영국교회는 로마 교황으로부터 분리해 나가기 시작했다.[13] 마르실리우스의 사상은 교회의 정죄로 인해 자신의 동시대인들을 불러올 수는 없었지만, 이런 방식으로 후대에 영향을 끼치게 되었다.

교회를 지배하던 기관적 구조에 대하여 비판을 했던 사람 중에 영국의 프란체스코회 수도사 윌리엄 오컴(Wiliam of Ockham, 1290-1349)이 있다. 그는 마르실리우스 폰 파두아를 개인적으로 알고 있었고, 영향을 받았다. 오컴은 자신의 논박서를 통해 특히 "권력의 충만" 사상과 두 개의 칼 교리를 반대했다. 일반적인 교황의 견해를 반대하면서, 최고의 세속권력도 하나님께서 직접 세우시지, 교황이 하는 것은 아니라고 주장했다. 더하여 그는 교회의 최종적 권위를 교회 회의에 부여했다. 동시에 교회가 법적 기관과 주권적 기관으로 발전하는 것을 비판하고, 사도 시대의 가난의 이상으로 돌아갈 것을 권했다.

마리실리우스 폰 파두아와 윌리엄 오컴 둘 다 상급의 보편적 교회 회의 사상을 주장했다. 이는 1378년 대분열을 통해 비로소 처음으로 실효적 의미를 가지게 되었다. 로마 교황 우르바노 6세(Papst Urban VI in Rom)와 프랑스인들에 의해 선출된 아비뇽의 반교황 클레멘스 7세(Gegenpapst Clemens VII) 사이의 분열이 기독교를 두 개의 권역으로 분열시켰기 때문이다. 분열을 극복하고 교회를 개혁하기 위한 유일한 수단은 점점 더 긴급하게 요구되었던 보편적 교회 회의였다.

오랫동안 기대되었던 교회 회의는—1409년 피사(Pisa)에서 실패한 이후—결국 1414-1418년 콘스탄츠(Konstanz)에서 열리게 되었다. 대분열은

---

13 참고. Gähler, Einfluß von Marsilius von Paduas Defensor Pacis, 268-271.

막을 내렸고 서방 기독교의 통일성은 다시 회복되었다. 교회 회의 사상은 사실상 승인되었고, 교령 "Frequens"는 보편적 교회 회의의 규칙적인 소집을 계획했다. 그러나 이것은 완전히 이론에 불과했다. 이와 반대로 1431-1449년 바젤의 교회 회의는 개혁 문제에 대해 집중적으로 다루었다. 결의된 교령들은 교회 회의가 최고의 권위를 갖는다는 사상을 강화했고, 교구회(Diözesansynoden)와 지방회(Provinzialsynode)의 정기적 개최에 대한 결정들과 사제의 내연관계, 예배의 폐해, 무분별한 파문의 공포를 반대하는 법령들을 담고 있었다. 교황 에우제니오 4세(Papst Eugenio IV)는 교회 회의를 결국 페라라(Ferrara)로 옮겼고, 이후에 교회 회의 참석자들의 일부가 계속하여 모였던 피렌체(Florence)로 옮겼다. 반면 바젤의 교회 회의는 점차 와해되었다. 개혁의 동기들은 작은 영역에서만 효과를 볼 수 있었다. 그래서 교회 회의의 시대 이후 교황은 다시 자신의 옛 정책으로 돌아갔고 르네상스 시대에 새롭게 꽃을 피우게 되었다.

이에 반해 프랑스에서는 1438년 부르주(Bourges)의 실용적 승인(die Pragmatische Sanktion)을 통해 바젤의 개혁법령들을 받아들였다. 이로써 왕의 권력은 강화되었다. 왕은 주교회의 선거에 영향을 끼치고 교황의 법적 관할권을 제한할 수 있었다. 예를 들면, 교회 직원의 폐해가 발생하거나 실용적 승인의 결정에 반대할 때 권한이 있는 세속 의회에 호소하고, 종교적 재판권의 사건을 빼앗을 수 있었다. 실용적 승인이 프랑수아 1세(François I, 재위 1515-1547)와 교황 레오 10세(Papst Leo X.) 사이의 1516년 볼로냐(Bologna) 합의로 다시 폐지되었지만, 의회는 집요하게 그 결정을 유지했다. 어쨌든 프랑스 왕은 이 합의를 통해 공석 중인 모든 주교직과 수도원장직에 대한 임명권을 갖게 되었다. 이로써 그는 자신의 나라에서 교회의 주인이 되

었다.[14]

교회 회의 사상은 교회와 세상에서 교황제의 당위성과 역할에 대해 의문을 품었으나, 교회 안에서 다시 빠르게 쇠퇴했다. 교황 비오 2세(Papst Pius II)는 에니아 실비오 피콜로미니(Enea Silvio Piccolomini)의 추기경이었을 때 열정적인 교회회의주의자였지만, 교황이 된 후에 1460년 교령 "Exercrabilis"을 통해 교황에게 보편적 공의회를 요청할 가능성을 매우 단호하게 금지시켰다. 이것이 교회 회의에 교황을 넘어서는 권위가 부여될 수 있음을 의미할 수 있었기 때문이다. 레오 10세는 제5차 라테라노 공의회(1512-1517)에서 이 금지를 반복했다. 아마도 교회 회의 사상이 아직 완전하게 사라지지 않았기 때문일 것이다. 그래서 교황들은 종교개혁의 초기에 교회 회의적 경향이 다시 살아나는 것으로 예상하고 두려워했을 것이다.

3) 성직자

매우 기대가 되는 동기들이 있었지만, 정작 교회 안에서 아무런 변화도 없었다는 사실은 무엇보다 현재 상황과 구조가 어떤 면에서는 장점을 지니고 있다는 의미일 것이다. 왜냐하면 교회는 귀족 가문 출신의 자녀들을 위한 양육기관이 되었기 때문이다. 그들 중에서 제후 주교, 주교, 수도원장, 수녀원장과 같은 사회적 상위 계층의 사제들이 나왔다. 때로는 부유한 시민들의 자녀들이 비슷한 방식으로 교회의 고위직을 차지하기도 했다. 또한 어떤 사제집단이나 수도원에서는 계급의 지위에 맞는 귀족과 같은 부유한 생활방식을 유지할 수 있었다. 따라서 직임이나 성직을 가진 사람들의 주요 관심은 직분과 관계된 수익들이었다. 그들은 영적인 의무에는 별로 관심이 없

---

14   참고. Dingel, Gallikanismus, 459f.

었다. 1500년 스트라스부르의 주교로 부임했던 비텔스바흐(Wittelsbach)의 공자(Prinz)는 28년간의 전체 직무 기간 중 단 한 번의 고해성사도 하지 않았고, 설교도 하지 않았다는 보고가 있다. 그러나 이런 일은 특별한 일이 아니었다. 그래서 종교개혁은 지속적으로 주교제의 폐지를 반드시 필요한 개혁의 과제로 여겼다. 주교제를 폐지하는 이유는 이런 예와 같은 도덕적 결핍의 문제 때문은 아니었다. 오히려 교회의 지배구조 때문이었다. 교회법이 교회의 직임과 그와 관련된 수입을 축적할 가능성, 즉 한꺼번에 가져갈 가능성을 허용해주기 때문이다. 이것이 계급에 상응하는 생활 수준을 유지하는 데 중요한 역할을 했다. 직임과 관련된 수입의 증가가 의미하는 다른 측면은, 그가 추가로 소유하는 성직록의 직임을 담당할 사람이 없다는 것이다. 이는 다시금 각 직임이 담당하는 설교, 성례 시행, 목양이라는 영적 직무의 경시를 의미했다.

그에 반해 평민 출신의 세속 사제(Weltklerus)는 매우 궁핍한 상황 가운데 살았다. 교회의 실제 업무를 감당한 것은 그들이다. 더욱더 많은 성직록을 가진 사람들은 자신의 성직과 관련된 교회와 목양의 직무를 위해 조사(Vikare)를 고용했기 때문이다. 그들의 불충분한 소득으로 인해 결국 성직자 무산계급이 탄생했다. 이로 인한 불만은 처음에는 수면 밑에서 가라앉아 있었다. 특히 성직자 계급의 사회적 구조는 당시 사회의 계급 구조와 거의 정확하게 일치했기 때문이다. 주교와 주교회(Kapitelherren)는 귀족 출신들이었고, 다른 성직자들은 그 밖의 집단 출신이었다. 그러나 농민 출신은 그들 중 거의 없었다. 예외적인 경우를 제외하면 신분 상승의 가능성은 거의 존재하지 않았다. 어쨌든 성직자의 수는 수많은 미사 헌금과 제단 헌금을 통해 지속적으로 증가했다. 제국의 몇몇 도시에서는 수도승과 수녀의 수를 합하여 약 10%의 주민이 성직자 계급에 속했다. 따라서 소득은 적었다. 부사제(Kaplan)는 당시 미장이가 받는 수입의 약 1/4을 보수로 받았다. 그래서 대개 최저생계비를 얻기 위해 하위층의 성직록을 축적하는 것이 권장되었다.

성직자의 직업적 특성의 문제는 성직록의 증여와 아무런 상관이 없었다. 당시 사제의 교육 상태에 대한 전체적 그림을 그리는 것은 어려운 일이다. 그러나 사실상 교육 결핍은 분명했다. 성직자들이 자신의 임무를 순서에 따라 진행할 수만 있다면 일반적으로 그것으로 충분했다. 기껏해야 라틴어 미사 본문을 번역할 수 있는 정도의 능력만 요구되었다. 대학의 학문적 연구는 그리 보편화되지 않은 상황이었다. 신학 연구는 극소수의 성직자에게만 해당되는 이야기였다. 이렇게 성직자들의 신학적 우수성이 문제시될 뿐 아니라, 또한 그들의 생활의 도덕성도 문제였다. 성직자에게 요구되었던 독신의 의무는 이미 당시에 수많은 사람에게 큰 짐이 되었다. 그들은 자주 담당 주교에게 보상금(Ablösegebühr)을 지불하고 사면서(Dispens)를 구입함으로써 문제를 해결했다. 이 금액은 1년 치 세금 정도였고, 아이의 출생 시에 지불했다. 마찬가지로 그 아이는 사면서를 통해 그런 불법적 출생의 결점과 사회적 법적 장애로부터 면제되었다. 로테르담의 에라스무스(Erasmus von Rotterdam)가 이런 방식의 유명한 예다. 그는 사제의 사생아로서 사면서를 내고 어거스틴회 참사회원(Augustiner-Chorherr)이 되었고, 사제 서품 또한 받을 수 있었다. 교회의 처벌을 돈으로 보상하는 방식은 더욱 발전되었다. 교황청이 수행하는 많은 일은 경제적 가치로 매겨졌다. 성직록과 작위의 수여뿐 아니라, 교회법 위반에 대한 법적 문제와 해벌의 결정도—종교개혁 시대를 촉발한 면죄부 문제가 보여주는 것처럼—결국 은혜와 구원의 전달도 경제적 가치로 매겨졌다.[15]

---

15 참고 Seebaß, Geschichte des Christentums III, 23-43.

2. 경건

1) 신비주의와 새로운 헌신(Devotio moderna)

교회의 구조적 개혁을 위한 모든 동기는 전반적으로 실패했다. 반면 경건으로부터 새로운 자극이 주어졌는데, 특히 신비주의의 측면에서의 영향이 두드러졌다. 개인이 하나님이나 그리스도와 직접적이며 인격적인 일치를 이루는 것을 목표로 하는 신비주의는 내면성을 강조하며, 모든 세상적인 것과 외면적인 것에서 돌이키는 일을 전면에 내세운다. 신비주의자들이 보기에 교회는 외적으로 경직되었고, 구원의 전달자로서 직임을 가진 교회는 제도화되었다.

14세기 신비주의의 대표적 인물들은 독일어권의 도미니코 수도사들이었다. 그래서 이 운동은 "독일 신비주의"(Deutsche Mystik)라고 불린다. 독일 신비주의는 클레르보의 베르나르(Bernhard von Clairvaux, 1091-1153), 보나벤투라(Bonaventura, 1221-1274), 생 빅토르의 후고(Hugo von St. Victor, 1097-1141)로 대표되는 라틴어권 신비주의의 사상에 기반을 두었다. 독일 신비주의는 특히 민족어로 전달되는 설교를 통해 큰 영향을 끼쳤는데, 두 종류의 주요한 흐름으로 구분될 수 있다.

첫째, 단지 개별적 소수의 그룹만 만들어 낸 극단적 흐름이 있다. 그들은 "자유로운 영혼의 형제와 자매"(Brüder und Schwestern vom freien Geist)로 대표된다. 이 그룹은 사람이 본성상 하나님과 같다고 보았고, 그래서 죄를 짓지 못한다고 생각했다. "내적 본성"(instinctus interior)이 종교적 삶에 결정적이라고 여겼다. 그래서 성례와 사제에 의한 성례적 구원의 전달은 이 분파에게는 쓸데없는 것이었다.

둘째, 이에 반해 상대적으로 온건한 흐름도 있었다. 그들은 마이스터 에크하르트(Meister Eckhart, 약 1260-1327)와 그의 제자들로 대표된다. 마이스터 에크하르트는 독일 신비주의에서 가장 유명하고 영향력 있는 인물로 평가된다. 요한네스 타울러(Johannes Tauler, 약 1300-1361)와 하인리히 조이제(Heinrich Seuse, 약 1298-1366)가 그의 제자다. 타울러는 특히 스트라스부르에서 활동했고, 그의 글과 설교는 마이스터 에크하르트보다 더 이해하기 쉬웠다. 조이제의 경우 강력한 감성과 시적 능력을 보여주었다. 신비주의로 이해되는 그룹들은 스스로를 "하나님의 친구"(요 15:14f.에 따른 명명)라고 불렀다. 특히 라인강 상류(Oberrhein)에 있던 그룹들은 수도원과 베긴파의 집(Beginenhäuser)에서 시민들과 수공업자들 가운데 활동했다. 또한 "완전한 삶에 대하여"(Vom vollkommenen Leben)라는 이름으로 알려진 책도 이와 같은 영적 흐름과 연관되었다. 저자는 알려지지 않았지만, 1400년경 프랑크푸르트에 거주한 인물이었을 것이다. 마틴 루터도 이 책을 읽고 매우 높게 평가했다. 이 책은 "독일 신학"(Theologia deutsch)라는 이름으로 재출간되었다.

신비주의는 처음에는 특히 탁발수도원들에서 장려되었다. 나중에는 점차 더욱 평신도들을 사로잡았다. 신비주의는 일종의 경건의 진공상태에 몰입하여 기관화된 교회가 차지하지 못한 어떤 영역을 채웠다. 이는 전 유럽에 널리 퍼진 현상이었다. 프랑스와 영국에도 병행적 흐름들이 있었다. 영국에는 월터 힐튼(Walter Hilton, 약 1340년)과 노리치의 율리아나(Juliana of Norwich, 약 1340-1416 이후)라는 뛰어난 인물들이 있었고, 프랑스에는 피에르 다이(Pierre d'Ailly, 1350-1420)와 장 제르송(Jean Gerson, 1363-1429)이 대표적 인물이다. 둘은 파리 대학의 교수였다. 제르송은 학장까지 역임했었다. 14, 15세기 네덜란드의 신비주의는 특별한 의미를 가진다. 여기에서는 특히 남부에서 플랑드르 출신의 얀 판 뢰이스브로크(der Flame Jan van Ruysbroek, 1293-1381)가 활동했다. 그는 마이스터 에크하르트의 제자들과 라인강 상류의 하나님의 친구들과 연계가 되어 있었다. 우트레히트(Utrecht)

주교구에서 홀란드 출신의 헤르트 호로테(Geert Groote, 1340-1384)는 1379년부터 회개 설교를 했다. 하지만 그는 집사직만 받았었기 때문에 대중 설교는 금지되었고 개인적인 접촉을 통해서만 목양 활동을 할 수 있었다.[16]

신비주의자들의 활동과 신비주의의 영향을 받은 집단의 활동으로부터 각성 운동(Erweckungsbewegung)이 생겨났다. 그것이 "새로운 헌신"(devotio moderna)이다. 이 운동은 종교적 생활의 심화와 내면화를 목적으로 삼았다. 신비주의와 달리 새로운 헌신은 사색적이거나 황홀경적인 면이 없었으며, 오히려 실천적이며 교화적인 성격을 지녔다. 이 운동은 주로 두 개의 대표적 그룹에 기초했다. 첫째, "공동생활 형제자매들"(Brüdern und Schwerstern vom gemeinsamen Leben)과 둘째, 빈데스하임 수도원 연합의 어거스틴 참사회(Augustiner-Chorherren der Windesheimer Kongregation)다.

공동생활 형제자매들은 호로테의 영향을 받았다. 그는 생애 말년에 데벤터(Deventer)에 있는 자신의 집을 가난한 여인들이 사용하도록 했다. 여인들은 그가 설교한 대로 하나님을 섬기고자 했다. 그렇게 1400년이 되기도 전에 곳곳에 가정 공동체들이 (예를 들면 츠볼레[Zwolle]에) 생겨났다. 여성만이 그런 공동체에 함께 모인 것이 아니라 남성도 모였고, 성직자와 평신도도 있었다. 원장들(Rektore)의 지도하에 공동체는 점차 견고한 조직으로 발전했다. 유지비는—베긴파 수도원이나 여수도원(Beginen und Begarden)과 달리—공동 금고에서 지출했고, "공동생활"(vita communis)을 장려했다. 서약은 하지는 않았고, 그래서 모두가 항상 다시 집에서 나갈 수 있었다. 그러나 그런 일은 매우 드물었고, 공동체가 나중에 수도원 규범을 받아들이는 경우도 마찬가지로 드물었다. 하지만 생활은 수도원 생활과 거의 비

---

16 참고. Hamm, Religiosität im späten Mittelalter, 2011.

숫했다. 경건 훈련에 더하여 일상의 노동이 있었다. 성직자들은 주로 필사본의 필사자로 일했고, 평신도는 수공업자로, 예를 들면, 방적공이나 직조업자로 일했다. 형제들은 직공의 생계를 살폈다. 그 기숙사에는 도시에 있는 라틴어 학교(Lateinschule)의 학생들이 거주하며 돌봐주었다. 목회적 돌봄(Seelsorge)은―자매들에게서도 마찬가지로―성직자 형제들이 담당했다. 그들은 또한 교회의 설교자로서 활동할 수 있었다. 이 모든 것은 새로운 헌신의 정신이 가정 공동체에 제한되어 있지 않고, 오히려 외부에서 활동하고 있음을 가리킨다. 이 가운데 특히 광범위하게 외부에서 활동할 수 있는 성직자의 역할은 지배적이었다. 15세기 중반부터 새로운 헌신의 형제들은 기숙사에서 주로 복습 교사로서 강의를 베풀었다. 이것이 형제학교(Fratresschule)의 시작이었고, 때로 기존의 시립학교들과 경쟁하기도 했다. 그러나 시립학교에도 개별 형제들이 교사로서 활동했다. 이런 교육사적 자극보다 더욱 강력한 영향은 그 운동의 종교적 영향력이었다. 니콜라우스 폰 쿠에스(Nikolaus von Kues, 1401-1464)와 로테르담의 에라스무스(Erasmus von Rotterdam, 1466-1536)도 데벤터에서 보낸 학창시절에 그 영향을 받았다. 1400년 이후 새로운 헌신 운동은 이웃 지역인, 라인란트(Rheinland)와 베스트팔렌(Westfalen)으로 확산되었다. 이 운동은 힐데스하임(Hildesheim), 마그데부르크(Magdeburg), 마르부르크(Marburg)로 확산되었다. 오버헤센의 부츠바흐(oberhessischer Butzbach)에는 형제의 집(Brüderhaus)이 생겼다. 그곳에서 새로운 헌신은 나중에 튀빙엔의 신학교수가 된 가브리엘 비엘(Gabriel Biel, 약 1410-1495)을 통해 뷔르템베르크(Württemberg)까지 이르게 되었다.

새로운 헌신의 두 번째 그룹은 빈데스하임의 수도원 연합(die Windesheimer Kongregation)이다. 이 이름은 1387년 흐로테의 제자들이 츠볼레에 세운 빈데스하임 수도원(Stift Windesheim)에서 기인했다. 그들은 나중에 어거스틴회 수도원의 규범을 받아들였다. 빈데스하임은 폭넓은 영향을 끼친 어거스틴 참사회 연합의 출발점이 되었다. 그들의 목적은 더 엄격한 규율과 교회법 학자들의 더 좋은 교육이었다. 15세기 말 이 수도원 연합은 네덜란드와 제국의 영역에 100개 이상의 지점들이 있었다. 영향력은 덴마크와 프랑스까지 확장되었다. 개혁에 초점을 맞춘 이 수도원 연합은 외롭지 않았다. 다른 종단들에서도 유사한 개혁운동과 경건 운동이 생겨났다. 제국에서 개혁파 베네딕도 수도원의 연합인, 부르스펠트의 수도원 연합(die Bursfelder Kongregation)이 비슷한 방식으로 활동했다. 프란체스코 엄숙파(Franziskaner-Observanten)나, 지롤라모 사보나롤라(Girolamo Savonarola, 1452-1498)를 통해 유명해진 토스카나의 도미니코 수도회의 연합(die toskanische Kongregation der Dominikaner)이나, 요한네스 슈타우피츠(Johannes von Staupitz, 1460-1524)의 조정된 어거스틴 은자회의 독일 연합에서 유사한 동기들이 발견된다. 비록 이 개혁 수도원 연합들이 완전히 다르고, 동일한 집중력을 갖지도 않았지만, 그럼에도 경건을 세우고 새롭게 하려는 자극들은 주목할 만했다.

새로운 헌신의 그룹에서 생겨난 문학은 높은 수준의 공헌을 했다. 가장 중요한 작품으로 15세기 초반에 작성된 "그리스도를 본받아"(Imitatio Christi)가 있다. 이 작품은 성경과 같이 급속하게 확산되었다. 이 작품은 최소한 부분적으로, 토마스 아 켐피스(Thomas a Kempis, 약 1380-1471)에 의해 작성되었다. 그는 이전에 데벤터의 형제학교의 학생이었고, 나중에 츠볼레의 장크트 아그네텐베르크(St. Agnetenberg)의 어거스틴 참사회원이 되었다. 이 작품은 제목과 같이 사람이 인내와 겸손 가운데 자기 십자가를 지는 것으로 실현되는 그리스도를 따름에 대하여 다룬다. 겸손에 대하여 인상적으로 진술한 권면은 지적 영역과도 관계된다. 왜냐하면 이 작품은 계속하여 사람들이 너무 많이 알고자 할 때 잘못된 길로 가게 된다는 것을 강조하기 때문이다. 저자는 다음과 같이 진술한다. "학문이 그 자체로 정당하고 하나님께서 정하신 질서에 맞다면, 학문은 경시되어서는 안 된다. 그러나 더 선호해야 할 것은 선한 양심과 덕이 있는 삶이다."[17] 학문적 신학은 "그리스도를 본받음"을 제공하지도 않고, 기관화된 교회가 자극을 받을 수 있는 어떤 계기도 주지 않는다. "그리스도를 본받아"는 교회를 비판하지도 않고, 교회를 멀리하지도 않았다. 이 작품은 이런 방식으로 16세기에 비슷하게 도입되는 로마교회 내의 갱신 가운데 다시 현실성을 얻게 되는 잠재적 의미를 가졌다. 예를 들면, 이냐시오 로욜라(Ignatius von Loyola, 1491-1556)는 "그리스도를 본받아"를 사용하여 그의 수련 중에서 중요한 규율들을 더욱 발전시켰다.[18]

전체적으로 보면 15세기의 신비주의는 주로 교회의 영역 안에 머물러 있었다. 신비주의는 교회의 교리적 기초 위에 서 있었고, 경계를 넘지 않았다. 그렇지만 그들의 설교와 경건은 종교개혁의 내용으로 열매를 맺게 되었다.

2) 대중의 경건

새로운 경건은 기본적으로 소수에 제한되어 있는 운동이었다. 이 운동은 대중을 사로잡지 못했다. 왜냐하면 이 운동의 지지자들은 평균 이상의 종교적 교육을 받았기 때문이다. 평민의 대중적 경건은 달랐다. 그것은 기독교, 미신, 비기독교적 사상과 행위 등의 다양한 요소들이 혼합된 형태의 경건이었다. 마녀의 미신, 마술, 점성술, 연금술은 기독교 사상에 깊이 스며들었다. 마녀의 미신은 중세 후기 경건이 가진 특징들의 작은 단면일 뿐이었다. 모든 사람의 삶에서 결정적인 것은 현세의 죽음과 세상의 종말에 대한

---

17 다음에서 발췌. Hassinger, Werden, 14. "Nicht soll die Wissenschaft …, sofern sie an sich recht und von Gott geordnet ist, herabgesetzt werden, aber vorzuziehen bleibt immer ein gutes Gewissen und ein tugendhaftes Leben."
18 참고. Maron, Ignatius von Loyola, 25-28.

사상이었다. 마녀의 미신 또한 기본적으로 다가오는 두렵고 공포스러운 세상의 종말에 동반하는 현상으로 이해되었다. 왜냐하면 모든 삶의 영역에 스며드는 악이 여기에 포함되기 때문이다. 이 기본적 분위기, 즉 항상 임박한 죽음과 다가오는 종말에 대한 사상은 중세 후기의 예술에서 인상적으로 반영되었다. 묵시와 최후의 심판이라는 주제는 당시 예술 작품들 가운데 계속해서 나타났다. 교회 정문에 새겨진 돌에, 벽에 걸린 카펫에, 그림과 판화에 등장했고, 이를 보는 사람들에게 세상의 심판자 앞에서 자기를 변호할 때가 임박했음을 기억하도록 했다. 13세기부터 사자의 춤(Totentanz)이란 주제가 생겨나서 페스트가 크게 유행하던 시절 직접적인 주제로 현실화되었다. 죽음의 형상은 회화와 문학의 표현들에서 여러 모습으로 알려졌다. 죽음은 바닥에 누워있는 사람들의 무리를 넘어 돌진하는 묵시적 기사로, 박쥐의 날개를 가진 메가이라(Megäre, 그리스 신화에서 복수의 여신 중 하나)로, 그리고 낫이나 화살과 활을 가진 해골로 표현되었다. 사자의 춤은 연극과 조각으로도 표현되었다. 이 춤은 누구도 피할 수 없는 요청을 해왔다. 죽음은 히죽히죽 웃으며, 노회하고 뻣뻣한 춤꾼의 걸음으로 교황, 황제, 귀족, 일용직 노동자, 수도승, 어린이, 바보를 비롯한 모든 계급과 모든 직업의 사람들에게 춤을 청했다. 모든 사람은 이 요구에 응해야 했다. 사자의 춤은 죽음 앞에서 모든 사회적 차이가 사라지고 모든 사람이 동등해진다는 말로 이생의 덧없음과 허무함을 경고했다.

삶의 유한함과 예측 불가능에 대한 인식은 전염병의 지속적 위험이나 제국의 경계에 있던 기독교의 대적자 오스만 제국으로 인한 정치적 위협(1453년 콘스탄티노플의 함락)과 같은 일상의 경험들을 통해 강화되고, 입증되었다. 그리고 다시금 경건은 주목할 만큼 고조되었다. 죽음이 삶에 즉각적이며 예상할 수 없게 침입할 수 있다는 점에서, 고해와 경건한 행위를 통해 복된 마지막을 제때 준비하는 것이 중요했다. 왜냐하면 그때가 되면 하나님의 심판대 앞에서 보고를 해야 했기 때문이다. 또한 이 각본에 따르면 그리스도는 특히 재판관으로 사람을 만나신다. 당시의 특징적인 경건의 실천행위로, 예를 들면 "십자가의 길" 기도(Kreuzwegandacht), 마리아 경배(Marienverehrung), 묵주기도(Rosenkranzgebet)가 있었다. 사람들은 하나님의 어머니 마리아의 변호에서 은혜와 연민을 찾았다. 마리아는 사람들을 의로운 재판관인 자신의 아들과 화해하도록 했다. 사람들은 그녀의 아들보다 마리아에게 더 많은 이해와 동정과 연민이 있다고 믿었다. 그래서 점점 더 마리아는 전면에 드러나게 되었다. 예를 들면, 예배당, 제단, 미사, 축제, 기도, 노래, 형제회(Bruderschaften)는 특별히 구원을 보증하는 데 가치가 있는 것으로 여겨졌다. 왜냐하면 그 활동들은 각각 관련된 성자와 특별한 관계를 맺기 때문이었다. 이 활동으로 동료들에게 각 성인들이나, 다른 형제들이나, 어떤 수도원 공동체의 선행을 나눌 수 있었다. 그 밖에 형제회를 통하여 구원에 관계된 선행이 준비되었다.

또한 새로운 성자예식(Heiligenkulte)이 생겨났다. 마리아와 마찬가지로, 성자들도 중보하며, 그들의 공로로 하나님 앞에서 죄인을 변호하고, 죄인과 의로운 심판자이신 하나님 사이에 다리를 놓을 수 있었다. 여기에서 성자들에게 육체적 혹은 영적인 특별 임무와 권한의 영역이 부여되었다. 그 밖에 성물 숭배도 증가했다. 성자들의 유해나 신성한 물건들을 통해 초월적인 것이 이생까지 뻗어 나왔다. 성물을 살 수 있는 사람들은 스스로 성물들을 수집했다. 예를 들면, 루터의 영주였던 작센의 선제후 현자 프리드리히(der sächsische Kurfürst Friedrich der Weise)는 그 시대에 가장 많은 성물을 수집했던 사람 중 하나였다. 성물 숭배의 배경에는 성물이 구원으로 가는 길을 용이하게 할 수 있고, 동시에 종종 경배의 묵상을 통해 얻을 수 있었던 면죄를 제공한다는 생각이 있었다. 그 외에도—형제회, 길드, 조합과 같은 다양한 사회적 집단이 개최한—(축제의) 행진이 시행되었다. 불안한 시국에는 심지어 날마다 열리기도 했고, 몇 주 동안 지속되기도 했다. 순례도 크게 증가했고, 특별한 매력을 불러일으켰다. 당시까지 사람들은 성지, 로마, 산티아고 데 콤포스텔라(Santiago de Compostela), 혹은 거룩한 땅으로 순례를 떠났지만, 이제 여기에 기적이나 기적적 체험이 발생했던 교회나 성화가 존재하는 다양한 장소들이 더해졌다. 동시에 종교재단(Stiftungen)도 번성했다. 예배당은 호화스럽게 건축되었고, 성스러운 공간들의 내부 장식을 위해, 예를 들면, 창이나 예배물품을 위해 헌금이 되었다. 형제회, 조합, 부유한 중산층 가문들은 자기 소유의 보조제단(Seitenaltar)이나 자기만의 예배당을 사용하기 위해 기부를 하여, 그들의 기부에 알맞은 정기적 미사가 그들을 위해 드려지도록 했다. 죄책을 지불하고 하나님 앞에서 구원을 얻기 위한 공로로서 중요한 선행이 이러한 모든 기부와 헌금, 기도, 예배의 행위로 실천되었다. 이런 방식으로 선행은 구원을 소유하기 위한 도구가 되었다.

이런 경건의 방식은 사람들이 성자를 대상화하여 만날 수 있는 것으로 여기고 있었다는 것을 전제로 한다. 사람들은 성물을 방문하여 보는 것으로 면죄를 얻을 수 있고, 성체가 그리스도의 몸으로 변화하는 것을 보거나, 변화된 성체에 임재한 그리스도를 경배함으로써 구원이 전달되는 것을 경험할 수 있다고 믿었기 때문이다. 동시에 이 모든 것들을 통해 사람들은 경건의 행위를 개인적 필요에 적합하도록 만들었다. 사람들은 성물이나 축성된 성체 안에 물질적으로 임재한 거룩하신 분과 그것을 통해 전달되는 구원을 자기 자신이나 자신의 집단을 위해 완전히 확실하게 붙잡고자 했다. 각 직업군은 자신만의 성자들을 소유했다. 심지어 각 신체 부위들에도 담당 성자가 있었다. 이런 담당의 경우 개별적으로 자주 민족 언어의 어원이 영향을 주기도 했다. 예를 들면, 어거스틴(Augustin)은 눈병(아우겐크랑켄하이트; Augenkrankenheit)을 위해 불렸고, 간질(Fallsucht; 팔주흐트)의 경우 발렌티누스(팔렌틴; Valentin)이 도움이 되었다. 이런 예들은 중세 후기의 민속 경건이 어느 정도로 성자들을 개인적이며 자기 필요에 맞춰 이용하려 했던 경향을 특징적으로 가지고 있었는지를 보여준다.[19]

3. 갱신운동들

1) 교회 비판과 종교개혁 이전의 개혁 주장들

종교개혁이 시작되기 전에도 당시 교회를 향한 비판과 갱신의 시도는 이미 존재했었다. 이런 운동이나 인물 가운데 몇몇은 종교개혁의 전조 혹은 선구자로 분류되었다. 물론 그들이 나중에 발생한 종교개혁의 싹으로 발전되었거나 종교개혁에 특정한 (신학적) 양분을 주었던 것은 아니다.[20] 다만 교회에 대한 비판, 윤리적 호소, 예식의 갱신, 때로는 교리에서도 전적으로 겹치는 요소들이 있었다. 그래서 그들은 종교개혁의 "길을 준비하는 사람들"(Wegbereiter)이라고 불리기도 했다.[21]

리옹(Lyon) 출신의 상인 페트루스 발데스(Petrus Valdes, Pierre Vaudès, 1140-1217)의 지지자들인 왈도파(Waldenser)가 이런 사람들에 속한다. 발데스는 민족어를 사용한 평신도 설교 때문에 설교가 금지되었고, 결국 출교당했다.[22] 왈도파는 주로 프랑스 남부와 이탈리아에서 비밀리에 존속되었고, 사도적 청빈과 독신의 이상을 따라 살아가는 순회 설교자들을 통해 지속되었다. 왈도파의 기본적이며 특징적인 것은 그들의 성경을 향한 방향성이었다. 그들은 성경을 민족 언어로 번역했고, 자주 적절한 방식으로 암기

---

19 참고 Seebaß, Geschichte des Christentums III, 50-69.
20 참고 Schäufele, Wegbereiter der Reformation?, 137-153.
21 참고 Benrath (Hg.), Wegbereiter, XI-XXXV.
22 참고 Benrath (Hg.), Wegbereiter, 1-24.

하는 방식으로 학습했다. 그들의 생활방식이나 기관화된 교회를 향한 비판은 이러한 성경주의에서 양분을 공급받았다. 무소유와 "사도적 삶"(vita apostolica)이란 생활방식은 높은 평가를 받았다. 그들은 주해와 설교를 사제에게만 제한하는 것에 반대하여, 평신도의 설교와 개인 성경 연구를 선호했다. 성자 숭배, 연옥 교리, 면죄부를 비롯한 교회의 여러 다른 규정들을 거부했다. 왈도파 중에서 롬바르드 분파는 당시 지배적이던 성례 교리와 시행이 성경의 증거로 증명될 수 없다는 점에서 문제를 제기했다. 이 모든 것들은 교회가 그들에게 이단의 혐의를 갖도록 만들었다. 성경을 향한 그들의 철저한 방향성은 16세기 초 피에몬테(Piemont), 풀리아(Apulien, Puglia), 칼라브리아(Kalabrien)에 남은 작은 공동체들과 도피네(Dauphiné), 프로방스에 살던 왈도파로 하여금 종교개혁을 수용하게 만들었다. 그들은 1520년대 초 기욤 파렐(Guillaume Farel)을 통해, 그리고 나중에 칼빈을 통해 전달되었던 개혁파의 특징을 받아들였다.[23]

14세기 말 영국에서 롤라드파(Lollarden)가 생겨났다. 기원은 옥스퍼드의 신학 교수 존 위클리프(John Wyclif, 1340-1384)의 영향에 기인했다. 그들도 자신들만의 영어 번역으로 확산되었던 성경을[24] 교회 비판과 개혁 요구의 출발점과 기준으로 삼았다. 여기에 교회의 사도적 청빈에 대한 요구와 교회의 위계질서에 대한 거절이 더해졌다. 왜냐하면 위클리프에 따르면, 교회는 가시적 구조로 세워지는 것이 아니라, 선택된 사람들의 공동체로 세워지기 때문이다. 또한 위클리프와 롤라드파는 교황에 대한 공격을 두려워하지 않았다. 그들이 보기에 교황은 청빈 가운데 살아가는 그리스도와는 반대되는 모습이었고, 따라서 그가 바로 적그리스도였다. 세속 통치자 위에 서

---

23 참고. Gilmont, Anschluss der romanischen Waldenser, 83-95.
24 참고. Hudson, Premature Reformation, 239-246; Benrath (Hg.), Wegbereiter, 254-341.

있으려는 교황의 요구를 그들은 결정적으로 거절했고, 세속적인 일에서는 오직 왕이 우선권을 갖는다고 주장했다. 롤라드파의 비판은 처음에는 주로 교회법을 향해 있었지만, 결국 성자 숭배와 로마교회의 성찬 견해의 본질적 요소인 화체설 교리를 반대하는 방향으로 옮겨졌다.[25] 이 문제는 농민과 높은 신분의 계층을 모두 사로잡았던 이 운동을 분열시켰고, 더하여 이단적 성격도 분명하게 드러나게 했다. 이 운동은 지지를 잃었고, 15세기 극심한 핍박을 겪게 되었다. 1511년, 1521/22년에도 주로 영국 동남쪽에 자리 잡았던 롤라드파를 향한 폭력행위가 있었다. 영국에서 종교개혁은 이 유산 위에 세워졌다. 왜냐하면 성경의 권위를 강조하고, 교회를 비판하며, 평신도를 긍정적으로 중요하게 생각하는 것은 종교개혁의 관심사와 분명하게 겹치는 것으로 입증되기 때문이었다.

왈도파나 롤라드파와 달리—얀 후스(Jan Hus, 약 1370-1415)의 이름을 따라 지어진—후스파는 보헤미아(Böhmen)와 모라비아(Mähren)에서 로마로부터 독립된 두 종류의 성찬을 행하는(utraquistisch) 교회로서 (1433년 바젤 공의회에서 평신도의 잔 참여가 인정되어) 세워질 수 있었다. 심지어 국민의 다수가 후스파에 소속되었다.[26] 이에 반해 로마교회는 주로 국경 주변에 거주하는 독일어권 주민들에게 제한되었다. 두 교회의 공존은 1485년 쿠텐베르크(Kuttenberg)의 종교 평화를 통해 보장되었다.[27] 두 종류 성찬주의자들(Utraquisten)이 로마교회와 다른 점은 성만찬의 실행이었다. 즉 성찬은 평신도들에게 잔도 주어지는 "두 종류의 방식"(sub utraque specie)으로 시행되었다. 두 종류의 성찬을 시행하는 후스주의(Hussitismus) 안에서 교회를 향한

---

25 화체설이란 축성 시 빵과 포도주의 요소들이 그리스도의 살과 피로 변하게 된다는 교리이다.
26 참고. Benrath (Hg.), Wegbereiter, 342-413; Bahlcke, Geschichte Tschechiens, 35-39.
27 참고. Eberhard, Konfessionsbildung und Stände in Böhmen, 56-60. 디지털 온라인 편집본은 준비 중에 있다, 참고. www.religionsfrieden.de.

개혁 요구는 보헤미아 왕가의 반대파와 연결되었다.

발데스나 위클리프와 같이 후스에게도 성경에 대한 높은 평가는 특징적이었다. 또한 후스와 그의 지지자들에게 교회를 향한 청빈의 요구, 엄습하는 도덕적 타락에 대한 항의, 교황의 수위권 주장에 대한 비판, 평신도의 잔 요구 등이 나타났다. 곧장 후스는 이단이라는 비난에 직면했다. 그는 1415년 7월 콘스탄츠 공의회(Konstanzer Konzil)가 열리던 중 화형장의 장작더미 위에서 불타 죽었다. 그의 사상적 유산은 얀 로퀴카나(Jan Rokycana, 1396-1471)가 1420년 작성한 네 개의 프라하 조항(Vier Prager Artikel)에 들어가 있다. 이 조항들은 두 종류 성찬주의자들—혹은 잔주의자(Kalixtiner)로 표현되는—운동의 기초가 되었다. 그들은 평신도의 자유로운 설교, 평신도에게 잔의 분배, 교회와 사제의 재산과 세속 권력의 포기, 강력한 윤리 교육을 요구했다. 이 운동에서 분화되어 나온 한 분파가 있는데, 그들은 보헤미아 남부 지방에 거주하면서, 예수님이 변화하신 산(마 17:1-12)의 이름을 따라 자신의 거주지를 타보르(Tábor)[28]라고 명명했다. 후스파의 급진적 세력으로 여겨진 타보르파는 원시 공동체의 본을 따르는 삶을 실현하고자 했고, 개혁을 향한 그들의 요구는 네 개의 프라하 조항을 뛰어넘는 것이었다. 예를 들면, 그들은 제사장직, 예식 의복, 성물 숭배, 성자 숭배를 거절했다. 또한 서약과 금식을 거절하고, 성례가 일곱 개라는 견해에 문제를 제기했다. 이는 경우에 따라 개혁을 위해 군사적인 개입도 준비할 수 있음을 지지하는 묵시적 종말론과 연결되었다.

15세기 중반부터 타보르파와 보헤미아의 왈도파가 함께하는 교회를 조직하려는 시도가 더해졌다. 보헤미아 형제들, 혹은 모라비아 형제들은 1457

---

28 변화산을 타보르(Tabor) 산과 일치시키는 것은 예루살렘의 키릴로스(Kyrill von Jerusalem)에 기원한다.

년 "형제의 일치"(unitas fratrum)로 통합되었다. 그들은 뜻을 같이하는 귀족들의 보호를 받아 안전하게 보호될 수 있었다. 형제의 일치는 회중교회적 방식을 취했고, 네 명의 장로(Senioren)의 지도하에 있었다. 대표적 인물로 평신도 신학자 페트르 켈키키(Petr Chelčický, 약 1390-약 1460)가 있다. 그는 후스의 추종자이고, 위클리프의 영향을 받았다. 성경을 높이 평가하며, 기관화된 사제직을 거절하고, 평화주의적 태도를 가졌는데, 이는 형제들의 특징이 되었다.

또한 후스주의는—왈도파와 위클리프와 달리—핍박을 당하는 소수의 현상이 아니었다. 그래서 나중에 종교개혁은 이 바탕에서 확실한 기초를 갖게 되었다. 하지만 그렇다고 종교개혁이 아무 문제 없이 도입되었다는 것은 아니다. 오히려 정치적, 문화적, 언어적 차이들은 독일에서 체코로 도입되는 종교개혁을 방해했다.

아무튼 개신교 역사를 기술하는 데 있어 후스는 루터(Martin Luther, 1483-1546)의 선구자 중 한 명으로 기록된다.[29] 특히 루터는 라이프치히 논쟁(die Leipziger Disputation)에서 후스의 교리를 개신교적이라고 방어하며 자신을 후스와 같은 노선에 세웠다.

2) 르네상스와 인문주의

종교개혁으로 나아가는 길을 준비를 하는 사조들 가운데 전 유럽을 포괄하는 르네상스(Renaissance)가 있었다. 이 용어는 19세기에 만들어졌는데, "다시 태어남"(Wiedergeburt)을 의미하고 고대 그리스와 로마를 지향하는 전반적인 갱신을 다루는 문화적 각성의 시기를 가리킨다. 사람들은 그

---

29 참고. Schäufele, Wegbereiter der Reformation?, 148f.

시대의 권위적 인물들을 다시 발굴하고자 했고, 그래서 고대의 문화적 업적은 새로운 표준이 될 수 있었다. 이것이 동시에 의미하는 바는 고대와 그들 자신의 시대 사이에 놓인 수백 년의 가치를 경시하는 것이었다. 고대와 당시의 현대 사이에 흘러간 시대, 즉 "중세"(Mittel-Alter)가 그 당시에도 그리고 후대에도 부정적인 역사적 평가를 받게 된 것은 이런 생각에 기인했다.

르네상스는 사람의 삶에 대한 관점에도 영향을 끼쳤다. 내세의 소망에 집중하는 교회의 관점은 쇠퇴했다. 즐거움과 이생의 명성은 그 자체로 더 이상 피해야 할 것이 아니었다. 무엇보다 서유럽의 예술은 새로운 정점을 경험했다. 미술, 건축, 문학은 새로운 꽃을 피웠다. 이탈리아는 유럽 문화의 중심지로 발전했다. 여기에서 르네상스의 가장 중요한 특징을 찾을 수 있었다. 물론 교황청에 대해서도 마찬가지였다.

르네상스가 새로운 것을 강조하기는 했지만, 그렇다고 교회나 기독교에 혐오적이지는 않았다. 오히려 르네상스는 새로운 이상들을 전통적 종교와 일치시키는 데 관심을 두었다. 예술에서 성경과 교회의 주제들은 언제나처럼 큰 역할을 했고 세속적 주제와 동등하게 취급되었다. 문학에서도 고대와 기독교의 많은 차이점에도 불구하고 둘을 조화시키려는 노력이 나타났다. 예를 들면, 조반니 보카치오(Giovanni Boccaccio, 1313-1375)는 "데카메론"(Decameron)뿐 아니라, "마리아 서사시"도 깊은 경건심을 가지고 작성했다. 로렌조 발라(Lorenzo Valla, 약 1405-1457)는 자신의 작품 "Devoluptate"에서 도덕적 속박에서 완전히 자유롭게 된 이생의 장점을 그렸다. 그러나 그런 삶은 영원한 복을 잃어버렸기 때문에, 마지막에는 결국 버려질 것이라는 깨달음에 이르게 된다. 또한 그리스 철학자 플라톤의 교훈을 재발견하면서, 즉 플라톤주의를 위해 스콜라적 아리스토텔레스주의를 압박하는 가운데, 기독교의 갱신을 위한 노력이 드러났다. 마르실리오 피치노(Marsilio Ficino, 1433-1499)와 조반니 피코 델라 미란돌라(Giovanni Pico della Mirandola,

1463-1494)는 이런 의미에서 피렌체(Florenz)의 철학 학파(Academie)에 영향력을 가졌다. 갱신운동으로서 르네상스를 전파하는 사람 중 다수가 교회의 일을 하는 사람들이었다.

15세기 말 즈음 르네상스의 정신은 알프스 북쪽으로 확장되기 시작했다. 이는 프랑스, 영국, 네덜란드 그리고 독일 신성 로마 제국에까지 문화적 비상을 가져왔다. 여기에서 중점은 언어학적 열정이었다. 이는 광범위한 교육 운동으로 이해되는 인문주의(Humanismus)의 특징이 되었다. 그 핵심에 "Ad fontes!", 즉 "원전으로 돌아가자!"라는 구호가 있었다. 여기에서 관심은 단지 고전적 고대의 저작들만을 향한 것이 아니라, 더하여 기독교적 고대의 저작들을 향한 것이기도 했다. 고대 학자들의 책과 교부들의 책은 동등하게 연구되었고, 그들의 교훈과 언어와 수사학과 지식들은 습득되었다. 이런 방식으로 고전적 고대와 기독교적 고대의 이상은 함께 14세기 이후 전체 중부 유럽의 종교적, 정치적, 사회적 생활을 관통하는 중심점이 되었다. 고대의 윤리적 부분에 더하여 미학적이며 기술적인 부분들도 사람의 행동에 대한 기준이 되었다. "인문주의는 오래되고 더 중요한 고대의 지식을 재수용하여 하나님의 형상으로서 사람의 가치와 의무를 인식하는 가운데 사람을 윤리적으로 더 성숙하게 만들고 하나님께 가까이 가도록 하는 새로운 지식과 새로운 자각과 새로운 지혜를 만드는 것을 다룬다."[30]

인문주의가 네덜란드와 독일에서 확산될 수 있었던 배경에는 특히 새로운 헌신(Devotio moderna)의 역할이 있었다. 이는 단순한 종교와 교회에 대한 소망을 이 운동에 불어넣었다. 교회의 개혁을 위한 새로운 계기는 열매를 맺게 되었다. 제국에 널리 확산되었던 인문주의는 뛰어난 인문주의 학

---

30 Wuttke, Humanismus in den deutsch-sprachigen Ländern, 34; 인용은 다음에서. Füssel (Hg.), Deutsche Dichter der Frühen Neuzeit. 1450-1600, 24.

교를 통해 힘을 얻었다. 특히 엘자스의 슐레트슈타트(Schlettstadt, Sélestat)에 위치한 라틴어학교(Lateinschule) 장크트 게오르크(Sankt Georg)를 언급할 수 있다. 이 학교는 베스트팔렌(Westfalen) 출신의 루트비히 드링엔베르크(Ludwig Dringenberg, 1410-1477)와 그의 제자들의 지도하에 "능변의 경건"(eloquens pietas)의 이상을 지향하는 뛰어난 교육기관이 되었다. 이 학교에서 영향력 있는 인문주의자들이 배출되었다. 예를 들면, 요한네스 로이클린(Johannes Reuchlin), 콘라드 켈티스(Conrad Celtis), 하인리히 베벨(Heinrich Bebel), 베아투스 레나누스(Beatus Rhenanus), 야콥 빔펠링(Jakob Wimpfeling) 그리고 나중에 보름스의 주교가 된 요한네스 카메라리우스(Johannes Camerarius)가 있었다.

비록 인문주의가 전승된 전통에 반기를 들기는 했지만, 중세 스콜라 학문을 근본적으로 반대했던 것은 아니었다. 새로운 교육의 요소와 형식은 전통적인 것과 처음부터 끝까지 연결될 수 있었다. 일반적으로 말하면, 인문주의는 결코 동질의 사조는 아니었다. 오히려 인문주의의 특징은 큰 다양성에 있었다. 예를 들면, 루돌프 아그리콜라(Rudolf Agricola, 1444-1485)는 교육적 관심에 몰두한 반면, 콘라드 켈티스(Konrad Celtis, 1449-1508)는 특히 "좋은 문학"(bonae litterae)을 위해 노력했다. 그의 동지들은 문학을 위해 노력하고, 왕성한 서신 문화를 만들어냈던 "동업조합"(Sodalität)로 함께 연결되었다. 특히 뉘른베르크(Nürnberg), 바젤(Basel), 스트라스부르(Straßburg)와 같은 큰 도시에는 그런 문학을 지향하는 인문주의 학자들의 모임들이 있었다. 그들은 국제적인 인문주의 네트워크로 연결되었다.

켈티스의 경우 교육개혁을 위한 첫 번째 계기들이 발견된다. 그는 이탈리아 학자들인 프란체스코 페트라르카(Francesco Petrarca, 1304-1374)와 로렌조 발라에 이어 문화를 세우는 언어의 기능을 강조했다. 여기에서 그는 라틴어를 가장 중요하게 보았다. 모든 인문주의자에게 라틴어는 학문과 자유로운 예술의 언어로, 즉 세계문화의 언어로 여겨졌다. 라틴어는 진정한 "교양"(eruditus, 학자들)과 진짜 "세련"(civilitas, 사람의 예절)의 표지가 되었다. 언어의 기능은 내용의 의사소통에 국한되지 않았다. 사람들이 함께 살기 위한 동력과 보장으로서 언어를 그렇게 높이 평가하는 것은 새로운 것이었다. 인문주의자들이 근거로 내세운 것은 라틴어와 법학 사이, 그리고 라틴어와 신학 사이에 존재하는 긴밀한 연관관계였다. 법과 교회의 언어로 사용되는 라틴어는 문화와 사상의 분명한 입장을 수반한다. 이 문화와 이를 통해 보장된 지혜는 오직 라틴어의 학습을 통해 참여할 수 있었다. 따라서 인문주의자들은 언어의 몰락에서 일반적인 영적 타락을 보았다. 라틴어와 언어들을 지키는 것은 대체로 언어 지식을 넘어 문학적 기념비들을 다시 발견할 수 있고, 열 수 있는 역사에 대한 관심과 연결되었다. 그렇게 헬라어와 히브리어도 "인문주의 학문"(studia humanitatis)에 들어왔다. 히브리학의 설립자로 인정받는 요한네스 로이클린(Johannes Reuchlin, 1455-1522)이 이 일에 주요 공헌자였다.

로이클린은 특히 유대의 카발라(De arte cabalistica, 1517)에 집중했다. 이를 통해 구약의 의미를 풀어내려 시도했다. 더하여 로이클린은 성경 이외의 유대 문헌들에 관심을 가졌다. 그가 작성한 평가서에서 그는—학자적 관심에서—유대주의 문헌을 없애는 것을 용감하게 반대했다. 당시 황제 막시밀리안 1세는 세례받은 유대인 요한네스 페페르코른(Johannes Pfefferkorn, 1469-1521)에게 그런 책들을 불태우는 것을 승인했었다. 이것이 로이클린-페페르코른 분쟁(Reuchlin-Pfefferkorn-Streit, 1510-1520)의 시작이었다. 페페르코른은 쾰른의 도미니코 수도사들의 지지를 받았다. 로이클린은 인문주의자들의 지지를 받았다. 인문주의자들과 스콜라주의자들의 이 대립은 다양한 사상적 입장과 학자들의 문화적 대립을 대표적으로 보여주는 것이다. 종교재판이 로이클린에게 불리하게 진행되어 끝나자, 그는 유명한 인문주의 동지들의 견해들을 "유명한 사람들의 서신"(Epistolae clarorum virorum)이라는 제목으로 출판했다. 이것 때문에 에르푸르트의 인문주의자들이 이 싸움에 개입했고, 인문주의에 동조하는 제국 기사 울리히 폰 후텐(Ulrich von Hutten, 1488-1523)의 참여하에 "무지한 사람들의 서신"(Epistolae obscurorum virorum)을 출간했다. 이 책은 어떤 쾰른의 신학자에게 보내는 조잡한 라틴어로 된 창작된 편지에 대한 것이다. 이 편지는 성직자 계급에 대한 예리한 풍자로 작성되었고, 성직자 계급을 웃음거리로 만들었다. 얼마 후 사람들은 로이클린을 마틴 루터와 비텐베르크에서 시작된 종교개혁의 경향에—부당하게—연결하려고 했지만, 그는 신실하게 구교에 머물렀다.[31] 교회를 비판하는 기독교적 인문주의는 비록 모양에서 성경 인문주의적 동기로 인해 종교개혁에 길을 준비했지만, 결코 종교개혁과 일치하지 않는다.[32]

인문주의의 대표자는 로테르담의 에라스무스(Erasmus von Rotterdam, 약 1466-1536)이다. 고대 기독교에 대한 그의 노력은 성경과 교부들에 있었다. 예를 들면, 특히 오리게네스(Origenes)와 히에로니무스(Hieronymus)가 그의 핵심 관심을 차지했다. 최초의 큰 교부 저작의 출판은 에라스무스로 인해 나왔다. 교부 저작들에 표현된 교훈은 "그리스도의 철학"(philosophia Christi)으로 기독교를 위해 방향을 잡아주는 기준이 되어야 했다.[33] 그는 "그리스도의 철학" 안에 그리스도께서 오시기 전에 있던 철학의 선하고 보존할 만한 모든 요소가 담겨 있다고 믿었다. 교부들의 교훈은 하나님의 일

---

31 로이클린에 대하여 참고. Augustijn, Humanismus, 70-72.
32 루터를 이른 시기에 거절했던 인문주의자들을, 1521년 루터에 대한 파문과 추방의 판결까지 종교개혁에 관심을 보였던 성경 인문주의자들과 구분하기 위하여, 참고. Augustijn, Erasmus, 특히 166f.; Augustijn, Humanismus, 101-107.
33 참고. Moeller, Geschichte, 211.

하심 덕분에 이 철학보다 뛰어나고, 이를 통합하는 것이었다. 에라스무스는 기독교를 그곳으로 인도하여, 이 원천을 가지고 다시 새롭게 하고, 잘못을 깨닫게 하고, 아리스토텔레스 논리학으로 인한 신학의 과도함을 벗게 하려는 목표를 가지고 있었다.

1502년 "그리스도인 군사의 안내서"(Enchiridion militis christiani)는 그리스도인을 위한 경건서적으로 에라스무스의 주요 저작으로 꼽힌다. 또한 1509년 "우신예찬"(Encomium Moriae)은 아주 섬세한 풍자다. 마지막으로 1516년에 나온 헬라어 신약성경의 첫 번째 비평판인 "Novum Instrumentum"이 자신의 라틴어 번역과 함께 나왔다. 이 책의 두 번째 판은 1519년 루터가 성경을 독일어로 번역할 때 곁에 있었다. 비록 에라스무스가 구교에 결코 등을 돌리지 않았고, 루터나 종교개혁을 자신의 입장과 동일하게 보려는 시도를 단호하게 반대했지만, 그는 교회의 잘못에 대해 가혹한 비판을 가했다. 사후에 그가 교회를 비판한 저작들은 트리엔트 공의회(Konzil von Trient)에 의해 금서 목록에 올랐다.[34] 매섭게 찌르는 그의 비판적 아이러니의 예는 그의 담화 "Julius exclusus"이다. 그는 르네상스 교황의 세속화를 교황 율리오 2세(Papst Julius II)의 예를 통해 폭로했다.[35] 에라스무스는 교황 율리오를 개인적으로 묘사하기보다는 르네상스의 일반적인 교황 중 한 명의 모습으로 그려냈다. 이 풍자는 1518년으로 기록되었지만, 이름이 없는 출판물로 나왔다. 즉각 저자가 에라스무스라고 인식되고 믿어졌지만, 에라스무스는 전적으로 부인했다. 에라스무스는 다방면의 학문적 작품을 남겼고, 1536년 바젤에서 사망했다. 그의 저작들을 통해 그는 유럽

---

34 추가로 참고. Seidel-Menchi, Erasmus als Ketzer, 387-405.
35 참고. Erasmus von Rotterdam, Iulius exclusus(mit Einleitung), 1-297; 라틴어-독일어. in: Erasmus von Rotterdam, Ausgewählte Schriften V, 6-109.

의 학자로 불렸고, "인문주의자 제후"(Humanistenfürst)라는 적절한 평가를 받았다.[36]

36　참고 Seebaß, Geschichte des Christentum III, 69-82.

종교개혁,
인물과 중심지를
따라 읽다

II. 종교개혁:
중심지 – 인물 – 결과

II. 종교개혁: 중심지 – 인물 – 결과

가. 비텐베르크의 종교개혁

작센의 선제후령에 속한 비텐베르크(Wittenberg)와 같은 작은 장소가 종교개혁의 가장 중요한 무대로 여겨지는 것은 단지 마틴 루터의 등장과만 관계된 것은 아니었다. 다양한 요인들이 함께 있었다.[37]

1485년 작센의 형제 공작들 에른스트(Ernst)와 알브레히트 3세(Albrecht III) 사이의 영토 분할로 라이프치히(Leipzig) 지역이 분리되었다. 선제후위(Kurwürde)에 속한 엘베(Elbe) 강변의 작은 도시 비텐베르크는 베틴(Wettin) 출신의 에른스트 가계에 뿌리를 둔 작센 선제후들의 수도가 되었다. 프리드리히 3세(Friedrich III)는 소위 "현자 프리드리히"(Friedrich der Weise, 재위 1486-1525)라고 불리는데, 그는 비텐베르크를 화려한 중심지로 발전시키기 위해 온갖 노력을 다했다.

이를 위해 다양한 조치가 취해졌다. 오래된 아스카니아성(Askanier-

---

37   이 관계에 대하여 참고. Junghans, Martin Luther in Wittenberg, I. 11-37, II. 723-732.

schloss)이 개축되어, 방어와 거주가 함께 가능할 수 있게 되었다. 또한 이 건축과 긴밀하게 연관되어 성교회(Schlosskirche)가 건립되었다. 이 교회는 1503년 봉헌되었고, 1509년 완공되었다. 선제후는 이 교회에 자신이 수집한 대규모 성물들을 보관했고—선대의 건축물과 같이—"모든 성자 재단"(Allerheiligenstift)으로 수입을 받았다. 유명한 성물의 소장품들은 모든 성자 재단의 제의적 활동과 연결되어, 선제후령 작센의 수도를 중세 후기 경건의 중심지로 만들 수 있는 가능성을 제공했다.

또한 프리드리히는 1502년 대학 로이코레아(Leucorea)를 설립했다. 이 대학은 - 중세 말기와 근세 초기에 설립된 많은 대학들과 마찬가지로 - 특히 적절한 교수 초빙을 통해 교육의 중심지로 선다면, 영주의 명망을 높이는 데 공헌했다. 새로 건립된 성교회는 대학을 위한 역할이 있었다. 교회는 대학의 교회였고, 로이코레아의 축제의 장이었고, 또한 학문적 명성 있는 사람들의 묘지였다. 이 교회에서 토론회들이 열렸고, 학위식이 개최되었고, 취임연설(Antrittsvorlesungen)과 예배(Andachten)가 열렸다. 교회의 정문은 검은 널빤지로 만들어졌고, 대학은 이 문을 토론주제와 온갖 종류의 전달사항의 게시판으로 사용했다.[38]

1508년 가을 마틴 루터는 어거스틴 은자 수도회(Augustiner-Eremiten-Orden)에 소속된 수도사로서 비텐베르크에 처음 도착했다. 규율이 엄격한 어거스틴 은자회의 총사제(Generalvikar)이자 비텐베르크 대학 교수인 요한 슈타우피츠(Johann von Staupiz)의 권유 때문이었다.[39] 루터는 비텐베르크에서 시작된 종교개혁의 핵심 인물이 되었다.

---

38 참고. Junghans, Martin Luther in Wittenberg, 9-64; 그 외에 Lücke 등(Hg.), Das ernestinische Wittenberg, 2011-2013.
39 이 단락에 대해서는 참고. Dingel, Wittenberger Reformation, 12f.

그러나 이 종교개혁은 종파로서 루터파(Luthertum)와 결코 동일시될 수 없다. 루터파는 16세기 후반 개신교 내의 수많은 논쟁과 해명과정의 결과로 점진적으로 형성되었다. 루터와 그의 동료들이 비텐베르크에 살아 있는 동안 형성되었던 종교개혁신학은 아직 종파로 나누어지기 전 단계에 머물러 있었고, 나중에 분리의 원인이 된 신학적 다양성은 아직은 이 그룹 내에서 포괄적으로 통합될 수 있었다. 그래서 종교개혁은, 비록 루터가 지도적 역할을 했다고 할지라도, 특히 끼친 영향력의 범위에 있어서 결코 한 명의 유일한 창시자에게 근원을 돌릴 수 없다.

오히려 종교개혁은 비텐베르크 종교개혁자 네트워크에서 시작되었다고 할 수 있다. 이 네트워크의 구성원들은 각각 특별한 방식으로 종교개혁의 신학적 특성의 형성에 공헌했고, 비텐베르크라는 도시와 선제후령 작센의 경계를 뛰어넘는 영향력을 행사하도록 도왔다.[40] 루터와 함께, 필립 멜란히톤(Philipp Melanchthon, 1497-1560)도 탁월한 역할을 수행했다. 비텐베르크에서 시작한 종교개혁이 유럽에 끼친 영향을 볼 때, 그는 심지어 루터를 훨씬 능가했다.

또 다른 영향력 있는 인물로 요한네스 부겐하겐(Johannes Bugenhagen, 1485-1558)이 있다. 그는 출신 지역 때문에 포메라누스(Pomeranus)라고 불렸는데, 루터가 신뢰하는 동역자요, 목양자(Seelsorger)였고, 특히 교회 조직을 세운 사람으로 중요한 의미를 지닌다. 그의 교회법(Kirchenordnungen)은 종교개혁 신학을 교회의 실천으로 이행하는 데 중요한 역할을 했다. 그의 법은 각 지역에 알맞게 맞추어진 법의 모델로서 다른 많은 법들의 모범이 되

---

40 지난 2000년 게오르크 마이오르(Georg Major)에 대한 행사에서 시작하여 정기적으로 출간된 학회집 가운데 종교개혁자들의 네트워크의 동료들을 점진적으로 다루었던 비텐베르크 종교개혁을 위한 봄 학회가 이 관점에 집중했다. 참고. Dingel/Wartenberg (Hg.), Georg Major, 2005, 그리고 LStRLO 시리즈로 나오는 책들을 참고.

었다.

그 외에 비텐베르크 종교개혁자들의 네트워크의 다른 구성원들도 각자 자신의 방식으로 종교개혁의 발전과 특징적 영향을 위한 공헌을 했다. 니콜라우스 폰 암스도르프(Nikolaus von Amsdorf, 1483-1565), 유스투스 요나스(Justus Jonas, 1493-1555), 요한 아그리콜라(Johann Agricola, 1494-1566), 카스파르 크루키거(Caspar Cruciger, 1504-1548), 게오르크 뢰러(Georg Rörer, 1492-1557), 게오르크 마이오르(Georg Major, 1502-1574) 그리고 특별히 미술가 루카스 크라나흐(Lucas Cranach d.Ä., 1472-1553)가 여기에 속했다. 그들은 모두 각자의 다양한 활동 영역에서 종교개혁의 다양한 강조점들을 가지고 활동했다. 그들은 성경 번역에서 루터의 조력자로서, 루터와 멜란히톤의 라틴어 저작의 번역자로서, 교회 회의(Konsitorium)의 동료로서, 목사로서, 교사와 학교장으로서, 식탁 담화와 설교를 받아쓴 문서 수집가로서, 또한 예술가로서 활동했다. 이렇게 그들은 각자의 신학적 특성들을 발전시켰다.[41] 그러나 탁월한 권위는 누구보다 루터와 멜란히톤에게 돌려진다.

1. 개혁자가 된 마틴 루터

마틴 루터는 한스 루더(Hans Luder)와 아내 마르가레테(Margarete)의 아들로서, 시민 계급(bürgerlich-landständisch)에 속했다.[42] 그는 1483년

---

41 참고. Dingel/Leppin (Hg.), Reformatorenlexikon, 2014, 이 책은 다른 나라의 종교개혁자들을 포괄하고 있다.
42 수많은 새로운 루터 전기 중에 여기에서는 다음의 책들만 언급한다. Schwarz, Martin Luther, 2015; Hendrix, Martin Luther, 2015; Schilling, Martin Luther, ³2014. 그 외에 Brecht, Martin Luther, 3 Bde. ³2013. 참고. Dingel, Wittenberger Reformation, 7-57.

11월 10일 만스펠트 백작 영지(Grafschaft Mansfeld)에 속한 아이슬레벤(Eisleben)에서 태어났고—당시에 다 그랬듯이—다음날 세례를 받고 당일의 성자 이름을 받았다. 그는 만스펠트와 마그데부르크(Magdeburg)에서 학교를 다닌 후 1497년 1년간 대성당학교(Domschule)를 다녔고, "공동생활 형제단"(Brüdern vom gemeinsamen Leben)에서 거주했다. 그 후 1498년에서 1501년까지 장크트 게오르크 교구학교(St. Georg Pfarrschule)에서 공부하기 위해 아이제나흐(Eisenach)로 옮겼다. 이어 그는 이미 인문주의가 자리를 잡고 있었던 에르푸르트(Erfurt)에서 대학 학업을 이어갔다.

    1505년 6월 2일 루터는 만스펠트를 방문하고 돌아오는 길에 슈토터른하임(Stotternheim)에서 심한 악천후를 만났고, 성녀 안나(die Heilige Anna)에게 수도사가 되는 서약과 함께 도움을 청했다. 루터는 - 아버지의 맹렬한 반대에도 불구하고 - 에르푸르트에 있는 어거스틴 은자 수도원(das Augustiner-Eremiten-Kloster)에 들어갔다. 그리고 자기 영혼의 구원을 위해 엄격한 수도원 생활의 의무에 복종했다. 그러나 그가 간절히 원했던 구원의 확신은 생겨나지 않았다. 그는 1507년 사제 서품을 받은 후 신학 공부를 시작했다.

    에르푸르트의 수도원은 그에게 독자적 "기초학업"(Generalstudium)을 지원했다. 그 후 1년이 지나지 않아(1508/09) 루터는 비텐베르크로 옮겨 신학 수업을 지속했다. 그곳에서 동시에 로이코레아의 철학(Artes) 강사로서 도움을 주었다. 그는 신학 학업에서 급속한 진전을 이루었다. 1509년 에르푸르트에서 "성경학사"(baccalaureus biblicus)를 취득하고, 같은 해 가을 "명제집 학사"(baccalaureus sententiarius)를 취득할 수 있었다. 이 시기에 루터는 수도원 내부 업무를 이유로 로마를 방문(1511)했다.[43] 그는 거룩한 도시에 머무는 동안 넘치는 은혜를 공급하는 교회를 경험했고, 또한 이와 관계된 폐해들도 직접 눈으로 보게 되었다. 그러나 그는 당분간 그의 경력을 계속 이어갔다. 수도원장(Ordensgeneral)인 요한 슈타우피츠가 그 시기에 중요한 역할을 했다. 1511년 루터를 비텐베르크로 데려와 신학 박사학위를 취득하게 하고, 수도원 공동체의 설교직을 맡도록 격려한 사람이 바로 슈타우피츠였다. 루터는 1512년 10월 19일 박사학위를 취득하고 난 후에, 성경 연구 교수로서 신학 분과의 일원이 되었고, 슈타우피츠의 후임이 되었다. 1513/14년 겨울학기 10월말 그는 강의를 시작했다. 또한 1515-1518년까지 자기 수도원의 개혁연합회(Reformkongregation)에서 작센 지방 목사로서 활동했다.

그러나 이런 성공에도 불구하고 루터는 정작 자신의 영혼이 구원을 받았는가에 대한 깊은 회의에서 벗어나지 못했다. 또한 당시 스콜라 신학에 근거한, 수도원 수행으로 구원에 이를 수 있다는 깊은 확신도 사실상 그를 돕지 못했다. 그는 피조물에게 완전한 사랑을 요구하시는 하나님과 그 반대편에서 저항하며 이기적인 의지에 사로잡혀 있는 사람 사이의 깊은 골을 인식했고, 이 인식은 루터를 내적 의심으로 이끌었다. 그는 자신의 인격에서 이것을 경험했다. 영혼의 구원을 얻기 위한 경건한 공로와 신비적 몰입은 그가 보기에 자기중심성에 자극된 것이었다. 그의 고해신부인 슈타우피츠도 이 위기를 해결해 줄 수 없었다. 슈타우피츠는 루터에게 그리스도께 절박하게 나아갈 것을 권했다.

수도승 루터는 "어떻게 내가 은혜로운 하나님을 만날까?"라는 질문에서 불안에 떨고 있었다. 하나님의 의에 대한 성경의 진술은 그를 공포에 떨

---

43 루터의 로마 여행에 대하여 참고. Schneider, Luthers Reise nach Rom, 1-157, 특별히 114-116.

게 했다. 성경 속의 예수 그리스도는 마치 그림책에서처럼 항상 의를 행하는 두려운 세상의 심판자로서 그를 만났다. 또 다른 회의는 루터가 교부 어거스틴과 그의 예정 교리에 집중하면서 생겨났다. 하나님은 자신의 이해할 수 없는 의지와 결정에 따라 사람들을 그들의 공로를 보지 않고 정죄나 영원한 복으로 미리 정하셨다. 그리고 그들에게 있는 원죄로 인해 근본적으로 어떤 행위의 재량권도 허용되지 않았다. 루터는 그런 하나님을 싫어할 수밖에 없었다. 동시에 이 견해는 루터가 분명히 선택된 사람 가운데 속하지 않고, 오히려 유기된 사람 가운데 속한 것이 틀림없다는 것을 너무나 명백하게 증명하는 것처럼 보였다.

이러한 내적 회의와 의문들은 루터가 로이코레아에서 교수로 활동하는 동안에도 여전히 함께했다. 그의 신학적 발전은 1513/14년 겨울학기부터 시작된 그의 강의를 통해 추적해 볼 수 있다.[44] 루터의 존재적 싸움과 학문적, 신학적 작업은 서로 교차되었다. 이미 그의 첫 강의인 1513-1515년 "Dictata super Psalterium"[45]은 그가 점차 새로운 신학적 확신을 향하여 발전하고 있었다는 것을 보여준다. 그러나 아직은 기존 교회의 교리체계에 문제를 제기하지는 않았다. 남겨진 그의 주해 노트는 성경 본문에 대한 그의 집중적인 작업을 증명한다.[46]

이어지는 강의들은 특히 1515/16년 로마서 주해는 점진적으로 형성된 그의 새로운 해석학의 증거들이다.[47] 로마서에서 루터는 무엇보다 "하나님의 의"(iustitia Dei)라는 구절이 나오는 로마서 1:17의 이해를 다루었다. 루터는 나중에 이 한 절이 전체 성경의 이해를 위한 열쇠라고 고백했다. 지금까

---

44 이 관계에 대하여 참고. Brecht, Martin Luther I, 129-137.
45 참고. WA 55/I 그리고 II, 1993 그리고 2000. Spehr, Luthers Psalmen-Vorlesung, 18-27. 243f.
46 참고. Matsuura, Psalterdruck und Manuskripte zu Luthers Psalmenvorlesung, 28-45. 244-252.
47 참고. Köpf, Luthers Römerbrief-Vorlesung, 48-55. 253f.

지 루터는 전통적인 이해를 따라 "하나님의 의"는 하나님을 의로운 분으로 규정하는 한편 죄인과 불의를 심판하는 형식적 혹은 능동적 의라고 이해했다. 바로 이것이 그에게 심각한 내적 분쟁을 일으켰다. 왜냐하면 그런 이해가 의미하는 것은 계명을 성취할 수 없게 만드는 원죄의 속박으로 인해 심지어 복음에서도 선포되는 처벌하시는 하나님의 의로 인해 근본적으로 아무도 하나님과 화해할 수 있는 자신만의 충분한 공로를 확신할 수 없다는 것이기 때문이다. 이런 이해의 배경 앞에서 루터는 로마서의 이 구절에 특별한 주의를 기울이고, 그 구절의 관계를 정리하고, 그것을 어문학적으로 이해하려고 시도했다.

이러한 새로운 원전 읽기의 결과로 그는 더 이상 하나님의 의를 능동적 심판으로 이해하는 대신, 그것을 믿음으로 인정하는 바로 그 사람을 행함과 무관하게 의롭게 만드시는 의로, 다시 말해 사람에게 선물로 주어지는 의로 이해하게 되었다. 의로우신 하나님은 본질적으로 자비로운 하나님으로 드러나게 되었다. 루터는 하나님의 의에 대한 새로운 시각을 성경의 전체적 이해에 적용했다. 공포를 불러일으키는 심판자로서의 하나님 상은 사람을 사랑하는 애정으로 다가오는 구원자 상으로 변경되었다. 루터는 이런 통찰을 성경에서 발견할 뿐 아니라, 어거스틴의 "영과 문자에 대하여"(De spiritu et littera)에서도 확인했다. 이는 루터로 하여금 자신의 이해를 확신하게 했다. 그는 이 이해를 하나님의 선물이라고 평가했다. 하지만 이 변화는 자신이 가지고 있던 신학적 성향을 결코 즉각적이고 급작스럽게 단절시키지 않았다. 당분간 루터의 발언 속에서는 계속해서 구교적 경건의 맥락을 찾아볼 수 있었다. 한 예가 바로 1517년 95개 조항이었다. 물론 이 조항들은 그의 새로운 종교개혁적 지식을 이미 배경에 함께 가지고 있었다.

이런 상황으로 인해 루터 연구에서 루터의 "종교개혁으로의 전환"(reformatorische Wende)의 정확한 시기를 특정하려는 시도들이(이른 시기: 1514년,

늦은 시기: 1518년) 생겨났다.[48] 루터는 1545년 그의 라틴어 저작의 비텐베르크 전집(Wittenberger Gesamtausgabe) 1권의 서문에서 자전적 회고를 통해, 자신이 오직 믿음으로 말미암는 칭의를 발견하고, 자신을 괴롭히던 의심으로부터 자유롭게 된 것은 1518년 봄과 가을 사이라고 기록했다. 이런 진술 때문에 불분명한 자료들의 상황이 더욱 복잡하게 되었다. 그는 다른 글에서 한 번, 하수도도 있고, 그가 일하는 공간도 있던 수도원의 탑에서 있었던 어떤 사건에 대해 말했다. 그러므로 루터가 여러 단계의 신학적 발전을 통과했다는 것은 분명하다. 그 단계들은 1513/15년 초기 강의들에서 시작되어 1518년 가을 마지막에 도달했다. 만약 루터의 강의와 그 시대의 저작들이 시작하는 단계를 위한 증거로 평가된다면, "종교개혁으로의 전환" 혹은 "종교개혁의 발현"(reformatorische Druchbruch)은 여러 해에 걸친 발전의 결과로 이해될 수 있다.

루터 종교개혁의 발단은 1517년 10월 31일 95개 조항[49]을 통해 비텐베르크를 훨씬 넘어서는 영향력을 얻게 되었다. 95개 조항은 얼마 전 새롭게 임명된 마인츠 대주교(Mainzer Erzbischof), 알브레히트 폰 브란덴부르크(Albrecht von Brandenburg)의 교구에서 "형벌과 죄로부터"(a poena et culpa) 완전한 면제(Plenarablass)가 공포된 것이 동기였다. 사실 루터가 직접적으로 면죄부 설교나 면죄부 판매에 관련되지는 않았다. 그의 영주였던 현자 프리드리히가 자신의 영토에서 면죄부의 판매를 금지했기 때문이다. 그는 자신이 갖춰 놓은 성물들과 면죄부가 서로 경쟁하는 것을 원하지 않았기 때문

---

48 참고. Lohse (Hg.), Durchbruch der reformatorischen Erkenntnis, 1968, 그리고 문제의 설명은 Brecht, Martin Luther I, 215-230, 여기에 언급된 문헌들; Schilling, Martin Luther, 147-152.
49 참고. WA 1, 233-238.

이다. 그러나 루터가 면죄부 판매의 배경[50]에 대해 알지 못했다고 하더라도, 그 과정에 대해서는 진심이었다. 면죄부 책임자인 요한네스 테첼(Johannes Tetzel)의 설교는 영토의 경계를 넘어 영향력을 끼쳤고, 면죄부의 매력적인 은혜가 사람들을 매료시켰기 때문이다.

루터가 작성한 95개 조항은 학자들의 토론을 촉구했다. 토론의 주제는 면죄부의 실행방식이었다. 면죄부는 이와 관계된 사람이 이렇다 할 참회를 느끼는 것도 없이 특정한 경건 행위나 보상적 지불을 통하여 신적으로 죄의 형벌을 사면할 뿐 아니라, 죄과의 사면도 확약하고 증명했다. 이에 관한 루터의 조항은 학자들의 언어인 라틴어로 작성되었다. 즉 학문적 집단을 향한 것이었다. 루터는 이를 마인츠 대주교에게 보내는 개인적인 호소에 첨부하는 편지의 형식으로 작성했다.[51] 루터가 95개 조항, 다시 말해 그의 논쟁적 제안을 수많은 순례자가 면죄를 얻기 위해 비텐베르크의 모든 성자의 제단에 몰려드는 10월 31일, 모든 성자의 축제일(만성절) 전날 밤, 대학의 게시판인 성 교회(Schlosskirche)의 정문에 게시했는지, 아니면 그냥 마인츠 대주교에게 보내는 청원서의 첨부물로만 동봉했는지는 여전히 논란이 있다.[52] 다만 확실한 것은 이날의 조항들이 사본과 인쇄본으로 출판되었고, 또한 여러 지역에 전달되었고, 더하여 독일어 번역으로 유통되었고, 매우 급속히 확산되었다는 점이다. 사실 이 조항들은 전반적으로 볼 때 옛 교회의 구조나 신학을 공격한 것은 아니었다. 그러나 어떤 부분에서는 새로운 것을 주장했다. 복음의 유일한 권위를 가리키는 강조들이 있었다. 하나님과 사람

---

50 참고. Die "historischen Vorbemerkungen", in: Fabisch/Iserloh (Hg.), Dokumente zur Causa Lutheri I, 202-211.
51 참고. Kolb, Luthers Appel an Albrecht von Mainz, 80-88. 258f.
52 참고. Iserloh, Luther zwischen Reform und Reformation, ³1968; Bornkamm, Thesen und Thesenanschlag Luthers, 1967; Aland, Die 95 Thesen Martin Luthers, 1983; Ott/Treu (Hg.), Faszination Thesenanschlag, 2008; Moeller, "Thesenanschlag" und kein Ende, 125-129.

의 관계는 면죄부를 사는 것을 통해 정해질 수 없고, 오히려 하나님께서 사람에게 베푸시는 친절하고 너그러운 은혜에 기초한다는 점을 루터는 얼마 후 일반인을 위해 작성한 작은 글 "면죄부와 은혜에 대한 설교"(Sermon von Ablass und Gnade)[53]에서 분명하게 말했다. 이 전단지(Flugschrift)는 엄청나게 퍼져나갔다. 이는 사회적 지리적 경계를 넘어 널리 확장해가는 비텐베르크 종교개혁의 시작이었다.

1) 신학적 기초: 논쟁들과 종교개혁의 주요 저작들

루터의 신학은 이미 이른 시기의 논쟁들에서 기본적인 모습을 갖추었다. 비텐베르크에서 시작된 종교개혁이 학문적 맥락에서는 어떻게 이해되고 있었는지, 또한 지역적 한계는 어떻게 뛰어넘을 수 있었는지 이 논쟁들에서 분명해진다.

종교개혁의 발전 방향은 1518년의 하이델베르크 토론을 통해 볼 수 있다. 이 토론은 어거스틴 은자회의 총주교회 회합을 계기로 격식 있는 대학의 토론회로 개최되었다. 참석자 가운데 훗날 개혁자가 된 마틴 부처(1491-1551, 스트라스부르의 개혁자), 당시 도미니코 수도회 소속이었던 요한네스 브렌츠(Johannes Brenz, 1499-1570, 슈배비쉬-할[Schwäbisch-Hall]의 개혁자), 슈네프(Erhard Schnepf, 1495-1558, 뷔르템베르크[Württemberg]에서 종교개혁에 동참), 마틴 프레히트(Martin Frecht, 1494-1556, 울름[Ulm]의 개혁자), 테오발트 빌리카누스(Theobald Billicanus, 1490/95-1554, 뇌르틀링엔[Nördlingen]의 개혁자) 그리고 훗날 영성주의자(Spiritualist)로서 여러 차례 추방당했던 세바스티안 프랑크(Sebastian Franck, 1499-1542)가 있었다.

---

53 참고. WA 1, 243-246. Schilling, Sermon von Ablass und Gnade, 108-112. 264f.; Moulin, Sermon von Ablass und Gnade, 113-119. 265f.

루터는 40개의 논제를 작성했다. 28개는 "신학에 대해"(ex Theologia), 12개는 "철학에 대해"(ex Philosophia) 다루었다. 직접 작성한 "증명" 혹은 "논증 서술"(probationes)이 더해졌다.[54] 루터는 철학 논제에서 기본적으로 옛 주제들, 즉 철학과 신학의 차이점에 집중했던 반면 신학 논제에서 새로운 길로 들어섰다. 신학 논제들은 율법과 행위의 이해를 위한 설명들로 시작한다. 그는 하나님의 법이 사람을 어떤 방식으로도 의로 이끌 수 없다고 주장한다. 그의 주장은 겉으로는 비록 다르게 보일지라도, 하나님의 법을 오해하여 행하는 사람의 공로로 인한 의를 반대한다. 그리고 하나님께서 요구하시는 것에 견주어 볼 때, 사람의 공로는 "죽을 죄"(peccata mortalia, 3조항)에 해당한다는 진술에서 정점을 이룬다. 이 배경에서 루터는 옛 스콜라 형식인 "사람은 신적 은혜의 도움을 얻기 위해, 자신 안에 있는 능력을 따라 행한다"(homo facit quod in se est)는 명제에 반대했다. 자신의 능력과 공로를 신뢰하는 사람은 반대로 겸손과 무능을 알도록 경고받아야 하며, 그리스도 예수 안에 있는 하나님의 일하심을 보아야 한다. 그리스도 없이 독단적으로 자신의 능력을 신뢰하고 굴하지 않는 지식의 길에서 힘, 지혜, 의 그리고 하나님의 존재를 이해한다고 믿는 사람은 루터에 따르면 잘못된 길을 가고 있다. 반면 자신의 이해와 현실의 이해를 그리스도에게 맞추는 사람은 십자가에 못 박힌 하나님 아들의 무기력, 어리석음 그리고 치욕 아래 숨겨진 하나님을 알게 되고, 하나님의 바른 지식에 도달하게 된다.

루터는 논쟁 중에 이렇게 진술한다. 이 두 지식의 길에서 한편에는 "영광의 신학"(theolgia gloriae)이 있다. 이것은 가치를 반대로 바꾸어 버린다. 다른 한편에는 "십자가의 신학"(theologia crucis)이 있다. "그 신학은 이름에서

---

54 참고. WA 1, 353-374. 가장 좋은 편집본은 Martin Luther Studienausgabe, Bd. 1, 186-218에 있다.

그 사건을 말해준다."(21 조항) 십자가의 신학은 루터와 비텐베르크에서 시작한 종교개혁의 표지가 되었다. 그리고 루터가 하나님의 사랑에 대하여 기술할 때 표준이 되었다. 그가 단언하기를, 사람의 사랑과 달리 하나님의 사랑은 자신에게서 사랑할 만한 것이 나온다거나, 사랑받을 만한 것을 제시할 수 있다고 생각하지 않고, 오히려 사랑할 만한 것 자체를 만들었다. 이를 통해 하나님의 사랑은 사람을 향한다. 하이델베르크 토론은 주목할 만한 영향력을 가졌다. 루터의 수도회 형제들 다수가 그의 편에 서게 되었다. 심지어 하이델베르크에 거주하는 선제후 팔츠 궁정도 깊은 인상을 받았다.

1519년 라이프치히 토론은 그에 반하여 학문적 대중에게, 루터가 교리뿐 아니라 교회의 구조와 삶까지도 변화시키려 한다는 것을 보여주었다. 이 토론의 동기는 잉골슈타트(Ingolstadt) 교수, 요한네스 에크(Johannes Eck, 1486-1543)가 루터의 면죄부 조항에 대한 입장 표명인 "Obelisci"로 불을 붙였던 토론이었다. 이에 대해 루터의 비텐베르크 대학 동료이자 당시 신학과의 학장이었던 안드레아스 보덴슈타인 폰 칼슈타트(Andreas Bodenstein aus Karlstadt, 약 1480-1541)는 더 많은 조항을 열거하며 대응했다. 그리고 에크는 반대 조항들로 응답을 했다. 그는 이 차이점을 라이프치히 대학에서 토론회를 통해 해결할 것을 제안했다. 에크가 이를 위해 작성한 토론 조항 "새 교훈에 반대하여"(contra novam doctrinam)는 루터의 종교개혁 신학을 대상으로 작성되었고 목적되었기 때문에 그에 상응하는 반대 주장을 가진 사람이 토론자로서 나서게 되었다.

토론에서 루터와 에크는 사실상 상대자가 되었다. 또한 얼마 전(1518년) 대학에 초빙된 젊은 필립 멜란히톤이 루터의 당시 친구요 동료였던 요한 아그리콜라와 함께 그 자리에 있었다. 더하여 구교도인 알베르틴의 공작, 수염의 게오르크(der albertinische Herzog Georg der Bärtige, 통치 1500-1539)도 때때로 토론에 참석했다. 이 토론에서 첫 주제로 교황의 수위권이 올라왔다. 에크는 전통적 견해인 "하나님의 법에 따라"(iure divino), 교황이 교회의 머리라는 견해를 주장했다. 반대로 루터는 영적 나라로 이해해야 하는 교회의 머리는 그리스도라고 지적했다. 교황제도, 또한 교황제가 주장하는 수위권도 그의 견해에 따르면 성경에서 주장될 수 있는 "하나님의 법"(ius divinum)에서 기원하지 않았다. 오히려 사람들 간의 법적 생산물일 뿐이다.

이 견해는 광범위한 결과들을 낳았다. 이를 통해 교회의 명령이나 교황에 대한 순종에 부여되던 의무적 성격과 구원적 성격이 없어져 버렸기 때문이다. 또한 교회의 위계적 직제구조에 문제를 제기했다. 무엇보다 루터는 하나님의 법에서 유래한 주교의 더 높은 지위를 논박했다. 제1등급 그리스도인들(die ersten Christen)에 대한 비판으로 사제와 주교직의 동등함을 주장했다. 이를 통해 루터의 견해가 존 위클리프와 얀 후스의 주장과 유사한 것임이 드러났다. 그래서 에크는 이 기회를 사용했다. 1415년 콘스탄츠 공의회에서 정죄된 두 명의 교회 비판가들의 주장을 비판함으로 루터를 이단으로 낙인찍으려 했다. 자신보다 먼저 교황의 수위권과 직제 위계질서에 대하여 비판한 견해를 루터는 의심의 여지 없이 기독교적이며, 복음적이라고 공개적으로 평가했다. 그래서 그들의 주장은 어떤 교회 회의를 통해서도 정죄되어서는 안 되는 것이었다.

루터의 이런 평가는 추가적으로 교회 회의들의 권위에 대한 의문을 논쟁으로 가져왔다. 에크는 합법적으로 소집된 교회 회의의 무오류성에 찬성하는 입장이었다. 그러나 루터는 하나님의 법에 교회 회의의 기초를 두는 것을 결정적으로 반대했다. 그는 교황뿐 아니라, 교회 회의의 권위도 반박했다. 그의 시각에 따르면 콘스탄츠 공의회는 잘못을 행했고, 성경과 일치되는 견해를 정죄했다. 비텐베르크 사람(루터)에게 분명한 것은, 교회의 어떤 기관도 성경적 근거가 없는 것을 구원에 필수적인 것이라고 공포할 수 없다는 것이다. 루터는 라이프치히 토론에서 교황, 주교, 교회 회의의 권위에 대해 의문을 제기했다. 그 근거는 하나님의 말씀과 사람의 말, 하나님의 법과 사람의 법에 대한 날카로운 구분이었다. 상반되는 입장의 격돌은 분열을 만들어냈다. 전선은 또한 정치적인 면에서도 분명해졌다. 예를 들면, 작센의 공작 게오르크는 훗날 비텐베르크에서 시작한 종교개혁의 결정적 반대자가 되었다. 그리고 에크는 브란덴부르크의 주교뿐만 아니라 선제후까지도 루터에게 제기된 이단 소송에서 루터를 반대하도록 했다. 도미니코 수도승들이 1518년 3월 루터가 하이델베르크와 라이프치히에서 공식적으로 토론을 하기 이전에 이미 소송을 로마에 제기했기 때문이다.

학문적 토론 과정을 통해 분명해지던 종교개혁 신학은 1520/21년 루터의 위대한 프로그램 문서들을 통해 결정적인 모양을 갖게 되었다. 1518년 작은 소책자로 인쇄된 "면죄부와 은혜에 대한 설교"가 넓은 계층에서 주목을 끌고 큰 반향을 만들어 낸 후에, 그의 신학은 이제 학문적 영역을 넘어 공공의 영역으로 나아갔다. 루터는 사제들을 점차 더 불신하게 되었고, 그때문에 꼭 필요한 개혁을 이루기 위해 당시 사회의 일반적인 관념에 따라 하층민의 세속적이고 영적인 안녕에 대한 책임을 지고 있던 귀족과 사회의 책임 있는 계급 대표들을 향하여 1520년 글을 작성했다. 이미 제목에서 그 글이 무엇을 목적한 것인지를 볼 수 있다. "독일의 그리스도인 귀족들에게, 그리스도인 계급의 개선에 대하여"[55]라는 글은 단지 교회와 사회에 대한 비판뿐만 아니라 능동적으로 정치적 기능을 수행하는 사람들을 움직이게 하는 기독교의 개혁(Reformation)에 대한 것이다.

이 글은 지금까지 개혁을 방해했던 로마교회가 세운 장벽들을 부수려 했다. ① 사회를 고위성직자 계급과 하위 평신도 계급으로 분리하는 장벽

---

55 참고. WA 6, 404-469. 참고. Kaufmann, An den christlichen Adel, 2014.

② 성경 해석에 대한 교황의 표준적 권위라는 장벽 ③ 교황에게 있는 교회 회의를 소집할 수 있는 독점적 특권의 장벽.

첫 번째 장벽에 대하여, 루터는 먼저 모든 세례받은 자 혹은 신자들의 보편 제사장의 견해를 발전시켰다. 그는 모든 그리스도인이 세례, 복음, 믿음을 통해 참된 영적 계급으로 동등한 구성원이라고 주장했다. 계급을 바울은 그리스도의 몸으로 표현했었다. 그러므로 루터에게 있어 제사장의 권리는 세례받은 모든 사람에게 부여된다. 루터의 개념에 따르면 특정 기능을 행하는 구체적인 교회의 직책은 그리스도께서 교회 공동체에 위임하신 것으로, 그 직에 적합한 그리스도인을 직책을 부여하고, 권한을 위임시킴으로 공적으로 임무를 시행하도록 세운 것이다. 하지만 이 권한의 위임은 원리상 모든 신자에게 공통적으로 속한 것이다. 결과적으로 루터는 보편 제사장론에서 책임 있는 교회의 직책을 가진 사람이 이를 행하지 않았을 때 세상의 권력을 가진 사람은 세례받은 한 명의 그리스도인으로서 교회의 폐해들을 제거해야 할 권리와 의무를 가진다고 주장한 것이다.

두 번째 장벽에 대하여, 루터는 또한 성경에 대한 접근 권한은 한 개인에게 있는 것이 아니라고 주장했다. 즉 교황이나 사제의 구성원들에게 주어진 것이 아니었다. 종교개혁의 확신에 따르면 모든 그리스도인은 성령을 통해 바른 성경의 이해에 도달할 수 있다. 따라서 당시에 팽배했던 폐해를 판단하고 꼭 필요한 개혁들을 진행하기 위해 성경의 표준들은 모든 그리스도인에게 접근 가능해야 한다.

세 번째 장벽에 대하여, 루터는 모든 그리스도인이 꼭 필요한 교회 회의에서 동등한 권리를 갖는다고 주장했다. 루터는 결정적으로 교회 회의를 소집할 수 있는 전권을 갖는 교황의 특권을 반대했다. 동시에 그러한 교황의 특권은 교회 회의를 통한 교황제의 개혁을 막고 있었다. 마태복음 18:15-18을 통해 루터는 교회를 이끄는 특별한 직책을 가진 사람이 기독교에 피해를 입혔을 때 대책을 강구하는 것은 모든 그리스도인의 임무라고 보았다.

이처럼 근본적이고 신학적인 고찰로 무장한 루터의 호소는 정치적 기관들에 대해 기존의 교회라는 지평을 넘어서는 영향력을 행사했다. 그는 그들을 "비상 주교"(Notbischöfe)로 이해하는 것이 정당하다고 보았다. 그것은 제국의 계급 대표들이 15세기 중반 이후 제국회의 가운데 항의와 개혁의 요구로서 "독일 국가의 진정서들"(Gravamina der Deutschen Nation)을 정기적으로 교황청에 제출했던 수준을 넘어섰다. 사실 귀족 문서의 두 번째 부분은 구체적인 개혁 요구사항들을 제시하는 것이었지만, 이 개혁의 요구들은 부분적으로 이전의 진정서들(Gravamina)에서 발견되는 것이었다.

하지만 교회는 스스로 어떤 변화가 필요했다. 루터의 시각에 따르면, 교회는 교황 아래에서 소위 완전한 바벨론 포로기에 빠져 있었다. 이는 무엇보다 성례의 이해와 실행에 관계되었다. 루터가 라틴어로 작성한 문서인 "교회의 바벨론 포로에 대하여"(De captivitate Babylonica eccleseae praeludium)[56]의 목적은 개별 신자들에게 영향을 주고 있는 포로 됨을 깨는 것이었다. 이 저작이 작성되던 시기에 로마는 루터의 출교를 준비하고 있었다.[57] 루터는 "바벨론 포로"에서 – 학식 있는 대중들을 향하여 – 표지, 말씀, 믿음의 관계에 기초한 종교개혁의 성례 이해를 전개했다. 그리스도께서 직접 세운 표지 행위(Zeichenhandlung), 그와 연관된 성경이 보증하는 약속의 말씀, 그리고 성례 행위를 통해 한편으로 깨워지고 강화되도록 영향을 끼치는, 다른 한편으로 동시에 하나님의 약속을 받아들이는 사람의 믿음, 이것들이 루터가 보기에 성례의 표지였다.

또한 루터는 성경에서 증명된 행위들만 성례로서 인정한다는 새로운 주

---

56 참고. WA 6, 497-573.
57 교황 레오 10세(Papst Leo X.)의 출교 교서 "Exsurge Domine"의 날짜는 1520년 6월 15일이다.

장을 펼쳤다. 그래서 전통적인 7성례 가운데 단지 세 개만 남게 되었다. 세례, 성찬, 고해성사다. 엄격하게 보면 고해성사는 성례로서 인정될 수 없었다. 그리스도에 의해 제정된 특별한 표지 행위로 증거될 수 없었기 때문이다. 1529년대, 소요리문답까지 고백(confessio)과 면죄(absolutio)로 축소되어, 회개 혹은 고해(Beichte)는 루터의 신학에서 여전히 남아 있었다. 그러나 죄에서 해방시키는 면죄(Absolution)에서 표지 행위와 약속의 말씀이 동시에 발생한다는 사실은 오랜 시간을 거쳐 루터가 단지 세례와 성찬만을 성례로 인정하도록 이끌었다. 그리하여 이 비텐베르크 사람은 "바벨론 포로"를 전통적인 교회의 구원 이해에 근본적인 의문을 제기하는 것으로 시작한다. 그는 포로 됨을 세 가지 형식으로 확인하면서, 성찬 문제를 상세하게 서술한다.

첫 번째 포로 됨은 평신도의 잔 거절과 관계된다. 그것은 신약에서 증명되지 않는 것이었다. 사실 루터는 성찬에서 구원을 베푸는 것이 분잔에 매여 있는 것이 아니라고 보았다. 그래서 그는 분잔의 즉각적 시행을 촉구하지도 않았다. 그러나 성경에 근거한 더 좋은 주장은 "두 종류의 형태"로, 즉 빵과 포도주로 시행하는 성찬이라고 보았다.

두 번째 포로 됨을 루터는 화체설에서 보았다. 화체설은 아리스토텔레스(Aristoteles)가 모든 존재하는 것을 본질(Wesen)과 우연(Akzidenz, 외부적 우연적 사건들)으로 분류하는 것에 기초하여, 제정 말씀이 말해질 때 발생하는 성찬 요소들의 영구적인 변화를 본질에 따라 가르친 것이다. 루터는 이 견해를 비성경적이라고 거부했고, 역사의 과정 가운데 변화 교리와 그것에 연관된 제의적 실행으로부터 생겨난 이 마술과 같은 견해를 강력하게 반대했다. 루터는 여기에서 성경의 제정 말씀의 문자적 의미에 대한 믿음에 이의를 제기했다. 그러니까 빵과 포도주는 성찬에 여전히 있었다. 그리스도의 살과 피—즉 인성을 따르는 하나님의 아들—는 성찬의 말씀 속에 주어진 약속("이것은 나의 몸이다")에 따라, 비록 현재의 방식을 사람이 설명할 수 없다 하더라도, 여전히 현재한다.

세 번째 포로 됨을 루터는 제사 행위로서의 성찬 이해에서 보았다. 이는 중차대한 결과를 가져왔다. 제사 행위로서 성찬를 통해 성례 자체는 선한 행위가 되었다. 전통적 견해에 따르면, 사제는 변화된 요소들을 가지고 제단 위에서 그리스도의 살과 피를 하나님 앞에서 사람의 죄를 위해 다시 한 번 제사로 드렸다. 그 이해는 중세 후기에 수많은 미사 헌금(Messstiftungen)과 죽은 사람을 위한 헌금을 이끌어 냈다. 이 제사는 선행을 넘어 연옥에서 죄의 처벌을 보충하기 위한 것으로 생각되었다. 이를 위해 빈번하게 개인 소유의 제단들이 세워졌고 미사 사제가 채용되었다. 그들은 이런 의미에서 성찬의 참여자 없는 미사, 소위 침묵의 미사(Stillmessen)를 거행했다.

루터의 새로운 성례 이해와 미사의 실행에 대한 비판은 결과적으로 헌금에 기초하던 사제 계급에 구체적인 결과를 가져왔다. 이런 견해에 반대하며 루터는 신약의 증거들에 기초하여 성찬을 대표적인 언약적 행위로 강조했다. 십자가의 죽음 직전에 주어진 죄 용서에 대한 언약적 약속에서, 그리스도는 믿는 자들에게 자신의 상속자로서 구원을 주신다. 그 사람은 믿음으로 자신에게 주어진 약속을 의지함으로 대답한다. 그러므로 이 성례의 중심에 성찬의 말씀들이 서 있다. 그 말씀은 조용하거나 낯선 라틴어를 사용하는 방식이 아니라, 분명하고 명료하게 말해져야 한다. 제단의 성례를 집행하는 자는 사제가 아니라 하나님이나 그리스도 자신으로 드러난다. 이는 세례에 대한 루터의 설명에서도 확인된다. 세례받는 사람이 물속에 가라앉고, 물에서 건져 올려지는 세례의 시행으로 사람은 그리스도의 죽음에 들어가서, 옛사람은 사라지고, 새 사람으로 중생하는 것이 상징되었다.

그러므로 루터에게 세례는 개별적 죄를 씻는 것이 아니라, 오히려 하나님의 내적 세례 작업의 시작이다. 이 세례 작업은 사람을 - 삶 전체에서 -

점점 더 죄에 대하여 죽도록 만든다. 결국 육체의 죽음으로 마쳐지고, 새로운 피조물로서 소생하게 된다. 이 갱신은 이 땅의 삶에서는 그저 시작에 불과한 과정일 수 있기 때문에, 그리고 그 과정 가운데 항상 죄가 다시 나타나기 때문에, 하나님의 세례 행위에 존재하는 구원의 약속은 도움이 된다. 죄 있는 사람은 회개에 있어 평생 근본적으로 세례 사건으로 돌이킨다. 그 사건에서 옛사람의 죽음과 의롭게 된 사람의 부활이 이미 그리스도와 함께 성례적으로 발생한다. 그러므로 루터에게 참된 회개는 하나님의 세례 약속을 다시 기억하는 것이었다. 이로써 세례를 죄의 파선 후, 두 번째 널빤지로[58] 이해하는 중세의 견해는 사라진다. 그리고 두 번째 세례로서 수도원 서약의 이해도 없어진다. 회개는 독립된 성례로서 이미 시험대에 오르게 된 것이다.

종교개혁의 방향을 제시하는 1520년의 세 번째 문서는 "그리스도인의 자유에 대하여"(Von der Freiheit eines Christenmenschen)[59]이다. 루터는 이 문서에서 모든 사람, 각각의 영역에서 책임이 있는 개인들을 대상으로 삼았다. 이 문서는 - 교황 레오 10세에게 보내는 서신에 첨부한 문서로서 - 종교개혁 칭의 교리의 간략한 요약을 제공한다. 루터는 무엇이 사람을 하나님 앞에서 자유롭고, 의로운 인격으로 만들어 자유와 이타심 가운데 이웃을 향할 수 있게 하는가를 중점적으로 질문한다.[60] 그의 설명은 고린도전서 9:19에서 시작하여 두 개의 중심 주제에 초점을 맞춘다. "그리스도인은 모든 것에서 자유로운 주인이며, 누구에게도 종속되지 않는다." 그리고 "그리

---

58 히에로니무스는 "secunda tabula post naufrgium", 즉 난파된 후 두 번째 구원의 널빤지에 대해 말했다. 참고. Hieronymus, Ep. 130 ad Demetriadem de servanda virginitate, in: PL 22,1115.
59 참고. WA 7, 20-38.
60 참고. Dingel, Von der Freiheit eines Christenmenschen, 122-131. 266-269; Jürgens, Von der Freiheit eines Christenmenschen, 132-138. 269f.

스도인은 모든 것을 섬기는 종이며 모든 사람의 종이다."[61]

이 두 문장은 루터가 자신의 신학을 펼치는 데 기초로 삼은 두 가지 관점과 일치한다. 사람은 한편으로는 하나님과의 관계에서, 그리고 다른 한편으로는 세상과의 관계에서 살아간다. 그는 세상에서 구체적이며 책임 있는 행위를 한다. 루터가 분명히 지적하는 것처럼, 외적 삶의 조건들이 사람의 의와 자유를 구성하는 것이 아니다. 오히려 하나님께서 복음 가운데 의와 자유를 사람에게 인정하신다. 하나님의 말씀은 – 구약이든 신약이든 동일하게 – 이중의 방식으로 나타나기 때문이다. 한 번은 요구하는 법으로, 한 번은 복음의 약속으로 나타난다. 다만 법의 바른 실행은 자유와 이타심 가운데 한 행위를, 그러니까 사람이 결코 자신의 능력으로 될 수 없는 의롭고 자유로운 인격을 이미 전제한다. 그래서 하나님의 법에서 그는 자신의 무능을 알게 된다. 그에 반하여 하나님의 복음의 약속은 사람에게 의와 자유를 선물한다.

루터는 율법과 복음의 긴장 가운데 펼쳐지는 종교개혁의 칭의 교리를 기독론과 연결시켰다. 여기에서 그는 중세적 신부 신비주의(Brautmystik) 사상을 가지고, 그리스도 안에서 사람이 된 하나님에 대한 신뢰와 그를 의와 자유의 중개자로서 믿는 믿음은 그리스도와 신자의 관계를, 마치 신부와 신랑의 관계처럼 긴밀하게 만든다고 설명했다. 거기에서 재화공동체(Gütergemeinschaft) 혹은 재화교환(Gütertausch)의 표현이 등장한다. 루터는 이를 "즐거운 교환"(ein fröhlicher Wechsel)[62]이라고 불렀다. 그렇게 자유롭게 된 사람은 모든 것에 대하여 자유로운 주인으로서 활동할 수 있고, 하나님을 대가 없이(umsonst) 섬길 수 있다. 그래서 루터는 사람이 세상과의 관

---

61 WA 7, 21,1-4.
62 WA 7, 25,34. 참고. Bayer, Martin Luthers Theologie, 204-207.

계에서, 그리고 이웃을 위한 수고에서 수행한 선한 공로를 인정받거나 이에 대한 반대급부를 얻어야 한다는 강요 없이 자신이 맡은 책임에 열심을 기울일 수 있다고 생각했다. 이 세상의 영역에서 책임을 인식하는 행위가 요구되고 필요하기 때문이다. 그래서 루터는 두 번째 주제에서 순종하도록 주어진 요구에 "예속된"(untertan) 사람의 종속성에 대해 단호하게 말할 수 있었다. 하지만 그리스도에 대한 믿음과 묶임은 사람을 이기적인 지향에서 벗어나게 하고, 심지어 이웃에 대해서도 자유로운 환대로써 행하도록 동기를 부여한다. 루터는 사랑(caritas)을 위한 결정적인 자극이 믿음에서 나오며 - 그가 다른 곳에서 설명한 것처럼 - 믿음은 필연적으로 믿음의 열매로서 선한 행위를 가져온다는 것을 분명하게 강조했다. 그는 이런 방식으로 그리스도인을 사람들이 더불어 사는 삶을 만들어갈 책임과 세속적 책임에 연관시켰다. 이렇게 사람을 하나님과의 관계와 세상과의 관계가 겹치는 영역에 세우는 개신교 칭의 교리는 종교개혁의 회전축 혹은 축점이 되었다. 1520년의 소위 세 종류의 종교개혁 주요 문서들 가운데, 자유 문서는 광범위한 성과를 얻었다. 수많은 번역을 통하여 제국의 경계 너머에서도 널리 수용되었다.

이 세 문서 외에 1520/21년에 나온 두 개의 문서들이 비텐베르크 종교개혁의 신학적 기초를 위해 중요하다. 하나는 루터의 논문 "선행에 대하여"(Von guten Werken, 1520)이고, 다른 하나는 "수도승 서약에 대하여"(De votis monasticis iudicium, 1521)이다. 이 작품들은 선행에 대한 논문이 자유 문서를 위한 기초를 주고, 수도승 서약에 대한 문서는 종교개혁 교리에서 생겨난 결과들에 대하여 다루고 있다는 점에서 위에 소개되었던 "Trilogie"의 틀을 구성한다. 그러니까 이미 1520년 초, 아직 자유 문서가 나오기 전에 루터는 믿음의 의에 대한 주제에 집중했고, 이것을 자신의 논문 "선행에 대하여"[63]에서 중점적으로 다루었다. 그의 목표는 기존의 폐해들을 반대하여, 믿음과 행위의 관계를 나타내 보이는 것이었다.

더하여 그는 십계명의 두 돌판(1-3계명, 4-10 계명)의 요구에 대한 논지를 준비했고, 가장 높고 고귀한 행위는 그리스도에 대한 믿음이라는 주장으로 시작했다. 그에 비하면 사람의 다른 행위들 사이에 존재할 수 있는 질적 차이는 중요성이 사라진다. 그래서 더 나은 선행과 더 적은 선행을 구분하는 것은 의미가 없다. 그리고 자신의 구원을 위한 노력을 등급으로 나누는 것도 의미가 없다. 루터는 이렇게 진술한다. 만약 사람의 행위가 하나님 앞에서 기쁨이 된다면, 그것은 그저 하나님께서 그 행위들을 사람의 믿음으로 인해 받으시고, 선행으로 여기시기 때문이다. 그래서 믿음은 최고의 행위(der Werkmeister der Werke)[64]다. "선행에 대하여"라는 글에서 루터는 당시의 행위적 경건을 결정적으로 반대했고, 선행의 유익에 의문을 제기했다. 확실히 그는 칭의와 행위의 관계를 완전히 돌려놓았다. 첫째, 하나님께서 사람에게 선물하신 믿음은 정말 선하고 이타적인 행위를 행하도록 동기를 부여한다. 자유 문서는 이를 위한 또 하나의 신학적 기초를 공급했고, 자유의 관점 아래 칭의와 또한 책임 있는 행위를 세웠다.

이 취지는 비록 작성 시기가 늦기는 했지만 "수도승 서약에 대하여"(De votis monasticis Martini Lutheri iudicium)[65]에서도 찾아볼 수 있다. 이 문서도 비텐베르크 종교개혁의 신학적 기초로 간주될 수 있다. 왜냐하면 이 문서는 앞서 요약 기술된 개혁 프로그램의 영향들에서 더 나아갔기 때문이다. 사제와 평신도의 사회적 분류, 즉 더 높은 가치를 가진 성직자 계급과 세

---

63 참고. WA 6, 202-276.
64 WA 6, 275,22-24.
65 참고. WA 8, 573-669. 독일어 번역은 다음에서 찾을 수 있다. In: zur Mühlen (Hg.), Martin Luther, Freiheit und Lebensgestaltung, 75-217.

속 계급의 분류를 해체하는 것으로 나아갔다. 이 위계질서의 사고를 없애는 것은 동시에 세상에서 하나님께서 의도하신 관계와 맡긴 책임들 가운데 삶을 실현하는 장소로서 세속 계급의 평가를 더 높이는 것을 의미했다. "수도승 서약"에서 루터의 "그리스도인의 자유"를 향한 걸음은 실천적 변화를 거치게 되었다. 루터가 그의 판단(Iudicium, 수도승 서약)을 작성할 때, 1521년 보름스 제국회의는 그의 뒤에서 출교와 제국법에 따른 추방을 준비했다. 그가 추적을 피하기 위해 융커 요르크(Junker Jörg)로 숨어서 바르트부르크(Wartburg)에 거주하는 일은 이미 시작되었다. 이 문서 작성의 외적 동기는 1521년 가을 비텐베르크에서 안드레아스 보덴슈타인 폰 칼슈타트와 필립 멜란히톤이 목사 성직자와 수도승 혹은 수녀들의 서약이 구속력을 갖는지에 대해 벌였던, 만족스러운 결과에 도달할 수 없었던 논쟁 때문이었다.[66]

수도원을 떠나거나 목사 성직자로서 결혼 생활을 하고자 했던 많은 사람에게 여전히 의심과 회의가 남아 있었다. 영원한 서약을 깨는 것은 여전히 중대한 결과를 가져오는 행위라고 인식되었기 때문이다. 이 문제는 루터를 강도 높은 논쟁으로 이끌었다. 이 논쟁에서 루터는 단지 서약으로부터 해방시키는 것보다 큰 문제를 보았다. 이미 그의 간략한 글 "서약에 대한 주제들"(Themata de votis)[67]에서 서약이 믿음과 모순되는 행위의 의를 표현하는 것이라고 보았고, 그것이 결코 평생 구속력을 가질 수는 없다고 진술했다. "수도승 서약에 대하여"에서 이 문제는 더욱 상세하게 진술되었다.[68]

루터의 판단에 따르면 서약은 하나님의 말씀에 반대된다. 서약은 한편으로 계명들을, 다른 한편으로 여전히 엄격한 윤리적 권고들(산상설교, 마

---

66 참고. 참고. 본서의 153-161., 1. 비텐베르크 운동.
67 참고. WA 8, 323-335.
68 참고. Lohse, Mönchtum und Reformation, 356-370.

5:1-7:29)을 중세의 전통에 기초하여 성경에 맞지 않게 구분한 것이다. 이런 삶은 단지 소수만이, 예를 들면 수도원의 생활에서만 지킬 수 있는 것이다. 그러나 소위 복음적 권고들 가운데 하나님의 계명과 그 계명의 엄격한 준수는 루터가 보기에 모든 사람에게 동등하게 유효하다. 그 계명들은 누구도 자신의 힘으로 성취할 수 없는 것이다. 그 밖에—그렇게 루터의 다음 논지에서—서약은 믿음에 반대된다. 하나님에 대한 사람의 태도는 오직 믿음에 근거하지, 자신이 선택한 행위나 경건의 훈련에 근거하지 않는다.

더 나아가 서약은 그의 시각에 따르면 복음의 자유에 반대된다. 이 자유는 모든 법적 강제를 없애기 때문이다. 이는 다시금 자유로운 그리고 언제나 취소할 수 있는 서약만이 존재할 수 있다는 것을 의미한다. 여기에 더하여 루터는 서약들에서 하나님의 계명에 대한 모욕을 보았다. 이것은 특별히 사랑의 계명과 관계된다. 서약을 통한 구속력은 수도원에서 살아가는 사람들에게, 세상에서 그들에게 맡겨진 사람들을 위한 책임을 이행할 기회를 빼앗아 버리기 때문이다. 심지어 루터는 서약에서 하나님이 의도하신 세상의 독단적인 구속력을 빼앗는 것을 보았다. 또한 그것과 함께 모든 사람이 가진 의무와 책임에 대한 거절을 보았다.

마지막으로 루터는 서약이 이성에도 반대된다는 말로 마무리한다. 왜냐하면 이성적으로 볼 때 지킬 수 없는 약속은 그 힘을 잃어버려야 하기 때문이다. 특별히 독신의 서약에서 이런 점이 드러난다. 그렇지만 수도승과 수도원 서약에 대한 루터의 비판은 근본적으로 수도원의 존재를 없애려고 하지 않았다. 이 개혁자는 자유로운 삶의 형태로서 수도원의 존재를 전적으로 용인할 수 있었다. 자발적 독신이나 그리스도인 공동체의 자발적 삶은 절대 거절될 수 있는 것이 아니다. 동일하게 이런 삶의 형태를 떠나는 것도 그러하다. 다만 중요한 것은 수도승 혹은 수도원의 삶이 구원을 위한 혹은 하나님을 향한 특권적 방식이 아니라는 것이다.

2) 복음의 선포: 성경번역 - 설교 - 지도

성경의 독일어 번역은 마틴 루터의 가장 중요한 업적으로 간주된다.[69] 번역은 루터가 바르트부르크에 거주하며, 원어로 성경 연구에 열중했던 1521/22년에 시작되었다. 약 11주간 동안 그는 헬라어 신약성경의 번역을 마쳤다. 이것은 1522년 9월 출판된 후 "9월성경"(Septembertestament)이라 불렸다. 사실 교회에서 받아들이는 본문인 불가타(Vulgata) 본문에 기초한 성경의 부분적 번역이나 전체적 독일어 번역은 루터보다 앞서 존재했었다. 그러나 대부분 언어적으로 어색했고, 심지어 때로 이해도 되지 않았다. 왜냐하면 원문을 영감된 것으로 여기고서 그에 대한 염려로 인해 어떤 손실도 발생시키지 않으려고 성경 본문을 소심하게 한 단어, 한 단어 독일어로 옮겨 적었기 때문이다. 그에 반하여 루터의 번역 작업은 본문들의 신학적 내용에 초점을 맞추었다. 그리고 또한 해석학적 문제들도 고려했다. 더하여 루터는 로테르담의 에라스무스가 출간한 주해가 포함된 신약의 라틴어 번역을 사용했다.[70] 또한 동시대 사람들의 구약 라틴어 번역도 사용했다. 그가 선택한 번역 언어는 황제 막시밀리안 1세의 관청에서 사용되는 작센의 관용 독일어였다. 루터 성경이 널리 확산됨에 따라, 이 언어는 도처에서 표준어로 사용되었다.

루터는 성경 번역 작업을 계속하여 진행했다. 그는 도움을 받기 위해 비텐베르크 개혁자 네트워크에서 학자들의 참모진을 모았다. 그럼에도 그 일은 전체적으로 그의 작업이었다. 1534년 전체 성경이 독일어로 나오게 되었다. 그 성경에 앞서, 9월 성경뿐 아니라, 다양한 구약성경의 각 권 개별 번역

---

69 루터의 성경 번역의 역사를 위하여 특히 Volz에 의해 출판된 Lutherbibel 1545의 머리말(Einleitung)을 참고. D. Martin Luther, Die gantze Heilige Schrifft Deudsch. ²1973. 33*-142*; 그 밖에 Volz, Martin Luthers deutsche Bibel, 20-22. 32-34. 81f. 94-97. 111-113. 154-156. 193f. 203f. 234. 244.
70 참고. 본서의 70.

들이 먼저 나왔다. 번역된 전체 성경은 계속하여 개정되었다. 루터가 죽기 전 마지막 판은 1545년에 나왔다. 이 본문은 새로운 성경 개정의 시대까지 유효했다.

성경의 내용을 적절하게 이해될 수 있도록 전달하고자 하는 루터의 관심은 성경의 연구와 주석과 번역과 긴밀하게 연관되었다. 그래서 그가 자신의 번역 작업과 주해 강의 가운데 수행했던 이해가 잘 되는 좋은 본문을 위한 노력과 바른 해석을 위한 노력은 설교자와 목양자와 교사로서 그가 끼친 영향과 쌍을 이루었다. 1514년부터 루터는 정기적으로 비텐베르크 교구 교회(Pfarrkirche)의 설교단에 섰다. 게다가 그는 자기 집에 거주하는 사람들과 외부인들 앞에서도 설교했다. 그가 바르트부르크에 피신하고 있던 동안에도 루터는 복음 선포에 열심을 내었다. 그는 자신의 영주 현자 프리드리히의 제안으로 설교 모범집을 작성했고, 그 설교들은 목사들에게 안내와 모범으로 도움을 줄 수 있었다. 이는 광범위한 설교집 작업의 시작이었다.[71] 1522년 설교 모범과 함께 첫 번째 모음집, "교회 설교집"(Kirchen postille)과 "바르트부르크 설교집"(Wartburgpostille)이라고 이름 지어진 모음집이 출간되었다. 설교집은 복음을 전하고 종교개혁에 동조하는 설교자들이 성자들의 전설이나 도덕 설교라는 당시의 설교 방식을 극복하고, 새로운 형식과 새로운 내용을 습득하도록 도움을 주었다. 물론 설교집 가운데 일부분은 필요에 따라 간단하게 예배 중에 낭독될 수 있었다. 나중에 설교집은 교화를 위한 책으로 많이 사용되었다.

루터의 설교에는 실제적 문제들과 동기들도 반영되었다. 이를 보여주는 인상적인 예는 1522년 3월 사순절 첫 주일의 설교들이다. 루터는 이 설교로

---

71 설교집 "Postille"라는 표현은 라틴어 단어들 "post illa verba"(저 말에 따르면)에서 유래한 것이다. 그러므로 "Postille"에 수집된 설교들은 설교 모범이었다.

"비텐베르크 운동"(Wittenberger Bewegung)의 소동에 개입했다.[72] 성화를 파괴하는 행위, 수도원 탈퇴를 협박하는 행위, 첫 번째 두 종류의 성찬 시행은 그 분위기를 달구었다. 그래서 루터는 이 상황을 잠재우기 위해, 은밀히 바르트부르크에서 비텐베르크로 돌아가는 것이 필요하다 보았다. 그는 사순절 설교에서 "약자들의 보호"(Schonung der Schwachen)를, 즉 먼저 점진적이며 신중한 방식으로 종교개혁의 갱신에 마음을 열고자 하는 사람들을 배려할 것을 권했다. 그리고 실천적 개혁 조치에 앞서 확신을 주는 작업이 먼저 우선한다고 전했다. 루터의 목양적 관심은 그의 전체 저작에서 드러난다. 이 관심은 무엇보다 그의 서신 가운데 위로 편지들에서 가장 직접적으로 표현된다.[73] 루터는 바르게 베풀어진 성례에서 말씀의 힘을 확신했다. 그는 성경 번역과 설교에서, 서신들과 수많은 (상황에 맞는) 저작들에서 단지 언어의 대가였을 뿐 아니라, 열정적인 경고자요, 공감하는 목양자였다.

성경 번역, 저작들, 서신들에서 설교와 목양은 각각 그 방식대로 복음 선포의 기둥이었다. 여기에 새로운 종교개혁의 교리를 교육하는 것이 더해졌다. 1529년 루터가 발간한 두 개의 요리문답이 큰 역할을 했다. 대요리문답은 목사, 설교자, 가장에게 사용되었고, 소요리문답은 아이들의 교육을 위해 사용되었다. 이에 앞서 루터의 수많은 요리문답 설교과 소요리문답 작업이 존재했었다. 그는 이것들을 1520년 "십계명의 짧은 형식, 믿음의 짧은 형식, 주기도문의 짧은 형식"[74]이라는 글에서 묶어 출간했다. 비록 여전히 중세의 고해성사 모범이 반영되고, 루터가 여기에서 계속해서 전통적 순서를 유지했지만, 그의 저작은 비텐베르크 종교개혁의 요리문답 전통을 위한 특

---

72 참고. 본서의 281f.
73 참고. Arnold, La correspondance de Luther, 515-585, 그리고 Mennecke-Haustein, Luthers Trostbriefe, 1989.
74 참고. WA 7, 204-229.

징이 되었다. 루터는 중세에 가르쳐졌던 많은 재료를 과감하게 줄여, 성경의 내용을 세 개의 주요 부분—십계명, 사도신경, 주기도문—으로 나누었다.

루터는 이 배열에 개신교의 구원 순서가 표현된다고 보았다. "이 세 가지는 사람이 구원받기 위해 반드시 알아야 하는 것이다. 첫째, 그가 자신이 무엇을 해야 하고, 무엇을 하지 말아야 할지를 [즉 계명의 기초 위에서] 아는 것이다. 둘째, 자기 힘으로 그것을 행하거나, 행하지 않을 수 없다는 것을 이제 알고, 그가 이를 행하고 행하지 않기 위해, 어디에서 [즉 사도신경의 믿음의 진술에서] 그것을 취하고, 발견하고, 찾아야 하는지를 아는 것이다. 셋째로, 그가 어떻게 [즉 기도 가운데] 그것을 찾고, 취해야 하는가를 아는 것이다."[75] 루터는 개신교의 구원 순서로 사도신경을 해석했다. 사도신경을 더 이상 전통적인 12개 항목으로 나누지 않고, 삼위일체의 세 위격 가운데 하나님의 행하심에 초점을 맞추어 해석했다. "짧은 형식"은 지침이 되었고, 또한 제국의 경계를 넘어 영향력을 끼쳤다. 1525년 봄, 루터 자신도 유스투스 요나스와 요한 아그리콜라에게 "어린이 요리문답"(catechismus puerorum)의 작성을 위탁했다. 그러나 이 계획은 목표에 이르지 못했다. "평신도와 어린이를 위한 소책자"(Büchlein für die Laien und Kinder)가 1525년 출판되었는데 아마 요한네스 부겐하겐의 저작일 것이다. 루터의 영향은 분명하게 보인다. 왜냐하면 이 저작에서 처음으로 세 개의 주요 부분에 더하여, 세례와 성찬에 대한 교리 부분이 등장하기 때문이다.

루터가 스스로 요리문답을 작성하기로 결정한 것은 1528년 선제후령 작센의 시찰(Visitation) 경험 때문이었다. 이를 통해 어린 종교개혁 교회 공동체의 참담한 상황을 눈으로 보았다. 그리고 멜란히톤이 작성한 "시찰자

---

75 WA 7, 204-13-18.

교육"(Unterricht der Visitatoren, 1528)[76]이 나온 후 얼마 안 되어 루터의 대요리 문답이 대중에 출판되었다. 그는 이 방대한 저작에 소요리문답과 함께 벽 게시판에 게시할 수 있는 짧은 요약을 인쇄해서 내어놓았다.[77] 루터와 그의 동료들은 요리문답을 중요하게 생각했다. 요리문답은 지식을 전달할 뿐 아니라 성경의 진술을 요리문답이라는 매우 간결한 형식으로 전달하여 전체 성경의 해석을 위한 열쇠 역할을 한다. 세례 소책자와 혼인 소책자는 가정규범(Haustafel)과 같이 교회와 가정의 생활을 위한 실천 지침을 주었다. 요리문답은 믿음, 교리, 삶을 위한 전형적인 전달 수단이 되었다. 루터에 의해 시작된 종교개혁에서 요리문답 교육은 사회적으로, 교육-정치적으로 매우 중요해졌다. 요리문답을 배우지 않으려고 하는 사람은 근본적으로 하나님과 이생의 삶의 질서를 거절하는 것이었다.[78]

2. 비텐베르크 교수와 신학 교사로서 필립 멜란히톤

필립 멜란히톤이 1518년 비텐베르크에 왔을 때, 종교개혁은 아직 시작 단계에 있었다. 그러나 멜란히톤의 활동은 루터의 편에서 그리고 대학에 있어서 엄청나게 큰 영향력을 만들어냈다.[79]

필립 슈바르츠에르트(Philipp Schwarzerdt)는 1497년 2월 16일 크라이히가우(Kraichgau)의 브레텐(Bretten)에서 태어났다. 그의 아버지가 이른

---

76 참고. CR 26, 29-95.
77 참고. Reu, Luthers Kleiner Katechismus, 5-25, 그리고 본서의 281f. 요리문답들의 가장 최신 편집본은 in: BSELK, 839-1162.
78 요리문답 전체에 대해 참고. Peters, Kommentar zu Luthers Katechismen, 5 Bde, 특별히 Bd. I, 17-29.
79 참고. 이에 대하여 전반적으로, Scheible, Melanchthon, 1997(²2016); Greschat, Melanchthon, 2010.

시기에 죽은 후, 포르츠하임(Pforzheim)의 라틴어 학교를 다녔고, 그곳에서 인문주의자 요한네스 로이클린(Johannes Reuchlin)의 누이의 집에서 거주했다.[80] 어린 필립의 언어 능력을 인정하며 "Schwarzerdt"의 독일어 이름을 "Melanchthon"으로 헬라어화하여 바꿔준 사람이 바로 로이클린이다. 거의 1년 만에 멜란히톤은 하이델베르크 대학에 입학할 수 있었다. 뛰어난 재능을 가진 이 학생은 1509년 당시 12살 반이었다. 1511년 6월 10일 그는 이미 "철학사"(baccalaureus artium) 학위를 취득했다. 이 학위는 "자유학문"(artes liberales)의 학업 중, 즉 삼학(Trivium, 문법, 논리학, 수사학)과 사학(Quadrivium, 수학, 지리학, 천문학, 음악)으로 나눠진 7개의 자유 학문을 공부하는 중 첫 번째 학문적 학위이다. 1512년 멜란히톤은 자신의 학업을 계속 진행하고 "철학석사"(magister artium) 학위를 취득하기 위해 튀빙엔(Tübingen)으로 학교를 옮겼다. 그는 동시에 신학 수업들도 수강했다. 그의 특별한 관심은 인문주의를 통해 도입된 새로운 관점들을 발전시키는 것이었다. 여기에 해당하는 것은 수학적-자연과학적 문제들, 인문학의 논리학, 고대 저자들에 대한 관심, 세 가지 (거룩한) 언어로 여겨지던 헬라어, 라틴어, 히브리어의 고전어 지식들이다. 멜란히톤의 가장 큰 관심은 헬라어에 있었다. 그는 자신이 가르치는 학생을 두었고 헬라어 문법도 저술했다. 그는 대체로 독일어권에서 최고의 헬라어 학자 중 하나로 꼽혔다. 그가 1518년 헬라어 교수로 비텐베르크로 초빙되었을 때 그는 겨우 21살이었다.

1518년 8월 28일 멜란히톤은 로이코레아에서 취임연설(Antrittsvorlesung)을 가졌다. 그 내용은 학업을 개혁하는 프로그램에 대한 것이었다.

---

80 저명한 학자인 로이클린과 필립 멜란히톤이 혈연관계로 이어진 것은 아니었다. 로이클린은 그의 할아버지의 형제(Großonkel)는 아니었다. 여러 문헌에 나오는 것처럼, 멜란히톤의 조부모는 로이클린의 누이, 엘리자베트(Elisabeth)와 결혼을 통해 인척 관계가 되었다. 참고. Scheible, Melanchthon, 16.

여기에는 전통적 철학(Artes) 분과의 규정에 시와 역사를 추가하는 것도 포함되었다. 그 밖에 수학의 중요성과 옛 언어들의 학습 필요성을 강조했다. 언어 지식은 역사적 원전을 이해하기 위한 절대적인 전제였기 때문이다. 그의 취임연설에서 역사적 사고와 현재를 역사로부터 이해할 수 있는 능력의 중요성은 강력하게 주장되었다. 그는 또한 스스로 강도 높게 역사에 집중했다. 비록 자신의 몇 저작들이 그의 이름으로 출판되지 않았을지라도 그렇다.[81]

철학분과의 교수로서 멜란히톤은 당시의 관행을 따라 상위 분과들의[82] 학업을 이어갔고, 튀빙엔 시절과 마찬가지로 신학을 선택했다. 그는 이제 루터의 학생이 되었다. 1519년 9월 19일 멜란히톤은 "성경학사"(baccalaureus biblicus) 학위로 첫 번째 신학 학위를 취득했다. 그것이 의미하는 것은 이제 멜란히톤이 성경 각 권에 대한 강의를 시작했다는 것이다. 이미 그의 학사 시험에서 멜란히톤은 옛 전통적 신학의 세상과 어울릴 수 없는 논제들을 내놓았다. 그의 논제들은 심지어 혁명적이라고 느껴지는 것이 마땅할 정도였다. 그는 전통적 교황의 권위에 반대하며 성경의 직접적인 권위를 주장했다. 교황은 최고의 표준이 아니며 믿음과 교리를 위한 규범을 정하지 않는다. 오직 성경이 그 역할을 한다. 성경만이 최고의 표준으로서 효력이 있다. 그 밖에 멜란히톤은 화체설 교리에도 문제를 제기했다. 성찬에서 그리스도께서 신성과 인성으로 함께하시고, 그의 육체와 피가 빵과 포도주로 분배되는 것은 그에게 분명했다. 그러나 살과 피의 요소가 변화한다는 교리는 그가 보기에 성경에 근거한 주장이 아니었다. 훗날 1541년 레겐스부르크(Regensburg) 종교 대화 이후부터 그는 추가적으로 성찬 제정의 취지에 적

---

81 참고. 예를 들면 Chronic Carionis. 참고. 본서의 112.
82 신학 - 법학 - 의학

합한 성찬의 실행을 강조했다. "Extra usum"(성례가 끝난 이후) 성찬에 그리스도의 현재는 있을 수 없다.[83]

대학에서 멜란히톤은 지속적인 신학 연구의 결과로 전통적 신학을 벗어났다. 보통 다음으로 취득하는 학문적 학위는 "명제적 학사"(sententiarius) 학위이다. 이 학위를 통해 당시 스콜라 교의학의 표준 교과서인 페트루스 롬바르두스(Petrus Lombardus)의 "명제집"(Sentenzen)을 강의할 수 있게 된다. 그러나 멜란히톤은 명제집을 단지 이차적인 신학 진리로 보았다. 대신에 그는 성경에 집중했다. 루터가 1521년 보름스 제국회의 이후 바르트부르크에 숨어있는 동안 멜란히톤은 친구이자 동료를 대신하여 비텐베르크에서 주해 수업을 하게 되었다. 1519년부터는 공석이었던 히브리어 교수직도 대리했다. 물론 철학 분과에서 헬라어 교수직은 유지했다. 당시 신학박사 학위는 종교개혁 이전의 사고와 중세 대학 시스템의 특징을 보여주는 것이었는데, 멜란히톤은 그 학위를 취득하지 않았다. 그래서 그는 로이코레아 신학 분과의 어떤 특정 직책에도 임명되지 않았다. 다만 그는 철학 분과의 최고 학위인 "Magister"만을 소유하고 있었다. 그럼에도 멜란히톤은 신학 분과에서도 많은 교수활동을 병행했다. 그는 학장을 두 번(1523/1524년, 1538년) 지냈고, 철학 분과 학과장을 두 번(1535/36년, 1546-48년) 지냈다. 더하여 대학과 학위의 새로운 체계를 세우는 데 결정적으로 큰 역할을 담당했고, 이를 통해 비텐베르크의 경계를 넘어서는 영향력을 가졌다. 대체로 사람들은 종교개혁과 관련된 모든 문제에서 그를 신학적, 정치적으로 숙련된 대화 상대자요 조언가로 여겼다. 신학적 차이를 해소하거나 일치를 시도할 때 그는 참여했고 자주 핵심적인 대화 상대였다. 비텐베르크

---

83 멜란히톤의 성찬 이해에 대하여 참고. Dingel, Creation of Theological Profiles, 263-281.

신학자들이 제후들과 도시들로부터 평가서를 요청받으면, 대부분의 문서는, 비록 서명은 가장 마지막에 기록되어 있더라도, 멜란히톤에 의해 작성되었다. 그 밖에 그는 국제적인 초빙을 받았다. 잉글랜드 왕 헨리 8세와 프랑스 왕 프랑수아 1세는 멜란히톤을 자기 나라로 초청하여 그에게 교회의 개혁을 맡기려 시도했다. 두 나라의 사신들과 함께 멜란히톤은 1534년 슈말칼덴 동맹(der Schmalkaldische Bund), 즉 개신교 계급 대표들의 방어 동맹에 가입시키기 위한 협상을 했다. 그리고 그 신학적 기초는 1530년 멜란히톤이 작성한 아우크스부르크 신앙고백이었다.[84]

성경에 대한 멜란히톤의 출발점과 그의 종교개혁 신학의 발전은 루터의 경우와 비슷하게 로마서 강의에서 나왔다. 그는 로마서에서 "율법-죄-은혜"라는 주요 주제에 초점을 맞추고 기독교 교리의 체계를 발전시켰다. 율법, 즉 하나님의 요구에서 사람들은 자신의 힘으로 하나님의 기대에 이를 수 없고 죄인이라는 것을 깨닫게 된다. 이에 대해 중세 교회는 구원을 판매하는 상품과 같이 여기고 선행의 수행과 성례를 통하여 하나님의 용서로 가는 길을 제시했다. 이에 반하여 멜란히톤은 사람이 자신의 힘으로 죄를 상쇄하기 위한 선행을 할 수 있다는 견해를 반대하고, 사람의 무능을 강조했다. 하나님께서 사람에게 죄를 돌리지 않고, 의롭다고 여기신다는 사실에서 하나님의 은혜로운 행위가 드러난다. 하나님의 아들 예수 그리스도 안에 있는 하나님의 은혜 혹은 은혜로운 행위는 하나님께서 일으키신 믿음으로 얻어진다.

"율법-죄-은혜"라는 중심 개념들에 요약된 신학은 1521년 멜란히톤이 출판한 "신학총론"(Loci communes)의 기초가 되었다. 이 책은 주요 주

---

84 참고. Dingel, Melanchthon und Westeuropa, 105-122.

제들을 적절하게 구성한 개신교 최초의 교의서(Dogmatik)다.[85] 멜란히톤은 "총론"을 지속적으로 개정했다. 1522년에 이미 첫 번째 재판에서 개정이 이루어졌다. 하지만 처음에는 단지 경미하게만 개정되었다. 1535년 완전 새 개정판(secunda aetas)이 나오고, 1543년 "총론"의 더 근본적 개정판(tertia aetas)이 나왔다. 1559년의 최종판까지[86] 멜란히톤은 계속하여 작은 개선 작업을 했다. 첫 두 판(1521년, 1522년, prima aetas)은 게오르크 슈팔라틴(Gerog Spalatin, 1484-1545)과 유스투스 요나스에 의해 독일어로 번역되었다. 1553년 멜란히톤은 스스로 독일어판을 작성했고, 이것을 그의 친구 요아킴 카메라리우스(Joachim Camerarius)의 아내 안나 카메라리우스(Anna Camerarius)에게 헌정한다.[87] "Loci communes" 혹은 "Loci theologici"는 명실상부한 비텐베르크 종교개혁의 교의학 교과서로 발전했다. 루터는 스스로 그것을 찬양하고 추천했다. 멜란히톤 자신만이 아니라, 그의 제자들도 "총론"을 강의의 기초로 사용했다. 이미 1554년—멜란히톤이 여전히 살아있던 시절—마틴 켐니츠(Martin Chemnitz, 1522-1586)는 멜란히톤이 직전 해에(1553년) 출판한 "Loci communes" 판에 대한 해설 강의를 열었다. 멜란히톤은 이렇게 루터파(Luthertum)의 지속적인 교리 발전을 위한 기초석을 두었다. 개혁파의 영역에서도 "총론"은 받아들여졌고, 계속 발전하게 되었다. 무엇보다 방법론 관점에서 "총론"은 방향을 잡아주는 것이었다. 압도적으로 멜란히톤의 제자들로 구성되는 전체 종교개혁 2세대들은 긴 시간 동안 신학적으로 갈라진 길을 갔지만, 그들의 학문적 작업에서는 이 방법론을 사용했다.

---

85 참고. Melanchthon, Loci communes 1521, lat. u. dt., Gütersloh ²1997.
86 1521년 Loci와 함께 편집본은 다음에 있다. In: MWA II/1-2, ²1978-²1980.
87 이들의 친밀한 우정에 대하여 참고. Woitkowitz, Freundschaft zwischen Melanchthon und Camerarius, 35-38. 참고. Melanchthon, Heubartikel Christlicher Lere(1553), 2002.

1) 만물학자와 그의 학문적 업적

멜란히톤의 신학적 업적은 주목할 만하다. 강력한 영향력을 발휘한 "Loci communes" 혹은 "Loci theologici"뿐 아니라, 수많은 신약성경에 대한 주석들과 서신들이 있었다. 멜란히톤은 구약 중에서 단지 시편, 잠언, 전도서, 다니엘만을 다루었다. 구약은 루터의 중점적 작업으로 남겨졌다. 그 밖에 비텐베르크의 독일어에 능하지 않은 많은 외국인 학생들을 위해 멜란히톤이 라틴어로 행한 주일 성경 주해 등이 남아 있다. 그것들은 필기된 것으로 소위 멜란히톤의 설교집(Postillen Melanchthons)으로 모아졌다.[88]

교회 공동체의 종교적 생활에 대한 직접적 영향력을 멜란히톤은 시찰 활동을 통해 얻었다. 그리고 거꾸로 여기에서 모여진 경험들은 비텐베르크 종교개혁 신학자로서의 특징을 형성했다. 시찰은 정부가 계획하여 주로 신학자들과 법학자들로 구성된 위원회를 통해 시행되었다. 그들은 종교개혁의 가르침과 그것에 방향을 맞춘 교회 공동체의 삶이 폭넓게 보장되도록 보살펴야 했다. 이 목적을 위해 멜란히톤이 작성한 "시찰자 교육"(Unterricht der Visitatoren, 1528)은 교리와 삶의 상호관계를 위한 중요한 문서가 되었다.[89] 또한 이 문서는 그가 작성하고 자신의 "임직 시험"(Examen Ordinandorum)을 덧붙였던 1552년의 멕클렌부르크 교회규범(Mecklenburger Kirchenordnung)과 함께 초기 종교개혁의 교회 형성에 지역의 경계를 넘어 엄청난 영향력을 행사했다.

더하여 멜란히톤이 작성한 신앙고백들이 있다. 이 신앙고백들은 비텐베르크 종교개혁을 지속적으로 각인시켰고, 사회와 정치영역에서 대표했다. 이에 해당하는 것은 1530년 아우크스부르크 신앙고백(Confessio

---

88 참고. Wengert, The Biblical Commentaries, 43-76.
89 참고. Michel, Unterricht der Visitatoren, 153-167, 그리고 본서의 281f.

Augustana)이다. 그는 이 신앙고백을 고지 독일(Oberdeutsch)과 계속되는 종교 대화를 통해 지속적으로 개정했다.[90] 그 밖에 아우크스부르크 신앙고백 변증서(Apologie der Confessio Augustana)가 있다. 이 변증서를 통해 멜란히톤은 아우크스부르크 신앙고백을 요한네스 에크의 "논박"(Confutatio)에 나타난 가톨릭의 반대에 대항하며 방어했다. 또한 다양한 일치 문서들과 신앙고백 문서들, 마틴 부처와 함께 협의했던 비텐베르크 일치(Wittenberger Konkordie, 1536)와 트리엔트 공의회에 개신교의 참여를 계획하며 작성한 작센 신앙고백(Confessio Saxonica, 1551)도 있다. 1560년 라이프치히의 서적 인쇄업자 에른스트 푀겔린(Ernst Vögelin, 1529-1589)은 멜란히톤에게 그의 저작들을 편찬할 것을 요청하고, 자신의 주도로 출판을 했다. 이런 방식으로 "Corpus Doctrinae"가 독일어와 라틴어판으로 출간되었다. 그것은 개신교 내부의 가장 큰 분열의 시기에[91] 신앙고백과 교리에서 신학적 조정과 일치를 목표로 한 것이었다. "Corpus Doctrinae Philippicum"은 상황과 내용에 있어 그러한 예로 언급할 수 있다. 그러나 폭넓게 수용되었음에도 오랫동안 그 목적을 이루지는 못했다.[92]

멜란히톤은 자신을 결코 단순한 언어학자와 신학자로만 이해하지 않았다. 그의 관심은 전 생애 동안 넓게 펼쳐져 있었다. 그가 작성하고 출판한 저작들의 폭은 이런 그의 관심을 반영한다. 1516년 그는 라틴어 희극작가 테렌츠(Terenz)의 본문을 서론과 함께 출간했다. 아직 튀빙엔에 있을 시기인

---

90 세 개의 큰 개정 단계가 있다: prima variata 1533, secunda variata 1540, 이 개정판은 개정된 성찬 조항 (10번 조항)으로 특징된다. 그리고 tertia variata 1542. 이 저작들은 다음에 편집되었다. In: BSELK QuM I, 108-118. 119-167. 168-218.
91 아우크스부르크 임시령(Augusberger interim, 1548)과 라이프치히 회의의 초안, 이 초안은 황제의 아우크스부르크 임시령을 대체하는 것으로 의도되었는데, 그것들 후에 아우크스부르크 신앙고백을 따르는 이들의 내부에서 수많은 다툼들이 발생했다. 이것들은 신학적 해명들로, 그리고 신앙고백적 경계들을 만들었다. 참고. Dingel, Historische Einleitung, in: Controversia et Confessio 1, 3-34.
92 참고. Dingel, Melanchthon und die Normierung des Bekenntnisses, 195-211.

1518년 봄, 그는 헬라어 문법책도 작성했다. 비텐베르크 시절 수사학과 논리학 교과서를 내었고, 그것을 지속적으로 개정했다. (수사학의 최종판 1531년, 논리학 1547년). 1521년 "신학총론"(Loci communes)이 이어 작성되고 근본적 수정과 개정이 뒤따른다. 그 밖에 멜란히톤은 철학적 윤리학을 썼다. 그 기초에는 아리스토텔레스와 키케로(Cicero)의 윤리와 정치 저작들에 대한 1529년에서 1532년까지의 강의들과 주석들이 있었다. 그는 이것을 출판했다. 그래서 1538년 자신의 윤리학의 체계를 출간했고, 1550년 개선된 최종판을 낼 수 있었다.

자연과학의 영역에서도 멜란히톤은 역동적이었다. 그의 목표는 자신의 학생들에게 자연의 연관 관계들에 대한 이해와 사람과 천체에 대한 이해를 전달하는 것이었다. 그러나 이 견해들은 특히 헬라의 고대에 분명하게 머물러 있었다. 1540년 그의 글 "영혼에 대하여"(De anima), 즉 사람에 대한 교훈이 출판되었다. (1553년에 최종판이 나왔다.) 1549년 그는 물리학을 출판했다. 이것은 천문학도 함께 다루었고, 코페르니쿠스의 세계관에 대한 간결한 입장을 담고 있었다. 코페르쿠스(Kopernikus, 1473-1543)의 세계관은 대체적으로 멜란히톤과 그의 동시대인들 대부분에게 거부되었다. 다만 멜란히톤은 대체로 코페르니쿠스의 측정 자료는 높이 평가했다. 그에 반하여 두 명의 비텐베르크의 수학자, 에라스무스 라인홀트(Erasmus Reinhold, 1511-1553)와 게오르크 요아킴 레티쿠스(Georg Joachim Rheticus, 1514-1574)는 코페르니쿠스를 따르는 중요한 인물들이었다. 멜란히톤이 천문학 연구에 열중했다는 것은 그가 헬라어 교수직이라는 점에 매우 잘 맞는다. 왜냐하면 고전적 고대에 근간을 둔 천문학자 프톨레마이오스(Ptolemaeos)의 글들은 헬라어로 작성되었기 때문이다. 그리고 멜란히톤은 그의 본문 일부를 라틴어로 번역했다. 또한 그는 점성술(Astrologie)에 집중했다. 점성술은 천문학처럼 학문으로 간주되었는데, 그는 별이 하나님의 섭리의 표지를 담고 있는 것으로 보았다. 별의 위치에서 세상의 사건에 대한 하나님의 개입을 추론했다.

멜란히톤이 얼마나 다방면에 관심이 있고 지식이 풍성했는지는 특별히 그의 역사적 저술에서 나타난다. "Chronicon Carionis"는 그의 작품으로 여겨진다: 이 세계 역사책은 베를린의 궁정 천문가이자 튀빙엔에서 멜란히톤의 옛 동료였던 요한 카리온(Johann Carion, 1499-1537)의 이름을 따라 명명되었다.[93] 카리온은 멜란히톤에게 1531년 미완성된 독일 연대기의 원고를 보냈다. 그리고 그 원고를 이 비텐베르크 사람이 개정했다. 뤼베크(Lübeck)의 학교장인 헤르만 본누스(Hermann Bonnus, 1504-1548)는 이 작품이 1532년 인쇄되어 출판되기도 전에 라틴어로 번역했다. 1555년부터 멜란히톤은 비텐베르크에서 세계사에 대한 강의를 했고, 이를 통해 카스파르 포이커(Caspar Peucer, 1525-1602)와 함께 협력하여 책을 냈다. 그 책은 카리온의 작업과는 달리 마지막이 완성되었다. 그럼에도 이 책은 당시에 이미 오래전에 죽었던 카리온의 이름으로 나왔다. 멜란히톤은 자주 평가서(Gutachten), 연설(Reden), 강의안이나 자신의 동료들과 학생들을 위한 문건들을 작성했다. 이들 중에는 그의 이름으로 인쇄되어 출판되지 않은 것들도 있었다. 이 만물학자의[94] 영향력은 전 유럽에 이르렀다.

2) 신학자와 개혁자

많은 신학적 문제에서 멜란히톤은 루터의 편에 섰다. 멜란히톤 스스로 루터에게서 복음을 배웠다고 말했다. 그가 오랫동안 루터에게 종속되지 않은 독립된 신학자로 발전했음에도 그렇다. 예를 들면 "율법의 제3 용법"(tertius usus legis)의 시각에서, 하나님과 관계에서, 사람 의지의 능력에

---

93 참고. Prietz, Mittelalter im Dienst der Reformation, 29-198.
94 멜란히톤 핸드북에서 조망을 볼 수 있다. Günter Frank, Tübingen(준비 중)

대한 질문에서[95] 그리고 성만찬 교리에서[96] 자신만의 길을 갔다. 그러나 종교개혁의 중심, 즉 칭의 교리에서 그는 이전의 연구 세대들이 생각했던 것과는 달리 전적으로 루터와 일치했다.[97]

멜란히톤은 사람이 의로운 심판자이신 하나님 앞에서 그의 아들 예수 그리스도를 신뢰할 만한 대변자로 발견한다는 것을 강조했다. 하나님께서 사람에게 있는 것으로 여기시는 것은 하나님 아들의 의다. 그래서 사람은 자기의 힘으로 자신의 칭의를 위하여 아무것도 기여할 수 없고, 또한 어떤 기여도 필요 없다. 하나님의 의의 전가는 믿음 안에서 이루어진다. 하지만 멜란히톤은 종교개혁의 초기 교회 공동체들을 시찰하던 과정 중, 오직 은혜로 말미암고 선행에 근거하지 않은 죄인의 칭의에 대한 종교개혁의 설교가 완전한 윤리적 방종으로 이끌 수 있다는 것을 알게 되었다. 그래서 그는 복음의 설교가 단지 용서의 선포뿐 아니라 또한 항상 회개와 자기 성찰, 하나님의 법의 요구 앞에서의 두려움을 포함해야 한다고 강조했다. 성령은 단지 용서의 약속에서만 활동하시는 것이 아니라, 회개의 호소에서도 활동하신다.

칭의의 과정에서 함께 영향을 작용하는 율법과 복음의 이분법은 루터에게서, 또한 멜란히톤에게서도 발견된다. 그러나 멜란히톤은 자신의 친구요, 동료인 루터보다 더욱더 분명하게 "usus politicus", 곧 율법의 세상적 용법(primus usus legis), "usus theologicus", 곧 하나님의 법 앞에서 사람이 자신의 죄를 보도록 이끄는 신학적 용법(secundus usus legis) 외에, 율법의

---

95 참고. Kolb, Bound Choice, 70-102.
96 참고. Dingel, Creation of Theological Profiles, 263-281.
97 학문적 문헌들은 이미 확실하게, 사람들이 루터와 멜란히톤을 결코 효과적 칭의 교리(루터)와 전가의 칭의 교리(멜란히톤)의 대표자로 서로를 나눌 수 없다는 것을 증명하고 있다. 참고. Folgaus, Luther versus Melanchthon?, 6-46; 옛 문헌들의 논쟁은 같은 책, 6-9.

세 번째 용법(tertius usus legis), 곧 의롭게 된 사람의 삶의 방향을 잡아주는 율법의 용법(usus paedagogicus/didacticus)을 강조했다.[98]

종교개혁 신학의 분명한 발전은 무엇보다 사람의 의지에 대한 멜란히톤의 교리에서 드러난다. "신학총론"(1521)에서 그는 여전히 루터의 종속된(unfrei) 의지의 견해를 지지했다. 의지는 스스로 선한 어떤 것도 가져올 수 없다. 루터와 에라스무스의 논쟁에서도 멜란히톤은 옛 연구들이 오랫동안 주장했던 것과 달리 여전히 비텐베르크 사람(루터)의 편에서 있었다.[99] 그러나 이것은 30년대에 변화하게 되었다. 1535년 "신학총론"의 2판에서 이미 멜란히톤은 자신의 발전된 입장을 밝혔다. 사람이 자신의 행위에 책임이 있다는 것을 확실히 하려는 그의 윤리적 동기라는 바탕에서 그는 사람의 의지에 결정 능력이 남아 있다고 설명했다. 그 능력으로 사람은 자신에게 제시된 충동에 반응할 수 있다.

이것은 그를 "tres causae converionis" 혹은 "tres causae concurrentes"의 교리(회심의 세 가지 원인 교리)로 이끌었다. 그 교리가 의미하는 것은 사람의 회개에 세 가지 영향력이 함께한다는 것이다: 하나님의 말씀(verbum Dei), 성령(spiritus sanctus) 그리고 사람의 의지(humana voluntas)이다. 사람의 의지는 하나님의 말씀을 듣고, 성령은 사람의 의지 안에서 활동하신다. 사람의 의지는 찬성하며 행동할 수 있다.[100] 그러나 이 "신인협동설"(synergistische) 입장은 사람의 자유의지를 찬성하는 고백이 아니었다.

---

98 선행은 구원을 위해 필요하고, 선행이 없다면 누구도 구원받지 못한다는 그의 제자 게오르크 마이오르(Georg Major)의 입장으로 인해, 멜란히톤의 신학도 더 루터적 혹은 더 멜란히톤적으로 생각하는 서로 나뉘진 진영들의 논쟁에 빠지게 되었다. 참고. Dingel, Historische Einleitung, in: Controversia et Confessio 3, 3-16.
99 여전히 1527년 멜란히톤의 골로새서 주석에서 사람들은 에라스무스에대한 비판을 발견한다. 참고. Wengert, Human Freedom, Christian Righteousness, 67-109.
100 참고. Melanchthon, Loci 1559, in: MWA II/1, 270,19-271,1.

오히려 멜란히톤은 그의 평생에, 사람의 의지가 자기 동력으로는 어떤 것도 행할 수 없고, 하나님에 대한 자신의 태도에서 어떤 선한 것도 가져올 수 없다는 것을 분명히 했다. 이런 방식으로 멜란히톤은 사람의 자기 책임성 뿐 아니라, 또한 원죄를 통한 사람의 "본성의 타락"(corruptio naturae)과 "오직 믿음"(sola fide)으로 인한 칭의를 함께 가르칠 수 있었다. 왜냐하면 의지가 동의하는 행위나 실행하지 않는 태도 모두 멜란히톤에 따르면 자기 자신의 자유로운 충동에서 발생하는 것이 아니기 때문이다. 그래서 사람에게는 어떤 공로성도 없다. 멜란히톤이 어떤 형태의 예정교리도 발전시키지 않은 것의 결과가 여기에 있다. 하지만 "신인협동설"(Synergismus)은 아우크스부르크 임시령(Augsburger Interim)을 대체하기 위하여 1548년 멜란히톤이 함께 작업했던 라이프치히 대체제안과 연결되어 신학적 논쟁의 점화제를 제공하게 되었고, 논쟁은 매우 격렬하게 진행되게 되었다.[101]

멜란히톤의 성찬 교리도 한편으로 루터와 비텐베르크 종교개혁자 네트워크와의 일치로, 또한 다른 한편으로 자기 자신만의 지속적 발전으로 특징지어진다. 루터와 멜란히톤은 모두 화체설을 거부한다. 루터와 같이, 멜란히톤은 성례가 거행되는 중 그리스도의 실제적 임재를 강조한다. 츠빙글리(Zwingli, 1484-1531)가 주장하는 것과 같은 상징적 견해, 즉 빵과 포도주는 그리스도의 살과 피의 표지라고 가르치는 견해에[102] 멜란히톤은 참여하지 않았다. 하지만 그는 그리스도께서 실제로 현재한다는 사상의 표현 형식에 있어 루터보다 더 조심스럽고, 일치를 위하여 더 준비되어 있었다. 이것은 특히 부처와 고지 독일과 협의에서 분명하게 드러났다. 그 협의는 1536년 비텐베르크 일치(die Wittenberger Konkordie, 1536)에 이르게 했다. 그리

---

101 참고. Controversia et Confessio 5, 2018.
102 참고. 본서의 166-177.

고 1541년 레겐스부르크(Regensburg) 종교대화에서 멜란히톤은 그리스도 전체(der ganze Christus)가 그의 신성뿐 아니라 또한 그의 인성(살과 피)에서도 빵과 포도주와 함께(cum), 성례의 거행 중(in usu) 참으로 임재하신다는 것을 분명히 했다.[103] 루터와 달리 그는 제정 말씀의 해설을 둘러싼 추가적인 기독론적 근거를 설명하지 않았다. 두 사람은 일치하여 분잔을 금지한 것에 반대하는 성경의 새로운 이해를 가졌다. 그들에 따르면, 모든 성찬 참여자들에게 분잔도 이루어져야 한다는 것은 성경에서 나온 것이다. 성경은 말하기를, 예수께서 모든 제자들에게 마지막 저녁 만찬 때 빵과 포도주를 건네주셨다고 했다. 멜란히톤 자신은 1521년 9월 29일 처음으로 두 종류의 성찬을 받았다. 성찬 신학이 후대에 발전하면서 그의 제자 중 일부는 16세기 후반 개신교 내부의 논쟁 가운데 견고해진 루터파와 근본적인 차이를 만들어냈다. 왜냐하면 루터가 생존했을 때보다 더 분명하게, 그리스도의 신성뿐 아니라 인성도 편재하는가의 질문이 논쟁되었고, 성찬 이해와 연결되었기 때문이다. 이것은 멜란히톤과 그의 일부 제자들이 함께할 수 없는 교리적 발전이었다.

　멜란히톤이 이미 이른 시기에 루터와 독립적인 자신만의 신학적 해법들을 소유했다는 것이 드러났고, 그것을 지속적으로 아우크스부르크 신앙고백의 개정에서 그리고 그의 "Loci Theologici"의 개정에서 기록했음에도, 이것이 비텐베르크 종교개혁자들의 네트워크 내에서 분리 과정으로 가지 않았다. 심지어 여전히 신학적 동기들의 다양성을 용납할 수 있었고, 통합할 수 있었다. 마틴 루터의 죽음(1546년) 이후 아우크스부르크 임시령의 공포(1548년) 이후, 그리고 라이프치히 대체제안, 소위 라이프치히 임시령을

103　참고. u. S. 197f. 그리고 본서의 301f. 그리고 314.

통해 유발된 최초의 개신교 내부의 논쟁에서, 두 명의 위대한 비텐베르크 종교개혁자들이 상이한 특성(Profile)을 발전시켰다는 것이 분명하게 드러났다. 사람들은 이제 그 차이를 엄격하게 대립적으로 구분했다. 그것과 연계하여 멜란히톤에 대한 잦은 악평은 신학자이자 다재다능한 학자의 모습을 오늘날까지 부당하게 낙인찍었다. 그를 "얌전히 들어간 사람"(Leisetreter)로서 평가하는 것은 사라지기 어려운 편견에 속한다. 이 발언은 루터가 자신의 친구인 멜란히톤이 아우크스부르크 신앙고백을 작성하는 과정에서 그의 외교적 솜씨를 칭찬하는 중에 나온 말이었다.[104] 그의 지칠 줄 모르는 화해와 타협을 위한 노력은—긍정적인 면에서 그리고 부정적인 면에서도—신학적 타협성 혹은 타협적 태도로 해석될 수 있다. 신학적 태도에서 멜란히톤은—그의 모든 동시대인들처럼—자신의 신학적 확신들에 견고히 서 있었다. 그 확신들은 포기할 수 없는 기본 원리로서 종교개혁의 칭의 교리에 방향이 맞춰진 것들이었다.

---

104 참고. 본서의 289f.

나. 종교개혁의 확장: 방법과 매개체

비텐베르크에서 시작된, 즉 루터로부터 시작된 종교개혁의 이상은 매우 짧은 시간 동안 엄청나게 널리 확산되었다. 이 이상은 모든 사회 계층에 도달했다. 제후들과 하위 귀족들과 기사들, 그리고 소위 "일반적인 사람"(Geminen Mann), 즉 농촌과 작은 마을의 일반 평민들과 또한 도시의 시민들에게도 도달했다. 그리고 이 이상은 학식 있는 사람들과 교양있는 사람들, 그리고 학식이 없는 사람들과 글을 읽을 수 없는 사람들에게도 마찬가지로 도달했다. 어떤 중세의 이단도 종교개혁과 같이 그렇게 확장되지도, 그런 영향력도 갖지 못했다. 이 성과를 내는 데 다양한 요인들의 도움이 있었다. 심지어 종교개혁을 지지하지 않는 요인들도 도움을 주었다. 종교개혁이 사용할 수 있었던 의사소통 매체의 영향력은 결정적이었다.[105] 이 매체는 종교개혁의 이상들이 전 유럽에 확장될 수 있는 길을 만들어 주었다. 예를 들면, 종교개혁을 통해 내용과 형식이 새롭게 변화된 설교와 노래로 인한 구두적 확장은 엄청난 효과를 가졌다. 그뿐 아니라 도시의 인문주의자들 가운데 사용된 서신교환으로 사용된 문서 전달 매체와 특히 서적 인쇄의 기술적 진보는 종교개혁 사고의 효과적 재생산을 감당했다. 출판사 인쇄소의 생산성에서 볼 때, 몇몇 인쇄물의 판본 수준에서 볼 때, 팸플릿과 그림이 있는 전단지와 읽히고 강연된 연설을 출판하고자 하는 관심이 커진 상황을 볼 때 원하지 않는 내용의 책을 태워버리는 방식으로 간단하게 해결하는 일은 더 이상 가능하지 않았다.

---

105 참고. Nieden, Wittenberger Reformation als Medienereignis: www.ieg-ego.eu/niedenm-2012-de URN: urn:nbn:de:0159-2012042305 [2015-07-29]

1. 설교

루터의 새로운 교리를 확대 재생산한 첫 번째 사람들은 그의 동료들이었다. 그들은 수도원에 소속된 수도사들과 또한 세속 사제들이었다. 민족 언어로 행해진 설교는 모든 사회 계층에 전달되었다. 도시의 교육받은 대중뿐 아니라 농민들도 설교를 듣기 위해 주변의 도시로 왔고, 단기간에 비텐베르크에서 시작된 새로운 교리에 대한 정보를 들었다. 종교개혁의 일반적 수용과 실행을 위해 설교가 얼마나 중요했는가는 프랑스와 폴란드의 경우를 통해 분명하게 평가될 수 있다. 그곳에서 새로운 교리는 거친 박해 조치로 인해 초기에는 공개적으로 이야기될 수 없었다. 예를 들면 제국 내에서처럼 새로운 교리는 신속하며 대중적인 큰 공론의 장을 얻을 수 없었다. 그래서 그곳에서는 교육을 받지 않은 하위 계층들은 종교개혁에 대하여 알지 못했다. 결국 이 나라들에서는 16세기 전반에 넓은 주민층을 사로잡는 "민족개혁"(Volksreformation)은 발생하지 않았다.

설교단에 설 수 있었던 도시의 설교자들에 더하여, 특히 루터의 종단인 어거스틴 은자회(Augustiner-Eremiten) 출신의 동료들이 있었다. 그들은 설교로 종교개혁의 사상을 확산시켰다. 그들은 확실히 그들의 수도원 형제(루터)를 돕기로 결정했다. 종단의 연대의식(Solidarität)은 이미 중세에 일반적이었고, 어거스틴 은자회의 수도원들은 유럽을 마치 촘촘한 그물망처럼 덮고 있었다. 그렇게 루터의 교리는 수도원에서 수도원으로 계속 전해졌고, 어거스틴 은자회 수도원들은 그들의 지역에서, 큰 제국 도시나 작은 시골 도시에서, 종교개혁의 추진을 위한 배양세포가 되었다. 그래서 1523년 7월 1일 이단으로 화형당한 종교개혁의 첫 순교자 두 명이 어거스틴 수도승이었다는 사실은 우연이 아니다. 어거스틴 은자회와 도시의 설교자들은 개신교 목사들의 초기 핵심 구성원이었다. 다른 수도원에 속한 사람들도 그들의 수도원을 떠났고, 이제 결혼한 목사와 설교자로서 새로운 교리의 직무를 감당하게 되었다. 독신을 포기하고 결혼을 하는 것은 종교개혁 초기에 개신교 신앙을 향한 방향 전환의 공개적인 증거로서 여겨졌다.[106] 설교를 통한 새로운 믿음의 선포는 오늘날 상상하는 것보다 더 엄청난 큰 효과를 불러일으켰다.

설교의 내용도 결정적이지만 설교의 새로운 방식도 결정적이었다. 사실 루터는 취리히와 제네바의 종교개혁처럼 "연속 읽기"(lectio continua), 즉 성경 본문을 연속적으로 다루는 것을 선호하지 않고 기존 중세의 방식대로 정해진 성경의 순서를 따라 복음서와 서신서를 낭독하는 절기 설교(Predigtzyklus)를 지켰고, 단지 작은 부분만 수정했다. 다만 루터는 매우 강력하게 설교가 성경에 초점을 맞추어야 함을 강조했다. 설교는 개신교적인 해석인 동시에 청중에 대한 연설이었다. 설교는 수사적으로 "교리와 권면"(doctrina et exhortatio) 혹은 "교리와 위로"(doctrina et consolatio)로, 구조에 있어 율법과 복음으로 준비되었다.[107] 루터 스스로 자신의 바르트부르크 시절부터 설교를 "설교집"(Postillen)으로 모아 출간했다. 설교집은 설교를 위한 교본과 도움과 모범으로서 역할을 했다.[108] 17세기까지 마틴 루터의 종교개혁 전파는 그와 같은 생각을 공유한 사람들의 무리에게서 나온 위대한 설교집들을 통해 계속하여 이어지고 전달되었다.[109]

---

106 참고. Buckwalter, Priesterehe in Flugschriften, 13-18.
107 참고. Nembach, Predigt des Evangeliums, 25-59.
108 참고. 본서의 100.
109 요한네스 마테시우스(Johannes Mathesius)와 지몬 무사이우스(Simon Musaeus)가 뛰어난 확대재생산자로 여겨진다.

2. 노래

설교나 노래는 종교개혁이 새롭게 개발한 형식이 아니다. 새로운 것은 내용이었고, 설교와 노래를 하는 사람들의 열정이었고, 그 내용이 담고 있던 의미였고, 이런 방식으로 진행되었던 수용이었다. 종교개혁의 노래가 탄생하는 데 있어 루터는 매우 중요한 역할을 했다. 그는 스스로 수많은 노래를 작성했고, 또한 이를 위해 동료들을 고무시켰다. 그러나 이는 이전에 민족 언어로 된 교회의 노래를 담은 찬송가가 존재하지 않았다는 의미는 아니다.[110] 독일어로 된 교회의 노래는 이미 12세기부터 존재했었다. 그러나 그런 노래는 주로 "불쌍히 여기소서"(Kyrieleis)의 부름으로 끝나는 짧은 "기도 노래"(Leisen)에서 교회 공동체가 부르는 후렴구(Gemeindestrophen) 정도만 있을 뿐이었다. 그 노래들은 절기에 사제들이 부른 찬송가(Sequenz)에 덧붙여진 것이었다.

루터는 이 전통에 그의 예배 음악적 작품을 연결할 수 있었다. 그는 한 연으로 부르던 방식을 여러 연으로 구성된 노래로 확장시켰다. 그런 방식에서 그는 특별한 선구자였다. 오늘날까지 부르는 찬송의 예를 들면, 15세기에 나온 부활절 곡조인 "그리스도께서 부활하셨다"(Christ ist erstanden, EG 99)이다. 그 밖에 루터는 찬송가를 독일어로 번역했다. 이 또한 새로운 발견이 아니었다. 왜냐하면 그런 번역들은 이미 14세기에도 있었기 때문이다. 예를 들면, 루터 직전에 토마스 뮌처(Thomas Müntzer, 약 1489-1525)가 라틴어 미사를 참고로 직접 민족 언어로 번역했다. 1524년 그의 독일어 미사가

---

110 참고. Jürgens, Das Evangelium singen, 103-123.

출간되었다.[111] 라틴어 예식 음악을 독일어 교회 노래로 대체하는 것은 이미 루터 이전에도 있었다. 루터는 다만 그것을 연결하고 더하여 더욱 발전시킬 수 있었다. 새로운 것은 영향력이었다. 기억하기 쉽고, 생활에 익숙한 번역들을 통해 영향력이 드러났다. 이것이 종교개혁이 목적하는 바였다. 그 밖에 루터는 시편과 성경의 핵심 진술을 교회의 찬양으로 바꾸는 새로운 지평에 이르게 되었다. 그의 가장 유명한 시편 찬양은 시편 46편(하나님은 우리의 피난처시요 힘이시니)을 따라 지어진 "내 주는 강한 성이요"(Ein feste Burg ist unser Gott, EG 362)이다. 그의 가장 널리 알려진 개신교 찬양들에는, 누가복음 2:9-16을 따라 지어진 "Vom Himmel hoch da komm' ich her, EG 24"(하늘 높은 곳에서 내가 온다)가 있다. 민족 언어로 된 교회의 찬양 방식에서 결정적이며 창조적인 발단은 사실상 루터에게서 시작한 것이었다. 1524년 이후 만들어진 다른 저자들의 모든 시편 찬송들은 이 비텐베르크 사람의 자극을 따르거나 그에 초점을 맞춘 것이다. 비록 사실상 루터가 시인이 아니라고 할지라도, 그 노래는 내용을 효과적으로 전달함을 통해 종교개혁을 위한 결정적인 가치를 지니게 되었다. 루터가 직접 작성한 종교적 시는 그 수가 많지는 않았다. 예를 들면, 1523년 죽임을 당했던 브뤼셀의 두 명의 믿음의 증인에 대한 순교자 노래나,[112] 영원한 하나님의 뜻(Ratschluss)에 대한 그의 담시(Ballade, EG 341)가 있다.

비텐베르크 사람에게 더 중요한 것은 교회의 노래가 가진 교육적 가능성이었다. 단지 노래를 부르는 것을 넘어, 새로운 믿음의 내용을 잘 기억하도록 전파되고, 동시에 개별적으로 습득되기 때문이었다. 먼저 전단지를 통

---

111 참고. Müntzer, Deutsche evangelische Messe 1524, 1988. Müntzer, Das Amt von der Auferstehung Christi, 1993.
112 참고. WA 35, 411-415.

해 확산되었던 복음적 노래인 "Nun freut euch lieben Christus g'mein, EG 341"이나, 요리문답적 노래 "Jesus Christus unser Heiland, EG 215"는 이를 위한 적절한 예다.[113] 이 노래들은 노래하는 교회 공동체를 통해 기억되고 알려지는 매우 강력한 함축 가운데 종교개혁 교리의 요약을 제공한다. 이런 노래들은 초기에는 주로 낱장으로 만들어진 간단한 악보나 잘 알려진 멜로디에 기입된 상태로 인쇄되어 널리 퍼지게 되었다. 이미 1524년 이 노래들은 찬송가와 비슷한 작은 인쇄물로 편찬되었다. 루터의 8개의 노래책(Actliederbuch, 1524)과 요한 발터(Johann Walter, 1496-1570)가 제작한 종교합창 소책자(1524)가 여기에 속한다. 노래는 이런 방식으로 종교개혁의 내용을 전달하고 확대 재생산했고, 요리문답과 신앙고백에 첨부되어, 찬송가는 평신도를 위한 성경이 되었다.[114] 개혁파 영역에서도 시편 찬양에 더하여, 교회의 찬양과 선포에 도움을 주는 소책자로 편찬된 시편들이 있었다.[115] 요한네스 칼빈(Johannes Calvin, 1509-1564)은 클레망 마로(Clément Marot, 1496-1544)의 시편 찬양과 자신의 시를 1539년 스트라스부르에서 출판했다. 그곳에서 그는 시편 찬양을 알게 되었다. 제네바 시편은 모든 성경의 시편을 운율에 맞춘 프랑스어판으로, 매우 탁월했고, "전 유럽의 개혁파 교회를 식별하는 표지로" 발전했다.[116]

말씀의 선포, 가르침, 찬양 외에 개신교의 노래는 사람들의 무리나 더 큰 집단을 움직이고 그들의 결합을 강화하며 저항을 표현할 수 있는 힘을 발전시켰다. 예를 들면, 종교개혁에 동참하는 고위 귀족이 파리의 루브르

---

113 참고. Heidrich, Luthers Lied Nun freut euch, lieben Christen g'mein, 200-206.
114 참고. Völker, Gesangbuch, 547-565.
115 참고. Hofmann, Psalmenrezeption in reformatorischen Liedgut, 73-85.
116 Jürgens, Genfer Psalter: URL: www.ieg-ego.eu/juergensh-2010-de URN: urn:nbn:de:0159-2010 0921251 [2015-07-29].

(Louvre) 건너편 센 강변에 모여 무장을 하고 순찰하고, 시편 찬송을 불렀다는 것이 알려져 있다. 또 다른 예들은 많은 풍자적 노래들이다. 그 노래들은 교회의 폐해를 고발하고, 이 노래를 부르는 집단을 다른 집단으로부터 구분했다. 그런 노래들은 1548년 "아우크스부르크 임시령"(Augsburger Interim)이라는 황제의 종교법과 연관된 구교의 의식과 예식의 재도입과 관계하여 지속적으로 생겨났다. 여기에는 무서운 음모를 가졌던 대적자들로부터 분리를 통해 자신의 확신을 확실하게 하고, 안정시키려는 목적이 있었다.

3. 인문주의자 집단의 활동들

도시에서 활동하는 인문주의자들도 처음에는 종교개혁 교리의 확장을 지원했다. 그들은 "원전으로"(ad fontes)라는 구호와 종교개혁의 원전들에 대한 그들의 지속적인 방향성으로 종교개혁이 지속적으로 원전에 방향 맞추는 것으로 그 길을 평탄하게 만들었다. 또한 그들은 전달받은 전통들의 가치를 중요하게 생각하지 않았다. 이를 통해 그들은 전통에 대한 비판적 관심을 만들어 냈고, 열린 마음과 호기심으로 새로운 것에 대하여 세상이 민감하게 느낄 수 있도록 만들었다. 여기에서 종교개혁 교훈들은 비옥한 밭에 뿌려질 수 있었다. 제국 기사인 울리히 폰 후텐(Ulrich von Hutten)의 외침, "오 이 시대여, 오 학문들이여! 살아가는 즐거움이여!"(O Zeitalter, o Wissenschaften! Es ist eine Lust zu leben!)는 깨어나오는 분위기를 적절하게 특징적으로 그려냈다.

얼마 동안 교회와 사회의 종교개혁적 갱신 및 예술과 학문의 인문주의적 갱신은 협력할 수 있었다. 두 사조가 처음에는 얼마나 서로 분리하기 어려웠는가는 다음의 사건이 잘 보여준다. 예를 들면, 파리에서 인문주의 교육 개혁과 대학 개혁은 정말 부당하게 상당히 오랫동안 이단적이라는 비방을 받았다. 왜냐하면 파리는 로마 가톨릭 신앙에 사로잡힌 대학이었고, 그렇게 머물러 있었기 때문이다. 인문주의적 사상은 어쨌든 널리 확장되고 수용되었다. 그리고 인문주의자들은 스스로 정신적으로 활동적이며 비판적인 집단이었다. "무지한 사람들의 서신"(Dunkelmännerbriefe)[117]은 그들이 오래되고 비판할 만한 것들을 흔들고 씹어 조롱하며 괴롭히는 것을 얼마나 크게 즐거워했는지를 증명한다.

인문주의에 동의하는 무리는 도시에서 학자의 집단으로, 소위 동업조합(Sodalität)로 불리며 모였다. 그들 가운데 또한 마틴 루터의 종교개혁 교리가 기반을 갖게 되었다. 예를 들면, 뉘른베르크(Nürnberg)에는 요한 슈타우피츠 주변에 모여든 "마틴파"(Martinianer)라는 인문주의자 집단이 있었다. 루터와 비슷하게 슈타우피츠는 하나님의 자비에 근거하여 구원에 이를 수 있다고 설교했지만, 루터와는 달리 그가 의도한 것은 중세 후기의 신비주의적 의미였다. 그러나 동시에 동업조합 속에서 루터와 비텐베르크 종교개혁의 초기 지지자들이 모여들었다. 인문주의 동업조합은 다시금 많은 상호 간의 서신교환으로 연결되었고, 유럽을 하나의 완전한 통신망으로 덮었다. 여기에서 사람들은 가장 새로운 사건들을 교환했고, 물론 비텐베르크에서 발생한 일들에 대해서도 나누었다. 중요한 인물들은 특히 법학자, 의학자, 교사, 성직자의 직업군에 속해 있었다. 중요한 정신적 우두머리 가운데 예를 들면, 뉘른베르크의 귀족 빌리발트 피르크하이머(Willibald Pirckheimer, 1470-1530), 도시의 법률 고문이자 의회서기(Ratsschreiber)이며

---

117 참고. 본서의 69.

외교관이었던 라자루스 슈펭글러(Lazarus Spengler, 1479-1534), 또한 예술가 알브레히트 뒤러(Albrecht Dürer, 1471-1528)와 같은 사람들이 있었다. 뒤러는 인문주의 정신에 동조하는 선제후령 작센 궁의 사무장(Kanzler)이었던 게오르크 슈팔라틴(Georg Spalatin, 1484-1545)으로부터 당시에 얻을 수 있었던 루터의 문서들을 받았고, 루터가 자신을 큰 두려움에서 자유롭게 했다는 것을 공적으로 인정했다. 그래서 그는 종교개혁자를 "자신을 큰 두려움에서 나오도록 도왔던 그리스도의 사람으로 오랫동안 기억하기 위해 동판에 조각하려 했다."[118]

나중에 1520년대 중반, 인문주의와 종교개혁은 인문주의에 동조하는 "동업조합"과 종교개혁 집단으로 서로 나뉘지게 되었다. 두 진영이 분리되는 데 있어 결정적인 것은 인간관(Menschenbild)이었다. 루터는 원죄를 가진 사람의 부패에 대해 매우 깊이 확신했다. 이 부패는 하나님의 과분하고 자유로운 자비로만 극복해 낼 수 있는 것이라고 여겼다. 반면 인문주의자들, 특히 로테르담의 에라스무스는 사람에게 주어진 선행의 능력을 견고하게 옹호했다.[119] 사람은 적절한 교육을 통하여 개선될 여지가 있다고 확신했다. 그러나 당분간 인문주의적 동업조합은 학자들 집단에서 종교개혁 사상의 확대 재생산자들로서 국제적으로 영향력 있는 활동을 했다.

4. 책의 인쇄

책의 인쇄는 종교개혁이 사회적, 지리적 경계를 효과적으로 깨뜨릴 수

---

118 Dürer an Georg Spalatin, Anfang 1520, in: Guhl, Künstlerbriefe, 295.
119 참고. 본서의 161-166.

있도록 도움을 주었다. 그 배경에는 기술적인 진보가 있었다. 15세기 중반 이래, 마인츠의 귀족 자녀인 요한네스 겐스플라이쉬 구텐베르크(Johannes Gensfleisch zum Gutenberg, 약 1395/1400-1468)[120]를 통해 역동적이며 빠르게 교환 가능한 금속활자를 통한 인쇄기술이 발전되었기 때문이다. 이 인쇄술이 의미하는 것은 과거에 나무판에 텍스트를 고정된 방식으로 새겨야 했던 것과 달리 활자들을 조합하고 분해하는 방식으로 재활용할 수 있게 되었다는 것이다. 그래서 1518년과 1519년 사이 제국에서 인쇄된 문서의 수는 급속하게 증가했다. 한 해에 넉넉히 200부에서 900부로 증가했다.

루터의 초기 문서들과 함께 종교개혁은 서적 생산과 서적 시장의 번영기를 가져왔다. 인쇄업자들은 루터의 새로운 모든 작품을 본격적으로 그의 손에서 빼앗았다. 비텐베르크가 작은 도시였지만, 일곱 개 이상의 인쇄소가 활동하고 있었다. 뉘른베르크, 아우크스부르크와 스트라스부르와 같은 거대 제국 도시들에서도 상황은 비슷했다. 이에 더하여 새롭게 발전하려 노력하는 소규모 인쇄 작업장을 가진 지역들도 광범위하게 확산되었다. 인쇄업자들이 루터의 종교개혁 문서 하나를 얻게 되면 조만간 복제본이 생산되었다. 예를 들면, 루터의 1518년 "면죄부와 은혜에 대한 설교"(Sermon von Ablass und Gnade)는 3개의 비텐베르크 출판사에서 원본으로 나왔다. 더하여 19개의 다른 곳에서 복제본이 나왔다.[121]

바젤의 인쇄업자 요한네스 프로벤(Johannes Froben)은 1519년 루터에게 자신이 라이프치히의 서적 상인을 통해 그의 저작들을 더 많이 조달하게 되었으며 그것들을 하나의 편집본으로 재인쇄하려고 한다는 내용의 편지를 썼다. "우리는 600부를 프랑스와 스페인으로 보냈습니다. 그리고 이

---

120 구텐베르크에 대한 전반적인 것은 참고. Füssel, Johannes Gutenberg, ⁵2013, 특별히. 115-131.
121 참고. Moulin, Sermon von Ablass und Gnade, 113f.

제 파리에서도 판매될 것입니다.···또한 파비아(Pavia)의 서적상 칼부스(Calvus)는 매우 학식 있는 학자인데, 그가 그런 소책자들의 상당량을 이탈리아까지 가지고 가서 온 도시에 배포할 것입니다.···나의 판본들은 10쇄 모두 판매되었습니다. 나는 다른 책에서는 지금까지 한 번도 이런 행복한 판매실적을 경험해보지 못했습니다."[122]

최고점은 1520년 루터의 위대한 세 개의 종교개혁 문서들이 나왔을 때와 1522년 순차적으로 성경 번역이 출간되었을 때였다. "기독교 귀족들에게"는 한 쇄에 4,000부가 발행되었다.[123] 1522년부터 루터가 사망하던 1546년 사이, 루터가 번역한 고지 독일어 성경의 부분 혹은 분리 출판본이 약 340개가 있었다. 비텐베르크의 인쇄소에서 나온 것만 10개의 성경 전체본이 있었다. 평균 발행 부수를 2,000으로 잡는다면, 약 750,000부의 고지 독일어 인쇄본 번역 성경이 돌아다니고 있었다.[124] 저지 독일어 저작들까지 고려한다면 그 수는 약 백만에 이르게 된다. 이 숫자들은 어떤 다른 책도 접근조차 안 되는 기록이었다. 출판된 성경의 판형이 2절판(Folio-Format)이었고 두께도 만만치 않았기 때문에 16세기에는 가격이 상당히 높았던 것을 볼 때, 이 숫자는 더욱 주목할 만하다. 9월성경의 가격에 대해 전해지는 보고들은 일정하지 않다. 판매가격은 0.5굴덴(Gulden)으로 매겨졌으나, 또한 1굴덴 혹은 1.5굴덴이 되기도 했다. 가격은 사철 제본이 되어 있는지 그렇지 않은지에 따라 달랐다. 1534년 2절판으로 출간된 첫 번째 고지 독일어 성경을 위해서 2굴덴, 8그로쉔(Groschen)이 지불되었다. 이 가격은 당시에 1.5굴덴에 구입할 수 있었던 두 마리의 도축된 송아지나 6개의 쟁기보다 더 비

---

122 WA.Br 1,332f. 참고. Wolgast/Volz, Geschichte der Luther-Ausgaben, 431-450.
123 Strohm, Umwälzung der Mediengeschichte, 14.
124 참고. Ziemann, Sozialgeschichte der Religion, 133.

싼 것이었다. 그 당시에 하녀들은 1년에 1.5 굴덴을 벌 수 있었고, 학교의 교사는 그보다 약 두 배 이상, 즉 3.75 굴덴 정도를 벌었다. 그러므로 성경 전체를 구입하려면 1년 소득의 약 2/3를 저축할 필요가 있었다. 그러나 곧 더 작고, 훨씬 비용이 저렴한 4절판, 8절판의 생산으로 인해 상황은 바뀌게 되었다.[125]

인쇄 매체에 대한 인식도 변하게 되었다. 중세 후기에 독일어 성경 인쇄에 대하여 어떤 평가서에는 다음과 같은 언급이 있다. "평신도는 필요 이상으로 알 필요가 없고, 겸손을 알아야 한다."[126] 당시 새로운 기술과 다양한 가능성이 신자들을 위험하게 할 수 있다고 여긴 것과 달리, 종교개혁은 새로운 매체와 접촉하는 데 두려움을 가지지 않았다. 종교개혁은 이 매체를 개신교 선포의 도구로 만들었다. 그러나 오직 소수의 사람들—주로 도시에서 살아가는—만이 글을 읽을 수 있었기 때문에, 인쇄된 내용을 낭독해줌으로써 일반인들도 성경에 접근할 수 있었다. 그리고 종교개혁 문서나 성경과 같은 대규모의 문서가 출판되었을 뿐 아니라, 또한 낭독에 적절한 짧은 본문들, 재사용문서(Gebrauchsschrifttum), 일간문서(Tagesschrifttum), 팸플릿과 그림 전단도 함께 출판되었다. 1519년 이래 이런 출판물들은 시장을 완전히 가득 채웠다. 1524년 약 2,400개의 팸플릿이 어림잡아 이백사십만 부나 돌아다니고 있었다.[127]

이것들은 개신교의 사상을 몇 장에 걸쳐 간단하게 해설하여 백성들에게 알려 주는 데 유용했다. 목적은 지지자들을 움직이거나 반대자들을 풍자적 방식으로 웃음거리가 되게 하는 것이었다. 출판물들의 낭독을 통한

---

125 참고. Schilling, Aufbruch und Krise, 126f; Stöber, Deutsche Pressegeschichte, 28. 여기에 15, 16세기 종교 문서들의 판매 가격의 표가 있다.
126 참고. Schilling, Aufbruch und Krise, 128.
127 Strohm, Umwälzung der Mediengeschichte, 14.

내용의 전파가 일반적인 방식이었다는 사실은 1524년에 나온 종교개혁의 팸플릿을 통해 증명된다. 이 글은 연속되는 모순적 요구들로 시작한다. "친애하는 독자에게, 당신이 읽을 수 없다면, 그러면 당신을 위해 당신에게 이 글을 읽어 줄 수 있는 젊은 사람을 찾아라."[128] 또한 단순한 집중도 요구되었다. 그림 전단지는 거칠게 논쟁적이며 자주 대조적인 그림을 통한 설명방식으로 성경에 대한 무지를 우선적으로 지적했다. 대부분 한 장의 인쇄물로 다뤄진다. 전단지 업자들은 이 인쇄물을 만들어 판매했고, 사람들은 이를 저렴하게 얻을 수 있었다. 구두성과 문서성, 말로 하는 의사소통과 문서를 통한 의사소통은 이처럼 상호작용 가운데 종교개혁의 현저한 확장과 성공을 위해 공헌을 했다.

---

128 인용. Füssel, Johannes Gutenberg, 128.

다. 취리히의 종교개혁

비텐베르크 외에 취리히(Zürich) 시는 스위스의 종교개혁 초기 중심지로 빠르게 발전했다. 이 도시는 어떻게 종교개혁이 도시의 구조 속에서 정착되었는가를 잘 보여주는 본보기가 되었다. 츠빙글리가 1519년 취리히에 들어왔을 때, 이 도시는 정부의 기능을 가진 두 개의 의회를 통해 다스려지고 있었다. 그 구성은 12개의 조합과 소위 콘슈타펠(Konstaffel)이라 불리는 고위 계층의 영향력으로 만들어진 것이었다.[129] 도시의 귀족, 부유한 상인집단, 높은 신분의 의상사와 금세공사와 같은 자영업자, 그리고 토착 수공업자들이 그들이다. 소 의회(der Kleine Rat)는 6개월마다 새롭게 선출되는 24명의 의원으로 구성되었다. 그들은 날마다 모였다. 소 의회는 정부가 책임을 맡는 사무에 대한 개별 결정들을 내렸다. 그러나 대 의회(der Große Rat, Rat der 200)가 정치적으로 더 큰 영향력을 가지고 있었다. 대 의회는 소 의회와 그 밖에 선출된 도시의 시민들로 구성되었다. 그 밖에 선거를 통해 선출된 시장, 군대의 수장, 의원 수장(Hauptverordnete)과 공무원들(Beauftragte)이 있었다. 기본적이고 중요한 모든 결정은 대 의회에서 내려졌다. 두 개의 의회, 시장 그리고 전권 위원회들은 다시금 도시의 시민들에게, 특히 정부의 구성원이나 성직자에게 내부 정치 및 외부 정치와 관련된 통치 사무를 위탁할 수 있었다.

규정을 공포하고 실행하는 일은 종교개혁의 성공을 위하여 엄청나게 중요했다. 예를 들면, 츠빙글리와 다른 도시의 설교자들은 각각 당면한 문제에 대한 전문가로서 중요한 사안이 상정되었을 때 법령의 제정에 참여했다.

---

129 원래 도시의 상위 계층으로, 후에 정치적 조합의 지위와 함께한다. 참고. Illi, Konstaffe, URL: www.hls-dhs-dss.ch/textes/d/D10249.php [10.5.2014]

중요한 사안이란 무엇보다 도시의 종교정책과 관계된 문제였다. 그 정책에는 교회와 종교, 정치, 사회 그리고 경제의 요소들이 서로 맞물려 있었다. 왜냐하면 정치적 공동체인 도시 공동체는 동시에 그리스도인들의 몸(Corpus Christianum)으로, 기독교 공동체로 이해되었기 때문이다. 취리히에서 개신교 설교를 허락하고 종교개혁을 도입하는 결정적 결의는 대 의회에서 이루어졌다. 그에 앞서 의회가 소집한 공적인 토론회가 있었다. 그 결과 의회는 츠빙글리의 견해에 찬성하는 결정을 법으로 확정했다.[130]

1. 종교개혁을 향한 훌드리히 츠빙글리의 길

훌드리히 츠빙글리는 1484년 1월 1일 스위스 동부에 위치한 농업지역 토겐부르크(Toggenburg)의 빌트하우스(Wildhaus)에서 태어났다.[131] 그는 광부이자 명망 있는 지방관리인 울리히 츠빙글리(Ulrich Zwingli)와 그의 아내 마르가레테 브루크만(Margarete Bruggmann)의 셋째 아들이었다. 사실 그는 농부 출신이었으나, 그의 아버지는 지방관할장으로 높은 직책을 가졌다. 츠빙글리는 울리히(Ulrich)란 이름을 받았다. 이 세례명을 그는 나중에 - 어원학적으로 맞지 않지만 - "존경할 만한"(huldreich)이라는 형용사적 의미로 해석했고, "Huldrych"로 기록했다. 1494년 그는 바젤에 있는 라틴어 학교를 다녔고, 1496/97년 베른(Bern)에 있는 학교로 옮겼다. 얼마 후인 1498년 그는 빈(Wien) 대학에서 철학(Artes) 학업을 시작했다. 1502년 봄 그는 바

---

130 참고. Rogge, Anfänge der Reformation, 267-269.
131 츠빙글리의 생애와 신학적 형성 과정을 위해 참고. Locher, Huldrych Zwingli in neuer Sicht, 1969; Locher, Zwingli und die schweizerische Reformation, 1982; Gäbler, Huldrych Zwingli, ³2004.

젤로 옮겨갔다. 2년 후 바젤 대학에서 "철학사"(baccalaureus artium) 학위를 취득하고, 1506년 "철학 석사"(magister artium) 학위를 취득했다. 그는 이어서 신학 학업을 시작했다. 직후에 바로 글라루스(Glarus)의 목사(Pfarrer)로 청빙되었다. 1506년 9월 콘스탄츠 대성당(Münster)에서 사제 서품식(Priesterweihe)이 열렸다. 츠빙글리는 그의 첫 미사를 1506년 9월 29일 미카엘의 날, 그의 고향 마을 빌트하우스에서 드렸다. 그는 글라루스에서 1506년에서 1516년까지 10년 동안 직무했다. 그동안 그는 두 차례 종군 설교자(Feldprediger)로 이탈리아에 원정을 갔었다.

최소한 1513년 이후부터 츠빙글리는 헬라어 원어를 가지고 신약 연구와 교부들의 문헌의 연구에 집중적으로 몰두했다. 이를 통해 그는 지속적으로 에라스무스의 견해에 접근하게 되었다. 1516년 봄, 드디어 그는 인문주의자들의 제후(Humanistenfürst, 에라스무스)를 개인적으로 알고 지낼 수 있었다. 이런 방식으로 츠빙글리는 이미 이른 시기에 인문주의의 영향을 받아 종교적 확신에 이르게 되었다. 그가 주사제(Leutpriester)로서 아인지델른(Einsiedeln)에 있던 시절(1516-1518), 그는 마을 주민과 순례자들의 목양적 돌봄에 집중했다. 그리고 자신의 주변에 인문주의에 동조하는 동료들을 모을 수 있었다. 그러나 1518년 말, 그에게 새로운 활동 영역이 열렸다. 취리히의 대성당재단(Großmünsterstift)의 참사회원들이 츠빙글리를 그들의 주사제로 선출했다. 이 직책의 변경으로 인해 연속적인 결과들이 생겨났다. 1519년부터 그는 취리히에서 종교개혁의 시행을 위해 노력했다. 이것은 이제 스위스에서도 옛 믿음 외에 새로운 종교적 방향, 다시 말해 교회법에 따르면 이단으로 여겨지는 방향이 궤도에 오르게 되었다는 것을 의미했다.

이것은 또한 스위스 연맹(Eidgenossenschaft) 안에서도 – 제국과 유사하게[132] – 전쟁이 발발할 때 상호 간 보호와 원조를 행할 수 있는 서로 대립되는 정치적 동맹으로 이끌었다. 1529년에 체결된 1차 카펠 평화는(Erste Kappeler Landfriede) 일시적으로 군사적 분쟁들을 방지했지만, 1531년 결국 전쟁이 터지고 말았다. 다섯 가톨릭 지역의 칸톤들(Kantone), 즉 슈비츠(Schwyz), 우리(Uri), 운터발덴(Unterwalden), 추그(Zug), 루체른(Luzern)의 군대들은 취리히에 끔찍한 패배를 안겨 주었다. 취리히는 그렇게 동맹 도시였던 베른의 버림을 받았다. 이 군사적 재앙은 1531년 10월 11일 카펠 전장에서 발생했다. 종군 설교자로서 전쟁에 함께 출정했던 츠빙글리는 전사하고 말았다. 그의 시신은 사형집행인(Henker)에 의해 네 부분으로 잘린 상태로 불태워졌다. 이 전쟁은 스위스 종교개혁의 확장에 경계를 정한 1531년 2차 카펠 평화로 끝이 났다. 취리히에서 츠빙글리의 후계자는 하인리히 불링거(Heinrich Bullinger, 1504-1575)가 되었다. 그의 활동들은 특히 그가 작성한 1566년 제2스위스 신앙고백서(Confessio Helvetica posterior)를 통해 오랫동안 츠빙글리 자신보다 더 중요한 영향을 개혁파 개신교에 끼쳤다.

2. 취리히에서 종교개혁의 시작

1) 츠빙글리의 종교개혁 설교

1519년 1월 1일, 그의 35번째 생일에, 츠빙글리는 취리히에서 새로운 직임을 받은 후 첫 번째 설교를 했다. 이 설교에서 그는 앞으로 일반적인 절기 설교의 순서(Perikopenordnung)에서 벗어나 마태복음 전체를 연속적으로

---

132 참고. 본서의 294-297.

설교하는 방식으로 다루고자 한다고 밝혔다. "연속 설교"(Lectio continua), 즉 연속적으로 연결된 성경 해석의 실행을 츠빙글리는 나중에도 계속 유지했다. 왜냐하면 그는 이 방식이 복음의 내용을 맥락에 따라 이해할 수 있도록 한다고 생각했기 때문이었다. 이렇게 그는 성경 이해를 위한 자신의 중요한 방법론적 전제를 정의했다. 그러나 초기부터 설교 본문의 선택뿐 아니라 설교 내용과 관련된 새로운 것에 대한 반대가 참사회(Chorherrenkollegium)에서, 특히 참사회원 콘라드 호프만(Konrad Hofmann, 1454-1525)에 의해 제기되었다. 그러나 츠빙글리는 흔들리지 않았고, 오히려 고대 교회에서 연속적인 성경 주해가 실행된 전례들을 찾아냈다. 예를 들면, 1517년 바젤에서 새롭게 출판된 요한네스 크리소스토모스(Johannes Chrysostomus)의 마태복음 설교들과 어거스틴(Augustin)의 요한 논문들에서 그 예를 찾아냈다.

츠빙글리는 그의 설교에서 내용에는 사실 여전히 종교개혁의 프로그램을 제공하지 않았다. 그러나 그 안에 잘 짜인 성경의 교리를 언급하는 주해가 있었다. 그렇게 그는 에라스무스와 인문주의자들이 따랐던 교육과 윤리를 대상으로 삼는 목표들을 연결하고 더욱 발전시켰다. 회개를 위한 호소, 죄 인식을 위한 경고 그리고 개선은 츠빙글리의 설교에 함께 등장하고 설교의 필체를 특징짓는 세 가지 중요한 요점이었다. 하지만 츠빙글리는 설교 원고를 남기지 않았다. 아마 작성하지도 않았을 것이다. 설교를 듣는 사람들의 필사본들도 존재하지 않는다. 그 정보들은 오로지 참사회원 콘라드 호프만이 츠빙글리를 반대하여 작성한 고소장에서 유추해 낼 수 있을 뿐이다. 1521년 작성된 26페이지의 이 고소장에서 반대자의 시각을 뽑아낼 수 있다. 츠빙글리에 의하면, 호프만은 3년간 그의 곁에서 일했다.[133] 이 고소장

---

133 참고. Schnindler, Klagschrift des Chorherrn Hofmann, 325-359.

에서 유추할 수 있는 것은 츠빙글리가 설교단에서 공공연하게 부당한 태도와 방탕함을 공적이며 영적인 장소에서 지적하기 위해 성경 해석을 사용했다는 것이다. 그래서 호프만은 츠빙글리가 설교를 자기 자신의 관심을 위해 이용한다고 비난했다. 츠빙글리는 설교단에서 이 사람들을 꾸짖고, 질타하고, 조롱했다. 그 밖에 그는 취리히에서 개신교의 진리가 단지 죽음의 위기 아래에서만 설교될 수 있다고 폭로했다. 호프만은 이 모든 내용과 정황에서 정부에 대한 공격을 인지할 수 있다고 믿었다. 그가 생각하기에 츠빙글리는 전승된 법들과 질서를 간단히 무시함으로써 자신이 다른 사람들보다 더 많이 배우고 지혜롭다 여겼다.[134]

츠빙글리가 그의 초기 설교에서 어떤 내용을 다루었는가는 인쇄물로 수정되어 남겨진 주제 설교에서도 어느 정도 유추해 낼 수 있다. 하지만 그가 설교를 문서로 작성하는 과정에서 더 발전시켰을 것이라는 점은 지적될 수 있다. 따라서 여기서도 츠빙글리의 설교에 관한 증거는 직접적이지 않고, 오히려 개정을 통해 걸러진 상태로 보존되었다고 볼 수 있다. 이런 상황에서 츠빙글리의 위대한 첫 번째 종교개혁 저작 "음식의 선택과 자유에 대하여"(Von Erkiesen und Freiheit der Speisen, 1522)가 나왔다.[135] 이 저작은 금식 규범의 질문에 집중했다. 여기에는 "하나님과 사람의 의에 대하여"(Von göttlicher und menschlicher Gerechtigkeit, 1523)라는 논문도 포함된다.[136] 이 논문에서 츠빙글리는 종교개혁이 정부를 반대하는 혼란을 지지한다는 소문을 해명하기 위해 자신의 사회정치적 견해들을 기술했다. 그는 분명하게 세속 정부의 합법성을 찬성한다. 정부는 처벌기관으로서 심지어 사형까지

---

134 참고. Rogge, Anfänge der Reformation, 274f.
135 참고. CR 88, 74-136; Zwingli, Schriften I, 13-73. 430-433. "erkiesen"은 자유로운 선택을 의미한다.
136 참고. CR 89, 458-525; Zwingli, Schriften I, 155-213. 438f.

시행할 수 있는 권한을 가져야 했다. 하나님의 의는 내적 사람을 향하지만, 항상 불완전한 사람의 의는 이 땅에서 세상의 구조와 연관된 정치 권력의 행사를 통해 보장될 수 있다. 그러므로 정부는 필요하다면 강제적으로, 다만 항상 사회의 다양한 구성원의 이익과 안녕을 위해 행해야 한다.

또한 제2차 취리히 토론회의 맥락에서 나온 저작 "목자"(Der Hirt, 1524)도 개정된 주제 설교에 속한다.[137] 이 저작은 첫 번째 개신교 논문 중의 하나로, 목양자의 임무와 츠빙글리의 직제 이해(das Amtverständnis)를 반영했다. 그는 선한 목자와 목양자를 위하여 세 가지 특성을 특징적으로 제시한다. 용감한 선포, 흠잡을 데 없는 품행(Lebenswandel) 그리고 가난한 사람들의 안녕을 위한 노력이다. 그렇게 좋은 목자 츠빙글리는 두려움과 배려 없이 세속 정부에 존재하는 이기주의를 폭로하고 해로운 영향들을 드러냈다. 하지만 한 공동체의 목자가 부적당하다고 입증된다면, 교회는 그를 다수의 결정으로 물러나게 할 권리를 갖는다. 이것이 실현될 수 없다면, 회중들은 그의 말씀 선포를 기피할 수 있다.

취리히에서 츠빙글리의 시작은 종교개혁의 성경 원리에 대한 그의 신앙고백이라는 특징을 가지고 있었다. 그 전제 아래 그의 성경 주해는 이미 종교개혁을 향한 결정적인 전환 앞에 서 있었다. 한편으로 성경의 이해가 그리고 다른 한편으로 교황의 권력이나 교리가 그를 점점 더 반대편으로 내밀었다. 그러나 어떤 시기에 츠빙글리가 인문주의의 영향을 받은 자신의 태도를 넘어섰는지, 그리고 종교개혁의 칭의 교리의 의미에서 전형적인 종교개혁의 기본 주장을 하게 되었는지를 산출하는 것은 어렵다. 그는 스스로 1516년 종교개혁적 설교를 시작했다고 한번 말한 적이 있다. 츠빙글리 자신

---

137 참고. CR 90, 1-68; Zwingli, Schriften I, 243-312. 441-449.

의 증거와 이에 근거한 연구에 따르면 츠빙글리는 이미 루터에 앞서 개신교적으로 설교했다.[138]

그러나 츠빙글리가 "종교개혁" 혹은 "종교개혁적"이라는 의미를 어떻게 이해하고자 했는가는 의문시된다. 새로운 연구에 따르면, 츠빙글리가 1519년에서 1520년까지 점진적으로 인문주의의 기본 주장들에서 분리해 나왔고, 종교개혁으로 특징지을 수 있는 견해들을 더 강력하게 발전시키기 시작했다는 것이 확실해졌다. 루터와 그의 저작들이 츠빙글리가 점차 종교개혁자로 발전하던 1520년대 중반까지 종교개혁적 요점으로 전환하는 데 있어서 단지 강화하는 요소였을 뿐이며 최초의 동인은 아니었을 것이라고 추측해 볼 수 있다. 츠빙글리가 루터에게서 배웠고 따라서 종속관계에 놓여 있다는 주장은 어쨌든 그 시기에 상대적으로 증거가 부족하다. 1522년 처음으로 츠빙글리의 저작에서 루터 사상의 흔적이 암시적으로 증명된다. 츠빙글리의 첫 번째 그리고 분명한 종교개혁 문서인 "음식의 선택과 자유에 대하여"(Von Erkiesen und Freiheit der Speisen, 1522)는 루터가 1520년 "그리스도인의 자유"(Freiheit eines Christenmenschen)에서 서술했던 많은 것들을 상기시킨다. 츠빙글리가 차용한 내용은 교회를 비판한 부분들뿐만 아니라, 칭의에서 루터가 "오직 믿음으로"(sola fide)를 강조한 것과도 연관이 있었다.[139] 츠빙글리가 이 비텐베르크 종교개혁자를 존중했고 심지어 루터를 1519년 라이프치히 토론회의 인상 아래 마지막 시대의 엘리야와 같다고 말한 아마도 첫 사람이었지만, 그는 루터를 조심스럽게 그리고 선택적으로 받

---

138 이것은 가장 오래된 취리히와 네덜란드의 교회 역사서술에서 받아들여졌다. 이 서술은 츠빙글리를 종교개혁의 시조로 묘사했다. 연구토론을 위해 참고. Neuser, Dogma und Bekenntnis, 167-170; 츠빙글리와 그의 신학에 대하여, 같은 책, 170-197.
139 참고. Brecht, Zwingli als Schüler Luthers, 301-319.

아들였다.[140]

그러나 이처럼 존중하는 긍정적인 태도는 1525년 성찬 논쟁의 시작과 함께 결정적으로 파국을 맞이했다. 왜냐하면 성찬 이해는 기독론과 종교개혁의 구원교리와 긴밀하게 연관되기 때문이었다. 여기에서 두 사람의 견해는 많은 공통점이 종교개혁의 교리 가운데 있었음에도, 결정적으로 어긋나게 되었다. 츠빙글리가 종교개혁자로 발전한 것은 이렇게 하나의 점진적 과정이었다. 1519/20년 그의 사상은 근본적으로 변화를 겪었고, 그래서 1522년경 인문주의와 단절하고, 처음으로 종교개혁의 입장을 결정적으로 공개하는 과정을 보여주었다.

2) 로마 교회와의 단절

1522년 금식 기간 동안 취리히에서 종교개혁에 동조하는 한 그룹이 공개적으로 주목을 받게 되었다. 왜냐하면 츠빙글리의 몇몇 지지자들이 공개적이며 도발적으로 금식 기간에 고기를 먹는 것을 금하는 교회의 금지령을 어겼기 때문이다. 그들은 서적 인쇄업자 크리스토프 프로샤우어(Christoph Froschauer, 약 1490-1564)의 작업장에서 모여 소시지를 먹었다. 프로샤우어도 동참했다. 사실 츠빙글리도 함께 있기는 했지만 그들의 행위에 참여하지는 않았다. 이 사건에 의회가 개입하고 조사가 지시되었다. 1522년 3월 23일 츠빙글리는 금식 기간 설교의 순서에 따라 설교를 맡았다. 이 사건은 신속하게 알려졌고, 콘스탄츠의 주교는 대표단을 취리히로 보냈다. 이 대표단은 의회에 주교의 명령을 전했다. 그 명령은 이런 행위를 금지하고, 사건의 해결을 위해 교회 회의를 열 것을 예고했다. 결국 츠빙글리는 자신의 지지자

---

140 참고. Dingel, Ablehnung und Aneignung, 40f. 각주 22.

들이 많은 대 의회 앞에서 심문을 받게 되었다. 의회는 주교에 대한 대답에서 약속된 교회 회의(Konzil)나 아니면 최소한 주교구회의(Diözesansynode)의 개최를 요구했다. 의회는 동시에 당시의 상황을 정리하는 명령을 공포했다. 1522년 종려주일(4월 13일)의 의회 명령은 당분간 전통적 질서를 지키는 의무를 지웠다. 동시에 이 명령은 개신교인들을 비방하고 논박하는 것도 금지했다. 이는 의회의 결정이 법적 관점에서 오래된 지배적 질서를 존중한다는 것을 의미했다. 하지만 사실상 의회는 종교개혁의 동기들에 반대하는 어떤 것도 받아들이지 않았고, 오히려 보호했다.

며칠 후(1522년 4월 16일) 츠빙글리의 설교는 "음식의 선택과 자유에 대하여"(Von Erkiesen und Freiheit der Speisen)[141]라는 제목으로 출판되었다. 츠빙글리는 자신의 저작에서 명확하게 프로샤우어의 편에 섰다. 그는 금식 명령과 금욕 명령을 전적으로 사람의 명령으로 분류했고, 음식의 선택에서 기독교 자유를 강조했다. 오직 십계명을 따르는 것만이 결정적이다. 루터가 자신의 저작 "그리스도인의 자유에 대하여"(1520)에서 그랬던 것처럼, 츠빙글리도 바울의 은혜 교리를 논지의 출발점으로 삼았고, 종교적 강제 의무로부터 믿는 자가 자유롭다는 것을 강조했다. 다만 중점에 있어 차이가 있다. 루터가 일차적으로 하나님과 관계에 있는 사람에 중점을 두었던 반면, 츠빙글리는 교회 공동체와 공동체의 삶에 초점을 두었다. 그래서 루터의 저작 "그리스도인의 자유에 대하여"에는 예식과 의식 행위는 보이지 않았다. 이와 달리 츠빙글리의 경우 의식의 실천 문제와 복음이나 사람의 명령 사이의 결정은 기독교 자유에 대한 고찰의 출발점이었다.

츠빙글리는 같은 전제를 기초로 1522년 7월에 독신에 대해서도 글을 썼

---

141 참고. 각주 135.

다. 이 취리히 사람은 독신에 대한 어떤 성경적 근거도 발견하지 못했다. 그 자신도 1522년 봄 과부 안나 라인하르트(Anna Reinhart)와 비밀리에 결혼했다. 이제 그는 9명의 친구와 함께 사제들에게도 결혼할 수 있는 자유를 허락하고, 자유롭게 개신교 설교를 할 수 있도록 요청하는 청원서를 마련했다. 이렇게 수도원 서약과 수도사의 생활방식은 논쟁거리가 되었다. 또한 성자 숭배의 문제도 논란이 되었다. 급진적인 츠빙글리의 지지자들은 츠빙글리의 입장을 비판하던 수도회 사람들의 설교를 방해하기 시작했다. 당시 스위스에서 설교하는 프란체스코 수도승 프란츠 람베르트 폰 아비뇽(Franz Lambert von Avignon, 1487-1530)도 구교의 교리를 방어하는 자들 중 한 명이었다.[142] 츠빙글리와 프란츠 람베르트 사이의 성자 숭배에 대한 토론회는 1522년 7월 17일 열렸고, 그들 사이의 극명한 대조를 드러냈다. 종교개혁은 점점 더 넓은 지역을 얻게 되었다. 그러나 콘스탄츠의 주교는 자신에게 보내진 청원서를 거절했다. 그는 1522년 8월 10일 동맹을 맺은 정부들에게 옛 믿음, 그리고 바른 믿음의 보호를 호소했다. 그러나 이 호소를 취리히의 목사회는 받아들이지 않았다. 1522년 8월 19일, 앞으로 성경을 따라 설교한다는 결정이 작성되었다. 콘스탄츠와 로잔(Lausanne)의 주교구에서 종교개혁에 동조하는 사람들의 출교가 논의되는 동안 취리히의 개신교인들은 의도된 직책의 임용을 통해 그들의 입장을 견고히 할 수 있었다. 츠빙글리는 현재 주교에 대한 순종을 거부하는 입장이었음에도 의회로부터 주사제로서 확인받았다. 더하여 의회는 그를 참사회원의 의무에서 자유롭게 해주었다. 그래서 그는 전적으로 설교 활동에만 전념할 수 있었다. 츠빙글리는 이제 도시의 설교자가 되었다.

---

142 프란츠 람베르트는 후에 종교개혁으로 선회했고, 헤센(Hessen)에서 개혁자로서 활동했다. 참고. Müller, Franz Lambert von Avignon, 1-28, 특별히, 7f. 그리고 본서의 282.

3. 취리히 토론회

1) 제1차 취리히 토론회와 영향

취리히에 종교개혁을 공식적으로 도입하는 데 있어, 제1차 취리히 토론회는 결정적인 역할을 했다. 이 토론회는 구조와 진행에 있어 후대에 있던 이런 종류의 모든 종교개혁이나 종교 대화의 본보기로서 영향을 주었다.[143] 이 토론회가 개최된 계기는 개신교 설교가 취리히 의회를 곤란한 상황으로 몰아간 것 때문이었다. 의회는 도시의 평화를 보장하기 위해 시민의 삶과 또한 교회의 삶에도 책임이 있다고 여겼다. 그런데 종교개혁의 활동을 통해 이 평화에 심각한 어려움이 발생했다. 더하여 이것은 단지 교회 생활의 시민적이며 외적인 측면에 대한 것이 아니라 교리의 문제에 대한 것이었다.

츠빙글리는 이 문제를 해결하기 위해 공식적인 대화를 요구했다. 주교가 약속했던 주교구 회의는 사실상 실현되지 않았고, 모두가 기대하는 보편적 교회 회의(das allgemeine Konzil)의 소집을 위해서 기다릴 수도 없고, 기다리고 싶지도 않았다. 시장과 대 의회는 1523년 1월 29일, 시청에서 토론회를 개최하기로 결정했다. 취리히 지역의 성직자들과 스위스 동맹들이 초청되었다. 주교는 그가 대리자를 세울 수 있다는 "공고문"(Anzeige)을 받았다. 이 토론회는 종교개혁 교리를 시금석 위에 세워, 종교개혁의 대표자들과 그들의 반대자들에게 잘못을 증명할 수 있도록 했다. 이 토론은 성경을 근거로 이루어져야 했다. 의회는 범주도 제시하여 그 안에서 개신교 교리와 츠빙글리의 설교가 정당한지를 결정해야 했다. 의회는 또한 심판관의 역할과 토론의 의장직을 마련해 두었다. 신학자들에 더하여 정치적 위원회

---

143 참고. Moeller, Zwinglis Disputationen, ²2011.

들, 법학자들 600명이 의회의 초대에 응했다. 그들 중에 콘스탄츠의 대목사(Generalvikar) 요한 파브리(Johann Fabri, 1478-1541)가 있었다. 츠빙글리는 이 토론회를 위해 자신의 설교 이해를 종합한 67개의 조항을 작성했다. 1523년 "67개 결정문"(67 Schlussreden)[144]은 츠빙글리의 종교개혁 신학의 가장 이른 요약으로 여겨진다. 이 조항들은 토론회 논제의 기초가 되었다. 츠빙글리는 구교의 측면에서 교회의 가르치는 직제의 권위를, 종교개혁의 측면에서 성경의 권위와 하나님의 뜻의 계시자이자 사람의 구원자로서 예수 그리스도의 권위에 대조시켰다. 예수 그리스도의 복음은 다른 모든 교리의 판단과 교황제, 미사, 성자 숭배, 금식, 수도원, 독신, 정부에 대한 입장에서 표준이 된다. 츠빙글리는 정부에 대한 순종의 경계를 정부가 하나님의 뜻에 반대하여 행동하는 지점에서 찾는다. 만약 어떤 정부가 그리스도라는 기준에 붙어있지 않다면, 그 정부는 기독교적이지 않고 "하나님에 의해"(mit Gott, 결정문 42조항) 파면되어야 한다. 그 밖에 츠빙글리는 루터와 마찬가지로 사람의 공로가 하나님 앞에서 의에 도달하는 것이 어렵다는 것을 강조했고, 심지어 루터보다 더 강력하게 사람의 이기심을 폭로했다. 츠빙글리가 동시에 하나님의 뜻과 "인도자"(Wegführer, 결정문 6조항)로서 그리스도에게 일치하는 사회적 상황을 만드는 데 열중했다는 점은 일치가 된다. 취리히의 종교개혁의 목적은 세속적 관계와 종교적 관계 가운데 있는 사람의 삶 전부를 변화시키는 과정으로 집어넣는 것이었다.

토론회의 진행 결과, 의회는 츠빙글리를 이단으로 확인하거나 그의 조항들이 성경의 내용에 맞지 않다고 증명하려는 어떤 시도도 성공하지 못했다고 판단했다. 그래서 의회는 츠빙글리에게 말씀을 계속 선포할 수 있

---

144 참고. CR 88, 458-465.

도록 허가했다. 의회는 다른 설교자들에게 지금부터 당장 개신교 설교를 하도록 요구했다. 츠빙글리는 스스로 자신의 입장을 67개 조항에 대한 상세한 주석에서 분명하게 밝혔다. 1523년 7월 14일 "결정문의 해석과 근거들"(Auslegen und Gründe der Schlussreden)에서 그는 자신의 신학적 입장을 전보다 더욱 분명하게 서술했다.[145] 그는 자유의지 교리를 반대했고, 그 교리에서 나오는 하나님 앞에서 의롭다 칭함 받는 가운데 사람의 공로에 대한 신뢰를 반대했다. 또한 제사로서 미사, 성화 경배, 성자 숭배를 폭로하며, 그것들을 우상숭배라고 비난했다. 여기에 더하여 고해성사(Ohrenbeichte)의 시행에 대해, 구교의 교회법에 정해진 독립적, 영적 재판권의 실행에 대해서 거리를 두었다.

2) 제2차 취리히 토론회

제1차 취리히 토론회의 결과로 의회는 개신교 설교를 합법화했다. 그 결과로 의회는 개신교를 지지하는 사람들을 취리히가 속해 있던 주교구인 콘스탄츠의 구교 측 주교의 법적 관할로부터 보호하기 위한 조치들을 취해야 했다. 이제 1506년부터 존재했던 계약, 즉 주교의 개입 권리를 허용했던 계약은 취소되었다. 그것과 함께 의회는 취리히 지역에서 발생했던 성직자들과 평신도들의 분쟁 사건들 그리고 지금까지 주교에게 넘겨왔던 사건들을 자신에게로 가져왔다. 츠빙글리는 분쟁을 조정하며 개입할 수 있는 허락을 받았다. 취리히 주변 지역의 교회들은 그들이 원한다면 개신교 목사들을 받을 수 있었다.

그러나 이 모든 일이 마찰 없이 진행되지는 않았다. 개신교 설교는 지속

---

145 참고. CR 89, 1-457; Zwingli, Schriften II.

적으로 전해 내려오던 전통적 예배의 형식에 커다란 불만을 초래했다. 츠빙글리가 원한 것은 질서 있는 방식으로 개혁의 조치들을 열심히 시행하는 것, 즉 기독교 정부로서 취리히 의회와 협력 가운데 개혁을 진행하는 것이었지만, 공공연한 탈선들이 발생했다. 종교개혁 운동의 불만은 특별히 츠빙글리가 우상으로 규정한 성화들과 성인상에 대한 반대에서 나왔다. 옛 재단들이 자신들의 그림과 성인상을 다시 가져간 곳에서는 그림과 상의 제거가 평온한 가운데 그리고 특별한 관심을 받지 않은 상태에서 실행되었다. 그러나 통제되지 않은 상태에서 성상 파괴 행위들이 발생하기도 했다. 파괴 행위에 츠빙글리의 지지자들이 참여했다.

이런 사건으로 인해 제2차 토론회가 요구되었다. 제2차 취리히 토론회는 1523년 10월 26일로 정해졌다. 도시의 평화를 위한 책임이 자신에게 있다고 여긴 의회는 토론회의 조직 기관이 되었고, 공고를 통해 새롭게 참여자들을 초청했다. 토론회의 대상은 성화들과 제사로서 미사였다. 이 토론회에 900명의 참여자가 동참했다. 이 토론은 3일 넘게 진행되었다. 첫날은 성화 문제에 집중했다. 다음 이틀은 미사의 이해와 실행에 집중했다. 토론회는 10월 28일에 끝났다. 의회는 문제들을 분명하게 하고 개신교에 맞는 강의와 교훈을 통해 대처하기로 결정하고, 성상들을 성화들과 함께 예배당에서 철거하기로 결정했다. 이는 미사에 대한 이해와도 관계된다. 츠빙글리의 성찬 이해에 따르면 미사는 그리스도의 고난과 언약을 "다시 회상하는 것"(Wiedergedächtnis)으로서 시행될 수 있었다. 의회는 성화를 걸어놓는 문제와 미사를 폐지하는 문제, 그리고 이를 위한 적절한 시기를 선택하는 문제를 위임받았다.

이와 더불어 의회가 교회의 일에 관여할 권리(Kirchenhoheit)도 논쟁점이 되었다. 이 문제로 인해 두 개의 반대하는 소수파가 형성되었다. 그들은 자신들의 견해를 건성으로 넘길 수 없게끔 강력하게 주장했다. 한편은 전통적 로마교회의 지지자들이었다. 그들은 교회의 일에서 의회의 권위를 전반적으로 문제시했다. 다른 한편은 급진적 종교개혁의 목소리들이었다.[146] 그들은 망설이는 의회의 승낙을 기다릴 필요 없이 하나님의 영과 진리의 이름으로 지체 없이 꼭 필요한 변화들을 도입하고 철저히 실행할 것을 주장했다. 이제 교리에는 행위들이 따라야 했다. 이 소수의 반대파 집단은 정부가 개신교를 지원하고 변화를 이끄는 방식으로, 동시에 교회의 일에 관여할 권리를 확대하고 있다는 것을 잘 인지했다. 그럼에도 이것은 그들의 관심이 아니었다. 다만 이런 주장들은 소수의 현상일 뿐이었다. 제2차 취리히 토론회는 분명하게 다수의 입장을 강화했다. 즉 츠빙글리와 그의 지지자들의 입장이었다. 세속 정부도 그들의 편에 섰다. 교회법과 교회 정치적 측면에서도 로마교회와 단절이 실행되었다. 이제 구교의 기관들과 예식들을 폐지할 시점에 대한 결정만이 남아 있었다.

이 변화는 순차적으로 진행되었다. 1523/24년 겨울, 성자의 날과 축제일을 담은 전통적 축제 달력은 폐지되었고, 또한 그것과 관련된 행진들도 폐지되었다. 예식은 말씀의 예배로 대체되었다. 그러나 의회는 미사의 폐지를 위한 조치들을 1524년 1월 13/14일의 계속된 작은 대화까지 여전히 연기했다. 그 대화는 때로 제3차 취리히 토론회로 표현되기도 하는데, 결국 미사에 대한 구교의 이해를 반대하기로 최종적으로 결정했다.[147] 그 대신 의회는 성화와 십자고상과 성인상과 벽화를 도시에서 지체 없이 제거하기로 결정했다. 시골 지방(Landschaft)의 교회들은 스스로 이 조치를 따를지, 따르지 않을지를 결정할 수 있는 권한을 갖게 되었다. 1524년 여름 취리히와 콘스탄츠의 주교 사이의 관계는 최종적으로 단절되었다.

---

146 여기에 또한 후에 세례파가 된 콘라드 그레벨과 펠릭스 만츠(Felix Mantz)가 속했다: 참고. 본서의 184f.
147 Locher, Zwingli und die schweizerische Reformation, 29.

4. 종교개혁의 신학적 기초와 실천적 형성

취리히 종교개혁의 계속되는 발전은[148] 신학적으로 츠빙글리의 주요 저작인 "참 종교와 거짓 종교에 대한 주석"(Commentarius de vera et falsa religione)을 통해 그 특징이 분명하게 드러난다.[149] 이 저작은 1525년 3월 프랑스 왕 프랑수아 1세(Franz I.)에게 헌정되며 출판되었다. 츠빙글리는 참 종교와 거짓 종교를 서로 대조하는 방식으로 종교개혁 교리의 특징을 잘 드러냈다. 거짓 종교에 대한 그의 설명은 교황 개인과 직임에 초점을 맞추었다. 그는 교황을 "죄의 사람"(Mensch der Sünde, 살후 2:3), 적그리스도, 그리고 그의 소망을 오직 그리스도에게 두지 않는 사람들의 대표자로 묘사했다. 츠빙글리는 교황을 모든 민족의 불행의 원천으로 보았다. 그가 보기에 거짓 종교 자체는 제사로서 미사, 성자 숭배, 교회의 의식, 수행할 수 있는 공로들을 근거로 삼았다. 여기에 그는 참된 종교를 날카롭게 대조하는 방식으로 끌어왔다. 츠빙글리에 따르면 참된 종교를 위해 육과 영의 대조는 특징적이다. 육의 공로를 통해, 즉 외적 공로를 통하여 사람은 의롭게 될 수 없고, 오직 믿음과 하나님의 은혜를 통하여 의롭게 된다. 하나님께서 역사하시는 칭의는 사람을 윤리적 개선하는 방향으로 흐르게 한다. 츠빙글리는 구원에 이르기 위한 사람 의지의 모든 공헌을 결정적으로 제외시켰다.

이어지는 설명은 특별히 성찬 문제와 정부의 이해에 집중했다. 츠빙글리가 성례, 특히 성찬을 사람의 의식적 행위로서 정의한 것은 명백하다. 그는 성찬을 교회가 그리스도의 구원하는 죽음을 기억하는 것(기억의 만찬)으로,

---

148 일반적인 내용은 다음을 참고. Opitz, Beitrag der Schweizer Reformation, 98.
149 참고. CR 90, 590-912; Huldrych Zwingli, Schriften III, 31-452. 457-477. 이 글의 분석에 대하여. Sallmann, Zwischen Gott und Mensch, 1999.

교회의 의무(고백의 만찬)로, 교회의 행위(교회의 만찬)로 이해했다. 츠빙글리에게 특징적인 이 성찬 신학은 취리히의 종교개혁 발전에 있어 결정적이었다. 그의 정부 이해는 정부가 종교개혁의 갱신을 실천적으로 변화시키는 과정에 관계하도록 허용했다. 그렇게 츠빙글리에 따르면 참된 종교는 결코 혼란이나 무정부로 가지 않고 오히려 기독교 정부를 강화시킨다.

취리히 교회의 종교개혁은 이 기초 위에서 실행되었다. 콘라드 펠리칸(Konrad Pellikan, 1478-1556)과 오스발트 미코니우스(Oswald Myconius, 1478-1556)와 같이 추방당했던 신학자들이 츠빙글리의 편에서 도움을 주었다. 다만 그의 친밀한 동료라고 할 수 있는 인물은 엘자스(Elsass) 출신의 레오 유드(Leo Jud, 1482-1542)였다. 그는 은둔 생활에서 나와 취리히의 장크트 페테르(St. Peter) 시목사(Stadtpfarramt)로 활동했다. 가장 중요한 종교개혁 조치들은 "예언회"(Prophezei)의 설립, 성경 번역, 혼인법원의 설립, 미사의 폐지였다.

예언회는 일종의 성경학교였다. 츠빙글리는 말하는 능력을 준비하는 일에 관해 설명하는 고린도전서 14:26-33에서 그 이름을 가져왔다. 1525년 6월 19일부터 모든 목사와 설교자들, 참사회원들 그리고 학생들은 금요일과 주일을 제외한 매일 대성당의 성단소(Chor)에 함께 모였다. 이 모임은 조명에 대한 기도로 시작되었다. 그 후에 구약의 한 단락을 불가타(Vulgata), 70인역(Septuaginta), 그리고 히브리어 원문을 따라 세 명의 교사들이 이어서 해설했다. 츠빙글리는 이를 넘겨받아 라틴어로 전체적 해설을 했다. 그것에 이어 독일어 낭독이 시행됐다. 이는 물론 공개적인 모임으로 모두 참여가 가능했다. 그러므로 대성당의 문은 대중들이 들어올 수 있도록 열어두었다. 오후에 츠빙글리는 미코니우스의 라틴어 학교에서 강의했다. 그곳에서는 신약 본문이 연구되었다. 이 집중적 주해 작업에서 그의 성경 주석이 나왔다. 그러나 이 주석은 단지 필사되거나 인쇄된 형태로 부분적으로만 전해졌다. 예언회로부터 취리히 대학의 신학 분과가 발전되었다. 이는 뒤를 잇는 개혁파 대학의 분과를 위한 모범이 되었다.[150]

종교개혁의 또 하나의 열매는 츠빙글리의 참여 아래 시행된 취리히 성경 번역이었다. 이미 1524년 취리히에서 루터의 신약 번역에 대한 두 개의 알레만어(alemannisch) 개정이 출판되었다. 왜냐하면 루터는 작센의 관청 언어를 번역을 위해 사용했는데, 이 언어를 남부지방의 사람들은 이해할 수 없었기 때문이었다. 구약의 번역에서도 비텐베르크 모범을 따라갔다. 그러나 선지서와 시편의 독일어 원고를 여전히 기다려야 했기 때문에, 그 부분들은 취리히에서 직접 번역되었다. 이 작업은 비텐베르크의 작업보다 오히려 먼저 끝났다. 1529년 3월 취리히 성경이 완성되어 나왔다. 이 성경은 레오 유드가 번역한 외경들을 포함했다. 인쇄업자 크리스토프 프로샤우어를 통해 1531년 출판되면서 전체 계획이 완성되었다. 그 결과물은 소위 "프로샤우어 성경"(Froschauer-Bibel)으로 200개의 삽화를 포함한 대형서적이었다. 삽화 중 거의 절반이 한스 홀바인(Hans Holbein, 1497/1498-1543)의 작품이다.

그 외에 1525년 혼인법원이 설치되었다. 취리히가 콘스탄츠 주교의 재판 관할에서 떨어져 나왔기 때문에, 보통 결혼에 관한 분쟁들을 다루어졌던 주교의 교회법적 관할의 부재로 인해 생겨난 법적 결함을 종교개혁의 기본 주장들에 적합하게끔 채울 필요가 있었다. 그래서 생겨난 혼인법원은 네 명의 비신학자들과 세 명의 주사제(Leupriester)로 구성되었다. 교회법을 따라 혼인으로 맺어지는 것이 금지된 친척관계는 근친(Blutsverwandtschaft)으로 제한되었다. (레 18:6-18을 따라) 이혼은 간통뿐 아니라, 그리 드물지 않게, 악

---

150 참고. Locher, Zwingli und die schweizerische Reformation, 33.

의로 결혼 상대자를 떠나는 경우, 질병의 경우에도 가능하게 되었다. 혼인예식은 교회에서 시행되고, 결혼의 공적 성격을 보장하기 위해 혼인신고서를 기입하는 것은 의무가 되었다. 이미 1526년 혼인법원의 관할 영역은 확장되었다. 이제 법원은 점차 윤리법원(Sittengericht)으로 변화하게 되었다. 왜냐하면 이 법원은 시민들의 윤리적 행위를 감독해야 했기 때문이다. 결국 윤리지킴이(Sittenwächter), 즉 소위 "결혼지킴이"(Ehgaumern)를 임명하게 되었다. 그들은 주변 지역, 즉 취리히에 예속된 주변 지역에서 마을의 장로회와 함께 활동했다. 곧바로 취리히 혼인법원의 관할 영역은 전체 취리히 지역으로 확장되었고, 다른 지역들, 예를 들면 장크트 갈렌(St. Gallen), 베른(Bern), 바젤(Basel), 샤프하우젠(Schaffhausen), 스트라스부르(Straßburg)에서도 유사한 기관들이 설립되는 데 있어 본보기의 역할을 했다. 원래 츠빙글리는 성찬 배제와 출교와 같은 교회 치리의 수단을 교회에 일임하려고 했다. 그러나 그는 의회의 반대에 부딪혔고, 그래서 그는 앞으로 의회의 권리들을 소송절차(Verfahren)로 통합시켰다. 실제로 이것이 의미하는 바는 교회의 직분자들 앞으로 소환되고 그들의 경고를 받은 죄인의 출교를 의회의 마지막 심급이, 그러니까 정치적 기관이 결정했다는 것이다.

1525년에는 이에 더하여 미사가 폐지되었다. 이 일 또한 의회와의 합의 하에 진행되었다. 이제 단순하고 오직 말씀만을 특징으로 지닌 예배가 시행되었다. 찬양과 오르간 연주는 전적으로 금지되었다. 왜냐하면 츠빙글리는 음악과 미술 작품이 사람들을 참된 내적 경건으로부터 다른 방향으로 돌리게 한다고 확신했기 때문이었다. 성찬은 1년에 단지 세 번에서 네 번만 시행되었다. 성찬은 교회와 고백의 만찬, 즉 그리스도께 속한다는 신자의 표현으로서 시행되기 때문에 더 자주 시행할 신학적 필연성은 없었다. 16세기의 어떤 다른 종교개혁자도 성찬 시행의 축소에 있어 츠빙글리처럼 멀리 가지는 않았다.

츠빙글리의 취리히 종교개혁 활동은 광범위한 영향을 끼쳤다. 그의 활동은 구약과 신약에서 유추될 수 있는 하나님의 뜻과 설교자를 통해 해석될 수 있는 하나님의 뜻에 적합하도록 전체 도시를 만드는 것을 목표로 삼았다. 하지만 만약 그가 신정정치(Theokratie)를 세우고자 했다고 본다면 그것은 잘못된 해석일 것이다. 왜냐하면 정치적 관심사들을 관리하는 일은 결코 신학자들의 손에 맡겨지지 않았기 때문이다. 심지어 츠빙글리는 신학자들을 권력과 부에 대한 유혹과 유착으로부터 멀리 떨어뜨리려고 노력했다. 그들은 자신들의 고유한 임무를 위해 자유롭게 머물러 있어야 한다. 즉 그들은 복음을 개인의 생활 규범으로서 그리고 사회 갱신의 기초로서 설교해야 한다. 그러므로 개신교 성직자들은 도시와 시민의 안녕에 대하여 간접적 영향만을 행사했을 뿐이었다. 세속적 행복에 관여하는 것은 의회의 임무였다. 그러나 츠빙글리와 같은 생각을 가진 동료들은 의회가 하나님의 뜻에 초점을 맞출 때만 이 일을 적절한 방식으로 시행할 수 있다는 견해를 가졌다. 그리고 하나님의 뜻의 해석자로 사명을 부여받은 사람은 목사들이다. 이런 개념적 배경에서 취리히의 교회는 점차 하나의 "국가교회"(Staatskirche)로 발전했다. 교회의 공동체와 시민의 공동체는 하나였다. 1527/28년 노회(Synode)가 생겨났다. 그 노회에는 의회의 구성원뿐 아니라 목사들도 직분자로서 소속되었다. 1529년 예배 참석의 의무도 공포되었다. 예배 참여를 게을리하는 일은 시민권 박탈이라는 처벌에 해당했다. 교회의 치리는 자신만의 법원, 즉 혼인법원을 통해 시행되었다. 그 법원은 성직자와 세속 직분자들로 대표되었다.[151]

이런 방식으로 전체 사회와 구조와 문화의 모든 생활의 표현에 기독교

---

151 참고. Ley, Kirchenzucht bei Zwingli, 49f; Köhler, Zürcher Ehegericht I, 28-230.

적 요소들이 침투했다. 특히 종교개혁과 정부의 긴밀한 결합의 관점에서 볼 때, 이 발전은 모두에게 수용되지는 않았다. 츠빙글리의 몇몇 지지자들은 이 발전에 결정적으로 반대했다. 반대자들 가운데 콘라드 그레벨(Konrad Grebel, 약 1498-1526)과 펠릭스 만츠(Felix Mantz, 약 1498-1526)가 있었다. 이 사람들은 종교개혁과 정부의 사무가 서로 혼합되는 것에 반대하여 세례파의 "자유"(frei) 교회를 세웠다. 이 단절은 1525년 재세례의 행렬과 함께 발생했다.[152]

---

152 참고. 본서의 184f.

라. 논쟁과 경계

종교개혁 교리의 형성, 신학적 해명 그리고 장기간의 신앙고백에 따른 종파적 확립은 결코 직선적이고 반대가 없는 과정이 아니었다. 오히려 분쟁과 교리적 다툼은 비록 관련된 사람들과 동시대인들을 그렇게 괴롭히기는 했지만, 종교개혁의 입장들을 정교하게 하고 더욱 발전시키는 데 상당한 공헌을 했다. 신학적으로 그리고 나중에 신앙고백적 종파로 정체성을 형성하고 집단을 이루는 데 있어 이 다툼들이 끼친 영향은 과소평가될 수 없다. 그러므로 16세기의 논쟁들을 필요 이상의 말다툼으로 치부하여 성급하게 경시하는 것은 옳지 않다. 오히려 한편으로는 자신만의 입장을 결정하기 위한 발전 과정으로서, 다른 한편으로는 견해의 다양성을 오랜 기간 확립하는 것으로 인식되어야 한다.

1. 비텐베르크 운동(1521/1522년)

마틴 루터로부터 시작한 종교개혁은 처음에 교회 구조와 교리 문제를 중점적으로 다루었다. 공개적 토론들과 문서들과 설교로 새로운 이상들은 확산되었다. 그러나 교회 공동체의 생활과 의식은 당분간 전체적으로 여전히 옛 상태에 머물러 있었다. 이것은 루터가 1521년 보름스 제국회의에서[153] 추방되고 나서 바르트부르크에 숨어 체류하던 시기에 바뀌게 되었다. 종교개혁이 큰 기대 속에서 시작되었지만 가던 길의 중간에서 머물러 섰다는 인

---

153 참고. 본서의 273-277.

상이 사람들 사이에서 생겨났기 때문이다. 그래서 전통적 교회의 질서들과 관습들을 제거하고 그 질서들을 종교개혁의 교리에 맞추기 위해 종교개혁의 관심사들을 실천에 옮기는 운동이 비텐베르크에서 발생했다. 이 운동은 특히 독신, 미사 예배, 성상 숭배와 관련되었다.

"비텐베르크 운동"(Wittenberger Bewegung)[154]의 중요한 인물은 가브리엘 츠빌링(Gabriel Zwilling, 약 1487-1558), 어거스틴 은자회의 설교자들, 소위 츠비카우(Zwickau) 선지자들 그리고 안드레아스 보덴슈타인 폰 칼슈타트(Andreas Bodenstein von Karlstadt)였다. 츠빌링은 수도원에서 떠날 것을 권했다.[155] 처음에는 단지 소수만이 응했지만, 나중에는 수도승 집단 전체가 수도원을 떠나 일반 시민의 삶을 살기 시작했고 결혼하도록 권면을 받았다. 사실 마이센(Meißen)과 튀링엔(Thüringen) 지역의 어거스틴 수도회는 늦어도 1522년에는 수도회원들이 자유롭게 수도원을 떠날 수 있도록 했다.

하지만 사태는 더욱 커져만 갔다. 수도원에 소속된 사람 중에 자신들의 서원을 깨고 싶지 않은 사람들도 있었다. 그들의 삶이 더는 안전하지 못했다. 또한 수도원 탈퇴 사태는 부분적으로 소란스럽게 진행되었다. 루터는 여러 서신을 통해 이런 상황에 단호하게 선을 그었고, 그 배경에 있는 견해를 비난했다. 사실 누구도 수도원에 머물러야 할 필요는 없지만, 또한 동일하게 탈퇴를 강요해서도 안 된다는 점을 강조했다. 그의 저작 "수도승 서약에 대하여"는 수도사 생활에 대한 개신교의 입장을 분명한 신학적 기초 위에 세우고, 양심의 위기를 해결하는 데 도움을 주었다.[156]

미사 예배의 실천적 개혁도 함께 진척되었다. 루터가 자신의 저작들에

---

154 참고. 자료 모음집, Müller, Wittenberger Bewegung, ²1911.
155 참고. Loenz Schlamau u. a. an Kurfürst Friedrich den Weisen, 1521년 11월 4일, in: Müller, Wittenberger Bewegung, 59.
156 참고. 본서의 96f.

서 미사에 내포된 제사적 사상에 대하여 분명한 진술을 했기 때문이다.[157] 이 사상은 당시 교회가 사제만 참여하는 죽은 자를 위한 개인 미사를 거행하는 기초였다. 이제 비텐베르크에서 그러한 영혼의 미사와 서원(Votiv) 미사는 불합리한 것으로 폐지되었다. 가브리엘 츠빌링은 그 대신에 원시 기독교 성찬으로 돌아갈 것을 요구했다. 선제후 현자 프리드리히(Kurfürst Friedrich der Weise)는 이를 계기로 대학과 성 교회의 재단주회(Stiftsherren)에 평가서를 요청했다. 재단주회는 매우 신중한 조치를 취할 것을 권했지만, 선제후는 이 문제를 결정할 수 없었다. 그래서 불안은 지속되었고 수도원 탈퇴를 통해 문제는 더욱 심각해졌다.

루터는 이 같은 새로운 변화에 직면하여 저술 작업을 통해 해결을 돕고자 했다. 1521년 11월 초 그는 개인 미사의 폐지에 대한 라틴어 저술을 내놓았다.[158] 이 저술은 나중에 "미사의 폐해에 대하여"(Vom Missbrauch der Messe)라는 제목의 독일어 번역본으로 출판되었다.[159] 이 저술을 통해 개혁자는 비텐베르크 사람들의 개혁에 힘을 보태주었다. 다만 그 과정 중 싸움과 분쟁이 생기게 하지 말고 약자들, 다시 말해 변화에 대하여 아직 주저함을 느끼는 사람들을 배려해야 한다는 점을 환기했다. 그러나 비텐베르크의 소식들은 계속해서 루터를 놀라게 했다. 결국 루터는 비밀리에 엘베 강변의 도시(비텐베르크)를 방문하기를 결정했다. 12월 2일 그는 융커 요르크로 위장하여 여행을 떠났다.

루터의 행동 근간에는 "말에는 언젠가 행동이 따르게 된다"라는 그의 신념이 자리 잡고 있었다. 그러나 어떻게 비텐베르크에서 개혁이 실행되었

---

157 참고. 본서의 92.
158 De abroganda missa privata Martini Lutheri sententia, in: WA 8, 411-476.
159 WA 8, 482-563.

는가의 문제는 그를 근심하게 했다. 종교개혁은 루터 없이 더는 발전하지 않았다. 바르트부르크로 돌아온 후에 그는 "소동과 폭동을 주의하는 모든 그리스도인에게 주는 신실한 경고"(Eine treue Vermahnung zu allen Christen, sich zu hütten vor Aufruhr und Empörung)[160]를 작성했고, 이것은 1522년 1월에 벌써 인쇄되어 나왔다. 여기에서 루터는 대중들이 이런 상황에 폭력적으로 개입해서는 안 된다는 것을 분명히 했다. 변화의 수행은 정부의 임무고, 정해진 사회 공동체적 생활에 책임을 맡은 관청(Instanz)이 수행해야 한다. 루터는 다음과 같이 기술한다. "소동은 이성적인 행동이 아니다. 이런 행동은 보통 죄인들보다 죄 없는 사람들에게 더 영향을 준다. 그러므로 올바른 일을 원한다면, 소동을 벌이지 않는 것이 옳다."[161]

그러나 모든 사람이 루터의 견해와 선제후의 망설이는 태도에 동의하지는 않았다. 안드레아스 보덴슈타인 폰 칼슈타트는[162] 이전에는 로이코레아에서 루터의 박사 지도교수였고, 나중에는 동지가 되었다. 그는 이 문제를 다르게 보았다. 루터가 부재한 동안 그는 운동의 선두에 있었고, 실제로 개혁적인 조치들을 취하기 시작했다. 루터가 "교회의 바벨로 포로기"(De captivitate Babylonica ecclesiae)에서 평신도의 잔은 구원에 필수적인 것이라고 여길 수 없다고 분명한 입장을 밝혔음에도 칼슈타트는 성찬을 잔 없이 누리는 일은 죄를 범하는 것이며, 그렇게 가르치는 자는 성찬을 완전히 없애려는 사람이라고 설명했다. 1521년 성탄절 그는 비텐베르크의 재단교회(Stiftskirche)에서 바른 성례의 수여에 대하여 설교했고, 그 후에 빵과 포도

---

160 WA 8, 676-687.
161 WA 8, 680,18-21.
162 칼슈타트에 대하여 참고. Barge, Andreas Botenstein von Karlstadt, Bd. I, 특별히 311-460; Sider, Andreas Bodenstein von Karlstadt, 1974; Bubenheimer, Consonantia Theologiae et Iurisprudentiae, 1977; Burnett, Andreas Bodenstein von Karlstadt, 45-51.

주를 약 2,000명의 참석자들의 손에 주었다. 그는 사제복을 완전히 없앴고, 일상복을 입고서 직무를 수행했다. 제사의 기도는 건너뛰었고, 독일어로 축성의 말씀을 전했다. 그는 성찬에 선행하는 고해가 불필요한 것이라고 설명했다. 선제후가 예배와 관계된 모든 변화들을 반대했음에도 불구하고, 바로 이어진 주일에도 이 의식들을 반복했다. 그래서 칼슈타트의 결단은 용감하면서도 충격적인 변화로서 틀림없는 영향을 주었다. 그는 아마 이 시기에 약혼했던 것 같고 1522년에 결혼했다.

츠비카우 선지자들의 등장은 계속되는 혼란에 공헌했다. 그들 가운데 두 명의 직조공 토마스 드레흐젤(Thomas Drechsel)과 니콜라우스 슈토르흐(Nikolaus Storch, 1500-1536)가 있었다. 슈토르흐는 츠비카우와 토마스 뮌처(Thomas Müntzer)와 관계가 있었고 또한 마르쿠스 슈튀브너(Markus Stübner, 1522 사망)의 초기 학생이었다. 그들은 1521년 12월 27일 멜란히톤을 찾아와 개인적인 계시들을 주장했다. 그들에게 결정적인 것은 성경의 말씀이 아니라 내적인 하나님의 조명이었다. 더하여 유아세례의 거부는 불확실성을 더욱 확산시켰다.

계속되는 불안은 1522년의 시작과 함께 나타났다. 이제 측면 제단들이 철거되었고 성화들과 성인상들과 마리아상이 끌어내려지고, 부수어지고, 불태워졌다. 또한 병자들을 위해 축성된 기름도 사라졌다. 직전에 칼슈타트는 교회에서 성화를 제거하자고 요구했었다. 이 요구의 근거는 출애굽기 20:4의 형상 금지였다. 슈토르흐는 천사장 가브리엘이 나타났다고 주장하면서, 가브리엘이 자신에게 전하기를, 세상의 질서가 변할 것이고 성직자들이 죽임당하고 불경건한 자들이 멸절되어야 한다고 했다. 이 주장을 통해 상황은 더욱 폭발력을 갖게 되었다. 혼란스러운 상황 속에서 시민 사회는 새로운 교회의 질서 있는 조치를 촉구했다. 대학과 도시에서 모인 위원회는 그 때문에 새로운 교회 규범을 만들었다. 이것은 부분적으로 루터의 요구들과 관계된 것이었고, 칼슈타트의 의미에서 예배를 규정했다.

1522년 1월 24일 시 정부는 이 교회 규범을 공포했다.[163] 교회 규범은 미사의 시행과 평신도의 잔 문제를 새롭게 규정했다. 성화들은 완전히 교회에서 제거되어야 했다. 동시에 가난과 전쟁을 하게 되었다. 필요가 없어진 미사 헌금과 평신도 형제회(Laienbruderschaft)의 재산은 "공동 금고"(gemeine Kasten)에 맡겨졌다. 이제 그 금고에서 과거의 성직록 소유자는 보상을 받고, 개신교 목사들은 급여를 받고, 가난한 사람들을 돌보는 사람들은 재정 후원을 받게 되었다. 모든 종류의 곤란을 겪는 사람들은 이 공동 금고에서 도움을 받을 수 있었다. 더 이상 구걸이나 수도승의 걸식은 허용되지 않았다. 이 결단이 규범을 다시 세우는 것을 목적했음에도, 2월 6일 비텐베르크에서 공개적인 성상 파괴 사건이 발생했다.[164] 선제후는 이 과정들을 강력하게 비난했고, 시 의회는 그 행위에 거리를 두었다. 그러나 칼슈타트도 가브리엘 츠빌링도 개혁을 위한 그들의 열심에 있어 거리낌을 느끼지 않았다.

이제 대학도 피해를 입게 되었다. 일부 학생이 칼슈타트의 영향으로 대학에 등을 돌렸다. 새로운 운동은 교육에 혐오적이었기 때문이다. 칼슈타트는 그리스도인의 삶의 표준으로서 유효한 성경의 이해는 모든 사람에게, 물론 배우지 못한 사람들에게도 열린다는 견해를 주장했다. 그는 "단순함"(Einfalt) 가운데 최고의 조명이 주어진다고 확신했다. 특히 칼슈타트는 마태복음 11:25에 근거하여, 하나님께서 어린아이들에게는 계시하시고 지혜 있는 자들에게는 감추신다고 확신했다. 그래서 그는 학생들에게 학식은 불필요하다고 이야기할 수 있었고, 그 결과 그들은 무리 지어 대학을 떠나

---

163 참고. Lietzmann (Hg.), Die Wittenberger und Leisniger Kastenordnung, ²1935.
164 그 범위를 Natalie Krentz는 의문시 삼았다. 참고. Krentz, Ritualwandel und Deutungshoheit, 203-205; 그 밖에 칼슈타트와 루터의 그림에 대한 견해에 대하여 참고. Stirm, Bilderfrage in der Reformation, 17-68.

게 되었다. 칼슈타트 본인도 훗날 마태복음 23:8을 따라 자신의 박사학위를 내려놓았고, 오를라뮌데(Orlamünde)에서 목사로서 간소한 삶을 살았다. 그는 그곳에서 종교개혁을 자신의 견해에 따라 실천했다.[165] 루터는 이미 비텐베르크에서 강력하게 반대하며 논박했다. 그는 칼슈타트의 교훈이 사실상 복음의 자유가 지배해야 하는 곳에서 사람들을 양심의 위기로 이끌기 때문에 위험하다고 생각했다. 1524년 말 칼슈타트는 루터의 부추김으로 인해 그의 교회의 의지에 반하여 오를라뮌데에서 쫓겨났다. 몇 년의 방랑시기 후에 결국 칼슈타트는 1530년 스위스에서 피난처를 찾았다. 그는 바젤에서 교수로서 (1541년) 사망했다. 루터는 자신이 보기에 세상 물정을 모르고, 실행 불가능하고 비성경적인 기독교를 주장하는 그런 사람들을 "열광주의자들"(Schwärmer)이라고 불렀다.

비텐베르크의 소란들은 정치적인 측면에도 영향을 주었다. 1522년 1월 20일 뉘른베르크에 있는 제국 정부는 하나의 명령을 공포했다. 모든 영주에게 종교개혁의 새로운 변화에 대해 강력하게 반대하는 조치를 취하도록 요구했다. 그 밖에 지난 1521년 제국회의에서 루터의 추방과 종교개혁적 변화의 형사소추를 법적 강제로 만들었던 보름스 칙령(das Wormser Edikt)을 다시 확인할 것이 예상되는 제국회의가 3월 26일 소집 공고되었다. 루터가 이 상황에서 비텐베르크로 돌아가기 위해 2월 말 바르트부르크의 은신처를 떠난 것은 모험이었고, 선제후의 요청에 명백하게 반대되는 행동이었다. 그가 돌아온 당일 그는 시 의회로부터 새로운 수도승의 옷을 위한 천을 받았다.[166]

루터가 수도복을 다시 입었다는 것은 그의 입장과 일치했다. 그에게 가

---

165 참고. Pater, Karlstadt, 1984; Sider, Andreas Bodenstein von Karlstadt, 148-303.
166 이 수도복을 그는 1524년 10월 9일까지 입고서 완전히 벗었다.

장 우선적인 것은 외적인 것에 국한되지 않는 내적 개혁이었다. 그가 이해한 것처럼, 종교개혁은 예를 들면 전통적 관례들과 관련된 연속성을 위한 자유도 가지고 있었다. 비텐베르크에 있는 그의 존재와 그의 설교로 그는 평온함과 질서의 회복을 위해 노력했고, 또한 자신의 종교개혁적 권위를 확고히 세웠다. 사순절의 첫 주일, 1522년 3월 9일에서 16일까지 그는 날마다 비텐베르크 목사교회(Pfarrkirche)의 설교단에 서서 설교했다.[167] 개혁자로서 비텐베르크에서 설교직과 바른 설교의 책임을 맡은 사람임을 의식하면서, 종교개혁의 결정들은 단지 외적인 변화에만 머물러서는 안 되고, 먼저 내적으로 수용되고 이성적으로 이해되어야 한다고 루터는 권면했다. 이는 이 단계를 아직 행할 수 없는 사람들, 즉 복음적 믿음에 있어 연약한 사람들과 망설이는 사람들에 대한 배려를 요구하는 것이었다.

"연약한 사람들의 보호"(Schonung der Schwachen)와 관련해서 복음적 자유가 강조되었다. 그 자유는 하나님과 사람의 관계에서 문제가 되지 않는 의식과 예식과 같은, 모든 외적인 것들과 자유로운 관계를 가능하게 하는 것이다. 하지만 개혁자가 보기에 비텐베르크에서는 사람들이 복음으로부터 다시 하나의 법을 만들었고, 어떤 특정한 외적 조치들을 도입하고 준수하도록 고집했다. 그러나 이런 것들은 말씀만 바르게 설교되고 있다면 중요한 것이 아니었다. 루터는 이렇게 "중요하지 않은 것들"(Adiaphora)의 문제, 즉 개인의 구원을 위해 결정적이지 않고 어느 한쪽에 종속되지 않은 중간에 있는 것들에 대해 이야기했다. 루터를 따르면, 금식 계명과 교회의 성상들도, 설령 이것들을 없애는 것이 더 좋을지라도, "중요하지 않은 것들"의 부류에 속할 수 있다. 성상의 폐해는 루터에게 하여튼 성상 숭배에 비하면 작

---

167 후에 필사본이 인쇄되었다. In: WA 10/III, 1-58.

은 것이었다. 오히려 성화와 성상을 세우는 것과 관계된 행위적 경건 속에 더 많은 폐해가 있었다. 그러므로 그의 견해에 따르면, 그것들은 마음에서 없애야 하는 것이지, 교회에서 없애야 하는 것이 아니다. 교회에서 이것들은 성경적 교훈의 의미에서 교육적 목적을 위해서만 사용될 수 있다. 동일하게 성찬을 받는 사람들의 손에 빵과 포도주의 잔을 분배하는 것과 고해의 폐지도 "중요하지 않은 것들"과 관계가 된다. 의식의 실행도 그에게 있어 기독교의 자유에 속한 것이었다.

비텐베르크 운동으로 인한 분쟁은 이어지는 종교개혁의 경과를 분명하게 하는 두 가지의 원리들을 보여주었다. 첫째는 약한 사람들에 대한 목양적 배려이고, 둘째는 사람들이 종속되지 않은 중간의 것(Adiaphora)이라고 분류하는 의식과 예식에 관계된 자유이다.

2. 에라스무스와 자유의지 논쟁(1524/1525년)

상대적으로 오랫동안 인문주의와 종교개혁은 하나의 이익 공동체를 형성해왔고, 같은 목표들을 추구했고, 같은 학문적 방법론들을 사용했다. 그러나 에라스무스와 루터의 논쟁으로 단절은 확정되었다. 두 사조가 점점 나누어져 발전하는 것은 1521년 루터가 자신의 저작 "교회의 바벨론 포로에 대하여"(De captivitate Babylonica ecclesiae)에서 로마교회의 교리적 기초를 공격하고 근본적인 의문을 제기했을 때 이미 암시되어 있었다. 또한 그가 파문을 위협하는 교서와 교회법 책들을 1520년 비텐베르크의 엘스터문(Elstertor) 앞에서 불태우고 교황의 교회와 단절한 것은 일반적으로 로마에 신실한 인문주의자들이 보기에 루터를 이단으로 낙인찍게 했다. 사실 에라스무스도 루터에 대한 교황의 정죄에 동조하지 않을 수 없었다. 그는 루터에 대해 제국추방을 판결한 보름스 칙령을[168] 불행한 일이라고 생각했다. 그러나 루터가 시작한 운동은 격렬한 논쟁과 주변의 여러 탈선들로 인해 점점 더 의심스러워졌다.

에라스무스는 모든 갈등의 긴장으로부터 멀리 떨어져 있기를 원했지만, 결국 자신의 입장을 공개적으로 밝힐 수밖에 없었다. 여기에는 다양한 이유들이 있었다. 그 이유 중 하나는 그가 종교개혁 운동에 동참한다는 오해를 받고 싶지 않았다는 것이다. 또한 루터에게는 그가 마음에 들어 하지 않는 점도 있었다. 울리히 폰 후텐(Ulrich von Hutten)은 에라스무스의 인문주의자 친구인데, 그가 1522년 프란츠 폰 지킹엔(Franz von Sickingen)의 지도 하에 트리어의 대주교구에 대항하는 종교개혁과 정치문제가 함께 결합되었던 제국 기사들의 실패한 봉기에 참여하자, 에라스무스는 그와의 관계를 스스로 끊었다. 이 모든 것을 볼 때 에라스무스가 스스로 경계를 긋기 위해 종교개혁의 핵심 진술을 향한 입장을 밝혔다는 것은 틀린 이야기는 아니다. 특히 루터는 친구들과 나눈 편지들에서 때때로 이 학식 있는 사람에게 기독교 진리의 바른 이해가 없다고 적었다. 또한 루터가 에라스무스에게 직접 보낸 1524년 4월의 편지가 있는데, 이 편지는 물론 출판을 목적으로 한 편지가 아니었다. 그러나 이 편지는 인문주의자들의 제후가 지금까지의 유보적 입장을 포기하도록 하는 데 공헌했다.[169]

1524년 9월 초 에라스무스의 저작 "자유의지에 대하여"(De libero arbitrio diatribe sive collatio)가 출판되었다.[170] 그 저작에서 에라스무스는 신학적, 철학적, 윤리적으로 중요한 한 가지 핵심 주제를 선택했다. 왜냐하면 그

---

168 참고. 본서의 273-277.
169 참고. 의지의 자유에 대한 논쟁에 대하여, Augustijn, Erasmus von Rotterdam, 121-130.
170 라틴어와 독일어 in: Erasmus von Rotterdam, Ausgewählte Schriften IV, 1-195.

주제가 신학의 인간론적 기초와 정확하게 관계되었기 때문이다. 동시에 그는 한 가지 의문점을 다루었다. 그것은 로마교회가 정죄한 루터의 주장에 속한 것이었다. 보름스 칙령도 자유의지에 대한 루터의 부인을 개혁자의 이단성의 근거로 간주했다. 에라스무스는 자신의 편에서 1517년 로마서 9장의 주해에서 오리게네스와 히에로니무스의 견해에 의지하여 "자유의지"(liberum arbitrium), 사람의 자유의지에 어떤 가능성이 있다는 것을 인정했다. 이로 말미암아 그는 다시금 종교개혁의 편에서 비난을 받게 되었다. 그의 저작 "자유의지에 대하여"(De libero arbitrio)를 통해 그는 더 정확하게 해명하려고 했다.

그의 목표는 구약과 신약에서 출발하여 인간 의지의 자유와 하나님의 구원 사역을 조정하는 것이었다. 에라스무스는 그래서 " "을 의지의 능력으로 정의했다. 사람은 의지의 능력을 구원의 수단으로 사용하거나 피할 수 있다. 물론 그는 구원과 관련된 사람의 첫 움직임과 구원 과정의 완성이 하나님의 은혜에 돌려져야 한다는 점을 분명하게 밝혔다. 그러나 에라스무스는 시작과 완성 사이에 있는 과정에서 자유의지에 몇 가지 능력들을 명확하게 부여했다. 최소한 사람은 자유의지를 통하여 자신을 "은혜에 드리거나 혹은 은혜로부터 벗어난다."[171] 에라스무스는 하나님의 의와 은혜가 동시에 일치하기 위해 진지하게 사람의 노력과 하나님의 은혜로운 활동에 대한 겸손한 인정이 서로 연결된다고 여겼다.

루터는 에라스무스의 신학적 철학적 제안에 반대 저술을 가지고 반응했다. 그 저술은 1525년 가을에 처음으로 나왔고, 제목은 "노예 의지에 대하여"(De servo arbitrio)이다.[172] 첫 인쇄에 이어 1525년 12월 유스투스 요나

---

171 인용은 in: Augustijn, Erasmus, 291.
172 참고. WA 18, 600-787.

스를 통한 독일어 번역이 "자유의지는 아무것도 아니다"(Dass der freie Wille nichts sei)라는 제목으로 나왔다. 이 번역은 루터의 어떤 논지들의 경우 라틴어판보다 더욱 강조하여 표현하기도 했다.[173] 에라스무스에 대한 루터의 대답이 그렇게 오랜 후에야 나왔던 것은 그동안 루터가 칼슈타트의 논쟁과[174] 농민들의 불안들로[175] 인해 바쁜 시간을 보냈기 때문이었다.

루터는 사람의 의지가 하나님에 대한 태도와 관계에서 결코 자유롭지 않다고 주장했다.[176] 반면 그는 세상과 관계에서 사람이 전적으로 온전한 결정의 자유를 가진다는 점을 인정했다. 그러나 그는 근본적으로 세속 영역과 영적이거나 종교적인 영역의 사이를 나누지 않았다. 왜냐하면 사람의 의지를 넘어서는 완전히 주권적인 하나님의 의지가 있기 때문이다. 루터에 따르면 하나님과 사람의 관계로부터 다시금 인간 의지의 일반적 방향이 결정된다. 여기서 사람은 결코 자유롭지 않다. 심지어 사람은 하나님과 마귀 사이의 지속적인 싸움이 벌어지는 장소이기도 하다. 단지 사람의 의지가 속속들이 하나님께 매여 있을 때만 구원의 확신은 존재할 수 있다. 루터는 다음과 같이 설명한다. "우리가 이제 이 단어[자유의지]를 완전히 포기하고 싶지 않다면, 비록 그것이 가장 안전하고 가장 종교적인 것이라 할지라도, 우리는 최선을 다해 그것을 잘 사용하도록 가르쳐야 한다. 사람에게 자유의지는 자신보다 더 높은 존재와 관계되는 것이 아니라, 더 낮은 존재와 관계되는 것임이 자체로 인정된다. 즉 그는 자신이 돈과 재산에서 자유의지에 따라 사용하고, 행하고, 허용할 권리를 갖는다는 것을 안다. 물론 그것도 항상 기뻐하시는 뜻대로 행하시는 하나님의 자유의지를 통해서 이끌어질 때만

---

173 참고. Mennecke, Jonas als Übersetzer, 131-144.
174 참고. 본서의 153-161 그리고 316-324.
175 참고. 본서의 316-324.
176 참고. Kolb, Bound Choice, 11-66. 294-305; Kohls, Luther oder Erasmus, Bd. 2, 62-68.

가능하다. 이에 반하여 하나님에 대하여, 혹은 구원이나 정죄(Verdammnis)와 관련된 문제에서 그는 자유의지가 없고 오히려 하나님의 자유의지나 사탄의 의지에 갇힌 자이며, 복종하는 자이며, 종이다."[177]

루터에게 사람이 절대적으로 스스로 결정하는 의지는 절대적으로 스스로 결정하는 사람과 마찬가지로 환상이었다. 루터는 에라스무스가 성경에서 시작했던 것과 마찬가지로 성경에서 자신의 입장을 이끌어냈다. 그는 자신의 입장을 먼저 하나님으로부터 나오는 구원과 전능의 경험으로 특징되는 하나님 개념을 통해서 이끌어냈으며, 그다음으로는 사람을 항상 있는 모든 것을 넘어서는 주권적인 존재가 아니라 항상 다양한 맥락 가운데 매여 있는 존재로 이해하는 인간론을 통해 이끌어냈다. 그는 에라스무스에게 말했다. "당신, 당신은 사람의 의지가 자유로운 중립 상태에 있고, 자체로 남겨진 것으로 생각한다. 또한 당신은 하나님도 마귀와 마찬가지로 멀리 떨어져 있기 때문에 양쪽을 향하는 의지의 지향이 존재한다고 가볍게 망상을 한다. 마치 그들이 저 변화할 수 있고 자유로운 의지의 관찰자와 같다고 생각한다. 그러나 그들은 저 노예가 된 의지의 감독관들이고 지도자들이며, 서로 매우 강력하게 논쟁하는 대적이다. 이것을 당신은 믿지 않는다. 사람이 단지 그것을 믿기만 하면, 그렇게 우리의 견해는 충분히 강력하고 든든하지만 자유의지는 쓰러지고 만다. 왜냐하면 사람 안에서 사탄의 나라는 아무 것도 아니라면, 그리스도께서 그렇게 거짓말하신 것이 되기 때문이다. 아니면 그리스도께서 설명하셨던 것처럼 그의 나라가 그런 종류라면, 자유의지는 사탄에게 붙잡힌, 자유롭게 될 수 없는 짐 나르는 짐승이 될 것이기 때문이다. 그렇지 않다면, 마귀는 하나님의 손가락에 의해 쫓겨난 것이다."[178]

---

177 WA 18, 638,4-11; 요나스의 독일어 번역 in: Mü³ Erg.Bd 1,49f.
178 WA 18, 750,5-15. 독일어 Mü³ Erg.Bd. I, 194f.

에라스무스는 그 때문에 다시 한번 방어의 저작으로 자신의 발언권을 행사했다. "마틴 루터의 노예의지에 반대하는 방어의 글"(Hyperaspistes diatribae adversus servum arbitrium Martini Lutheri)이 바로 그것이다.[179] 하지만 루터는 이 저작에 더 이상 반응하지 않았다. 에라스무스와 논쟁은 좀 더 나이가 많은 인문주의 세대와 개혁자들 사이를 최종적으로 단절시켰다. 이 싸움에서 입장들이 형성되었다. 그 입장들은 신학적 관점에서 과소평가될 수 없는 영향력이 있었다. 왜냐하면 인간 의지의 자유에 관한 질문의 대답에는 종교개혁의 칭의 교리에 대한 표현과 종교개혁의 인간론을 위해 중요한 원죄 교리와 하나님과 사람의 관계에서 선행에 관한 판단이 함께 달려 있었기 때문이다.

3. 츠빙글리와 성만찬 논쟁(1525-1529)

취리히는 비텐베르크 다음으로 종교개혁의 두 번째 중심점이 되었다.[180] 여기에서 종교개혁은 인문주의의 영향을 받은 훌드리히 츠빙글리와 그의 동료들 가운데서 전적으로 독립적인 발전을 이루었다. 종교개혁 두 중심지는 처음부터 차이가 있었다. 비텐베르크는 독일의 북동부와 중부에 위치한 제후령들의 지향점이 되었고, 취리히는 제국의 남서부와 제국의 경계 건너편의 도시 공동체를 위한 중요성을 지니게 되었다. 취리히에서는 옛 예배가 완전히 폐지되었고, 새로운 형식들이 그 자리를 차지했다. 반대로 비텐베르크의 영향권에서는 단지 복음과 일치하지 않는다고 여겨지는 것만 지웠고,

---

179 참고. Erasmus von Roterdam, Ausgewählte Schriften IV, 197-675.
180 참고. 본서의 131-152.

나머지는 새로운 질서의 기초로서 남겨질 수 있었다. 그러나 이것은 단지 의식과 예식과 같은 외적 형식의 문제와 관련되었다. 복음에 적합한 교리의 원리들은 양쪽 모두에게 동일한 것이었다. 오직 한 가지 결정적인 점에서 두 노선은 근본적으로 서로 다르게 발전하기 시작했다. 바로 성찬 교리다.

처음에는 어떤 특별한 차이도 존재하지 않았다. 양측이 근본적으로 일치하는 것은 다음과 같다. 첫째, 성찬은 기억의 만찬이다. 둘째, 성찬은 약속과 그리스도의 교회에 소속됨의 증거물이다. 셋째, 성찬은 공동체의 선물과 의무를 구체적으로 보여주고 확인하며 생생하게 현실화한다.

첫 번째 차별화는 중세의 화체설 교리에 대한 태도에서 나타났다. 물론 루터와 츠빙글리 모두 화체설을 동일하게 거절했다. 이미 1519년 루터는 구교의 화체 교리를 반대했다. 빵과 포도주의 본체(Substanz)는 그리스도의 살과 피의 본체로 변화하지 않는다. 그러나 그는, 아리스토텔레스의 "본질"(Substanz)과 "우연"(Akzidens)의 범주를 포기하면서, 그리스도의 살과 피가 성찬에서 요소들(Elemente) 밑에 그리고 안에 현재하며, 사실상 성경에 보장된 예수 그리스도의 약속에 적합하고 효력이 있다는 것을 분명하게 주장했다. "그것은 나의 살이다"(마 14:22). 그리스도 자신도 스스로 성찬의 요소들 가운데 임재를 약속했다. 그리고 사실 이는 그 전에 행해지는 사람의 행위나 수행과는 상관없다.

루터는 미사의 제사 혹은 사제가 반복하여 드리는 속죄제사 행위로서의 성찬 이해를 엄격하게 거부했다. 그에게 성례의 의미는 약속의 말씀에 있었다. 그 말씀은 믿음으로 성찬을 받는 참여자를 통하여 열매를 맺는다. 성례는 단순한 말씀을 넘어서고, 또한 참여자들에게 감각적으로 경험될 수 있는 표식을 보장해 주었다. 이 표식은 시험을 받거나 강해지기를 원하는 믿음과 관계될 수 있다. 이 이해의 지평에서 제정 말씀의 해석은 루터의 성찬 교리에서 결정적으로 중요했다. 그 해석은 그에게 믿음으로 가리키는 약속과 확약(Zusage), 언약(Testament)으로 여겨졌다.

이에 비하면 츠빙글리는 상징적인 실행을 강조하는 성찬 이해를 발전시켰다. 그 또한 변화 교리와 미사의 제사적 성격을 거부했다. 대신 그리스도를 통해 시행된 구속의 "회상"(Wiedergedächtnis)과 "보증"(Sicherung)을 강조했다. 그가 처음에 루터가 주장한 것처럼 실제적 임재(Realpräsenz) 사상을 결코 피한 적이 없음에도 그에게는 성찬의 영적 성격에 대한 강조가 우세했다. 어쨌든 처음에는 루터에 대한 반대를 의식하지 못했고 심지어 그는 "언약"(testamentum)의 강조, 다시 말해 성찬에 보장된 하나님의 구원 약속을 루터로부터 받았다고 고백까지도 했다.[181]

그러나 츠빙글리의 강조가 수여자들의 믿음의 확신에 있다는 것은 의미심장하다. 믿음의 확신은 츠빙글리에게서 중심적 가치를 가졌다. 이것이 외적이며 의식적 행위의 중요성을 감소시켰다. 왜냐하면 만약 성찬 참여자가 "이것이 단지 영혼의 양식이라는 것을 견고히 믿지 않는다면, 만약 우리를 위해 주어지고 죽임당한 그리스도의 살이 우리를 악마와 죄와 죽음의 모든 압제에서 자유롭게 하셨다는 것을 그가 확신하지 않는다면, 그는 빵과 포도주를 헛되이 취하는 것"[182]이기 때문이다. 동시에 그는 계속하여 성찬의 상징적 해석으로 접근해갔다.

츠빙글리 성찬 교리의 특징적 형식은 우선 네덜란드 사람 코르넬리우스 호니우스(Cornelius Honius(Hoen)의 견해를 통해 얻게 되었다.[183] 두 사람은 성찬에서 외적 표지에 매이지 않는 영적(geistlich) 사건(Vorgang)을 강조했다. 제정 말씀인 "Hoc est corpus meum"(이것은 나의 몸이다)에서 "est"(이다)

---

181 참고. Lohse, Dogma und Bekenntnis, 52.
182 CR 95, 86, 5-9; 번역은 다음에서. Lohse, Dogma und Bekenntnis, 52f.
183 참고. Köhler, Zwingli und Luther I, 61-117.

는 "significat"(의미하다)로 이해될 수 있다. 이 해석의 적합성을 호니우스는 다른 성경 구절을 근거로 증명하고자 했다. 그 증거 성경 구절에서 "est"는 비유적 의미로 사용되었다. 예를 들면 바울의 문장 "그러나 반석은 그리스도시다"(고전 10:4)가 있다.[184] "이다-단어들"(ist-Worte)에 대한 비슷한 증거들은 츠빙글리와 루터의 논쟁에서 계속하여 양쪽으로부터 인용되었다.

이 논쟁에서 중요한 것은 무엇보다 요한복음 6:26-65에 대한 츠빙글리의 주장이었다.[185] 루터는 1520년 이 본문이 주해적 관점에서 성찬의 문제에 해당하지 않는다고 무시했다. 그러나 츠빙글리는 이 본문을 영적인 식사로 해석했다.[186] 요한복음 6장은 츠빙글리와 그의 지지자들과 성찬 이해에 대한 후대의 논쟁들에 있어 가장 중요한 성경 본문이었다. 이 취리히 사람은 계속하여 "영적으로 먹는 것"(manducatio spiritualis)을 강조했다. 그는 영적으로 먹는 것을 믿음과 완전히 동일시했다. 결과적으로 츠빙글리는 성찬에서 그리스도의 실제 임재를 부정해야 했다. "Est"를 "significat"로 해석하는 의미에서 그는 제정의 말씀을 다음과 같이 이해했다. "받아 먹으라! 왜냐하면 내가 너희에게 지금 행하라고 명령하는 이것은 바로 지금 너희를 위해 드리는 나의 몸을 의미하거나 기억나게 할 것이기 때문이다."[187]

이 상징적 이해를 츠빙글리는 계속되는 저작에서 더 날카롭게 만들었다. 성찬은 그에게 고백의 식사요, 공동체의 식사요, 기억의 식사가 되었다. 빵 혹은 그것을 통해 상징되는 그리스도의 몸을 먹는 모든 사람은 그에 더하여 그리스도의 계명에 따라 살아가는 의무도 먹는 것이다. 그리스도는 그를 믿는 사람들에게 모범이다. 이 방식으로 성찬은 츠빙글리에게 의무의 표

---

184 참고. Lohse, Dogma und Bekenntnis, 53.
185 참고. Gollwitzer, Auslegung von Joh 6, 143-168.
186 "육은 무익하다"(Das Fleisch ist nichts nütze) 참고. Lohse, Dogma und Bekenntnis, 54f.
187 CR 90, 345,27-29. 독일어 번역은 다음에서. Lohse, Dogma und Bekenntnis, 54.

지이기도 했다. 그리스도인들은 그들이 성찬을 행하고, 그렇게 예수님의 죽음을 고백과 함께 전파함으로 공동의 믿음과 공동의 계승을 통해 결합되는 그리스도인들의 연맹(Eidgenossenschaft)이 된다.

이 교리에서 츠빙글리와 비텐베르크 사람은 결정적으로 구분되었다. 성찬 논쟁은 양편의 신학적 정교화를 결과로 낳았다. 논쟁 가운데 루터가 작성했던 성찬 교리는 후대의 종파적 루터파의 영속적인 특징이 되었다. 루터 자신도 더 이상 여기에서 진술된 입장들 뒤로 물러서지 않았다. 1525년에서 1529년까지 절정을 이루며 진행된 논쟁은 결국 그 전에 시작되었고, 다른 인물들도 관계되어 있었다.[188]

결정적인 한 사건은 1524년 8월 12일 루터가 칼슈타트를 예나의 슈바르체 배렌(Schwarze Bären)의 숙소에서 만난 것이었다. 여기에서 루터는 그의 적수의 특징적인 성찬 교리를 비판하며[189] 그와 논쟁을 하게 되었다. 전승에 따르면 루터는 이 논쟁을 위해 일 굴덴의 금화를 담보금으로 주었다. 후대의 루터를 반대하는 비판은 그런 이유에서 루터 스스로 성찬 논쟁에 책임이 있다고 주장했다.[190] 1525년 3월 츠빙글리가 마태우스 알베르(Matthaeus Alber, 1495-1570)에게 보낸 편지가 인쇄되어 알려졌는데, 그 서신에 따르면 그는 요한복음 6장을 인용하며 자신의 성찬 교리를 설명했다. 그리고 논쟁적 저작의 교환(Streitschriftenwechsel)이 시작되어 계속하여 가지를 치듯 진행되었다. 논쟁의 초기에는 주로 바젤의 개혁자 요한네스 외콜람파드(Johannes Oekolampad, 1482-1531)와 스트라스부르의 마틴 부처를 한편

---

188 참고. Burnett, Karlstadt and the Origins, 2011. Köhler, Zwingli und Luther, 283-729.
189 칼슈타트는 그리스도께서 "이것은 나의 살이다"는 진술에서 자기 스스로를 가리키는 것이라고 주장했다. 이것을 그는 헬라어 문법에서 증명하려 시도했다. 빵과 포도주를 그는 그래서 그리스도의 살과 피를 위한 상징으로 보았다. 참고. Burnett, Karlstadt and the Origins, 54-76.
190 참고. Dingel, Concordia controversa, 256-259.

으로 하고, 슈배비쉬-할(Schwäbisch-Hall)에서 활동하는 요한네스 브렌츠(Johannes Brenz)와 비텐베르크의 요한네스 부겐하겐(Johannes Bugenhagen)이 다른 한편이 되어 진행되었다. 외콜람파드와 부처는 성찬의 상징적 이해를 주장했고, 브렌츠와 부겐하겐은 그리스도의 살과 피의 실제적 임재를 주장했다.

1526년부터 논쟁은 루터와 츠빙글리에게 집중되었다. 1526년 10월 초 루터의 "열광주의자를 반대하는 그리스도와 살과 피의 성례에 대한 설교"(Sermon von dem Sakrament des Leibes und Blutes Christi wider die Schwarmgeister)가 나왔다. 츠빙글리는 1527년 2월 "Amica Exegesis"를 출판했다. 얼마 후 그것에 대해 1527년 4월 루터의 저작 "'이것은 나의 살이다'는 말씀은 여전히 확실히 열광주의자를 반대한다"(Dass diese Wort 'Das ist mein Leib' noch fest stehen, wider die Schwarmgeister)가 나왔다. 1527년 6월 즉각 츠빙글리는 그것에 대하여 "'이것은 나의 살이다'는 말씀이 영원히 옛 의미를 가질 것이다"(Dass diese Worte, Das ist mein Leib' ewiglich den alten Sinn haben werden)로 대답했다. 루터의 저작 "그리스도의 성찬에 대한 신앙고백"[191]은 (1528년) 주요한 두 명의 대적자들에게 멈추지 않았던 논쟁의 최고점과 동시에 마침표를 찍었다.

루터는 자신의 성찬 교리가 성경으로 입증된 제정 말씀의 기초 위에 있다고 여러 차례 주장했다. 여기에서 시작하여 그리스도의 살과 피의 실제 임재가 성례의 실행 중 성찬의 요소의 안과 밑에 있다고 가르쳤다.[192] 요한복음 6장의 성찬 이해에 대한 해석을 그는 반대했다. 그러나 그는 논쟁에서 거

---

191 WA 26, 261-509.
192 마 16:26-28, 막 14:22-24; 눅 22:19-20; 고전 11:23-26. 루터의 성찬 교리의 전반에 대하여 참고. Peters, Realpräsenz, ²1966.

기에 머물 수 없었다. 실제 임재(Realpräsenz)는 그에게 단지 그리스도의 인격적 임재를 의미하는 것이 아니라, 오히려 세상의 죄를 위하여 죽고, 부활하여 높아지신 그리스도께서 자신의 인성에서도 사실상 임재하고 분배되신다는 것을 의미하기 때문이었다.

츠빙글리와의 논쟁에서 루터는 필연적으로 이 사상을 더 정확하게 드러내 보일 수밖에 없었다. 여기에서 그는 비판적 질문에 직면하게 되었다. 츠빙글리가 보고, 나중에 칼빈 또한 그렇게 본 것처럼, 어떻게 그리스도께서 높아진 특정 장소로 승천하신 이후에 자신의 인성을 따라 동시에 성찬의 많은 장소에 똑같이 임재하신다고 생각할 수 있는가의 문제였다. 이를 통해 기독론의 두 본성 교리가 논쟁이 되었다. 이 교리는 그리스도의 본성 안에 신적 본성과 인적 본성, 즉 신성과 인성이 매우 긴밀하게 만나고 있다고 표현한다. 칼케돈(Chalkedon) 공의회(451년)의 진술에 따르면 혼합되지 않고(혼합되지 않고(unvermischt, ἀσύγχυτως), 변화하지 않고(ungewandelt, ἀτρέπτως), 분리되지 않고(ungetrennt, ἀδιαιρέτως) 나뉘지 않는다(unzerteilt, ἀχωρίστως).[193]

그래서 루터는 성찬 논쟁에 추가로 자신의 기독론적 입장을 진술했다. 그리스도의 인격은 하나님 우편까지 높아지심을 통하여, 신성뿐 아니라 인성도 모든 피조물을 넘어 높아지셨고 모든 것을 채운다고 설명했다.[194] 루터는 전통과 달리 그리스도의 승천을 장소가 바뀌는 지역적 의미가 아니라 하나님의 전능으로 높아지심으로 이해했다. 이 높아지심은 인성에도 신성의 특성들을 부여할 수 있게 했다. 그 특성에 전능과 전지 외에도 편재가 포함되었다. 이에 기초해서 루터는 그리스도께서 높아진 인성에서도 모든 것의 주인이요, 모든 곳에 임재하신다고 말할 수 있었다. 그 기독론은 성찬 논

---

193   참고. Ritter, Dogma und Lehre, 264f.
194   엡 1:20-23.

쟁의 맥락에서 그리스도의 신성과 인성이 성찬의 요소 안에 그리고 아래에 실제 임재하고, 스스로를 분배한다는 주장을 위한 추가적 논거가 되었다. 그러나 동시에 루터는 성찬에서 근본적으로 임재의 근거는 제정의 말씀이라는 점에 머물렀다.

여기에서 루터는 대유(Synekdoche)라는 수사학적 형식을 논지에서 사용했다. 이것은 "두 가지 다른 것들[분명히 빵과 살, 포도주와 그리스도의 피]이 동일시되는 해석학적 일치를 향한 시도이며, 또한 하나를 다른 것으로 부를 수 있게 하는 언어적 수단이 된다."[195] 그러므로 제정 말씀 중 "이다"(est)는 루터에게 단지 성찬의 요소들을 살과 피에 무의미하게 일치시키는 것이 아니라, 그것이 시행되는 것처럼 동일시하는 하나의 형식이다. 사람들이 100굴덴에 대해 말하고, 돈이 들어있는 주머니를 가리키는 것이다.[196] 제정의 말씀과 함께 세워지고 성찬 참여자의 믿음과 상관없는 이 실제 임재는 결과적으로 "불경건한 사람들의 참여"(manducatio impiorum) 교리에 이르게 된다. 즉 불경건한 사람들도 그리스도의 살과 피를 받는 것이다. 다만 고린도전서 11:27에 따르면 그들은 주의 살을 자신의 심판을 위하여 받는다.

츠빙글리 또한 이 논쟁을 통하여 자신의 성찬 교리를 일관성 있게 표현할 필요가 있다고 여겼다. "Significat"의 의미로 "est"를 해석하는 것보다 더욱 중요한 것은 성찬을 무엇보다 새로운 언약의 유월절 만찬으로서 이해한 것이었다. 이를 위해 그는 출애굽기 12:11을 근거로 가져왔다. 여기에서 하나님의 처벌 앞에서 면제를 얻기 위해 단 한 번의 상징으로서 죽임당한 어린양이 있다. 마치 예전에 유대인들의 조상이 이집트에서 하나님의 형벌 앞에서 면제를 받았던 것과 마찬가지였다. 츠빙글리는 그리스도께서 자신

---

195 Staedtke, Abendmahl, 112.
196 루터는 그렇게 예를 든다: 참고. 위 각주와 부분

의 죽음의 상징으로서 제정하신 성찬을 다음과 같이 비교했다. "그리스도는 참된 유월절 어린양이다. 그 유월절 어린양을 통해 모든 시대의 거룩한 사람들이 완성되었다. 즉 믿는 사람들은 유월절 어린양을 통해 죄의 종노릇 하던 데서 자유롭게 되고 하늘로 데려가졌다."[197]

츠빙글리에 따르면 상징행위로서 혹은 옛 언약의 성례로서 유월절과 새 언약의 성례로서 성찬의 비교를 통해 교회가 성찬을 행하는 주체라는 것은 분명해졌다. 성찬은 교회가 시행하는 것이다. 이에 반하여 루터는 교회의 전통처럼 성찬에서 시행자는 사실상 그리스도시라고 주장한다. 더하여 츠빙글리는 무엇보다 성경의 요구를 강조한다. "이것을 행하여 나를 기억하라."(Dies tut zu meinem Gedächtnis)[198] 이런 방식으로 그는 성찬을 과거에 발생한 그리스도의 고난을 기억하고 현재화하는 것으로 개념화할 수 있었다. 또한 그는 실제로 임재한다는 루터의 교리를 거부할 뿐 아니라, 루터가 내놓은 기독론적 논거들도 거부한다. 처음부터 그는 승천을 장소의 변경으로 이해했기 때문에 성찬의 임재 견해에 대한 루터의 고찰을 배제한 것은 분명했다. 그리스도의 인성이 하나님의 전능으로 높아지심을 통하여 신성을 전달받게 되었다는 속성교환(communicatio idiomatum)의 사상을 츠빙글리는 이행할 마음도 없고, 이행할 수도 없었다. 만약 사람인 예수 그리스도에게 사실상 신적 성품들을 부여하고자 한다면, 그것은 다만 수사적 비유(Alloiosis)일 뿐이다. 츠빙글리는 (지역적 제한, 유한성 등은 인성에, 전능, 편재, 전지는 신성에 속하는데) 각 본성의 특성들이 대체되거나 교환될 수 없다고 주장했다.

그 밖에 남아 있는 논쟁점은 그리스도의 임재가 성찬 참여자의 마음에

---

197 CR 91, 484.23-25. 번역은 다음에서. Lohse, Dogma und Bekenntnis, 58f.
198 눅 22:19.

그려내는 믿음의 힘에 달려있는지, 아니면 제정된 말씀에 따른 성례의 시행에 달려있는지의 문제였다. 츠빙글리는 그리스도께서 성찬에서 오직 믿는 사람을 위해 임재하시기 때문에 믿지 않는 사람은 아무것도 받지 않는다고 주장했다. "불경건한 사람들의 참여"(manducatio impiorum)는 그에게 생각할 수 없는 것이었다. 이와 달리 루터는 제정의 말씀으로 약속된 그리스도의 임재를 모든 사람의 믿음에 미리 주어진 것으로 보았다. 이것이 다른 점이었다.

두 집단은 일치에 이르지 못했다. 그럼에도 전선을 완화하려는 시도들은 있었다. 왜냐하면 종교적 분열은 단지 신학적 문제에만 머무는 것이 아니라 정치적 문제이기도 했기 때문이었다. 그동안 제국의 다른 계급 대표들이 종교개혁으로 돌아섰고, 이렇게 제국법이 인정하는 경계를 넘어섰다. 1529년 슈파이어 제국회의(der Speyerer Reichstag)는 종교개혁을 처벌하는 보름스 칙령을 갱신했다.[199] 그 제국회의 이후, 고지 독일의 도시들과 특히 헤센의 젊은 지방 백작 필립(Philipp von Hessen)은 개신교 방어동맹을 결성할 계획을 세웠다. 그러나 그 계획은 신학적 불일치로 인해 실패할 수밖에 없었다. 그래서 지방 백작의 주도로 오해를 정리하고, 교리의 일치를 가능하게 만들기 위한 종교 대화의 날짜가 잡혔다.[200]

이 대화는 1529년 10월 1일에서 4일 마르부르크 성(Marburger Schloss)에서 열렸다. 츠빙글리와 요한네스 외콜람파드와 스트라스부르의 신학자들인 마틴 부처와 카스파르 헤디오(Capar Hedio, 1494-1552), 시장 야콥 슈투름(Jakob Sturm, 1489-1553)이 함께 참여했다. 루터의 편에는 필립 멜란히톤, 유스투스 요나스, 뉘른베르크 개혁자 안드레아스 오시안더(Andreas

---

199 참고. 본서의 284-288.
200 참고. Köhler, Zwingli und Luther, 1-163.

Osiander, 1489-1552)와 요한네스 브렌츠가 참석했다. 성찬 문제에 관한 대화는 성과 없이 흘러갔다. 양측은 자신들의 입장을 고수했다. 루터에게 "est", 다시 말해 그리스도의 높아진 살과 피의 실제적 임재는 포기할 수 없는 것이었고, 츠빙글리는 루터의 입장에 다가갈 준비가 되어 있지 않았다. 그래서 신학적 일치라는 의미에서 목적한 결과는 달성되지 못했다. 대화의 마지막 날 15개의 마르부르크 조항(15 Marburger Artikel)이 루터에 의해 작성되었다. 이 조항들은 양측의 종교개혁 신학이 모든 주제에서 근본적으로 넓게 일치한다는 사실을 설명했다.[201] 그들은 성찬 교리에서도 다섯 가지 주제에서 분명히 일치했다.

1. 그리스도가 제정하신 대로 빵과 포도주로 성찬을 시행한다.
2. 미사의 공로적 성격을 거절한다.
3. 성찬은 성례적 성격을 갖는다.
4. 모든 그리스도인은 반드시 그리스도의 살과 피를 영적으로 누려야 한다.
5. 연약한 양심을 가진 사람들을 위한 유익한 영향이 있다.

그러나 일치에 이르지 못한 것은 실제적 임재에 대한 핵심적 질문이었다. 이 문제는 조항의 부문장으로 작성되었고, 그래서 마르부르크 조항은 하나의 공통의 신앙고백으로 보일 수 있게 되었다. 양측은 이 조항을 자신들의 의미에서 이해했다. 그러나 마르부르크 조항은 의도한 목적, 즉 전체 개신교 동맹을 만들기 위한 신학적 일치라는 전제와 기초에는 도달하지 못

---

201 다음의 주제들이 마르부르크 조항들에서 다루어졌다: 삼위일체, 기독론, 원죄, 구원, 믿음, 외적 말씀, 세례, 선행, 고해, 정부, 인간의 전통들, 유아세례 그리고 마지막으로 성찬.

했다.[202]

4. 반율법주의 논쟁(1527년, 1537/38년)

1520년대의 논쟁들은 근본적인 신학적 명확성이라는 결과를 낳았다. 의식 행위의 시행, 기독교 인간론, 성찬 교리가 성찬 이해에 대한 영향들로 인해 논쟁의 장으로 불려 나온 이후로 반율법주의 논쟁들은 율법(헬라어 nomos)의 역할에 더하여 율법과 복음의 관계를 주제로 삼았다. 여기에서는 비텐베르크 종교개혁자 네트워크의 내부에서 발생한 차이점들이 다루어졌다. 루터는 이미 1517/1518년 율법과 복음에서 하나님의 사역을 주제로 삼았다. 율법은 진노의 말씀이 죄인을 회개로 이끄는 심판자의 목소리라고 이해했다. 복음은 죄 용서의 약속과 그리스도의 의의 부여로 이해되었다. 그런 면에서 율법과 복음은 루터에게 "두 종류의 말씀 혹은 설교"(zweierlei Wort oder Predigt)[203]였다. 그러나 이것은 한편으로 구약, 다른 한편으로 신약이라고 분리할 수 있는 것이 아니었고, 오히려 성경의 두 언약(신약, 구약) 가운데 명령과 확약과 약속으로 계명과 확약 혹은 약속으로서 존재하는 것이었다.

이미 1527년 율법과 율법 설교의 역할에 대한 논쟁들이 발생했다. 당시에 마틴 루터의 가까운 친구인 요한 아그리콜라는 1525년 8월부터 아이슬레벤(Eisleben) 학교의 교장이자 니콜라이 교회(Nicolaikirche)의 설교자였

---

202 참고. Lohse, Dogma und Bekenntnis, 60-64; Hausammann, Marburger Artikel, 288-321; 원자료, May (Hg.), Marburger Religionsgepräch, ²1979.
203 WA 10/I/2, 155,22.

다. 아그리콜라와 필립 멜란히톤이 이 논쟁의 대적자로서 대립했다.[204] 논쟁을 야기한 계기는 1527년 라틴어로 작성된 시찰문서였다.[205] 시찰문서는 멜란히톤이 알지 못한 채 인쇄되었고, 이런 방식으로 대중에게 공개되었다. 이 문서는 시찰자들을 위한 지도서로서, 획일화되고 배타적인 복음 설교를 통해 잃어버릴 위험에 놓인 기독교적 삶의 도덕적 요소들을 의식적으로 붙잡는 것을 목표로 삼았다. 그는 시찰 경험을 통해 한 측면을 강조하는 종교개혁적 은혜 설교가 어린 교회 공동체 안에서 잘못된 방향으로 이어질 수 있다는 것을 보았다. 그래서 멜란히톤은 루터와 일치된 생각으로, 만약 먼저 사람 안에 있는 죄성과 요구되는 회개에 대한 인식을 일깨우지 않는다면, 하나님의 은혜에 대한 설교는 근본적으로 무익하다고 강조했다. 그러므로 기독교 교리는 회개로 이끄는 율법의 설교로 시작되어야 한다.[206]

율법 설교를 요구하는 이 강조점이 아그리콜라와 멜란히톤 사이에서 분쟁을 만들었다. 아그리콜라는 멜란히톤이 종교개혁의 교훈에서 벗어나 다시 옛 믿음으로 돌아가 버렸다는 죄목을 씌웠다. 이를 위해 아그리콜라는 복음을 역사하는 능력으로서 전면에 내세우는 루터의 진술을 반대 논거로 사용했다. 이것은 그의 요리문답서 "어린이를 위한 130개의 일반적 질문들"(130 gemeinen Fragstücken für die jungen Kinder, 1527)에 기술되었다. 이 요리문답에서 율법은 사람에게 위협과 강제를 통해 길을 가르치려는 하나님의 실패한 시도이고 오늘날 그리스도인들은 유대인들을 위한 역사적인 법 규정을 모아놓은 율법과 더 이상 관계가 없다고 설명된다. 사람의 마음을 움직이는 것은 복음이다. 복음 안에서 드러나는 하나님의 호의(Güte)와

---

204 아그리콜라와 반율법주의 논쟁들에 대하여 참고. Wengert, Law and Gospel, 1997; Rogge, Johann Agricolas Lutherverständnis, 98-210; Lohse, Dogma und Bekenntnis, 39-45.
205 참고. CR 26, 7-28.
206 참고. CR 26, 11 그리고 28.

친절함을 경험하고 그 은혜를 붙잡는 것은 후회(Reue)와 회개(Buße)와 내적 갱신으로 나아간다.

아그리콜라의 관심은 사람의 후회가 하나님의 은혜 앞에 있거나 은혜 위에 자리를 차지하는 것을 피하려는 것에 있었다. 그는 정확히 그 점으로 로마교회를 비난했기 때문이다. 멜란히톤은 자신이 루터와 동일한 견해를 지지하고 있다는 점을 알리는 것으로 이 긴장을 잠잠하게 하려 했다. 상황이 심각해지자 작센의 선제후 요한(Kurfürst Johann von Sachsen, 통치 1525-1532)이 개입했다. 그는 신학자들, 그러니까 루터, 부겐하겐, 멜란히톤, 아그리콜라를 토르가우(Torgau)에서 모이도록(1527.11.26.-28.) 초대했다. 사실상 멜란히톤의 입장이 원리적으로 인정하는 일치가 목적이었다. 그러나 그는 양보하여 의의 사랑(amor iustitiae)과 처벌의 두려움(metus poenarum)이 칭의 가까이 나란히 함께 있다고 기록했다. 아그리콜라는 하나님의 위협에 따르는 0확고하게 주장했다. 논쟁의 두 상대는, 비록 아그리콜라가 멜란히톤과의 개인적 토론에서 교회에는 십계명의 자리가 없다고 주장했음에도 논쟁이 해결되었다고 생각했다. 멜란히톤는 자기 편에서, 루터가 부인하지 않는 "율법의 제3용법"(tertius usus legis)을 중생한 그리스도인의 삶을 위한 교육적 도덕적 교훈으로서 강조했다.

논쟁의 두 번째 단계는 1537/38년에 아그리콜라와 루터 사이에서 발생했다. 1533년 이후 아이슬레벤에서 활동하던 이중 개종자(Doppelkonvertit) 게오르크 비트첼(Gerog Witzel, 1501-1573)[207]과 아그리콜라의 논쟁이 시발점이었다. 그 논쟁은 1536년 만스펠트의 알브레히트(Albrecht von Mansfeld)와 갈등이 생긴 이후 다시 비텐베르크로 돌아왔던 아그리콜라를 점점 더 예민

---

207 비트첼은 먼저 개신교의 믿음으로 개종한 후에, 다시 로마교회로 돌아갔다. 그에 대하여 참고. Henze, Aus Liebe zur Kirche Reform, 122-125.

한 반율법주의 입장으로 가도록 했다. 그는 결국 회개, 죄 인식, 하나님을 향한 경외심은 복음으로 가르쳐야지 율법으로 가르쳐서는 안 된다고 주장했다. 여기서 "율법"은 점점 더 모세 율법으로 제한되었다. 그는 비텐베르크 사람들이 필연적으로 믿음에서 나오는 행위를 고집함으로써 그리스도로부터 새로운 모세를 만들어 낸다고 비난했다. 그는 루터 자신이 이 교리에서 벗어난 잘못을 범했다고 주장했다. 루터는 처음에는 이 모든 것을 그냥 넘어갔고, 변함없이 아그리콜라에 대한 우정을 확실히 했다. 하지만 아그리콜라는 자신의 반율법주의 신학을 계속해서 공개적이고 도발적인 방식으로 주장했다.

루터는 1537년이 되어서야 "반율법주의자"를 반대하는 견해를 주장하기 시작했고, 율법과 복음의 상관성을 강조했다. 둘 중 한 가지를 다른 한 가지 없이 설교해서는 안 된다.[208] 여기서 멜란히톤은 당연히 10년 전 아그리콜라와의 논쟁으로 갔었던 자기 입장이 확인되는 것을 보았다. 루터와 아그리콜라가 대화를 나눈 이후 분쟁은 일단 사라진 것처럼 보였다. 그러나 아그리콜라가 루터의 허가를 자칭하여 자신의 교리를 인쇄물로 계속하여 선전하자 루터는 지금까지 자제하던 태도를 바꿀 수밖에 없었다. 6개의 학문적 논쟁을 담은 연재물에서[209] 개혁자는 신학적 해명을 시도했다. 사실 두 대적자는 이미 1538년 1월 12일의 2차 논쟁 이후 축제 분위기에서 화해하며 한데 모였었다. 그렇지만 이 논쟁은 최종적으로 해결될 수 없었다. 아그리콜라는 계속되는 일련의 논제들에서 자신의 견해를 주장했다. 불신은 오랜 우정을 파괴했다. 루터는 "반율법주의자들"이 그리스도인의 삶을 자신의 윤리적 규범을 가지고 점점 파괴하는 의도적인 위선자들이라고 생각

---

208 이에 대한 개관 참고. Kawerau, Antinomistische Streitkeiten, 585-592; BSELK, 1246-1249, Anm. 117.
209 참고. WA 39/I, 342-358.

했다. 사실 그는 아그리콜라나 그와 똑같은 견해를 가진 사람들이 전에 자신이 직접 사용했던 표현들로 불릴 수 있다는 것을 알게 되었다. 그러나 루터가 보기에 복음 설교처럼 율법 설교도 조건의 종속성을 무시했던 그들의 결핍은 그가 보기에는 중요한 것이었다. 설교는 중대한 책임을 지닌 방식으로 듣는 사람들의 맥락과 그들의 목양적 필요를 알고 배려해야 한다.

루터와의 지속되는 다툼으로 인해 자신의 직업적 기반도 위협받는 것을 본 아그리콜라는 결국 자신이 철회할 용의가 있음을 밝혔다. 그는 루터의 저작 "반율법주의자들에 반대하여"(Wider die Antinomer)에 포함되어 있었다. 하지만 그 작품은 1539년에서야 출판되었다.[210] 그러나 사실상 그 차이점들은 결코 해소되지 않았다. 루터와 멜란히톤이 반율법주의 교훈이 믿음과 그리스도인의 삶을 위하여 매우 심각한 해악을 끼친다는 것을 확신하고, 더 나아가 중단시키려 했지만, 아그리콜라는 자신을 더욱더 루터의 "독재"(Tyrannis) 아래 있는 순교자로 여겼다. 1538년 9월 10일 네 번째 논쟁 후, 아그리콜라는 새로운 것에 대한 철회의 글을 작성했다. 이 글은 이미 앞선 철회와 마찬가지로 멜란히톤의 교훈을 따르는 결론이었다. 그러나 과연 그가 이것에 확신이 있었는지 의문스럽다. 왜냐하면 곧바로 그가 아이슬레벤 요리문답의 새로운 판을 출판했기 때문이다.

두 차례의 반율법주의 논쟁은 제3차 반율법주의 논쟁의 페이스메이커로 간주할 수 있다. 그 싸움은 "율법의 제3 용법"(1556 이후)과 관계된다.[211] 이 주제가 종교개혁 신학을 계속하여 움직인 것은 양쪽 모두 다양한 맥락에서 진술되었던 루터의 견해들을 근거로 삼을 수 있었기 때문이다. 비텐베르크

---

210 참고. WA 50, 468-477.
211 이에 대한 전반적인 것은 참고. Richter, Gesetz und Heil, 1996; 원전 자료는 in: Controversia et Confessio 4: Der Antinomistische Streit, 2016.

사람은 율법의 사소함에 대해서 말했고 또한 칭의 사건과 그리스도의 삶을 위해 율법이 중요하다며 높게 평가하기도 했다. 율법이 제한된 시대의 구약적-유대적 규범과 옛 이스라엘의 제의적 의식법을 다룬다면, 그런 율법은 그리스도인들에게 사소한 것이다. 또한 율법은 하나님 앞에서 사람의 의에 대한 문제에서 사소한 것이다. 이 의는 율법에 규정된 행위를 넘어 도달할 수 없는 것이다. 그러나 다른 한편으로 율법은 세상의 질서를 위하여 매우 중요하다.

또한 율법은 영적인 영역에서도 자신의 자리가 있다. 여기에서 하나님의 "낯선 일하심"(opus alienum, fremdes Werk)은 사람이 하나님의 임박한 진노 앞에서 죄를 깨닫고 두려워하게 만든다. 그러나 루터에 따르면 이 "낯선 일하심"은 자신의 무능을 깨닫는 사람을 죄용서의 약속으로 이끄는 "하나님 자신의 일하심"(opus proprium Dei)으로 이어진다. 결국 율법은 의롭게 된 사람들, 다시 말해 그리스도인의 삶을 위하여 방향을 잡는 기능을 한다. 반율법주의 논쟁들은 비텐베르크 신학의 윤곽들을 더욱 섬세하게 만들었다. 멜란히톤은 그것을 1535년 자신의 "총론" 두 번째 판에서 그리고 특히 1559년 마지막 판에서 세 가지 "율법의 용법"(usus legis)으로 요약했다.[212] "정치적 용법"(usus politicus, 사회생활의 질서를 유지하는 율법의 기능), "신학적 용법"(usus theologicus, 율법의 인도적 기능), "교육적 용법"(usus pädagogicus, 그리스도인의 삶을 인도하는 율법의 기능).

---

212 참고. MWA II/1,354-359.

마. 종교개혁과 다른 견해들

종교개혁의 신학적 특성들을 형성하는 데 공헌한 것은 논쟁들만이 아니었다. 다른 견해를 보이던 사조들에 의한 도전도 특성 형성을 위한 공헌을 했다. 교회사의 기술에서 자주 "급진적 종교개혁"(radikale Reformation)[213]이 이런 관계에서 언급된다. 그러나 이렇게 이름을 붙이는 것이 완전히 다른 운동들을 마찬가지로 오늘날 일반적으로 "급진성"(Radikalität)이라고 이해하는 것과 공통점이 없는 다른 신학적 접촉점들을 가지고 다루는 속임수가 되어서는 안 된다. 그런 생각에 담겨 있는 확신은 종교개혁이 처음에는 교착상태에 있었고, 어떤 굳건한 결과물을 갖지 못했다는 것이다.

무엇보다 윤리적 개선이 부재했다는 것은 통용되는 비판이었다. 이것은 때때로 중세 후기의 교회 비판의 자극에서 양분을 얻었다. 그래서 명목상 "급진주의자들"은 비록 그들의 목표가 "진보적"(progressiv)으로 종교개혁적 시작점들을 넘어서는 것이었지만, 전적으로 "보수적"(konservativ)인 움직임들을 가질 수 있었다. 루터는 그러한 운동의 지지자들을 구별 없이 "열광주의자들"(Schwärmer)이라고 불렀다.[214] 학문적 표현으로는 "종교개혁의 야생목"(Wildwuchs der Reformation),[215] "종교개혁의 왼쪽 날개"(linken Flügel der Reformation)[216]란 표현들이 발견된다. 이 책에서 "종교개혁의 다른 견해"나

---

213 참고. Williams, Radical Reformation, ³2000, 그 밖에 Goertz (Hg.), Radikale Reformatoren, 1978.
214 참고. Burnett, Luther and the Schwärmer, 511-513.
215 참고. Lau, Reformationsgeschichte, 17; 그를 따라 특히, Leppin, Reformation, 25.
216 참고. Seebaß, Der "linke Flügel der Reformation", 151-164.

다른 견해를 가진 집단들이란 말을 쓰는 것은[217] 가능한 한 정치적 함의와 평가들을 피하고자 하는 이유에서다.

다른 견해들이 다양하고 그들을 분류하는 경계의 설정이 어렵기는 하지만, 각각의 특성이 드러나는 신학적 관심에 따라 세례파, 영성주의자, 반삼위일체주의자로 구분할 수 있다. 여기에서는 종교개혁 당시부터 지금까지 지속적인 영향을 주었던 사조들을 다루려고 한다.

1. 세례파(Das Täufertum)

연대기적으로 볼 때 세례파가 종교개혁의 진행에 비판을 가하던 세력들을 선도한 것은 아니었다. 그들 앞에 안드레아스 보덴슈타인 폰 칼슈타트나 토마스 뮌처와 같은 개인들이 자신들의 영성주의적 성향들을 드러냈다.[218] 다만 세례파는 영성주의자들이나 반삼위일체주의자들과 달리 이미 이른 시기에 상대적으로 배타적인 집단으로 모이기 시작했다. 그들은 자신들만의 신학을 발전시켰다. 이 신학은 세례파 운동 내의 다양한 강조점들에도 불구하고 오랜 시간 동안 구조적으로 심지어 교회를 형성하는 영향력을 가졌다.

---

217 "Dissenter"(다른 견해를 가진 사람들)이라는 이름은 사실 17세기 영국에서 온 것으로, 1662년의 일치령을 거부한 모든 그룹들을 가리킨다: 참고. Meier, Dissenters, 1055-1057; 그 밖에 Hahn-Bruckard, Dissenter und Nonkonformisten, 1-2, in: Europäische Geschichte Online (EGO) www.ieg-ego.eu/hahnbruckartt-2016-de URN: urn:nbn:de:0159-2015120905 [2016-04-02].
218 참고. 본서의 156-160 그리고 202-209.

1) 취리히의 초기 세례파 – 콘라드 그레벨과 펠릭스 만츠

세례파의 뿌리는 취리히에 있다. 취리히 의회는 순차적으로 종교개혁을 도입했다. 1523년 12월 미사 폐지로 인한 긴장이 발생하자 츠빙글리는 종교정치적 이유에서 의회와 타협을 시도했다. 그는 의회가 필요한 조치를 취할 수 있는 재량을 인정했다. 그런 이유로 츠빙글리의 지지자들 중 일부가 그에게 거리를 두었다. 그들 가운데 콘라드 그레벨과 펠릭스 만츠가 있었다.[219] 그들은 츠빙글리가 항상 무조건적인 믿음의 순종을 강조하면서도 인정된 진리를 무조건 따르지 않고 정부와 타협을 했다고 비난하였다.

여기서 정치적 정부가 전반적인 믿음의 문제에 결정권을 가질 수 있는가 하는 질문이 나왔다. 그레벨과 만츠 주변의 집단은 그들의 입장을 독자적으로 발전시켰다. 정부가 진리를 섬기지 않는다면 더 이상 그 정부를 정당한 기독교 정부라고 칭할 수 없다. 그러한 정부를 돕는 사람들은 더 이상 기독교 공동체의 대표자로 인정될 수 없다. 지금까지 당연했던 기독교 공동체와 정치적 공동체의 일치는 그들이 보기에 깨지기 쉬운 것이었다.

그러나 츠빙글리는 이러한 일치를 보존하려는 목적을 가졌다. 그는 종교개혁을 그리스도인들의 몸(corpus christianum)과 정치 공동체의 일치 가운데 실행하고자 했다. 반대로 그레벨, 만츠 그리고 그의 동료들에게 이것은 모순의 발생이었다. 그들의 경험에 따르면 정치적인 문제에서는 기독교적이라고 평가되며 기독교 공동체를 위하여 중요한 규범들보다 다른 규범들이 더욱 가치 있게 여겨지기 때문이다. 더하여 그리스도의 공동체가 그런 환경에서 십자가와 고난을 경험하게 될 것이라는 확신이 연결되었다. 그들은 자신들의 집단이 그리스도의 십자가를 따르며 살아가는 참된 공동체라고 여

---

219 참고. Strübind, Eifriger als Zwingli, 183-202.

졌다. 참된 기독교 공동체와 그리스도의 참된 계승자에 대한 질문을 던지는 이런 경험의 배경에서, 그레벨과 만츠를 통해 유아세례는 거부되었고 마찬가지로 성인 세례의 요구가 특별한 중요성을 지니게 되었다.

1523년부터 그레벨과 만츠 주변에 경건한 사람들이 함께 성경을 읽고 해석하기 위해 모여들었다. 여기에서는 전통적인 미사도, 의식적 행위도 존재하지 않았다. 그들은 성찬을 중생한 사람들의 작은 모임 가운데 빵과 포도주를 함께 하는 기억의 만찬으로 시행했다. 이 모임은 원시 기독교 공동체처럼 집단의 순결함과 개인의 완전함에 주의를 기울였고, 사람의 중생과 연계되어 시행되는 성인 세례를 통하여 구성되었다. 하나님께서 역사하신 중생은 사람의 내적 변화와 함께 외적 변화도 동반하기 때문이다. 이 변화를 통해 그 사람은 중생을 통하여 얻은 칭의를 성도들의 공동체 안에 있는 성화의 삶에서도 얻을 수 있고 보존할 수 있게 되었다.

그러므로 중생에 따르는 세례는 참된 신자들의 공동체를 다른 세상으로부터 구분시키는 표지가 되었다. 세례는 영원한 구원을 주시겠다는 하나님의 영원한 약속을 위한 성례적 표지이고, 또한 믿음을 통해 이미 발생한 죄 용서와 칭의의 가시적이며 인간적인 고백으로 여겨졌다. 세례는 "성도의 교제"(communio sanctorum)로 받아들이기 위한 가입의식이 되었다. 그레벨과 만츠 및 그들의 동료들은 유아가 회개도 믿음도 가질 수 없다는 점을 근거로 유아세례를 거부할 것을 주장했다. 의식적으로 자신의 믿음을 고백하는 성인의 세례는 그들에게 유일하고 참된 세례로 여겨졌다. 이미 1524년 봄 취리히 주변의 일부 교회들에서 유아세례는 중지되었다. 취리히 의회는 여기에 책임을 맡고 있던 사람들을 불러 해명하도록 하고, 결국 추방으로 위협을 하며, 유아세례를 시행할 것을 명령했고, 소모임(Konventikeln)의 교육은 금지되었다. 유아세례를 급진적으로 반대하는 사람들은 추방되었다.

1525년 1월 그레벨은 그라우뷘덴(Graubünden)의 교구사제(Weltgeistliche) 요르크 블라우로크(Jörg Blaurock, 약 1492-1529)로부터 처음으로 성인 세례를 받았다. 블라우로크는 계속하여 세례파들의 각성 설교자(Erweckungsprediger)로서 활동했다. 의회는 믿음의 세례가 독단적으로 시행된 것을 듣자 이에 지체 없이 대응했다. 새롭게 세례를 받은 사람들 대부분이 체포되었다. 이 운동의 지도자들은 도피했고, 개신교가 도입된 나라들로 옮겨갔다. 그렇게 이 운동은 빠르게 스위스 북부로 확산되었고, 또한 고지 독일 도시들로, 특별히 스트라스부르와 아우크스부르크로 확산되었다.[220]

2) 다양한 세례파 - 발타자르 후브마이어, 한스 뎅크, 한스 후트

세례파는 오스트리아의 발트스후트(Waldshut)에서 큰 성공을 거두었다. 여기에서 1520년부터 발타자르 후브마이어(Balthasar Hubmaier, 1480/1485-1528)가 목사로 활동했다.[221] 그는 인문주의와 종교개혁의 영향을 받아 에라스무스의 글도 읽고, 루터와 멜란히톤의 글도 읽어 종교개혁에 들어왔다. 1523년 그는 츠빙글리와 긴밀한 관계를 유지하고 있었다. 둘은 성찬의 해석에서 일치하였으나 세례의 문제에서는 일치하지 않았다. 츠빙글리가 유아세례를 견고히 확신한 반면, 후브마이어는 유아세례가 성경을 따른 것이 아니라고 확신하였다. 결국 이 지점에서 그들의 우정도 깨어졌다. 후브마이어는 이 문제를 포기하지 않았고, 무엇보다 유아세례에 대해 논박한 안드레아스 보덴슈타인 폰 칼슈타트와 토마스 뮌처의 저술들을 받아들였다.

---

220 참고. 짧은 개관. Fast(Hg.), Der linke Flügel, XIII-XXII.
221 그의 삶과 영향과 신학에 대하여 참고. Schubert, Balthasar Hubmaier, 133-137; Windhorst, Balthasar Hubmaier, 125-136.

1524/1525년 발트스후트의 상황이 변했다. 왜냐하면 1524년 가을 종교개혁이 도입되었기 때문이다. 미사는 종교개혁 예배로 변경되었고 교회에서 성상들이 제거되었다. 본격적인 성상 파괴가 발생했다. 1525년 부활절 즈음, 농민들의 봉기들 한가운데 세례파도 자리를 잡을 수 있었다. 후브마이어가 저항하는 농민들의 문제를 도왔고 발트스후트를 전쟁으로 몰았던 무리들이 전장에서 승리자가 되었다는 점에서 상황은 유리했다. 부활절 주일에 후브마이어는 60명의 다른 시민들과 함께 비티콘(Witikon, 취리히)에서 온 빌헬름 로이블린(Wilhelm Reublin, 약 1484-1559 이후)을 통해 세례를 받았다. 이어 그는 스스로 약 300명에게 세례를 주었다. 그중에는 다수의 의회의 구성원이 있었다. 이어 그들은 기억의 만찬이라는 의미에서 성찬을 시행했다. "발트스후트에서 후브마이어의 인도 아래 '지방의 세례파'(territoriales Täufertum)가 생겨났다."[222] 그러나 이런 사실과 농민 전쟁의 참여가 의미하는 것은 그 도시가 종교적으로 고립되었을 뿐만 아니라 정치적으로도 고립되었다는 것이다.

1525년 12월 초 합스부르크의 군대가 그 도시를 점령했고, 다시 예전의 로마 가톨릭 신앙으로 돌려놓았다. 후브마이어는 그의 아내와 함께 취리히로 도피했다. 그곳에서 그는 구금되었고, 고문을 받으며 철회를 강요당했다. 1526년 4월 그는 취리히를 떠날 수 있었다. 후브마이어는 아우크스부르크를 지나 모라비아(Mähren)에 있는 니콜스부르크(Nikolsburg)로 향했다. 다시 그의 영향 아래 시 전체가 세례파로 넘어갔다. 그러나 곧바로 세례파 선교사인 한스 후트(Hans Hut)의 묵시적 설교를 통하여 곤란한 일들이 발생했다. 1527년 6월 오스트리아의 페르디난트(Ferdinand von Österreich)는 후브

---

[222] Windhorst, Balthasar Hubmaier, 130. 참고. 그밖에 Windhorst, Täuferisches Taufverständnis, 1976.

마이어를 옥에 가두었다. 1528년 3월 10일 후브마이어는 빈(Wien)에서 반역과 이단의 죄목으로 화형을 당했다. 그의 아내는 도나우(Donau)강에 수장되었다.[223]

후브마이어의 가장 중요한 세례파 문서들은[224] 발트스후트에서 츠빙글리와 논쟁 가운데 생겨났다. 그 문서들은 그가 말씀과 믿음을 통해 발생하는 죄인의 칭의에서 출발한다는 것을 알게 한다. "내적으로 그리고 믿음으로"(inwendig und im Glauben)[225] 얻어진 새로운 생명을 표시하고 고백하는 것으로서의 외적 세례를 통해 참으로 중생한 사람들의 공동체에 공적으로 받아들여진다. 이것은 성찬에서 갱신된다. 후브마이어에게 성찬은 그리스도의 사랑에 대한 기억으로서 그리고 형제 사랑의 의무로서 여겨지기 때문이다. 성인 세례와 성찬은 개인적인 결합과 의무의 표지가 되었다. 유아세례는 더 이상 고려되지 않았다.

후브마이어에게 믿음의 세례 혹은 영의 세례는 사람의 중생과 동일시되는 결정적인 사건이었다. 그 후에 그리스도인의 행위로서 그의 고백으로서 물세례가 뒤따른다. 그가 니콜스부르크에 머물던 시절 후브마이어는 피의 세례 개념도 발전시켰다. 피의 세례는 고난의 계승과 회개 가운데 실행되고 영의 세례 혹은 중생과 같이 새롭게 하나님의 구원을 전달한다. 이 과정적인 세례 이해는 그에게 특징적인 요소였다. 그래서 그리스도를 위한 고난, 핍박, 죽음은 지고한 가치를 지니게 되었다. 그는 "진리는 죽지 않는다"(Die

---

223 황제 유스티니아누스(Kaiser Justinian)는 법령집(Codex Iustinianus)을 편찬했고, 그 네 부분 중 하나를 시민법(Corpus Iuris Civilis)으로 집어넣었다. 이 법령집이 작성된 이후 신학적으로 오직 한 번만 시행 가능한 세례라는 성례의 반복은 사형이라는 형벌로 정해졌다. 이 형벌은 구교 지역에서 철저하게 시행되었다, 반면 개신교의 영지와 도시들에서는 세례파를 체포하고 집중적인 심문 후에 주로 그들을 돌이키려는 노력을 했다. 완고하게 그들의 입장을 고집하는 자들은 추방되었다. 참고. Seebaß, Luthers Stellung zur Verfolgung der Täufer, 267-282.
224 참고. Hubmaier, Schriften, 1962.
225 Windhorst, Balthasar Hubmaier, 612.

Wahrheit ist untödlich)라는 삶의 좌우명을 통해 진리는 결국 이루어지고야 만다는 자신의 확신을 표현했다. 그는 이 좌우명을 자신의 거의 모든 저술의 서명으로 사용했다.[226]

후브마이어가 신학적으로 세례파에 지속적인 영향을 주기는 했지만 그의 영향력은 제한적이었다. 왜냐하면 그의 몇몇 견해들이 그를 세례파들 가운데 외톨이로 만들었기 때문이다. 대부분의 세례파들과 달리 그는 철저한 평화주의를 주장하지 않았다. 그는 기독교 정부가 경건한 자들을 보호하고 악한 이들을 위협하기 위해 물리적인 칼을 사용해야 한다고 인정했다.

한스 뎅크(Hans Denck, 약 1500-1527)[227]와 한스 후트(Hans Hut, 약 1490-1527)[228]를 통하여 영성주의적 강조점들이 세례파 안으로 들어왔다. 뎅크는 아우크스부르크에서 발타자르 후브마이어에게 세례를 받았고, 1526년 봄 한스 후트에게 직접 세례를 주었다. 뎅크는 토마스 뮌처의 지지자였고, 그의 영성주의적 열정주의(spiritualistischer Enthusiasmus)와 신비주의적 견해들을 함께 가지고 들어왔다. 그의 교리에서 결정적인 것은 하나님의 내재성이었다. 즉 하나님은 모든 피조물 안에 그리고 또한 사람 안에 구원과 갱신의 전제로서 내재하신다. 선재하는 신적 로고스(Logos)를 통하여 하나님의 말씀의 빛이 사람의 마음으로 들어온다. 이것을 통하여 사람들은 하나님의 뜻을 알게 되고, 선한 일을 행할 수 있게 된다. 이 견해는 한없이 깊은 사람의 죄성, 선행에 대한 무능, 하나님의 은혜에 대한 의존성과 같은 종교개혁의 교리와 날카롭게 대조되었다.

더욱이 선재하는 로고스에 대한 뎅크의 강조는 기독론에서도 그가 종

---

226 참고. Windhorst, Hubmaier, 129.
227 참고. Packull, Hans Denck, 51-59.
228 참고. Seebaß, Müntzers Erbe, 2002.

교개혁의 기본 원리에서 멀어지도록 했다. 왜냐하면 뎅크의 사고구조에서 결과적으로 이 땅의 예수님과 그의 구원행위의 가치는 낮게 평가되기 때문이었다. 그에게 예수님은 단지 본보기요 위대한 선생으로 보일 뿐이었다. 사람의 구속(Erlösung)과 구원(Heil)은 하나님께서 그리스도 안에서 성육신하신 것으로부터 이루어지는 것이 아니라 선재하는 로고스와의 내적 결합으로 이루어진다. 이 결합은 원칙적으로 절대 깨지지 않고 다만 묻혀있을 뿐이다. 뎅크에 따르면 모든 사람은 하나님의 형상과 계시를 자신 안에 가지고 있다. 다만 그리스도 안에서 하나님의 임재의 충만이 계시되었다. 이 교리는 성례의 이해에 영향을 주어서 원칙적으로 그 기능을 잃게 했다. 성찬은 뎅크에 의해 신자와 그리스도의 영적인 합일로서 해석되었다. 그리스도의 유아세례 제정을 뎅크는 부정했다. 그는 세례를 베풀기보다는 그리스도의 계승을 가르치기를 선호했다. 심지어 그는 하나님을 통한 위임 없이 다른 종류의 세례를 도입하는 것도 경고하였다. 1527년 뎅크는 페스트로 인해 사망했다.

　세례파의 지도자 한스 후트[229] 또한 뮌처의 영향을 받았다. 그러나 그는 뎅크와 다른 강조점들을 세례파에 가져왔다. 후트는 신비주의적-묵시적 세례파를 발전시켰다. 그는 요한계시록 7:2-3에 근거하여 세례를 인침의 표지(Versiegelungszeichen)로 이해하였다. 그러한 인침의 표지로 인해 다가올 미래의 하나님의 심판에서 보존될 모든 사람은 표를 받아야 한다. 심지어 그들은 그 심판을 함께 수행해야 한다. 다니엘 12:6과 에스겔 9:2-5을 따라 후트는 바로 자신이, 짧지만 얼마 남아 있는 시간 동안 가능한 한 144,000명의 선택받은 자 중에 많은 사람에게 십자가를 가지고 이마에 인을 치는

---

229 참고. Seebaß, Hans Hut, 44-50.

사명을 부여받은 사람이라고 생각했다. 이런 생각을 가지고 그는 프랑켄(Franken), 고지 오스트리아(Oberösterreich), 모라비아에서 설교를 했다. 결국 그는 아우크스부르크에서 투옥되었고, 여러 달에 걸친 재판과 고문 후에 사형 판결을 받게 되었다. 그러나 판결은 시행될 수 없었다. 왜냐하면 후트가 탈옥을 시도하다가 발생한 연기에 중독되어 사망했기 때문이다.

3) 정착과 분리

다양한 세례파 경향들의 분명한 연결점은 1527년 세례파가 샤프하우젠(Schaffhausen)의 슐라이트하임(Schleitheim)에서 작성한 소위 "슐라이트하임 조항"(Schleitheimer Artikel)[230]의 바탕에서 발견된다. 우선 세례파는 샤프하우젠 주변 지역과 장크트 갈렌(St. Gallen)과 아펜젤(Appenzell) 주변에서 본격적인 대중운동으로 발전할 수 있었다. 세례파는 이상(ideal)에 있어 다른 대중운동, 즉 봉기하는 농민들의 대중운동과 가까웠다.[231] 당시 사람들에게 세례파의 관심과 농민들의 관심은 때로 거의 구분되지 않았다. 이와 더불어 세례파의 사람들이 농민들의 봉기에 참여하기도 했다.

그러나 농민전쟁의 봉기가 유혈 사태로 패배하게 된 후에 세례파는 점점 더 소수 현상으로 발전하게 되었다. 1525년경부터 분리의 길로 들어서는 것이 분명해 보였다. 여기에서 결정적인 요소는 슐라이트하임 조항에도 받아들여진, 신학적 근거로 세워진 다양한 결정들이었다. 맹세의 금지가 여기에 해당되었다. 이 요구가 초기부터 세례파 진영에 널리 퍼진 것은 아니었다. 그러나 이제 맹세는 거부되었다. 그 근거는 세례파의 특징적 요소인 성경에 대한 충실성(Bibeltreue)과 문자적 성경 해석이었다. 이 경우는 제2계명

---

230 현대화된 판은 다음. Fast (Hg.), Der linke Flügel, 60-71.
231 참고. 본서의 316-324.

과 관계가 되었다. 이미 그레벨, 만츠, 블라우로크는 설령 세례 운동이 정치적으로 외부와 단절되어 버린다고 하더라도 맹세를 거부할 것을 장려했다. 왜냐하면 맹세는 근세 초기에 전체 정치적 사회적 구조들이 정상적으로 기능하도록 하는 필수적인 법형식이었기 때문이다.

또한 칼의 사용에 대한 세례파의 입장도 변화했다. 처음에는 후브마이어의 예가 보여주듯 여전히 상황에 따른 폭력의 합법적 사용에 열린 입장이 있었다. 이제는 산상설교(마5장)의 가르침을 통해 지지를 받는 철저한 평화주의의 요구가 점점 더 강하게 강조되었다. 또 다른 특징은 그리스도인이 정부의 관료가 되어서는 안 된다는 견해였다. 정부의 임무는 세례파들이 추구하는 복음에 합당한 삶과 일치될 수 없었다. 모든 정부는 자신의 직무를 수행하는 데 있어 항상 권력과 폭력을 행사해야 했기 때문이었다. 발트스후트와 장크트 갈렌에서도 세례파들은 처음에는 의회에서 자리를 차지하고 있었다. 그들은 이것 또한 그들의 믿음과 일치하는 것이라고 여겼다. 그러나 상황은 바뀌었다. 세례파들은 전체적으로 반대로 가게 되었다.

분리로 가는 길을 지지하게 한 또 다른 요소는 이자와 비기독교적이라 여겨지는 정부에 내는 십일조를 거부한 것이다. 1525년 여름 세례파에 동조한 많은 농민들이 있었다. 그들은 특별히 십일조의 거부를 중요한 관심사로 여겼고 그 안에서 세례파 운동의 매력을 보았다. 물론 권위 있는 세례파 지도자들은 이런 불만 있는 농민들로부터 거리를 두려고 시도했다. 농민들이 원하는 것은 세례파의 이상이 아니라 사회적 요구들에 관계된 것이었기 때문이었다.

세례파에 속하는 다른 특징들도 있다. 그들은 자신들의 공동체에 믿음과 연대 의식의 외적 표지를 통해 재인식의 가능성을 부여하려고 시도했다. 그들은 값비싼 의복을 피하고, 곱고 비싼 천보다 거친 천을 선호했다. 그리고 넓은 펠트 모자를 썼다. 그들은 비싼 음식과 음료를 피했고 심지어 공식적인 자리에서도 자신들의 겸손을 표현했다. 그들은 칼도 검도 차지 않았고 특별한 경우에는 부러진 빵 칼을 찼다. 세례파가 세속으로부터 분리해 나간 것은 특별히 여기에서 드러난다. 그들은 세속 사람들과 모든 사회적 관계를 피하기 시작하였다. 그 관계는 밖에 있는 사람들과 더 이상 인사를 나누지 않거나, 공동의 숙소나 공동의 식사를 요청하지 않게 되는 것까지 확장될 수 있었다. 자기 공동체의 윤리적 순결을 위하여 철저한 교회 처리가 시행되었다. 세례파들은 파문도 시행했다. 이를 통해 집단은 견고하게 되었지만, 악하다는 이유로 거부했던 환경과의 거리는 커져만 갔다. 이는 종교개혁의 예배에 대한 세례파의 입장에서도 드러난다. 세례파는 1526/27년 이래 종교개혁으로부터 점점 더 멀어졌는데, 이는 종교개혁을 통하여 사실상 어떤 것도 변하지 않는다는 체념의 결과였다. 종교개혁의 성찬도 기피되었다. 명백한 죄인들이 주의 식탁에 참여한다는 점에서 성찬은 세례파가 보기에 타락한 것이었다.

이 모든 특징들을 온전하게 키워낸 첫 번째 세례파 공동체는 미카엘 자틀러(Michael Sattler, 약 1490-1527)가 활동했던 취리히의 운터란트(Unterland)에서 생겨났다. 그는 슐라이트하임 조항을 바탕으로 공동체의 기본 원칙들을 작성했고, 그렇게 그 원리들은 점차 실질적으로 형성되었다. 그래서 이 원리들은 스위스 형제들(Schweizer Brüder, 스위스 세례파)의 교리와 삶의 요약으로 여겨질 수 있었다. 이 원리들은 세례파의 신학적 정체성을 세우고 세례파가 종교개혁의 주된 흐름과 다른 집단으로부터 구분되는 증거였다. 슐라이트하임 조항들은 세례파에게 신앙고백 같은 지위를 가지게 되었다. 여기에는 무엇이 세례파 운동의 전반적인 특징인지가 기록되었다. 거기에 더하여 분리와 구분의 사고에 대한 견해도 포함되었다.

4) 뮌스터의 세례파 왕국

1520년대의 핍박은 세례파를 어떤 곳에서도 완전히 없앨 수 없었다. 1530/31년부터 세례파는 예상치 못한 새로운 비약을 경험했다. 멜히오르 호프만(Melchior Hoffman, 약 1495- 약 1543) 아래 세례파의 새로운 방향이 형성되었다.[232] 호프만은 슈바벤(Schwaben) 출신의 가죽가공업자였다. 처음에 그는 발트해(Baltikum)까지 이르는 여러 지역에서 비텐베르크 종교개혁적 관점을 바탕으로 설교했고 그 지역들에서 성상 파괴 운동을 촉발했다. 그는 종교개혁이 윤리적 개선을 도출해내지 못했다는 점에서 책임이 있다고 여겼다. 이런 판단은 그를 다른 견해를 가진 집단으로 이끌었다.

또한 칼슈타트의 성찬 교리도 호프만에게 영향을 주었다. 그리고 스트라스부르에 거주하던 카스파르 슈벵크펠트 폰 오시히(Caspar Schwenckfeld von Ossig, 1490-1561)[233]와 그곳의 세례파들과도 접촉했다. 점차 고지 독일의 세례파와의 관계는 긴밀해지고, 반대로 루터와 비텐베르크 사람들에게는 점점 더 비판적인 입장을 취하게 되었다. 또한 그는 반삼위일체적 사상을 발전시켰다. 스트라스부르에서 추방된 이후 호프만은 1530년 오스트프리슬란트(Ostfriesland)에서 세례를 받았다. 이후에 엠덴(Emden)으로 이주했고, 그곳에서 300명에게 세례를 베풀 수 있었다. 고지 독일의 세례파와 유사하게, 그는 그리스도의 영과 육(Geist und Fleisch)에 대해 사색했다. 그는 폭력의 행사를 비난했고, 그리스도를 계승하는 삶의 고난을 상기시켰다. 이 모든 것을 그는 묵시적인 특징을 가진 세계관과 연결 지었다. 그리고 자신을 성경의 선지자적 영을 섬기는 자로, 그리고 현재를 향해 주시는 그 영의 계시의 전달자로 이해했다. 이 견해들은 계시들과 쌍을 이루어 그의 지지자들

---

232 참고. Deppermann, Melchior Hoffman, 155-166. Deppermann, Melchior Hoffman, 1979.
233 참고. 본서의 210-215.

인, 멜히오르파 가운데 계속하여 넓게 전파되었다. 그들은 호프만의 이상을 네덜란드로 그리고 잉글랜드로 가지고 갔다. 1534/35년에 멜히오르파는 뮌스터에서 확고한 기반을 잡게 되었다. 그리고 권력을 손에 넣었다. 당시에 이 도시는 본격적으로 비정통적(heterodox) 신앙 노선의 지지자들을 위한 피난처가 되었다.

그러는 동안 네덜란드에서 새로운 형태의 세례파 운동(Vekündigung)이 발전했다. 호프만의 노선을 따라 고난에 대비하며 임박한 종말을 고대하는 대신 폭력에 관한 예언이 등장했다. 이와 같은 견해를 주장한 사람은 하를렘(Haarlem)의 제빵사 얀 마튀스(Jan Matthys, 약 1500-1534)였다. 호프만이 종말에 하나님 나라의 수립과 불경건한 자들의 파멸이 하나님의 전적인 개입을 통해 발생할 것으로 기대한 반면, 얀 마튀스는 신자들이 스스로 불경건한 자들을 대적하여 무기를 잡는 적극적인 행위를 통해 하나님 나라를 이루어야 한다고 주장했다. 마튀스는 자신을 선지자와 새로운 에녹으로 여겼고, 이러한 자기 인식 가운데 자신의 사도를 모든 방면으로 파송했고 세례를 베풀도록 했다.

몇 번의 추방 후에 그들은 뮌스터로 왔다. 그곳에서는 멜히오르파가 이미 강력한 입지를 확보하고 있었고, 그들의 사상은 열매를 맺을 수 있는 땅에 떨어졌다. 1534년 1월 레이덴의 얀 보켈손(Jan Bockelson aus Leiden, 1509-1536)은 같은 생각을 공유한 사람들과 함께 뮌스터에 도착했고, 그 후에 얀 마튀스 본인도 왔다. 뮌스터는 새 예루살렘으로 칭송받았다. 2월 23일 도시의 권력이 마튀스와 그의 동지들을 지지하는 뮌스터 지지자들의 손에 넘어갔다. 세례파에 동의하지 않는 주민들은 도시를 떠났고, 새로운 세례파 집단들이 네덜란드에서, 니더라인(Niederrhein)과 뮌스터란트(Münsterland)에서 이주해 왔다. 그 후에 주교는 이 도시를 포위하기 시작했다. 상황은 고조되었다. 지금까지 선지자로서 숭배받았던 사람들이 이제 통치권을 행사했다. 모든 비축품과 전체 사유재산은 몰수되었다. 마튀스는 그 관리를 넘겨 받았고 사실상 도시의 주인이 되었다.

1534년 4월 4일 마튀스는 사망했다. 선지자 직은 얀 판 레이덴(Jan van Leiden)에게 넘어갔다. 그는 마튀스를 통해 세례파를 위해 세워진 사람이었다.[234] 그는 자신이 하나님으로부터 받았다고 믿은 명령을 따라 이스라엘 사사 시대의 모범을 따른 하나의 법을 도입했다. 그는 백성 앞에 선지자로서 서고, 그 옆에 열두 지파의 열두 사사가 섰다. 그들은 삶과 죽음을 결정했다. 하나님의 법을 어긴 경우에, 하나님께서 직접 은혜를 선포하시지 않는 한, 매번 사형의 형벌이 내려졌다. 하나님의 백성을 증대시키기 위해 일부다처제가 도입되었다. 그러는 동안 포위는 계속되었다.

1534년 9월 초 포위군들의 기습을 격퇴한 후 얀 판 레이덴은 이른바 선지자적 투표를 통하여 세상의 모든 제후보다 높은 전 세계의 메시아적 왕으로 임명되었다. 그는 신적 통치 권력을 소유한 자로서 화려한 옷을 입고 무시무시한 공포정치를 시행했다. 10월 초 20명의 사도가 복음을 설교하고, 그들의 왕의 통치를 확장시키기 위해 도시 밖으로 나갔다. 그들은 거의 모두 사형당했다. 그리고 뮌스터 주교구에 속한 도시들에서 세례파는 유혈 진압되었다. 1535년 7월 25일 뮌스터도 함락되었다. 세례파의 무서운 살육 후에 그 도시는 다시 로마의 신앙으로 돌아갔다. 주교의 개신교 동맹들이 종교개혁의 믿음을 존속시키려 했던 모든 시도는 허사가 되었다.

뮌스터의 세례파 경험은 전체 세례파 운동에 심각한 타격을 주었다. 이후 세례파는 선동적인 특성이 증명된 것으로 여겨졌다. 얀 판 레이덴은 사

---

234 원래 그는 대장장이 교육을 받았고, 이후에 상인으로 자신의 생계를 유지했으며, 리사본(Lissabon), 런던(London) 그리고 뤼베크(Lübeck)까지 여행을 했었다. 이어서 그는 자신의 고향인 레이덴에서 주점 주인, 가수 그리고 연극배우로 살았다. 참고. Seebaß, Täuferreich von Münster, 267, 여기에 또한 얀 판 레이덴의 동판의 복사본이 있다.

로잡혔고, 나라 이곳저곳으로 끌려다니며 경고를 위한 본보기가 되었다. 1536년 1월 결국 그는 두 명의 세례파 지도자들과 함께 사형당했다.[235]

5) 메노파와 후터파

이런 발전에도 불구하고 세례파는 네덜란드와 북부 독일에서 다시 한 번 그들이 원래 가졌던 바램의 의미에서 부활할 수 있었다. 이것은 프리슬란트의 사제인 메노 시몬스(Menno Simons, 1496-1561)와 그의 지지자들의 공로다. 그는 루터의 저작들을 읽었고, 1536년 세례파로 넘어갔다. 유아세례에 대한 그의 의심뿐 아니라 세례파의 도덕적 엄격함도 그에게 매력적인 영향을 주었다. 시몬스는 흐로닝엔(Groningen), 엠덴(Emden), 홀슈타이니쉔(Holsteinischen), 그리고 프로이센(Preußen)에서 활동했다. 그가 남긴 저술들은 교의적-교훈적 성격보다는 오히려 교화적 혹은 논쟁적 성격을 지니고 있었다. 그는 결정적으로 혁명적인 뮌스터의 세례파를 반대하며 돌아섰고, 뒤로 물러나 살아가는 그리스도의 고난의 계승을 실현하는 세례파 노선의 영향력 있는 대표자가 되었다. 시몬스가 1561년 죽었을 때 그는 세례파를 남겼다. 그 세례파는 암스테르담(Amsterdam)에서 단치히(Danzig)까지, 그리고 뤼베크(Lübeck)에서 쾰른(Köln)까지 지지자들을 가지고 있었다. 사실 그들은 그곳들에서 흩어져 살았다. 그러나 다른 점들에도 불구하고, 그들은 연결되었다고 느꼈다. 오늘날까지 그의 지지자들은 "메노파"(Mennoniten)라고 불린다.[236]

구교의 합스부르크가 영지들에서도 세례파는 힘겨운 싸움을 견뎌야 했

---

235 가장 최근의 원자료 모임은 다음에서. Vogler, Täuferherrschaft in Münster, 2014.
236 메노파의 사전과 메노파의 역사에서 그들은 자신만의 출판 조직을 운영하고 있다.

다. 1529년 세례파에 대한 핍박이 티롤(Tirol)에서 시작되었다. 피난 장소는 모라비아였다. 그곳에는 티롤에서 온 세례파 집단들뿐 아니라, 팔츠(Pfalz), 슈바벤(Schwaben), 슐레지엔(Schlesien)에서도 피난민들이 도착했다. 그들 가운데 쥐드티롤(Südtirol) 출신의 야콥 후터(Jakob Huter, 약 1500-1536)도 있었다. 그는 다양한 세례파 공동체들을 하나의 연맹으로 묶었다. 그 연맹으로부터 모라비아 세례파는 장차 "후터파"(Hutterer)로 발전하기 시작했다. 후터파는 모라비아에서 소위 형제회들(Bruderhöfe)이라고 불리는 공동 거주지들을 형성했다. 그들의 표지는 성경에 기초한 엄격한 재화 공동체를 예루살렘의 원시 공동체의 모범을 따라 실현하는 것이었다. 전체 생활은 이 기초에 근거하여 조직되었고, 이를 통해 동시에 이교적인 세상으로부터 철저히 구분됨을 실현했다. 새롭게 세례를 받은 모든 구성원은 자신의 소유를 공동체를 위하여 넘겨주었다.

후터파의 생활은 수백 명에 달하는 구성원들의 큰 살림으로 전개되었다. 공동생활은 식탁에서 먹는 것, 노동, 아이들의 교육, 가난한 자들과 병든 자들을 돌보는 것을 비롯한 모든 생활 영역과 관계되었다. 후터파는 모든 종류의 농업, 축산, 말 사육 그리고 거의 모든 상업행위를 했다. 단지 사치를 위한 것이나 죄를 조장할 수 있는 상업행위, 낯선 물건에 집중하는 상거래는 제외했다. 그러한 대규모 영농사업을 형성하여 그 가운데 구매, 가공, 판매를 훌륭하게 조직했다. 견실함, 질서, 순결성을 유지하여 후터파는 적지 않은 성공을 얻었다. 몇몇 형제들은 소작농과 창고지기와 방앗간지기와 의사로서 아니면 귀족에게 고용된 욕실 관리자로서 일하기도 했다. 부지런함, 정직함, 숙련된 경험은 그들을 절대적으로 필요하게 만들었다. 그러나 문명의 발전은 그들을 외곽으로 밀어냈고, 그들과 그들의 삶의 방식을 몰이해로 대비시켰다. 오늘날 후터파의 거주지는 단지 캐나다와 미국의 북쪽에서만 찾아볼 수 있다. 이미 16세기에 그들은 직제 및 신앙고백과 함께 교회와 비

숫한 구조들을 만들었고, 그것으로 자신들의 신앙고백적 정체성을 고착시켰다.[237]

16세기 중반 즈음 세례파 내에 세분화된 3개의 주요 집단들이 확인될 수 있었다.[238] 하지만 그들의 신학적 다양성은 그것을 통해 제한받지 않았다. 고지 독일 지역에서 헤센 아래까지 소위 스위스 형제들(Schweizer Brüder)이 있었다. 그들의 교리적 기초는 슐라이트하임 조항이었다. 특히 독일 북부와 네덜란드에 메노파(die Mennoniten)가 거주하였다. 고지 독일, 오스트리아 그리고 유럽의 동쪽 중부지역에서는 저술과 노래를 통해 세례파들의 삶과 믿음을 위한 특징적 증거를 보여주는 후터파(die Hutterer)가 활동했다.[239]

2. 영성주의의 형성

세례파는 비록 다양한 발전에도 불구하고 초기 세례파 운동의 공통적 기원에서 나왔다. 이렇게 세례파의 역사가 상대적으로 닫힌 채 개략될 수 있는 반면, 영성주의적 다른 견해는 큰 이질성으로 표현될 수 있다. 통일성 있는 발전이나 확산도 없고, 통일성 있는 신학도 표현될 수 없었다. 하지만 영성주의자들은 서로 영향을 주었다. 다만 그들은 공동체나 관련된 운동을 형성하지 않았다. 특히 그들 스스로 닫힌 집단으로 보지도 않았다. 영성주

---

237 Chudaska, Peter Riedemann, 2003; von Schlachta, Täufergemeinschaften, in: Europäische Geschichte Online (EGO), URL: www.ieg-ego.eu/schlachtaa-2011-de URN: urn:nbn:de:0159-20110201120 [2016-01-05].
238 참고. Fast (Hg.), Der linke Flügel, XVIIIf.
239 참고. Seebaß (Hg.), Katalog der hutterischen Handschriften, 2011.

의자들은 개별적인 개인들로 남아 있었다. 그러나 그들은 그들의 시대에 그리고 수백 년을 넘어 그들의 많은 저술을 통해 수많은 독자를 가지고 있었다. 그들의 신학 사상이 상이함에도 계속하여 마주치는 개별적인 기본 구조들은 언급될 수 있다.

영성주의자들은 모든 외적인 것들이 무의미함을 확신했다. 외적인 것에 반하여 내적인 것에 더 높은 가치를 두고 대조시켰다. 사람 전체 삶의 세계를 "외적인 것"과 "내적인 것", 즉 육과 영의 이원론에 묶인 것으로 보았다. 이 이원론적 사고방식은 사실 부분적으로 신약에 근거한다고 할 수 있었다. 그러나 본질적으로 어거스틴의 유산을 통해 기독교에 전달되었던 신플라톤주의적 전제에 기초한 것이다. 중세 후기 신비주의 사고도 그와 함께 녹아 있었다. 그래서 영성주의자들은 영이 문자에 반대되고, 보이는 교회가 보이지 않는 교회에 반대된다는 확신을 피력했다. 그들의 인식을 따라 성례를 통한 구원의 외면화에 반대하여 믿음, 내적인 빛 혹은 그리스도의 임재를 대조시켰고, 역사적 예수에 반대하여 하늘의 그리스도를 대조시켰고, 신학과 교리를 통한 믿음의 고정과 외면화에 반대하여 참된 마음의 경건을 대조시켰다. 영과 영적인 것은 모든 외적인 것들과 보이는 것들의 부정과 같이 활동하였다.

이런 이원론적 관점을 가지고 신학적인 문제를 제기하기 시작했다. 예를 들면, 문자와 영의 대조에서 풍유적 성경 해석의 정당성을 추론했고, 성경을 이차적인 것으로 떼어 놓고, 성경 외에 자기 자신의 계시적 권리를 이끌어 냈다. 모든 외적인 것은 가치가 없다고 여기는 비슷한 해석들도 영성주의자들의 기독론, 교회론, 성찬론에 침투했다. 더하여 신학의 모든 문제에 이원론적 관점의 사용을 적용하는 것은 매우 상이한 교리들을 야기할 수 있었다. 다만 모든 영성주의 운동들에 중요한 것은 외적 공동체의 형성이 모든 외적인 것을 경시하는 이유로 이미 거절되었다는 점이다. 이와 반대로 종교개혁자들의 사상에서 그리고 영성주의에 동의하지 않는 세례파에서, 성령의 활동은 결코 내적이며 보이지 않는 것의 영역에만 제한되지 않았고, 설교와 성례에서도, 그리스도의 가시적 계승에서도, 이생에서의 교회 생활에서도 언급될 수 있었다. 반대로 영성주의자들에게 구원 역사의 역사적 요소와 그것과 연관된 외적 요소들은 중요성을 상실했다. 그들에게 믿음은 말하여진 말씀을 듣는 것에서, 성경에 대하여 혹은 성례의 시행에 대해 듣는 것에서 발생하지 않고, 오직 내적 조명에 달려 있었다.[240]

1) 토마스 뮌처: 전투적 고난의 계승자

토마스 뮌처를 통한 신비주의적이고 영성주의적인 사고관의 수용과 확장은 그를 영성주의적으로 다른 관점에서 조명하도록 한다. 그가 주장한 입장들에는 교부와 고대 철학자들에 대해 집중적으로 연구한 흔적이 보인다. 그는 이것을 묵시적 현재 해석(Gegenwartsdeutung)과 자기 인식(Selbstwahrnehmung)에 결합시켰다. 이는 특히 농민전쟁에서 그의 행동에 심각한 영향을 주었다. 뮌처가 결정적인 종교개혁의 자극들을 루터로부터 받았지만, 그는 그렇게 독자적인 사상가로 발전했고, 급격하게 비텐베르크 종교개혁자와 종교개혁이 발전시킨 길에 대한 날카로운 비판가가 되었다.

뮌처의 삶에 대한 확실한 자료는 매우 적다.[241] 약 1489/90년 그는 하르츠의 슈톨베르크(Stolberg am Harz)에서 태어났다. 1525년 5월 27일 그는 농민전쟁과 관계되어 처형당했다. 사실 만족스러운 정보는 단지 그의 생애 마지막 5년에 대한 것밖에 존재하지 않는다. 그것들은 츠비카우, 프라

---

240 참고. Fast (Hg.), Der linke Flügel, XXII-XVII.
241 참고. Wolgast, Thomas Müntzer, 174-182; Goertz, Thomas Müntzer, 2015; Dingel, Thomas Müntzer, 389-405; Scott, Thomas Müntzer, 1989; Elliger, Thomas Müntzer, 1975.

하(Prag), 알슈테트(Allstedt), 뮐하우젠(Mühlhausen)의 거주, 그리고 뮌처의 농민전쟁 개입에 대한 내용들이다. 그 이전에 대한 정보들은 충분하지 않다. 알려진 것을 예로 들면, 그는 할베르슈타트(Halberstadt)에서 1514년 사제 서품을 받은 후 브라운슈바이크(Braunschweig)에서 성직록을 받았고, 1521년까지 지급되었다. 여기에서 그는 인문주의자 무리와 교제가 있었고, 초기 종교개혁의 흐름과 접촉이 있었다. 1517년 8월 그는 비텐베르크로 가서 1519년 1월까지 머물렀다. 그는 로이코레아에서 강의를 들었고, 루터와 만나기도 했다. 그리고 라이프치히와 오를라뮌데를 여행하고, 위터보크(Jüterbog)에서 짧은 설교 활동을 했다. 여기에서 뮌처를 루터의 파당이라 생각한 프란체스코 수도승들과 충돌이 있었다.

그러나 1519/20년 몇 개월이 지나지 않아 뮌처가 루터와 다르다는 것은 분명하게 드러났다. 이것은 그가 에우세비오스(Eusebius)의 교회사를 연구하고, 교부와 고대 저자들을 읽는 것과 관계된 것이었다. 나중에 "프라하 선언"(Prager Manifest) 혹은 "프라하 저항"(Prager Protestation, 1521년 11월)에서 분명하게 진술했던 견해, 즉 사도들의 사망으로 기독교에 지속적인 타락이 들어왔다는 확신은 이미 당시에 형성되었다. 뮌처가 보기에 루터의 지도 하에 비텐베르크에서 시작한 종교개혁도 이 타락을 막지 못했고, 오히려 반대로 그 타락을 정착시켰다. 1520년 이후 뮌처는 츠비카우에서 활동했다. 처음에는 마리아교회(Marienkirche)에서, 그리고 이후에는 카타리나교회(Katharinenkirche)에서 활동했다. 그의 설교단 논쟁은 츠비카우에서 그를 반대하는 프란체스코 수도승들을 자극했고, 그뿐 아니라 그곳의 동료였던 요한네스 에그라누스(Johannes Egranus, 약 1480-1535)와 다툼도 있었다. 이 일로 인하여 시민사회의 분열들이 두드러지게 나타났다. 의회는 지금까지 뮌처를 지지했었지만, 이제 그와 거리를 두었다.

1521년 4월 뮌처는 추방되었다. 그는 츠비카우에서 특별히 니콜라우스 슈토르흐(Nikolaus Storch)를 만났는데, 그는 비텐베르크 운동에서 등장했던 츠비카우 선지자 중 한 명이었다.[242] 그는 "살아있는 하나님의 계시"(lebendigen Offenbarung Gottes)에 대한 교리를 아마 뮌처로부터 받았을 것이다. 이 교리를 가지고 슈토르흐와 뮌처는 신적 계시가 항상 성경에서 입증되어야 하지만, 성경과 독립적으로 발생할 수 있다는 가능성을 인정했다. 뮌처는 츠비카우 시절, 자기 자신을 그러한 영적 계시를 소유한 진리의 대변자라고 보기 시작했다. 그는 당시 이미 선택된 사람 중에서 뛰어난 구성원으로 받아들여졌다. 이런 자기 이해는 시간이 지나면서 점점 더 분명한 형태를 보이고, 자신의 전체 행동을 규정했다. 츠비카우에서 시간을 보낸 이후, 뮌처는 보헤미아(Böhmen)로 방향을 돌렸다. 여기에서 그의 신학이 가진 신비적 영성주의적 그리고 묵시적 요소들은 아마도 후스-타보르 사상의 영향 아래 강화되었을 것이다.[243] 이 방향에서 가장 중요하고 우선되는 증거는 이미 언급된 1521년의 프라하 저항이다. 이 문서는 다양한 필사본으로 퍼지고 있었다. 이 신앙고백적 편지에서 뮌처는 종말의 호소자로서 보헤미아를 대상으로, 자신에게 맡겨진 과제, 곧 선택받은 사람들을 불경건한 사람들로부터 구별하는 일에 관해 기술했다.

이제 거짓말하는 사람들의 거짓이 드러날 시기가 되었다. 그들은 백성들을 성경의 죽은 말씀으로 위로한다. 그들은 그 말씀이 믿음과 세례를 가리키고, 유일하게 구원하는 "믿음의 경험"(Erfahrung des Glaubens)을 가져온다고 속이고 있다.[244] 뮌처는 이렇게 외쳤다. "오 이런, 썩은 사과들이 얼마나 익었는가! 오 이런, 선택받은 사람들이 얼마나 썩어 버렸는가! 추수의 때

---

242 참고. 본서의 153-161.
243 참고. 본서의 62-64. 참고. Schwarz, Apokalyptische Theologie Müntzers, 1977.
244 Franz (Hg.), Müntzer, Schriften und Briefe, 502.

가 왔다! 이 때문에 하나님께서 직접 나를 수확하라고 보내셨다. 나는 나의 낫을 날카롭게 갈았다. 나의 생각은 진리를 향해 열정적이고, 나의 입술, 피부, 손, 머리카락, 영혼, 육신, 생명은 불신자들을 저주하기 때문이다. 내가 마땅히 행해야 하는 것을 위해, 나는 너희 땅에 왔다, 나의 매우 사랑하는 보헤미아 사람들이여."[245]

뮌처에 의하면 사람들에게 설교되어야 하는 것은 믿음의 "경험"이다. 그리스도는 자신의 복음을 직접 사람들 가운데 말씀하셨고, 복음을 그렇게 "경험"되도록 하셨다. 뮌처의 신학에서 믿음의 생성과 경험을 위한 전제가 되는 고난의 계승은 이렇게 시작된다. 왜냐하면 뮌처에 따르면 고난의 깊이 안에서 하나님의 자기 계시가 발생하여 "겨자씨 믿음"이 싹트기 때문이다. 이것은 사람을 피조물과 관련된 두려움에서 해방시키는 "하나님의 경외"로 이끈다.[246] 이 방식으로 원래의 창조 질서 또한 다시 세워진다. 고난의 계승을 중점에 두는 이런 선포는 사도들이 죽은 이후 교회 어디에서도 더 이상 생기지 않았던 것이었다. 이로 인해 선택받은 사람들과 불경건한 사람들은 더 이상 서로 구분될 수 없게 되었다. 그래서 뮌처는 하나님이 마침내 쭉정이와 알곡을 나누어 구분하시고, 교회를 타락시키는 자를 드러내실 때가 왔다고 보았다. 그는 스스로 묵시적 선지자요, 요한계시록 14:17에서 불경건한 사람들을 없애는 데 직접 손을 쓰는 저 마지막 시대의 천사로 여겼다. 비텐베르크 사람들에 대하여 그는 한 서신에서 "약한 자들의 배려"(Schonung der Schwachen)[247]와 루터의 양보가 시대의 엄숙함에 비하여 백성들과 세속 정부에 적절하지 않은 것이라고 분명하게 썼다. 뮌처의 눈에

---

245 Franz (Hg.), Müntzer, Schriften und Briefe, 504.
246 참고. Franz (Hg.), Müntzer, Schriften und Briefe, 241-263, 특별히 246-255.
247 참고. 본서의 160.

는 선택받은 사람들과 불경건한 사람들 사이에 다가오는 마지막 시대의 대립에는 과도기적 형태나 타협이 허용될 수 없었다.[248]

1523년 초 뮌처는 알슈테트(Allstedt)의 설교자로 부임했다. 여기에서 그는 묵시적 자기 이해로부터 출발한 개혁 프로그램을 실현할 기회를 얻게 되었다. 이미 1523년 부활절에 그는 독일어로 미사를 시행했다. 백성들은 사방팔방에서 그에게 몰려들었다. 뮌처는 알슈테트에서 마지막 시대의 선택받은 공동체를 양성했다. 이를 위해 그가 세운 동맹도 큰 도움이 되었다. 제1차, 제2차 알슈테트 동맹을 통해 이웃한 구교 정부들의 공격에 대비하여 복음의 보호를 위한 방어동맹이 이루어졌다. 구교 정부들은 그들의 하층민들이 뮌처의 예배로 "흘러가는 것"을 막고자 했다. 뮌처의 지지자들로 인해 말러바흐 예배당(Mallerbacher Kapelle)에서 약탈과 방화와 같은 소요가 발생했고 상황은 더 심각하게 되었다. 작센의 선제후와도 충돌을 빚게 되었다. 그래서 뮌처는 자신의 저술 "만들어진 믿음에 대하여"(Vom gedichteten Glauben)와 "저항 혹은 순응"(Protestation oder Erbietung)에서 자신의 교리를 서술하는 것이 필요하다고 보았다.[249]

작센의 공작 요한(Herzog Johann von Sachsen)이 1524년 7월 24일 알슈테트의 성에 머물렀을 때, 뮌처는 그의 사상을 제후 앞에서 공적 설교로 제시할 기회를 가졌다. 제후 앞에서 행하는 설교는 아마도 그의 저작인 "다니엘의 다른 차이점의 해설"(Auslegung des andern Unterschieds Daniels) 가운데 있을 것이다.[250] 뮌처는 그리스도인 제후들 앞에서 자신을 새로운 다니엘로 드러냈고, 그들에게 기독교의 부패를 설명하고, 그들이 마지막 시대를 위

---

248 뮌처의 신학에 대하여 전반적으로 참고. Bräuer/Junghans, Der Theologe Thomas Müntzer, 1989.
249 참고. Franz (Hg.), Müntzer, Schriften und Briefe, 217-224. 225-240.
250 단 2장. 참고. Franz (Hg.), Müntzer, Schriften und Briefe, 241-263.

한 의무를 뒤따를 것을 경고하였다. 그들은 오래지 않아 위선적 사제들에 의해 오류로 이끌어질 것이었다. 뮌처의 시각에 따르면 루터도 위선적 사제들에 포함되어 있었다. 이 비텐베르크 사람(루터)은 그의 큰 대적자가 되었다. 왜냐하면 루터가 뮌처의 교리를 성경의 증거와 맞지 않다고 거부했기 때문이다. 뮌처는 이에 반대하여 제후들이 지체없이 "복음의 문제"(Sache des Evangeliums)를 위해 노력하도록 힘을 썼다. (뮌처가 보기에) 루터는 사람들이 세상에서 함께 살아가는 데 있어 그들의 책임성이 우선적으로 중요하다는 자신의 견해를 가지고, 그들을 본격적으로 빛의 이면으로 이끌고 있었다. 그래서 뮌처는 그들에게 이제 마지막 시대의 하나님의 종으로서 그들의 참된 과제에 대하여 호소했다. "당신들이 바른 지도자라면, 당신들은 그리스도께서 명령하셨던 것처럼 근본에서 통치를 시작해야 합니다. 선택받은 사람들의 대적을 내쫓으십시오. 당신들은 이를 위한 중보자이기 때문입니다. 사랑하는 사람들이여, 우리에게 공허한 낯짝을 보이지 마십시오. 하나님의 능력은 당신들의 칼의 도움 없이 행하실 수 있습니다. 그렇지 않으면 당신들의 칼은 칼집에서 녹슬 것입니다. 하나님께 그것을 드리십시오!"[251] 제후들이 경건한 사람들로부터 불경건한 사람들을 칼을 가지고 구분하는 임무를 따르지 않는다면, 그들은 자신에게 칼이 맡겨진 것에 대해 반드시 생각해야 했다.

뮌처는 자신이 선동한 종말적 과제를 제후들이 거부했다는 것을 즉각 알았다. 그 후에 그는 평민들에게 향했다. 루터는 칼슈타트와 츠비카우 선지자들과 뮌처를 부적절하게도 동일시했다. 루터는 이들에게서 초기 종교개혁에 대한 위협, 그리고 폭동과 폭력을 향한 위험한 계기를 보았다. 루

---

251 Franz (Hg.), Müntzer, Schriften und Briefe, 259.

터는 "선동하는 영에 대하여 작센의 제후들에게 보내는 편지"(Brief an die Fürsten zu Sachsen von dem aufrührerischen Geist)[252]에서 이것을 노골적으로 표현했다. 특히 그가 뮌처에게 책임을 물은 것은 그가 묵시적 파송을 받았다고 인식하고, 의로운 사람과 불의한 사람들의 종말론적 구분을 하나님께 맡기려 하지 않고 오히려 자신의 힘으로 폭력적인 종말론적 구별의 시행을 밀어붙였다는 사실이었다. 뮌처는 "나타난 드러남"(Ausgedrückten Entblößung)과 "긴급히 야기된 보호의 주장"(Hochverursachten Schutzrede)[253]으로 자신의 정당성을 설명했다. 여기에서 그는 급격하게 루터와의 분리되는 방식으로 다시 한번 믿음의 개념을 서술했다. 그에게 믿음은 아주 깊은 시험 가운데 믿음의 도착을 "견디는 것"(Erleiden)이었다. 이것은 설교나 성례와 독립된 것이다. 그는 개혁자들이 평범한 무리를 이중의 방식으로 속이는 "새로운 성경학자들"이라고 평가하였다. 이 학자들은 무리에게 믿음을 깨울 수 없는 성경의 말씀을 제시하고, 동시에 하층민들의 정부에 대한 의무도 상기시켰다. 뮌처가 보기에 그들에게는 생계에 대한 순수한 걱정과 "압제자를 위한 벗겨냄과 잘라냄"만 있었을 뿐이며 성경을 만나기 위한 능력을 소유한 적은 한 번도 없었다.[254]

아직 "나타난 드러남"과 "긴급히 야기된 보호의 주장"이 뉘른베르크에서 출판되기 전에, 뮌처를 반대하는 조치들이 시작되었고, 알슈테트 동맹은 와해되었다. 1524년 8월 7일에서 8일이 되는 밤, 뮌처는 비밀리에 그 도시를 떠났고, 자유 제국 도시 뮐하우젠으로 갔다. 여기에서는 1523년부터 하인리히 파이퍼(Heinrich Pfeiffer, 약 1500-1525)가 설교하였다. 뮌처와 파

---

252 참고. WA 15, 210-221.
253 참고. Franz (Hg.), Müntzer, Schriften und Briefe, 265-319. 321-343.
254 참고. Franz (Hg.), Müntzer, Schriften und Briefe, 275.

이퍼 둘은 그들의 급진적 성향으로 인해 추방당했다. 그러나 뮌처는 아마 1525년 2월 다시 그 도시로 돌아갔다. 그는 영향력을 얻을 수 있었고, 신정정치로 방향을 맞추어 사회를 세우고 성취하려는 그의 계획을 시작했다. 시의 옛 의회는 와해되었고, 새로운 "영원한 의회"가 들어섰다.

    1525년 4월 뮌처는 "영원한 동맹"을 세우기 위해 노력했다. 그의 표지는 무지개 깃발이었다. 이번에는 더 이상 방어동맹을 다루지 않았고, 오히려 군사적 조직을 다루었다.[255] 이 조직은 불경건한 사람들과의 전쟁을 목적으로 했다. 그러는 동안 선동적인 농민들도 무리로 함께 모이기 시작했다.[256] 뮌처는 1525년 5월 10일 기드온처럼 300명과 함께 무지개 깃발 아래 프랑켄하우젠(Frankenhausen)의 전장으로 싸우러 나갔다. 그가 이 전쟁을 사실상 사사기 7장의 성경 구절과 연관시킨 것은 당시 서신들로 증거된다. 이 서신들에서 뮌처는 여러 차례 자신을 "기드온의 칼을 가진 토마스 뮌처"(Thomas Müntzer mit dem Schwerte Gideonis)로 묘사했다.[257] 농민들이 이미 전멸할 정도의 공격당하던 마지막 순간에도 뮌처는 자신의 신학에 기초한 묵시적 개념을 믿었다. 그가 농민전쟁에 개입한 것은 비록 농민들의 세속적 목적과 연관되기는 했지만 종교적 동기에서 나온 목적이 결정적이었다. 즉 종말에 경건한 사람들과 불경건한 사람들이 구분될 것이며 불경건한 자들은 소멸할 것이라고 생각했다. 그는 자신이 이를 위해 선지자적인 파송을 받았고 책임을 맡았다고 여겼다. 그래서 뮌처는 자신의 행동들이 결코 반란이나 폭동이라고 이해하지 않았다. 1525년 5월 27일 그는 투옥과 고문 후 참수되었다.

---

255 참고. Scott, Thomas Müntzer, 127-180.
256 참고. 본서의 316-324.
257 참고. Thomas-Müntzer-Ausgabe, Bd. 2, 449. 465. 473.

2) 카스파르 슈벵크펠트 폰 오시히: 내적 그리스도의 전파

카스파르 슈벵크펠트 폰 오시히에게 영성주의적 견해의 완전히 다른 유형이 발견된다. 이 견해는 16세기 후반 칭의 신학의 위치에 대한 개신교 내부 논쟁 가운데 오랫동안 여전히 존속하며 남아 있었다.[258]

1489년 11/12월 슐레지엔 공작령 리그니츠의 오시히의 소유지(auf dem Gut Ossig im schlesischen Herzogtum Liegnitz)에서 태어난 카스파르 슈벵크펠트는 옛 귀족계층 출신이었다.[259] 그는 철학(Artes)과 스콜라 신학과 교회법을 쾰른과 프랑크푸르트 안 데어 오더(Frankfurt/O.)에서 공부했다. 그러나 학문적 학위를 취득하지는 않았다. 그는 헬라어와 히브리어를 배웠다. 1510/1511년 궁에서 업무(Hofdienst)를 맡게 되었고, 특별히 리그니츠의 공작 프리드리히 2세(Herzog Friedrich II)의 궁에서 거주했다. 여기서 그는 1518/1519년 궁중 관료로서 영토를 다스리는 일을 담당하였다. 루터의 저술에 영향을 받아 슈벵크펠트는 종교적 전환을 경험했고 성경을 주의 깊게 읽게 되었다.[260] 공작이 1524년 종교개혁을 자신의 영토에 도입했을 때 슈벵크펠트는 그를 도와 도시와 리그니츠 공작령의 호응을 얻도록 했다. 그는 인문주의 교육을 받은 사람들의 지지를 받았다. 예를 들면, 그들 가운데 리그니츠의 재단주(Stiftsherr)이며, 교회(Dom)의 낭독자(Lektor)였던 발렌틴 크라우트발트(Valentin Krautwalt, 약 1490-1545)가 있었다. 슈벵크펠트는 브레슬라우의 주교인 야콥 폰 잘차(der Breslauer Bischof Jakob von Salza)로 하여금 그의 교구에 종교개혁을 도입하도록 설득했지만 실패했다. 처음에 슈

---

258 사람들은 논쟁 가운데 안드레아스 오시안더가 쾨니히스베르크(Königsberg)에서 발전시켰던 교리를 슈벵크펠트의 입장들과 연결시킨다. 참고. Wengert, Defending Faith, 227. 329.
259 슈벵크펠트에 대하여 참고. Schultz, Caspar Schwenckfeld von Ossig, 1962; Schultz, Course of Study, ²1981; Maron, Individualismus und Gemeinschaft, 1961.
260 그는 하루에 네 장을 읽었다, 1년에 성경 전체를 읽을 수 있도록. 참고. Weigelt, Von Schlesien nach Amerika, 17 그리고 각주 23.

벵크펠트와 동료들은 전적으로 비텐베르크 종교개혁과 일치하는 것처럼 보였다. 그 자신도 비텐베르크에 있었고, 거기서 필립 멜란히톤, 요한네스 부겐하겐, 유스투스 요나스를 개인적으로 알게 되었다. 그는 루터와 서신 교환으로 연결되었다. 츠비카우 선지자들과 안드레아스 보덴슈타인 폰 칼슈타트와의 접촉은 주변적인 것일 뿐이었다.

그러나 1522년부터 슈벵크펠트는 종교개혁 운동에 대한 비판을 말하기 시작했다. 그 근거는 윤리적 타락이 관찰되었기 때문이다. 만약 종교개혁에 고무된 사람들이 자신의 삶을 변화시키지 않는다면, 그가 보기에 루터의 설교는 어떤 열매도 없는 것이 분명했다. 1524년 그의 저술 "복음의 윤리적이며 매우 고상한 조항의 오용에 대한 경고, 어떤 오해에서 일반적인 사람이 육적 자유와 잘못으로 이끌어지는가"(Ermahnung des Missbrauchs etlicher vornehmster Artikel des Evangeliums, aus welcher Unverstand der gemeine Mann in fleischliche Freiheit und Irrung geführt wird)를 통해 그는 루터에 대한 반대를 불러일으키는 것을 원하지 않는 그런 발전에 대항했다. 이 반대는 바로 다음 해 슈벵크펠트의 성찬 교리에서 매우 날카롭게 드러났다.

슈벵크펠트는 루터와 츠빙글리의 저작들을 읽었고, 또한 둘 사이의 성찬 논쟁을 함께 따라갔다. 츠빙글리처럼 슈벵크펠트는 성찬이 고백과 공동체의 만찬이라는 견해를 주장하였다. 그리스도께서 결코 빵과 포도주 아래 성찬 참여자들에게 육체적으로 경험될 수 있도록 분배되지 않는다고 주장했다. 그는 내적이며 영적인 시행을 부당한 방식으로 외적인 행위와 섞어 버리는 그런 교리를 중대한 오해로 평가했다. 그의 견해에 따르면 그리스도의 자기 전달은 외적인 것에 매여 있을 수 없었다. 성찬의 외적 행위가 내적 과정과 동시에 시행될 때만 성찬의 시행은 전적으로 의미를 가질 것이다. 사실 그의 견해에 따르면 내적인 소명, 중생, 그에 상응하는 통합적 삶은 성찬을 베푸는 사람뿐 아니라 받는 사람에게도 성찬 시행을 위한 전제였다. 이것이 없다면 성찬에 더 이상 참여하지 않고 "중지 상태"(Stillstand)를 유지하는 것이 더 나을 것이다.

슈뱅크펠트는 종교개혁의 성례적 시행이 전체적으로 오염되었다고 여겼다. 그리고 그는 비텐베르크 사람들을 자신의 입장으로 설득하고자 시도했다. 이 시도가 실패하면서 명백한 단절이 발생했다. 이 단절은 비텐베르크 신학의 다른 요소들과도 관계되었다. 예를 들면 슈뱅크펠트는 믿음이 하나님의 말씀을 들음에서 발생한다는 생각을 비난했다. 그는 그 안에서 내적인 과정과 외적인 과정의 허용할 수 없는 혼합이 있다고 여겼다. 그는 이를 반대하며 자신의 독특한 기독론을 내놓았다. 그의 기독론은 그리스도의 신성에 사람의 칭의와 구원을 위한 결정적인 중요점을 부여하고, 외적 생명의 영역에 사로잡힌 그리스도의 인성을 평가 절하했다. 슈뱅크펠트는 사람의 칭의에 대하여 다음과 같이 가르쳤다. 사람의 칭의는 그리스도의 신성이 사람 안에 거주하고, 그를 점진적이고 지속적으로 신화(Vergottung)로 이끄는 것을 통해 발생한다. 그의 견해에 따르면 하나님의 말씀을 듣는 것은 어떤 영향도 줄 수 없었다. 슈뱅크펠트는 종교개혁의 설교자들이 소명 없이, 즉 내면에서 느껴지는 신적 소명을 경험하지 않고 잘못된 방향으로 사역을 한다고 비난했다.

루터는 슈뱅크펠트를 "열광주의자"(Schwärmer)로 여겼다. 그는 그를 츠빙글리와 칼슈타트에 비견되는 위험한 성례주의 이단의 세 번째 머리로 여겼다.[261] 이에 더하여 슈뱅크펠트는 성찬 견해의 유사성 때문에 사실상 1526년 스위스 사람들 및 고지 독일 사람들과 관계를 갖게 되었다. 물론 스

---

261 참고. WA 19,120-125, 특별히 122f.

위스 사람들이 결코 슈벵크펠트의 신학 전체를 공유하지 않았지만, 바젤의 개혁자 요한네스 외콜람파드가 1527년 슈벵크펠트의 저술 "De cursu verbi Dei"[262]를 서언과 함께 출판한 사건에서 그 관계가 얼마나 긴밀했는가가 드러난다. 츠빙글리 또한 슈벵크펠트가 보낸 성찬에 관한 서신을 그에게 알리지도 않고 그의 뜻과 무관하게 인쇄하도록 했다. 슐레지엔의 리그니츠에서 그의 추천과 영주의 동의로 성찬이 시행되었다. 중지 상태는 성찬의 바른 이해가 세워지고 바른 방식의 시행이 다시 보장될 때까지 유지되어야 했다. 슈벵크펠트는 이러한 방식을 자신의 저술 "성찬에서 중지 상태에 대하여"(Vom Stillstand beim Nachtmahl, 1532?)[263]에서 추천했다. 더하여 그는 그러는 동안 루터와 비텐베르크 사람들의 종교개혁 신학과 논쟁에 들어갔다.

하지만 그가 슐레지엔에서 점차 강한 지지를 받고 있었던 세례파와 연관이 있다는 혐의를 받으면서 비로소 곤란을 겪게 되었다. 당시 보헤미아의 왕으로서 슐레지엔을 관할하던 페르디난트 1세(Ferdinand I)가 개입했기 때문이다. 그는 성례를 경멸하는 사람들을 반대하는 법령들을 공포했다. 이것은 슈벵크펠트에게도 영향을 주었다. 1529년 그는 자신의 영주의 개인적인 불편함을 덜어주고 개혁 계획을 위험에 빠뜨리지 않기 위해 자발적으로 슐레지엔을 떠났다. 그는 스트라스부르로 옮겨갔고, 그곳에서 당시의 다양한 종교개혁 사조들의 대표자들과 만났다. 그러나 그곳에서도 마틴 부처의 지도를 받는 설교자들과 논쟁이 발생했다. 다시 외적인 시행에 구원이 달려 있는가에 대한 문제였다. 비정통적인 사조들이 스트라스부르에서 점차 강력한 세력을 이루게 되면서 1533년 노회가 개최되었고, 그 노회 앞에 슈벵

---

262 CS II, 581-599.
263 CS IV, 632-642.

크펠트 또한 해명을 해야 했다.[264] 그는 추방되었고, 불안정한 방랑 생활이 시작되었다. 슈파이어(Speyer), 에슬링엔(Esslingen), 울름(Ulm)을 거쳐 아우크스부르크로 갔다. 스트라스부르의 신학자들은 그가 소란을 일으키는 사람이라고 경고했지만, 그는 이곳에서 새로운 우정들을 맺을 수 있었다.

그가 1534년 스트라스부르로 돌아가면서 새롭게 격렬한 신학적 논쟁들이 생겨났다. 추방을 당하지 않기 위해 그는 자발적으로 도시를 떠났고, 울름으로(1534) 갔다. 하지만 그곳에서도 논쟁은 지속되었다. 울름의 설교자 마틴 프레히트는 울름의 목사회 내에서 논쟁이 되었던 슈벵크펠트의 기독론에 대해 반대 입장을 고수했다. 슈벵크펠트는 사람인 예수 그리스도는 모든 사람과 같은 피조물이 아니라고 주장했다. 그리스도의 고난을 통하여 점진적으로 신성화되는 과정이 나타났고, 그 과정은 부활과 승천 가운데 끝이 난다. 그렇지 않으면 그의 살은 영적이며 본질적으로 누려질 수 없고, 그래서 신적 본성에 참여를 매개할 수 없을 것이기 때문이다.

이것을 슈벵크펠트는 14개의 기독론 조항들에 요약했다.[265] 이 조항들은 울름에서 회람되었고, 이를 반대하는 마틴 프레히트와 슈벵크펠트 사이에서 대담의 원인이 되었다. 의회는 이 때문에 슈벵크펠트에게 추방당하기 전에 자발적으로 도시를 떠날 것을 권고했다. 1540년 슈말칼덴의 신학자 회의에서 슈벵크펠트의 기독론이 거부됨에 따라 그는 결국 새롭게 생겨난 종교개혁 교회의 바깥에 서게 되었다. 그가 다시 루터와 접촉하려 했던 시도와 이해를 얻기 위한 노력은 실패했다. 슈벵크펠트는 자신의 신학적 대적자들에게 미움을 받았고, 모든 곳에서 쫓겨났다. 사람들은 그를 가장 위험한 이단이라고 경고했다. 1547년부터 슈벵크펠트는 익명으로 에슬링

---

264 참고. 본서의 239f.
265 참고. CS VI, 86-94.

(Esslingen)의 프란체스코 수도원에서 살았다. 그는 1561년 울름에서 사망했다.[266]

전체적으로 슈벵크펠트는 기독교의 모든 외면화와 기관화를 자신의 영성주의적 관점에서 거부했고, 그런 의미에서 그는 어떤 조직된 공동체를 세우거나 교회를 세우지 않았다. 다만 그의 풍성한 서신 교환을 통해 지지자들의 자유로운 네트워크가 형성되었다. 이 지지자들은 작은 그룹으로 만나 성경을 읽고 예배(Andacht)를 드렸다. 그들은 어느 곳에서도 받아들여지지 않았고, 자주 핍박과 곤란을 경험해야 했다. 그러나 슈벵크펠트의 지지자들은 오랫동안 독서 공동체(Lesegemeinschaft)로, 그리고 자유로운 믿음의 공동체로 함께 모였다. 독일어권에서 그들은 18세기까지 유지되었다. 오늘날 그들은 미국의 펜실베이니아(Pennsylvania)에서 작은 교회로 보존되고 있다.

3) 세바스티안 프랑크: 철저한 개인주의

세바스티안 프랑크(Sebastian Franck)는 뮌처와 슈벵크펠트와 같은 세대에 속한다. 그는 영성주의적으로 다른 견해가 어떤 다양한 신학적 표현들 가운데 실현될 수 있는가를 보여주는 또 다른 예이다. 그의 견해는 그를 철저한 개인주의로 이끌었다.

세바스티안 프랑크는 1499년 도나우뵈르트(Donauwörth)에서 태어났고,[267] 1515년 3월 잉골슈타트(Ingolstadt)에서 대학을 다녔다. 그곳에서 그는 훗날 세례파 지도자가 된 한스 뎅크를 알게 되었다.[268] 그 후에 그는 도미

---

266 참고. Weigelt, Schwenckfeld/Schwenckfeldianer, 712-716.
267 참고. Ozment, Sebastian Franck, 201-209; Weigelt, Sebastian Franck, 1972.
268 뎅크에 대하여 참고. 본서의 190f.

니코 수도회 학교로 옮기고, 그곳에서 신학을 공부하기 위해 하이델베르크로 갔다. 그와 함께 공부한 사람들 가운데 훗날 개혁자가 된 요한네스 브렌츠, 마틴 부처, 마틴 프레히트가 있었다. 그들과 같이 그는 1518년 4월 마틴 루터의 하이델베르크 토론회를 경험했다. 그러나 이 비텐베르크 개혁자와 더 이상의 만남은 없었다. 학업 후에 프랑크는 아우크스부르크 교구에서 사제가 되었다. 프랑크는 자신이 날카롭게 정죄했던 농민전쟁이 진행되던 중이던 1525년 초부터 브란덴부르크-안스바흐 후작령(die Markgrafschaft Brandenburg-Ansbach)의 부헨바흐(Buchenbach)에서 설교자와 보좌신부로 일했다.

1525년과 1526년 사이 프랑크는 종교개혁으로 돌아섰다. 2년 후 그는 개신교 목사직을 구스텐펠덴(Gustenfelden)에서 받았고, 오틸리 베하임(Ottilie Beheim)과 결혼했다. 그녀는 뉘른베르크의 화가이며 뒤러의 제자인 제발트 베하임과 바르텔 베하임(Sebald und Bartel Beheim)의 자매였다. 같은 해, 1528년 그는 첫 번째 저술들을 출판했다. 먼저 안드레아스 알트하머(Andreas Althamer)의 "Diallage"의 독일어 번역을 출판했다. 그 책은 루터의 교리를 따라 한스 뎅크와 세례파를 반대하는 논문이었다. 세바스티안 프랑크가 스스로 서문을 작성했다. 여기에서 그는 자신이 명명한 "말로만 거룩한 사람"(Wortheiligen)과 "주둥이 그리스도인"(Maulchristen)에 대한 비판을 진술했다. 비록 마틴 루터의 종교개혁과 차이점이 있었지만, 이미 여기에서 프랑크에 대한 루터의 영향을 찾아볼 수 있었다. 그러나 이런 모습은 점점 더 변화되었다. 그가 1528년 새롭게 윤리적 논문 "술 취함의 끔찍한 악덕에 대하여"(Von dem greulichen Laster der Trunkenheit)로 자신의 주장을 내었을 때, 종교개혁 운동으로부터 거리가 명백하게 드러났다.

프랑크의 목적은 귀족을 절제하도록 하는 것이었다. 이런 관점에서 그는 격렬하게 윤리적 방종과 부도덕한 태도를 반대하여 논쟁했다. 자신이 보기에 방종과 부도덕한 태도는 선행 없이 오직 믿음(sola fide)으로 얻을 수 있는 구원에 대한 종교개혁의 교리에서 나오는 것이었다. 많은 다른 사람들과 같이 프랑크도 종교개혁 교리의 결과로 윤리적 개선을 기대했지만, 그가 보기에 이런 일은 생겨나지 않았다. 이 체념적 깨달음은 그가 1528/29년 구스텐펠덴의 목사직을 그만두도록 만들었다. 이후에 그는 뉘른베르크에 거주했다. 점차 그는 신비주의적, 영성주의적 집단과 세례파 집단들과 접촉하게 되었다. 1530년 그는 스트라스부르로 이주했다. 당시에 그곳은 종교적으로 열린 분위기가 주도적이었고, 그런 가운데 다른 견해들을 가진 사조들과 그들의 대표자들을 알게 되었다. 그 가운데 반삼위일체주의자 미카엘 세르베트(Michael Servet, 1509/1511-1533)[269], 세례파 지도자 한스 뷘덜린(Hans Bünderlin, 1499-1533), 영성주의자 카스파르 폰 슈벵크펠트[270]가 있었다.

그러나 어느 곳에서도 프랑크는 영적 고향을 찾지 못했다. 그가 얼마나 자기 시대의 모든 신앙 노선에 만족하지 못했는가는 1530년 그의 "네 개의 반목하는 교회들에 대한 노래"(Lied von den vier zwieträchtigen Kirchen)가 증언한다. 그 글에서 그는 교황, 루터, 츠빙글리, 세례파의 "교회"를 동일하게 비판했다.[271] 또한 같은 시기에 프랑크의 책 "시작부터 지금 1531년까지의 연대기와 연보와 역사의 성경"(Chronica, Zeitbuch und Geschichtsbibel von Anbeginn bis in dieses gegenwärtige 1531. Jahr)이 작성되었다. 이 책은 자신의 시대에 주목할 만한 역사기술 작품이었다. 프랑크는 역사를 하나님의 의지의 계시로서 이해했고, 역사가 성경을 밝힌다고 믿었다. 그는 수백 년 동안 이단으로 박해받았던 사람들과 정죄당한 사람들 중에서 근본

---

269 세르베트에 대하여 참고. 본서의 223f. 그리고 362f.
270 슈벵크펠트에 대하여 참고. 본서의 210-215.
271 출판 in: Fast (Hg.), Der linke Flügel, 246f.

적으로 참된 그리스도인들이 있음을 깨달았다. 그들을 그는 "이단 연대기"(Ketzerchronik)에 기록했다. 그 가운데 로테르담의 에라스무스도 발견된다.

학자들의 항의로 인해 프랑크는 1530년 4월 스트라스부르에서 추방되었다. 이제 매우 긴 방랑이 시작되었다. 그는 먼저 에슬링엔에 거주했고, 그곳에서 1532년 시민권도 받았다. 그는 생계를 위해 비누 제조자로 일했다. 1533년 그는 이곳에서 다시 한번 카스파르 폰 슈벵크펠트를 만났다. 둘은 친구가 되었고, 함께 울름으로 갔다. 그곳에서 프랑크는 인쇄업자를 돕게 되었고, 1534년 시민권을 얻고 나서 자신의 인쇄소를 운영했다. 그는 특히 발렌틴 크라우트발트(Valentin Krautwald)의 저술들을 출판했고, 그것에 서문과 후기를 덧붙였다. 그것이 프랑크 자신의 교리에 대한 증거다. 그는 사람의 구원이 역사적 예수와 연결되는 것은 부적당한 것이라고 여겼다. 그의 시각에 따르면 역사적 구체화는 하나님의 영과 은혜에 오히려 방해가 되었다. 비슷한 사상들이 프랑크가 1534년 출판한 "역설"(Paradoxa)[272]에서도 발견된다.

프랑크의 특이한 교리들로 인하여 정부들은 그에게 주의를 기울였다. 헤센의 지방백작 필립(Philipp von Hessen)은 울름 사람들에게 프랑크가 세례파와 혁명가라는 비판이 있다고 (1534년 12월 31일) 경고했다. 몇 달에 걸친 심문 후에 울름에서 추방이 임박했다. 그 때문에 프랑크는 "약간의 논점들과 주제들의 근본적 지도와 해설과 선언"(Gründliche Anweisung, Erläuterung und Declaration etlicher Punkte und Artikel, 1535년)이란 방어 저술을 작성하여 자신의 교리를 해설했고, 자신이 시의 법과 질서와 마찬가

---

272 Frank, Paradoxa, 1995.

지로 종교와 정치와 일치한다고 확언했다. 그로 인해 당분간 그의 시민권이 유지되었다. 그러나 프랑크는 1538년 울름 의회의 허락 없이 그의 글 "Guldin arch"를 아우크스부르크에서 출판함으로써 새로운 공격을 자극했다. 그가 성경과 은혜의 수단을 가치 없다고 여기고, 영성주의자 토마스 뮌처, 세례파와 반삼위일체주의자 루트비히 해처(Ludwig Hätzer, 약 1500-1529), 세례파 한스 뎅크와 관계가 있다는 비난을 받았다. 1539년 그는 추방되었다. 프랑크는 1540년 슈말칼덴의 신학자 회의가[273] 그의 교리를 공식적으로 정죄한 후 1542년 바젤에서 사망하였다.

많은 영성주의자들처럼 프랑크의 신학적 입장에서 결정적이었던 것은 종교개혁 진영에 속한 인물들의 윤리적 태도에서 믿음과 칭의의 열매가 공공연하게 존재하지 않는다는 실망감이었다. 처음에 그는 루터를 따르다가 실망하여 돌아섰고, 영성주의 사상을 중세 후기의 신비주의에서 나온 요소들과 결합하는 신학을 제시했다. 그의 시각에 따르면 성경은 하나님을 아는 지식의 원천으로 여겨질 수 없다. 왜냐하면 자연적 인간 자신은 특별한 은혜를 받지 않고도 하나님에 대한 바른 지식에 도달할 능력을 가지고 있기 때문이다. 각 사람은 자기 자신 안에 묻혀있는 영혼의 불꽃 가운데 하나님을 발견할 능력을 가지고 있다. 프랑크에 따르면 이를 위한 전제는 세상을 "떠나"(verlassen) 더 이상 세상에 어떤 관심도 주지 않는 것이다. 왜냐하면 세상의 굉음(Getöse)은 각 사람 가운데 있는 영혼의 불꽃을 덮고 있기 때문이다. 그는 이 불꽃이 "초연함"(Gelassenheit)을 통하여 다시 드러나는 것으로 여겼다. 하나님에 대한 지식과 하나님과 결합하는 이와 같은 방식에서 역사적 예수는 아무런 역할이 없었고, 로고스, 그리스도, 하나님의 아들과

---

273 참고. 본서의 215f.; 참고. CR 3, Nr. 1945, 983-986.

의 일치도 아무런 역할이 없었다. 왜냐하면 하나님의 말씀은 지속적으로 새롭게 말해지고, 영혼의 불꽃 가운데 내면으로 말해지기 때문이다. 세바스티안 프랑크의 교리에서 예수 그리스도는 신적 은혜의 성육(Inkarnation)이나 구원자로 온 것이 아니라 단지 모범으로서 온 것이다.

이런 관점에서 프랑크의 역사관도 특징적 표현을 지니게 된다. 그는 역사가 두 원리의 반대를 통해 정해진다고 보았다. 즉 문자와 영, 하나님의 말씀과 악, 영의 사람과 육의 사람이다. 프랑크는 악이 정복될 수 없다고 확신했다. 그것은 항상 계속하여 눈에 띄지 않게 상황에 적응해왔다. 그래서 로마교회에서 발견된 범죄는 계속하여 새로운 형태로 개신교회에서도 발생한다. 사람들이 계속하여 존재하는 악을 선의 실현으로 여기게 되는 교활한 덫은 오직 역사의 연구를 통해서만 피할 수 있다. 이런 배경에서 프랑크는 자신의 "연대기"(Chronica)에 "역사의 성경"(Geschichtsbibel)이라는 자격을 부여할 수 있었고, 그 교훈의 풍성함을 심지어 성경보다 위에 둘 수 있었다.[274] 그래서 프랑크는 종교개혁에서 성경을 유일한 계시의 원천으로서 절대적인 존재로 여기는 것을 프랑크는 받아들일 수 없었다. 그에게 성경은 단지 계시의 역사적 증거였다. 자연적 인간은 성경을 읽음으로 진리에 가까워지지 않고, 오히려 구원의 진리에서 더욱 멀어진다. 더하여 죽은 문자는 구원의 선포를 전혀 전달할 수 없다. 죽은 문자는 구원의 선포를 단지 어둡게 할 뿐이다. 프랑크에 따르면 오직 하나님의 자기 계시를 자신의 영혼의 불꽃에서 이미 경험한 새로운 사람만이 성경을 읽어 유익을 얻을 수 있는 상태에 놓여 있다.

프랑크는 기독교 외면화의 모든 형태를 거부하기 때문에, 세례와 성찬

---

274 참고. Dejung, Wahrheit und Häresie, 152-164. 181-242.

과 의식에서 이루어지는 교회의 모든 외적 생활들도 거부했다. 왜냐하면 그의 견해에 따르면 그것들이 하나님과 사람 사이를 중재하거나 하나님과 관계를 만드는 것은 불가능하기 때문이었다. 프랑크는 제도적으로 아직 고정되지 않아서 경직되지 않았던 원시 기독교만을 참된 교회로 여겼다. 그러나 이것은 적그리스도의 침입으로 인해 결국 황폐화 되었다. 이 확신을 프랑크는 1531년 반삼위일체주의자 요한네스 캄파누스(Johannes Campanus, 약 1500-1574)에게 보내는 편지에서 다음과 같이 기록하였다. "바로 그때[사도시대 이후] 모든 것들은 잘못된 방식으로 가게 되었다. 세례는 유아세례로 변해버렸고, 주의 만찬은 오용과 제사로 변했다. 그러므로 나는 확실히 믿는다. 그리스도의 외적 교회는 사도 시대 직후에 적그리스도의 침투와 황폐화를 통해 그들의 은사와 성례와 함께 하늘로 올라갔고, 영 안에 그리고 진리 안에 숨겨졌다. 그래서 1400년 동안 외적으로 모이는 교회와 성례는 존재하지 않았다. 이것을 나는 매우 확신한다. 왜냐하면 그들 자신의 행위에 대한 경험에 더하여 적그리스도가 모든 것을 모욕하고 더럽히는 외형성과 폐해들이 그런 것을 증명하기 때문이다."[275]

프랑크는 다른 모든 영성주의자들보다 더 급진적으로 제도적 체계에서 자유로운, 신앙고백 없는 기독교를 위해 노력하였다. 왜냐하면 각 교파는 자신들을 위해 다시 바른 교리를 요구했고, 이런 신앙고백에 종속된 교파들의 형성도 그가 보기에 그저 외면화에 불과할 수 있었다. 이런 관계에서 프랑크는 관용을 요구했다. 이 요구는 인문주의적 고려에서 나온 것이 아니라 교회의 구조와 제도화된 예배의 실행을 넘어 그가 주장했던 하나님과 사람 사이의 관계가 갖는 직접성과 주관성에서 나온 것이다. 그는 중세 후기

---

275 Fast (Hg.), Der linke Flügel, 220.

의 신비주의자들과 같이 직접적이며 개인적인 하나님 지식이 전적으로 가능하다는 견해를 공유했다. 더하여 그 원리는 일종의 인식의 방치로 이해될 수 있는 "초연함"(Gelassenheit)에 도움이 된다. 초연함이란 사람 안에 있는 영혼의 불꽃을 듣는 것 혹은 그것을 재발견하는 것을 가능하도록 "세상의 굉음"(Getöse der Welt)을 이루고 있는 모든 것으로부터 작별하는 것으로 이해될 수 있다. 여기에 더하여 하나님을 통한 내적 조명이 온다. 그 조명을 프랑크는 인지적 양심으로 이해하였다. 하지만 프랑크 스스로 "신비적 연합"(unio mystica)의 신비적 원체험을 갖지는 않았고, 다만 자신의 영성주의적 교리를 위해 신비주의자의 전승된 경험들을 열매 맺게 했다.[276]

3. 반삼위일체적 사조들

세례파와 영성주의자들이 적어도 이론적으로 서로 구분되고, 최소한 세례파에게는 집단의 형성이 생겨난 반면, 반삼위일체주의자들은 영성주의자들과 유사하게 처음에는 자신들만의 집단화를 꿈꾸지 않았다. 그들은 훗날 특히 유럽의 동부에서 교파를 형성하긴 했다. 반삼위일체주의자로 표현될 수 있는 사람들은 삼위일체의 교리를 의심하여 완전히 거부하거나 "수정한" 사람들이다.[277] 그들의 사상은 영성주의자들과 세례주의자들 중에서도 발견되고, 종교개혁으로부터 파생된 발전들에 대한 그들의 비판과 함께 상호 작용할 수 있었다. 이것은 부분적으로 개혁자들이 가진 모든 비정통적 사조들에 대한 냉혹한 거부적 태도를 설명할 수 있다. 말하자면 삼위

---

276 이것과 프랑크에 영향을 주었던 다른 영향들에 대하여 참고. Séguenny, Le spiritualisme, 87-102.
277 참고. Fast (Hg.), Der linke Flügel, XXXII.

일체에 대한 문제 제기는 기독교의 근본에 대한 전면 공격을 보여주는 것이기 때문이었다. 이런 공격은 옛날부터 세속법(Codex Iustinianus; Peinliche Halsgerichtsordnung Karls V)과 교회법을 따라 같은 수준의 처벌이 요구되는 범죄였다. 그래서 반삼위일체적 사조들은 지하로 흘러갔고, 잡기 어려웠다. 반삼위일체주의자들의 저술은 매우 드물게 주로 무명이나 가명으로 날조된 인쇄 장소로 표기되어 출판되었다. 이것들은 주로 필사본으로 유통되었다. 그중에 다수는 소실되었고, 단지 반대하는 대응 출판물로부터 그들의 존재에 대한 지식을 얻는다. 어쨌든 반삼위일체주의는 16세기의 후반부터 발전했고 특히 17세기에 오랫동안 영향을 끼친 사조가 되었다. 그들의 네트워크는 전 유럽에 퍼져 있었고 유럽의 계몽주의(Aufklärung)에 매우 큰 영향을 주고 각인시켰다.[278]

1) 시작

종교개혁 시대에 하나님의 삼위일체 교리에 대한 첫 번째 공식적 비판은 1520년대 중반 공공연하게 되었고, "하나님의 어머니"(Gottesmutter)로서 마리아를 경배하는 것에 대한 비판과 연관되었다. 예를 들면, 세례파적 혹은 영성주의적 요소들을 가진 한스 뎅크와 루트비히 해처가 소극적인 의심을 진술했다. 요한네스 캄파누스(Johannes Campanus)는 어쨌든 세례파의 입장과 관련된 인물인데, 그는 홀로 신성의 두 인격에 대한 교리를 발전시켰고, 이것은 거의 대중에게 침투하지 못했다.[279] 그러나 이런 발단들은 여전히 삼위일체 교의와 근본적인 논쟁을 벌이는 일과는 거리가 멀었다. 1530년대 스페인의 의사 미카엘 세르베트가 자신의 입장을 피력함으로써 이 논쟁

---

278 참고. Daugirdas, Anfänge des Soyinianismus, 2016.
279 참고. Fast (Hg.), Der linke Flügel, XXXI-XXXV.

은 알려지게 되었다.[280] 그는 1531년 자신의 저작 "삼위일체의 오류에 대하여"(De trinitatis erroribus)를 출판했고 큰 주목을 받게 되었다.

세르베트는 이 저작에서 고대 교회의 삼위일체 교리의 변종을 연상시키는 교리를 주장했다. 그는 양태론적 단일신론(dem modalistischen Monarchianismus)과 유사하게 세 가지 모습으로 나타나는 한 하나님에서 출발했다. 나중에 그는 자신의 교리를 1553년 자신의 주요 저작 "기독교의 회복"(Restitutio Christianismi)에서 더욱 강조적으로 표현했다. 그는 삼위일체를 보면서 정말 세 개의 머리를 가진 괴물을 이야기했다. 반면 세르베트는 예수 그리스도에게서 영원 가운데 아버지로부터 태어난 로고스가 아니라 사람인 마리아의 아들을 보았고, 이것을 양자론적 요소들과 결합했다. 그는 성령을 삼위일체 하나님의 위격이 아니라 능력으로 정의했다. 그러나 이 교리들은 그를 의심스러운 인물로 만들었을 뿐만 아니라, 그가 제네바에서 자유파들(Libertiner)과 함께 칼빈을 대적하여 반대하여 취했던 사회정치적 동맹들도 그에 대한 의혹을 부채질했다. 그는 결국 고발되어 비엔(Vienne)에서 가톨릭의 심문으로 체포되었고, 탈출에 성공한 후 "허수아비로"(in effigie) 화형을 당했다. 하지만 그는 이탈리아로 가는 길에 제네바를 경유지로 정했고, 제네바에서 1553년 사로잡혀 적법한 법질서에 따라 화형에 처해졌다.[281]

세르베트의 사상은 약 1540년부터 종교개혁적 입장 때문에 이탈리아를 떠나야 했던 상당수의 이탈리아 인문주의자들의 흥미를 사로잡았다. 그들은 대부분 대학의 교사나 설교자로서 제국과 스위스와 폴란드에서 활동했고, 반삼위일체 사상의 확장을 비밀리에 도왔다. 훗날 인쇄된 저술들도

---

280 참고. Friedman, Michael Servet, 223-230; Friedman, Michael Servetus, 1978.
281 세르베트와 칼빈의 논쟁에 대하여 참고. 본서의 362f.

매우 드물게나마 출간되었다.

2) 확장

반삼위일체주의자들은 오직 유럽의 동쪽에서만 일시적으로 용납되었다. 그들은 지벤뷔르겐(Siebenbürgen)과 폴란드에 거주하는 지배자들의 보호를 받았다. 그곳에서 반삼위일체의 노선은 조르지오 비안드라타(Giorgio Biandrata, 약 1515 - 약 1590)를 통해 공적인 인정을 받기에 이르렀다. 피에몬테(Piemont)의 살루조(Saluzzo) 출신의 귀족인 그는 반삼위일체적 사상을 받아들이기 전에는 칼빈의 지지자였다. 제후 요한 지기스문트 자폴리아(der Fürst Johann Sigismund Zápolya, 통치 1570-1571 지벤뷔르겐의 제후; 1540-1551. 1556-1570 헝가리의 왕)의 주치의로서 지벤뷔르겐에서 일위신론 교회가 용인되도록 노력했다. 그들의 급진적 삼위일체 교리의 거부는 그와 프란츠 다비드(Franz Dávid, 1510-1579)의 영향하에 그리스도 숭배를 금지하기까지 이른다. 일위신론 교회는 오늘날까지 지벤뷔르겐에 존재한다.[282]

그러나 반삼위일체주의를 이끄는 대표자들은 이탈리아의 시에나(Siena) 출신인 렐리오 소치니(Lelio Sozzini, 1525-1562)와 그의 조카 파우스토 소치니(Fausto Sozzini, 1539-1604)였다. 그들은 서유럽과 동유럽을 여행한 후, 특히 폴란드에서 영향을 끼쳤다. 그곳에서 반삼위일체 사상은 일시적으로 세례파 운동과 연결되어 있었다. 여기에서 세르베트와 모라비아의 후터 형제파의 영향을 받았던 페트루스 고네시우스(Petrus Gonesius, Piotrz Goniądza, 약 1530-1573)가 1558년부터 같은 사상을 주장했다. 그러나 1580년부터 이 연결은 파우스토 소치니의 영향 아래 점차 없어졌다.

---

282 참고. 본서의 398f.

폴란드-리투아니아(Polen-Litauen)에서 반삼위일체적 일위신론의 표현은 두 명의 소치니에 기원을 둔다. 반삼위일체론은 지벤뷔르겐 일위일체론과 긴밀하게 연관되었다. "소치니 일위일체론의 두 원조적 선언서들"(beide Urmanifeste des sozinianischen Unitarismus)[283]은 렐리오 소치니의 "짧은 해설"(Brevis Explicatio)과 파우스토 소치니의 1561년이나 1563년에 나온 요한의 서문(Johannesprolog)에 대한 "해설"(Explicatio)이다. 먼저 1568년에 "짧은 해설"은 비안드라타(Biandrata)와 프란츠 다비드(Franz Dávid)가 출간하여 묶은 책("아버지, 아들, 거룩한 성령의 하나님의 거짓되고 참된 인식에 대하여", De falsa et vera unius Dei patris, filii et spiritus sancti cognitione)으로 대중에 출판되었다.[284] 두 저술 중 파우스토의 "해설"은 폴란드어로 번역되었다. 두 저술의 효과적인 수용으로 폴란드-리투아니아에서 일위일체론 교회가 형성되었다. 그 교회는 "개혁된 소수 교회"(ecclesia reformata minor)였다. 1574년 크라쿠프(Krakau)에서 게오르크 쇼만(Georg Schomann, 1530-1591)이 작성한 일위일체론 요리문답이 나왔다. 이 저작과 함께 일위일체론 학자이자 성경 번역자인 스치몬 부드니(Szymon Budny, 1530-1593)의 작품들은 "개혁된 소수 교회"가 분명한 일위일체론적 특징을 형성하는 데 공헌했다. 소치니적 교회의 형성에 라코브(Raków)의 학교(Gymnasium)도 도움이 되었다. 이 학교에서는 일위일체론의 정신 가운데 강의가 이루어졌다. 그러나 이미 17세기 중반에 소치니파들은 반동종교개혁(Gegenreformation)의 과정에서 폴란드로부터 쫓겨났다. 그들은 지벤뷔르겐, 슐레지엔, 브란덴부르크와 네덜란드에서 받아들여졌다. 그들의 사상은 그곳에서 태동하는 계명주의에 영향을 주었다. 파우스토 소치니의 다양한 문서 작품은 17세기에 처음으

---

283 Daugirdas, Anfänge des Sozinianismus, 165.
284 참고. Daugirdas, Lelio und Fausto Sozzini, 239-246.

로 8권의 Bibliotheca Fratrum Polonorum으로 인쇄되어 접근할 수 있게 되었다.

다양한 반삼위일체적 교리들을 조직화하는 것은 어려운 일이다. 16세기 말이 되어서야 그들의 다양한 교리의 발전 가운데 일위일체론적 신론에서 삼신론적 신론까지 더 정확하게 작성될 수 있었다.[285] 그들에게 공통적인 것은 특히 종교개혁의 칭의 교리를 위한 기초가 되는 기독론에 근간이 되는 옛 교회의 삼위일체 신학의 교리 형성에 대한 문제 제기였다. 반삼위일체적 견해는 근본적으로 종교개혁의 "오직 성경"의 원리(sola-scriptura-Prinzip)에서 시작했고, 자연 이성에 의지하여 철저하게 적용했고, 구원 역사에서 선재의 견해와 성육신의 견해를 비판했다. 일위일체론적 견해는 성경이 예수께 덧붙이는 서술어가 "항상 사람으로서 그의 역사적 활동과 관계될 수 있다"[286]는 점에서 출발했다. 그러므로 기독론의 구원론적 요소는 배경으로 물러났고, 윤리적 관점이 중요성을 얻었다.

종교개혁자들은 항상 다시 죄와 죄책에 빠져드는 사람이 스스로 자신의 구원을 위하여 어떤 것도 공헌할 수 없고, 그래서 그의 아들 예수 그리스도 안에서 하나님의 구원하시는 행위가 필요하다는 것을 지치지 않고 강조한다. 그러나 반면 일위일체론에 동의하는 반삼위일체주의자들은 다른 강조점을 주장한다. 그들은 예수 그리스도 안에서 선재하는 로고스를 보지 않았고, 오히려 하나님께서 "입양"하고 높인 사람, 하나님의 뜻의 선포자, 그리스도인을 위한 예와 모범을 보았다. 파우스토 소치니는 종교개혁자들이 그들의 칭의 교리인 "오직 은혜"(sola gratia)의 중심에 두었던 하나님 아들의 대리 고난의 교리를 비성경적인 것이라고 생각했다. 심지어 그 교리를

---

285 참고. Dingel/Daugirdas, Historische Einleitung, in Controversia et Confessio 9, 3-17.
286 Daugirdas, Anfänge des Sozinianismus, 166.

도덕적으로, 법적으로 비난받아야 할 선포라고 여겼다. 그는 예수 그리스도를 "역사적으로 유일한 하나님의 언약 소식(einer historisch einzigartigen Bundesbotschaft Gottes)"의[287] 전달자라고 여겼다. 이 주장은 광범위한 결과를 갖게 되었다. 그 결과는 또한 파우스토 소치니가 새롭게 정의한 인간론에도 영향을 미쳤다. 17, 18세기 유럽의 계몽주의자들에 대한 소치니주의의 영향들은 상당한 것이었다.[288]

---

287 Daugirdas, Lelio und Fausto Sozzini, 242.
288 참고. Daugirdas, Anfänge des Sozinianismus, 2016.

바. 스트라스부르의 종교개혁

스트라스부르는 13세기부터 제국동맹에서 가장 강력한 도시들 가운데 하나였고, 대교구(Hochstift)에서 독립한 이후 제국의 직접권(Reichsunmittelbarkeit, 황제에게 직속됨)을 누렸다. (제국의) 서남부에서 이 도시는 18세기까지 인구가 가장 많은 곳이었다. 종교개혁은 초기부터 스트라스부르에서 자리 잡을 수 있었다. 1521년부터 스트라스부르 대성당의 주사제 마태우스 첼(Matthäus Zell, 1477-1548)은 강한 영향을 받아 종교개혁의 주장을 반영하는 설교를 했다. 1523년부터 종교개혁은 점차 도입되었고, 의회는 1524년 주교를 경질하고 교회에 대한 감독권을 넘겨받아 종교개혁을 지지하게 되었다. 이제 의회는 도시의 일곱 교구(Pfarreien)에 설교자를 임명하게 되었다. 첼은 이미 1523년 종교개혁에 동의하는 다른 설교자들을 통해 도움을 경험했다. 그들 가운데 인문주의 교육을 받은 볼프강 카피토(Wolfgang Capito, 1487-1541)가 있었다. 그는 토마스재단(Thomasstift)의 수석신부(Propst)로 활동했고, 융-슈탕크트-페테르(Jung-Stankt-Peter)에서 설교했다. 또한 카스파르 헤디오(Caspar Hedio)도 있었다. 그는 스트라스부르 대성당의 설교자였다. 그리고 과거 도미니코 수도승이었던 마틴 부처가 있었다. 그는 오랫동안 제국의 서남부에서 종교개혁을 위한 지도적인 인물이 되었다. 스트라스부르는 고지 독일의 종교개혁 중심지가 되어 유럽에 영향을 주었다.

1. 스트라스부르로 향하는 마틴 부처의 길

1491년 11월 11일 엘자스에 있는 제국의 자유도시 슐레트슈타트(Schlettstadt)에서 태어난 부처는 아마 그곳에서 유명한 인문주의 학교에서 공부했을 것이다. 그는 1507년 여름 15세의 나이로 도미니코 수도원에 들어갔다.[289] 나중에 이 결정에 대하여 꺼리면서 다음과 같이 기록하였다. "그래서 내가 설득된 것은 그 교리가 아니면 나에게서 어떤 도움도 기대할 수 없었기 때문이고, 내가 수도원에 머문다면, 나는 버림받지 않을 수 있다고 수도승을 믿었기 때문이고, 내가 다시 탈퇴하게 되면 그 수치와 나의 친척들의 노여움에 더하여 불쌍한 죽음을 맞이하는 불행한 삶을 두려워했기 때문이다. 그래서 나에게 다음의 격언이 참이 되었다. 의심이 수도승을 만든다. 그리고 그것이 나의 수도승 인생의 시작이었다."[290]

1515/16년 부처는 마인츠에서 사제 서품을 받았다. 수도원은 학업을 위해 그를 하이델베르크로 보냈다. 그곳에서 1517년 1월 31일의 대학 명부에서 그를 찾아볼 수 있다. 하이델베르크 대학에서 그는 학위를 취득했다. 먼저 "철학 석사"(magister artium), 그리고 "신학 학사"(baccalaureus theologiae)를 취득했다. 이미 이른 시기에 그는 마틴 루터의 95개 조항에 대한 지식을 가지고 있었다. 그러나 그의 종교개혁적 발전을 위해 결정적인 사건은 1518년 4월 26일 하이델베르크 토론회 동안 비텐베르크 사람(루터)을 만나고, 다음날 그와 대화를 한 것이었다. 이 두 만남은 그에게 매우 깊은 인상을 주었다. 하여튼 그는 이에 대하여 자신의 슐레트슈타트 시절에 알게 되었던 인문주의자 베아투스 레나누스(Beatus Rhenanus)에게 열광적으로 이야기를 전했다.[291] 부처는 루터의 저술들을 읽었는데, 특히 갈라디아서 주해를 읽고 서신을 교환하기 시작했다. 또한 인문주의 교육을 받은 선제후 현자 프리드

---

[289] 부처의 삶과 활동에 대하여 참고. Hamann, Martin Bucer, 1989; Greschat, Martin Bucer, 2009; Strohm, Martin Bucer, 65-73.
[290] 인용은 다음에서. Grünberg, Butzer, 603.
[291] 참고. WA 9, 160-169.

리히(Kurfürst Friedrich der Weise)의 궁 보좌신부였던 게오르크 슈팔라틴과 서신을 교환했다.

1520년 11월 말 부처는 수도원을 떠났고, 인문주의에 동조하는 슈파이어 대성당 주교(Domherr) 마테르누스 하텐(Maternus Hatten)에게 받아들여졌고, 자신의 수도원 서약의 면제를 위해 노력했다. 그의 청원은 응답되었고, 그 결정은 슈파이어의 주교에게 넘겨졌다. 1521년 4월 29일 부처는 수도원에서 자유롭게 되었고, 이로써 세속 사제 계급에 속하게 되었다. 그는 잠시 동안 보좌신부(Kaplan)로 팔츠 백작 프리드리히 2세(Pfalzgraf Friedrich II)를 위해 일했다. 그러나 곧 란트슈툴(Landstuhl)에서 제국 기사 프란츠 폰 지킹엔(der Reichsritter Franz von Sickingen)에게 목사직을 받기 위해서 퇴직을 요청했다. 그때 그는 당시 수녀였던 엘리자베트 질베라이젠(Elisabeth Silbereisen)과 결혼했다.

부처는 당시 사제의 결혼이라는 걸음을 뗀 첫 사람 중 하나였다. 그가 지킹엔(Sickingen)의 에베른부르크(Ebernburg)에서 프란체스코 수도승이자 황제의 고해신부였던 예안 글라피온(Jean Glapion, 약 1460-1522)과 오랜 대화를 통해 루터를 보름스로 가지 않게 하고, 에베른부르크로 데려와 대화하려고 노력했던 점에서 루터의 상황과 연결되었다. 글라피온은 공공연하게 루터로 하여금 여전히 철회하도록 할 수 있다는 희망을 가지고 있었다. 비텐베르크 개혁자에게 1521년 4월 15일 오펜하임(Oppenheim)에서 에베른부르크로 초대장을 가지고 간 인물이 바로 부처였다. 하지만 루터는 거절했고, 보름스로 가는 그의 여행은 지속되었다. 프란츠 폰 지킹엔(Franz von Sickingen)을 위해서도 부처는 오래 일하지 않았다. 1522년 일을 그만둘 것을 요청하였고, 엘자스에 있는 바이센부르크(Weißenburg, Wissembourg)로 갔다. 그곳에서 그는 종교개혁의 도입을 도왔고, 설교들을 통해 프란체스코 수도승들과 논쟁을 했다. 이 일을 통해 슈파이어 주교인 게오르크 폰 팔츠

(der Speyerer Bischof Georg von der Pfalz)와 교황 하드리아노 6세(Hadrian VI)는 그를 출교시켰다. 그는 자유 제국 도시인 스트라스부르에서 피난처를 찾았다.

1523년 4월 말 부처는 그곳에 도착했다. 그곳에는 이미 초기의 종교개혁 흐름들이 있었다. 그 흐름들은 마태우스 첼, 볼프강 카피토, 카스파르 헤디오의 설교를 통해 도시의 주민들에게 전달되었다. 첼은 부처를 자신의 집에 받아들였고, 그곳에서 부처는 바울 서신을 학자들 집단에게 라틴어로 해석했다. 그것이 부처의 풍성한 주해 작업의 시작이었다. 스트라스부르의 주교가 그를 출교된 자로서 그의 교구에서 추방하려고 준비하고, 의회가 이 요구에 응하도록 설득하자, 의회는 부처에게 그의 입장을 성경에 기초하여 밝히도록 요구했다. 그 때문에 그는 "책임"(Verantwortung)[292]이라는 문서를 작성하여 제출하였다. 이 해명서를 통해 의회는 그가 계속하여 도시의 보호를 보장받도록 해주었고, 그 문서는 주교에게 전달되었다. 이제 부처는 공적으로 대성당에서 설교하기 시작했고 많은 사람이 그에게 몰려들었다. 1523년 12월 1일 의회는 명령을 통해, 도시의 모든 설교자가 말씀을 선포할 때 개신교의 원리를 따라야 한다고 지시했다. 몇몇은 부처처럼 결혼했다.

1524년 3월 31일 부처는 정원사들(소작농들)의 목사로 선출되었다. 그들은 조합 숙소를 스트라스부르 교외에 있는 생 오렐리앵(St. Aurelien) 교회에 두었다. 의회는 그의 선출을 확인해 줄 뿐만 아니라, 그에게 정원사 조합에 가입하는 구성원으로서[293] 시민권도 허락해 주었다. 이전까지 첼과 카피토와 헤디오 곁에서 활동하던 부처는 점차 스트라스부르의 종교개혁을 위한 지도적인 인물이 되었고, 도시의 경계를 넘어 널리 영향을 주었

---

292 참고. BDS 1, 149-184.
293 참고. Greschat, Martin Bucer, 69.

다. 1523년 그의 저작 "누구도 자신을 위해 살지 않고 다른 사람을 위해 살아야 한다"(Dass niemand sich selbst, sondern anderen leben soll)[294]는 그의 종교개혁적 신념의 초기 증거이며, 루터의 저작 "그리스도인의 자유에 대하여"와 유사성을 보여준다. 7년간 부처는 생 오렐리앵에서 활동했다. 1531년 그는 생 토마(St. Thomas) 교회로 옮겼고, 동시에 1530년에 설립된 교회 회의(Kirchenkonvent)의 대표가 되었다. 하지만 점차 맡은 임무가 많아지자, 1540년 생 토마의 목사직을 그만두어야 했다.

2. 스트라스부르에서 종교개혁의 도입과 정착

스트라스부르의 종교개혁 도입 과정은 1523/24년(1523년 12월 1일 의회 명령)을 지나 1529년까지 이른다. 종교개혁에 동의하는 설교자들의 중심에 부처가 있었다. 그들은 의회를 통한 지원을 받았다. 의회의 인물 중 시장 야콥 슈투름(Jakob Sturm)이 가장 영향력 있고, 외교적으로 숙련된 인물이었다. 1524년 말 사람들은 예배와 경건에서 구교와 중세 후기의 형식들을 없애는 데 상당한 진척을 이루었다. 부처의 저술 "사람들이 미사라고 부르는 주의 만찬에 대한, 스트라스부르의 그리스도의 교회에서 받아들여진 세례와 축일과 그림과 노래에 대한 하나님의 글에서 나온 새로운 것들의 근거와 원인들"(Grund und Ursache aus göttlicher Schrift der Neuerungen an dem Nachtmahl des Herrn, so man Meß nennet, Tauf, Feiertagen, Bildern und Gesang in der Gemeinde Christi zu Straßburg vorgenommen)이 그것을 나타낸

---

294 참고. BDS 1, 29-67.

다.[295]

부처는 츠빙글리와 취리히의 개혁에 방향을 맞추고 예배의 철저한 개편을 시작했다. 미사는 큰 제한이 있었지만 여전히 시행되었다. 그러나 시민들의 반복된 청원과 설교를 통해 구교의 미사는 1529년 2월 20일 의회의 결정으로 폐지되었다. 이에 대하여 의견을 표명해야 하는 300명의 배심원 중 184명이 미사의 폐지에 찬성하였고, 한 명이 반대하였고, 94명은 결정을 당시에 열리고 있던 슈파이어 제국회의의 폐회까지 미루기를 원했다.[296] 21명의 투표권자는 출석하지 않았다.[297] 이것으로 종교개혁의 도입은 완성되었다. 동시에 수도원들은 폐쇄되었고, 부처의 제안으로 대신에 교구(Pfarrgemeinde)의 학교가 설립되었다. 그는 이미 이전에 성인과 청소년을 교육하는 것이 얼마나 중요한지 지적했고, 도미니코 수도원에서 날마다 한 시간씩 성경에 대해 강의를 했다.

1526년부터 어린이를 위한 주일의 요리문답 강의가 더해졌다. 이제 의회는 교육의 책임에도 개입하였다. 부처는 좋은 교육이 기독교에 유익할 뿐 아니라, 세속적으로도 유익하다는 것을 강조했기 때문이다. 그는 정치적으로 책임 있는 사람들이 학제의 개선을 위한 자신의 계획에 찬성하게 할 수 있었다. 독일어, 라틴어 학교를 설립하는 데 필요한 재정은 수도원과 재단들의 재산에서 얻을 수 있었는데, 부처와 동료들이 수도원은 원래 학교여야 했다는 당시의 지배적인 견해에서 시작했기 때문이었다. 교회 재산의 용도변경이나 자산의 세속화가 그런 관점에서 정당화되었다. 1525년 의회는 이 과제를 위한 책임을 맡은 세 명의 학장들(Scholarche, Schulherren)을 임명했

---

295 이 저작은 1524년 12월에 나왔다. 참고. BDS 1, 185-278.
296 1529년 슈파이어 제국회의에 대하여 참고. 본서의 284-288.
297 참고. Greschat, Martin Bucer, 79f. 102f.

고, 그들 가운데 시장 야콥 슈투름이 있었다. 이 위원회는 학교 설립의 필요성을 결정하고, 교사의 임명과 지원자들의 경쟁력을 주의 깊게 보았다.[298] 시찰자들은 정기적인 학교의 심사를 통해 도움을 주었다. 초등학교가 지역적으로 집중되는 것을 바로잡고, 6개의 남학교와 4개의 여학교를 가능한 한 모두가 접근할 수 있도록 도시의 다양한 지역에 배치시키는 데 성공했다.

1537년 인문주의 교육을 받고 종교개혁에 동의하는 요한 슈투름(Johann Sturm, 1507-1589)이 시장 야콥 슈투름과 마틴 부처의 제안으로 스트라스부르에 초빙되었고, 이미 존재하던 라틴어 학교들은 하나의 단일 기관으로 집중되었다. 스트라스부르는 큰 영향력을 가진 학문 교육의 중심지가 되었다. 아이펠에 있는 슐라이덴(in Schleiden in der Eifel)에서 태어난 요한 슈투름은 루뱅(Löwen)과 파리의 프랑스 대학(Collège de France)에서 공부했다.[299] 그는 멜란히톤의 교육적 이상에 가까이 있었다. 그러나 자신만의 학교 규범(Schulordnung)을 가지고 자신만의 길을 발전시켰다.[300] 슈투름은 1538년 설립된 김나지움(Gymnasium) 일루스트레(illustre)의 첫 번째이자 가장 영향력 있는 학장이 되었다. 학교의 조직에는 신앙의 피난민인 칼빈도 스트라스부르에 머물던 시절, 이 고등학교(hohe Schule)의 교사로 유명했었다.

이 도시에서 종교개혁의 발전은 풍성한 출판 활동들을 동반했다. 종교개혁의 저술들은 대부분 루터와 부처와 카피토의 것으로 많은 발행 부수

---

298 참고. Fournier/Engel (Hg.), Status et Privilèges IV, 3, Nr. 1963, 그 밖에 Schindling, Humanistische Bildungsreform, 110.
299 슈투름에 대하여 참고. Schmidt, Vie et Travaux de Jean Sturm, 1970; Arnold (Hg.), Johannes Sturm, 2009.
300 참고. 본서의 259-264.

를 기록하면서 스트라스부르의 인쇄소를 떠났다. 성경의 전체 혹은 부분 출판과 찬송가는 인쇄업자들의 가장 사랑받는 출판물들이었다. 부처 자신도 1541년 찬송가를 출판했다. 스트라스부르의 찬송 문화는 모범적 성격을 띠었고 오랫동안 제네바에서 사용되었던 시편 찬송에 영향을 주었다.

이 모든 일이 스트라스부르 특유의 신학적 정체성을 형성하는 데 공헌했다. 여기서 가장 결정적인 것은 무엇보다 부처가 책임을 지고 작성한 신앙고백이었다. 이 신앙고백을 그 도시는 1530년 아우크스부르크 제국회의에서 황제 카를 5세에게 제출했다. 종교개혁에 동의하는 계급 대표들에게 요청된 그들의 믿음에 대한 변증서였다.[301] 그 신앙고백에 제국 도시 콘스탄츠, 린다우(Lindau), 멤밍엔(Memmingen)이 함께 서명했고, 나중에 "네 도시 신앙고백"(Confessio Tetrapolitana)라고 불렸다.[302] 이를 통해 스트라스부르는 자신만의 신앙고백을 가졌다. 이 신앙고백은 아우크스부르크 신앙고백과 특히 성찬 교리에 차이가 있었다. 아우크스부르크 신앙고백이 전적으로 루터의 의미에서 성찬의 요소 아래에 그리스도의 살과 피가 실제로 임재한다고 가르치는 반면, "네 도시 신앙고백"은 그리스도의 참된 살과 참된 피가 신자들의 먹는 것과 마시는 것을 통하여 영혼의 음식과 음료로 베풀어진다고 가르쳤다.[303] 강조점은 영적인 누림에 있었다.

또한 이 도시가 2년 후 1532년 슈바인푸르트 연방회의(Schweinfurter Bundestag)에서 구교의 위협에 대응하는 방어 동맹으로서 만들어진 슈말칼덴 동맹에 가입하기 위해 아우크스부르크 신앙고백에 서명했지만 "네 도시 신앙고백"에서 물러서지는 않았고, 근본적으로 그들의 교리에 신실

---

301 참고. 본서의 288-294.
302 참고. BDS 3, 13-85.
303 참고. 18번 조항, in: BDS 3, 123-127.

하게 머물렀다. 그 신앙고백은 아우크스부르크 신앙고백의 해설로 이해되었고, 그런 면에서 아우크스부르크 신앙고백과 일치하는 것으로 여겨졌다. 특히 권위 있는 학교장 요한 슈투름은 나중에 루터파 신학을 주장하는 사람들과의 논쟁에서, 그리고 특별히 1577/80년의 루터파의 일치신조(Konkordienformel)와 일치서(Konkordienbuch)의 신앙고백 형성의 관점에서, 스트라스부르를 위한 신학적 정체성을 지지하는 신앙고백의 지속적인 유효성을 주장했다. 이미 1560년대 요한네스 마르바흐(Johannes Marbach, 1521-1581)와 시작하고, 일치 작업을 위한 노력의 과정에서 요한 파푸스(Johann Pappus, 1549-1610)와 격렬한 논쟁으로 이끌었던 스트라스부르 신학의 점진적 루터파화의 흐름에 슈투름은 이런 방식으로 지체시키는 요소로서 반대를 했다.

3. 분리와 정착

종교개혁의 새로운 발전과 부처의 활동들이 스트라스부르에서 마찰 없이 진행된 것은 아니었다. 종교개혁이 시작하던 시기에 이 도시는 다양한 신학적 노선들의 본격적인 집합소가 되었기 때문이다. 도시의 성벽 안에는 다른 곳에서 추방되었던 종교개혁의 다른 견해들의 대표자들 또한 머물 수 있었다. 멜히오르 호프만, 한스 뎅크, 루트비히 해처(Ludwig Hätzer, 약 1500-1529), 야콥 카우츠(Jakob Kautz, 약 1500-약 1536), 필그람 마르페크(Pilgram Marpeck, 약 1495-1556), 미카엘 자틀러, 세바스티안 프랑크, 카스파르 슈벵크펠트 폰 오시히와 같은 영향력 있는 세례파, 영성주의자들이 이 도시로 망명했고, 여기에서 최소한 얼마 동안 방해받지 않고 살 수 있었다.[304] 안드레아스 보덴슈타인 폰 칼슈타트도 1524년 스트라스부르에서 짧은 기간 거주했다. 그들은 이곳에서 피난처만을 찾는 것이 아니라, 때로 상당한 지지자층을 찾기도 했다. 세례파 공동체의 구성원은 주로 피난민들로 이루어져 약 100명에 이르렀다.

도시의 구성원 중에서도 다른 견해들의 경향이 존재했다. 예를 들면, 정원사 클레멘스 지글러(Clemens Ziegler, 약 1480-1535)는 공개적으로 영성주의적 견해를 주장했다. 그리고 스트라스부르의 인쇄소에서 출판되었던 세례파와 영성주의 저술은 때로 도시의 설교자들의 저술들보다 더 나은 판매고를 올렸다.[305] 이에 대해 의회는 도시의 안녕과 질서가 건드려지지 않는 한 우선 관망하는 태도를 보였다. 부처와 카피토는 논쟁 가운데 있었다. 1526년 11월 부처와 한스 뎅크가 논쟁을 했고,[306] 또한 같은 해 12월 한 편으로 부처와 카피토가, 다른 편으로 미카엘 자틀러가 상대의 잘못된 견해를 입증하거나, 그들을 자신들의 편으로 얻기 위하여 논쟁했다.[307] 부처는 뎅크를 "위험한 유혹자"(gefährlicher Verführer)[308]로 여겼고, 뎅크는 1526년 12월 25일 추방되었다. 다음 해 7월 결국 다른 견해를 가진 집단들에 반대하는 도시의 명령이 효력 있게 집행되었다. 의회는 그 명령을 1526년 말 결정했다.[309] 그러나 그 명령은 잠시만 시행되었다. 1528년과 1529년 세례파에 동조하는 또 다른 피난민들이 도시에 들어왔다. 그들의 이민은 배고픔과 흉

---

304 다른 견해를 가진 사조들에 대하여 참고. 본서의 210-228
305 참고. Greschat, Martin Bucer, 84.
306 뎅크에 대하여 참고. 본서의 190f.
307 자틀러에 대하여 참고. 본서의 194f.
308 Greschat, Martin Bucer, 85.
309 참고. Greschat, Martin Bucer, 85.

년으로 인한 것이었다. 부분적으로 그들은 뮌처의 제자인 한스 후트[310]의 묵시적 견해와 멜히오르 호프만[311]의 종말적 기대로 특징지어졌다. 그들의 설교는 스트라스부르의 하층민들 가운데 열매를 맺었다. 부처와 그의 동료들은 지속적으로 의회가 움직이고 교회 회의(Synode)를 개최하도록 압박했다. 1531년 12월 다시 한번 부처와 세례파 지도자인 필그람 마르페크 사이에 논쟁이 있었다. 다만 부처는 그의 경건과 윤리적 성실함으로 인해 다른 측면에서 그를 매우 귀하게 여겼다. 부처는 유아세례의 정당성을 옛 언약의 할례와의 유사성을 통해 보았고, 유아세례를 새 언약의 표라고 주장했다. 그러나 마르페크는 세례가 단지 선행하는 개인적 믿음에 뒤따라야 한다는 점을 강력하게 주장했다.[312]

1533년 4월 의회는 교회 회의를 소집하기로 결정했다. 참여자는 모든 설교자와 교사들과 교회법 집행자들과 그 밖에 의회 대표들이었다. 교회 회의는 종교개혁의 교리를 정의해야 했다. 이 정의된 교리 위에서 도시의 기능을 담당하는 사람들은 자신들의 의무를 행해야 했다. 그 후에 다른 견해를 가진 집단들의 대변자를 심문하고자 했다. 교회 회의의 첫 단계는 1533년 6월 3-6일 성 막달렌 교회(die Kirche St. Magdalenen)에서 네 명의 의회 구성원들의 사회 아래 열렸다. 부처는 이를 위해 16개 조항을 제출하였다. 그 조항들을 시장 야콥 슈투름이 낭독했고, 상세하게 논의되었다. 6월 11-14일 부처가 어떤 방식으로도 자신이 제안한 교리의 기초에 찬성하도록 할 수 없었던 다른 견해를 가진 집단들의 대변자를 심문하는 두 번째 단계로 이어졌다.

---

310 후트에 대하여 참고. 본서의 191f.
311 호프만에 대하여 참고. 본서의 195.
312 참고. Greschat, Martin Bucer, 139-141.

교회 회의는 교회법의 초안을 작업하기 위해 설교자들이 쉬는 시간을 갖도록 한 후에 10월이 되어 세 번째, 네 번째 단계로 계속 진행되었다. 그러나 어떤 결정들도 나오지 않았다. 우선 설교자들의 새로운 출판물과 뮌스터에서 권력을 잡은 세례파[313]에 대한 인상으로 의회는 1534년 3월 3일, 네 도시 신앙고백과 16개 조항을 스트라스부르를 위한 교리 규범으로 삼아야 한다고 지시했다. 뒤이어 다양한 명령들이 뒤따랐다. 그 명령들은 다른 견해를 가진 모든 사람들과 그들의 대표자들에게 맹세의 동의를 요구했고, 그렇지 않으면 도시를 떠날 것을 강요했다.[314] 카스파르 슈벵크펠트는 그런 이유로 울름으로 옮겨갔다. 그러나 슈벵크펠트의 지지자들로부터 떨어져 온 집단은 비밀리에 유지되었다. 그들 중에는 개혁자 마태우스 첼의 과부요 다양한 종교개혁 저작들의 저자였던 카타리나 첼도 속해 있었다.[315] 또한 비밀스러운 세례파 모임들은 의회의 억압적 정치에도 불구하고 완전히 사라질 수 없었다.

이런 발전들은 비정통적 견해들로부터 구분되는 교리의 통일이 필요하고, 또한 교회의 규범적 조치가 반드시 있어야 한다는 점을 보여주었다. 부처는 1534년 교회법을 작성하였다.[316] 이 규정은 1533년의 초안을 기초로 만들어졌고, 1534년 12월 인쇄되었다. 이 규정은 스트라스부르 교회의 교리와 생활을 규범화하고, 교회는 이런 방식으로 법적 규약을 갖게 되었다.

교회의 교훈 혹은 치리도 규정되었다. 보통 1년에 두 번 소집되는 노회에 더하여 교회 회의(Kirchenkonvent, Convocatz)가 생겼다. 회의는 한 달에 두 번 소집되었다. 회의의 구성원에는 도시의 모든 목사들이 포함되었

---

313 고. 본서의 195-198.
314 참고. Greschat, Martin Bucer, 141-143.
315 참고. McKee (Hg.), Katharina Schütz Zell, 2006.
316 참고. BDS 5, 15-41.

고, 더하여 의회 위원 집단에서 세 명의 교회 관리자가 포함되었다. 그들도 교회 공동체의 대표자들로 여겨졌고, 부처는 그들을 통해 장로직이 대표된다고 여겼다. 교회 회의의 임무는 교회의 교리와 행정과 생활에 대한 감독이었다. 그곳에서 부처는 교회 관리자가 출교의 치리권을 시행하도록 하려고 했지만, 의회는 이를 거부했다.[317] 비슷한 구상은 부처가 1539년 헤센의 지방백작 필립을 위하여 작성한 지겐하인의 치리법(die Ziegenhainer Zuchtordnung)에서도 발견된다.[318] 이것은 초기 종교개혁 교회에서 내적 치리(Disziplin)가 부재하고, 파문이 시행되지 않는다는 세례파의 비판에 대항하기 위한 것이기도 했다. 여기에서 설교자들과 장로들은 공동체의 구성원들을 기독교 생활과 공동체로 훈계하고, 필요한 경우 가르칠 수 없는 자들을 배제하는 역할을 했다.[319] 지겐하인 치리법에서 부처는 세례파 운동의 영향으로부터 자신을 구분하면서 처음으로 입교(Konfirmation)를 개인적이고 성숙한 세례의 확인으로서 묘사했다. 무엇보다 교회 치리를 실행하기 위한 그의 노력은 부처와 스트라스부르의 종교개혁에서 특징적이었다. 그것은 또한 기독교 공동체에서 기독교 생활을 위한 보증이었다. 그렇기 때문에 교회 치리는 부처에게 있어 복음의 설교와 바른 성례의 시행과 더불어 바른 교회를 구성하는 표지로서 여겨졌다.

    종교개혁 교리를 지도하기 위해 부처는 이미 1534년 봄, 요리문답을 당시에 일반적이던 문답 형식으로 작성했다. 이 문답은 너무 방대했기 때문에 이어서 1537년 더 짧은 판이 나왔고, 1543년에도 다른 독립된 요리문답 제

---

317 참고. Burnett, Yoke of Christ, 99-121. 163-179.
318 편집본 in: BDS 7, 247-278.
319 지겐하인의 치리법에서 실행된 것에 대하여 참고. BDS 7, 247-278; 그 밖에, Strohm, Martin Bucer, 68f.

안이 나오게 되었다.[320] 이 모든 것은 스트라스부르의 종교개혁을 정착시키는 데 공헌했다. 이를 통해 마틴 부처는 신학자와 교회의 조직자로 자신의 특징적 인상을 각인하게 되었다.

교리와 교회법의 정착은 사실 종교개혁의 다른 견해들을 분리시켰다. 그러나 다른 곳에서 핍박받는 사람들을 위한 피난처로서의 도시의 성격은 변화되지 않았다. 1534년부터 프랑스에서 핍박받은 위그노들(Hugenotten)이 스트라스부르에 난민을 신청했다. 당시의 피난민들은 자신들만의 교회 공동체로 스트라스부르에서 모였는데, 그중에 요한네스 칼빈도 포함되어 있었다. 그는 1538년에서 1541년까지 이 도시에 거주했고, 피난민 공동체에서 설교했고, 요한 슈투름의 김나지움 일루스트레에서 가르쳤다. 스트라스부르 시절 칼빈은 "기독교 강요"의 2판을 출판했다.[321] 그 시기는 칼빈에게 깊은 특징을 각인시켰다. 부처의 영향과 그의 종교개혁적 활동은 훗날 칼빈이 제네바에서 세운 규범과 또한 시편 찬송에서 실천되었던 경건에도 영향을 주었다.

4. 부처의 외부 활동

부처의 활동이 스트라스부르 한 도시에만 영향을 준 것은 아니었다. 다른 곳에서도 신학자와 교회 조직자로서 그의 역량은 요청되었다. 예를 들면, 그는 제국 도시 울름과 아우크스부르크에서 종교개혁의 시행을 위하

---

320 1534년 요리문답 in: BDS 6/III, 51-173; 1537년 요리문답 in: BDS 6/III, 175-223; 1543년 요리문답 in: BDS 6/III, 225-265.
321 참고. 본서의 353f.

여 활동했다. 당시 15,000명의 시민이 거주했던 울름에서 츠빙글리에 가까운 설교자 콘라드 잠(Konrad Sam, 약 1483-1533)이 이미 이른 시기에 종교개혁의 관점을 대변하는 설교를 했고, 미사도 폐지하고 교회의 새로운 질서를 요구했다. 1530년 아우크스부르크 제국회의가 보름스 칙령, 즉 루터와 그의 지지자들과 종교개혁의 확산을 반대하는 조치를 확인했을 때,[322] 울름 의회는 조합들 안에서 이 결정을 따를 것인가 아닌가에 대하여 투표했다. 상당한 다수가 도입된 방식을 유지할 것에 찬성했고, 이 도시는 1531년 슈말칼덴 동맹에 참여했다.[323] 얼마 후 위원회가 조직되어, 다른 지역의 능력 있는 조언자들을 통해 종교개혁을 도입하는 임무를 맡게 되었다. 외부의 종교개혁자들로는 콘스탄츠의 암브로시우스 블라러(Ambrosius Blarer, 1492-1564), 바젤의 요한네스 외콜람파드, 스트라스부르의 마틴 부처를 선택했고, 비텐베르크나 취리히의 신학에는 직접 연결되기를 원하지 않고 중간의 길로 가려고 노력한다고 명시했다. 그들이 작성한 교회의 교리와 조직과 교회의 치리와 관계된 18개 조항[324]에 큰 영향을 행사한 사람이 바로 부처였다. 그 영향 중에는 특히 노회가 정기적으로 개최되고, 시찰이 시행되고, 스트라스부르그와 같이 혼인법원이 설치되고, 학교가 세워지고, 요리문답 교육이 시행되는 것이 포함되었다.

교회 치리와 관련하여 세 명의 공동체 대표들과 두 명의 설교자들과 세 명의 시 관계자들로 구성된 위원회(Gremium)가 제안되었다. 그러나 시 의회는 자신들로부터 독립된 교회 치리를 원하지 않았기 때문에 그런 위원회를 거절했다. 시 의회는 포괄적으로 같은 수의 참여를 제안했다. 두 명의 공동

---

322 1521년 보름스 제국회의와 1530년 아우크스부르크 제국회의에 대하여 참참고. 본서의 273-277 그리고 288-294.
323 이 동맹에 대하여 참고. 본서의 294-297.
324 참고. 부처의 제안 in: BDS 4, 375,9-379,20.

체 대표들, 두 명의 설교자들에 대응하여, 네 명의 시 관계자들이 마주 세워졌다. 원래 의도되었던 출교의 권한은 어쨌든 거절되었다. 그래서 치리의 조치는 경고로 제한되었다. 1531년 8월 출판된 교회법은 이 구조들을 종교개혁의 교리와 함께 공식적으로 인정했다. 이미 6월 16일 의회는 구교의 미사를 폐지했고, 성상과 측면 제단들을 교회에서 제거했다. 부처를 반대하며 18개의 조항을 제기한 구교측 목사 가이슬링엔(Geislingen)의 게오르크 오스발트(Georg Oßwald, 1475-1541)와 부처의 공식 토론은 6월 27일 개최되었다. 그 결과는 이미 결정된 것에 합법성을 더할 뿐이었다.[325]

아우크스부르크에서 부처의 활동은 종교개혁의 도입보다는 도시의 신학적 긴장을 조정하기 위한 목적이 더 중요한 것이었다. 이곳에서 미카엘 켈러(Michael Keller, 약 1490-1548)는 이미 1520년대에 바르퓌스 수도원(Barfüßerkloster)에서 종교개혁의 설교를 시작했고, 백성들의 지지를 받았다. 1523년부터 그 도시에 종교개혁의 예배가 있었다. 의회는 이를 반대하여 개입하지 않았다. 1531년부터 의회 자체도 적극적으로 도시의 종교개혁을 추진했다.[326] 신학적으로 켈러는 성찬 논쟁 이후 점차 츠빙글리의 편으로 향했다. 그의 편에 1523년 아우크스부르크에 도착했던 보니파티우스 볼프하르트(Bonifatius Wolfhart, 약 1490-1543)가 있었다. 그는 스트라스부르에서 잠시 사소한 일을 하다가 히브리어 교사로서 1531년부터 다시 아우크스부르크의 성 안나 교회(St. Anna-Kirche)에서 활동했다. 동시에 세례파적이며 영성주의적 경향들도 존재했다. 이런 신학적 산재는 자주 마찰로 이어졌다. 이미 1531년 6월 부처는 "평화의 설교"[327]를 통해 충돌을 막으려고 울름에

---

325 참고. Greschat, Martin Bucer, 126-132.
326 참고. Seebaß, Augsburger Kirchenordnung, 128; Seebaß, Bucer und die Reichsstadt Augsburg, 479-491.
327 참고. BDS 4, 399-408.

서 아우크스부르크까지 여행을 했다. 하지만 큰 성과가 없었다. 이 상황 때문에 제후들은 슈말칼덴 동맹에 제국도시들을 받아들이는 것을 망설였다. 루터의 비텐베르크로부터, 분명하지 않은 교회의 태도에 대한 날카로운 비판이 발생했다.

1534년 11월 부처는 다시 한 달을 아우크스부르크에 머물렀다. 그리고 다시 1535년 2월에서 4월까지 그리고 5월에 머물렀다. 그의 가장 우선적 임무는 설교자들을 많은 논쟁이 벌어졌던 성찬 교리에서 일치시키는 것이었다. 처음에는 실패했지만 나중에는 아우크스부르크의 설교자들이 그가 작성한 10개 조항의 해설[328]에 서명하게 하는 데 성공했다. 이 해설은 종교개혁 신학의 근본특징들을 작성한 것이고, 또한 정부에 대한 태도도 주제로 다루었다. 이 해설은 아우크스부르크의 사람들에게 있던 불신을 종결시키고, 루터와 그의 신학의 지지자들이 아우크스부르크에서 화해하도록 만들었다. 1535년 의회는 비텐베르크 신학의 옹호자인 아우크스부르크 태생의 요한 포스터(Johann Forster, 1496-1558)를 성 모리츠 교회(St. Moritz-Kirche)의 설교자로 데려왔고, 이를 통해 차이점을 중재하는 신호를 주었다. 이 도시는 1536년 1월 20일 슈말칼덴 동맹에 가입할 수 있었다.[329] 1537년 여름 새로운 교회법이 공포되었다.[330]

부처가 스트라스부르에서 맡은 임무들을 넘어 영향을 끼쳤던 업적 중 가장 중요한 한 가지는 "쾰른 종교개혁"(Kölner Reformation), 즉 결국은 실패했지만 쾰른 대주교령에서 종교개혁을 도우려 했던 시도였다. 이 일의 선도자는 헤르만 폰 비트(Hermann von Wied, 1477-1552)였다. 그는 1515년부터

---

328 참고. BDS 6/I, 77-82.
329 참고. Greschat, Martin Bucer, 132-136.
330 참고. BDS 16, 209-268. 참고. Seebaß, Augsburger Kirchenordnung, 특별히 130-148.

쾰른의 선제후와 대주교였다.[331] 대주교는 교회 개혁에 관심이 있었다. 그의 신학자 중에는 1540/41년 하게나우(Hagenau)와 보름스와 레겐스부르크의 종교대화에 참여했던 요한네스 그로퍼(Johannes Gropper, 1503-1559)[332]가 있었다. 대주교는 1541년 레겐스부르크 제국회의의 결정과 연계하여, 부처의 관심을 얻으려고 노력했다. 이 결정은 성직자 영주들에게 "교회를 잘 관리하기 위해 유용한 기독교 질서와 종교개혁을 시작하고, 세울 것"을 요구하였다.[333]

사실 대주교는 스트라스부르의 시 정부를 움직여 부처에게 이 일을 위한 휴가를 주도록 하는 데 성공했다. 1542년 12월 중순부터 부처는 헤르만 폰 비트의 초대로 본에 거주했다. 대주교는 1543년 5월부터 멜란히톤이 함께 그의 일을 돕도록 했다.[334] 하지만 쾰른의 대성당회(Domkapitel)와 쾰른 대학은 계획된 종교개혁 작업에 반대했다. 그로퍼도 반대파에 속했다. 이미 부처를 부른 것에 대하여 분쟁이 발생했다. 그래서 그는 자신의 활동을 방어 저술로 시작했다.[335] 그는 이 저작에서 자신의 인격에 대한 개인적인 험담을 해명하고, 더하여 그가 주장하는 종교개혁 교리를 상세히 설명했다. 그는 구교의 교리와 결정적으로 다른 점, 즉 선행에 대한 문제, 성자 숭배, 성찬 이해와 같은 모든 주제를 상세히 설명했다. 그러나 쾰른의 종교개혁 제안[336]은 더 중요한 것이었다. 그 제안을 부처는 1543년 1월부터 작업했고,

---

331 참고. Greschat, Martin Bucer, 208-211.
332 참고. 본서의 308-314.
333 참고. BDS 11/I, 70, Anm. 300.
334 참고. de Kroon, Bucer und die Kölner Reformation, 492-506. 대주교령과 선제후령에 놓인 도시 쾰른은 아헨(Aachen)과 마찬가지로 제국의 직접성을 (Reichsunmittelbarkeit) 누렸고, 그래서 대주교의 법령의 권한은 제거되었다. 참고. Greschat, Martin Bucer, 208-210.
335 참고. BDS 11/I, 19-131.
336 참고. BDS 11/I, 147-432.

1543년 5월 중순부터는 멜란히톤과 함께 작업했다. 흔히 "쾰른 종교개혁"이라고 불리는 이 저작은 어떤 특정 "신앙고백적"(konfessionellen) 신학에 연결되지 않고, 부분적으로 이미 법적 효력이 있는 교회 규범들을 의지한다. 전통적 예배 형태와 법 형태에 더하여, 옛 믿음에 뿌리박힌 것들을 조심스럽게, 하지만 개혁에 관심 있는 사람들을 얻기 위한 방식으로 접근했다.[337]

신학적으로 종교개혁 제안은 비텐베르크 종교개혁의 전형적인 요소들과 스트라스부르로 특징지어진 고지 독일의 종교개혁적 요소를 결합했다는 점에서 "신앙고백 시대 이전"(vorkonfessionellen)의 성격을 가지고 있다. 예를 들면, 종교개혁 제안에는 개혁파들에게 전형적인 십계명 계수 방식, 즉 성상 금지를 두 번째 계명으로 세는 것이 발견된다. 그러나 여기에서는 성상 문제가 전혀 주제로 다루어지지 않았고, 다만 잘못된 예배와 우상숭배가 주제로 다루어졌다. 세례에 있어서는, 루터의 세례 소책자에서처럼, 중세 전통에 기초한 축귀를 예식에 포함시켰다. 그 밖에 입교는 교회의 생활의 한 요소로서 사용되었다. 성례 이해를 위한 설명에서는 부처 신학의 전형적인 요소들이 반영되었다. 그러나 종교개혁 제안은 동시에 쾰른 대학의 반대를 불러일으켰다. 이는 부처와 멜란히톤을 방어적으로 몰아갔고, 둘은 자신들의 신학적 교회조직적 저작으로 변호를 했다. 부처는 홀로 논쟁에 들어가는 것도 망설이지 않았다. 1543년 두 번째 방어 저술[338]을 통해 그는 비방과 공격에 대해 방어했다. 이 비방과 공격은 부처와 더불어 스트라스부르와 개신교 계급 대표들과[339] 전반적으로 관계되었다.

부처의 수많은 신앙고백적 표현들은 그가 스스로 자신의 종교개혁 저

---

337 참고. Strohm, Martin Bucer, 69f.
338 편집 in BDS 11/II, 21-247.
339 참고. 본서의 284-288.

작의 신적 정당성을 확신했다는 점을 분명히 보여주었다. 우선 헤르만 폰 비트는 자신이 계획한 광범위한 종교개혁 조치들의 시행을 통해 성과를 내는 것처럼 보였다. 국가회의(Landtag)는 1543년 7월 종교개혁 프로그램에 찬성했다. 그러나 대성당회는 이를 거부했다. 그리고 그로퍼는 쾰른 종교개혁 제안에 대한 포괄적인 반대의 글을 작성했다. 그동안 스트라스부르로 돌아갔던 부처는 헤르만 폰 비트의 권유로 그에 대하여 포괄적으로 대답했다.[340] 그러나 결국 쾰른의 종교개혁은 실패하고 말았다. 황제 카를 5세는 공작 빌헬름 폰 윌리히-클레베-베르크(Herzog Wilhelm von Jülich-Kleve-Berg)에 대한 원정에서 성공함으로 자신의 군사적 강력함을 인상 깊게 증명했다. 그는 대주교에게 그의 직을 그만두도록 강제했다. 1546년 4월 16일 교황 바오로 3세(Papst Paul III)에 의한 출교가 뒤따랐다.

루터와 멜란히톤, 그리고 츠빙글리나 후대의 칼빈과 같이 부처는 자신만의 신학적 견해들을 발전시켰다. 그것은 스트라스부르의 경계를 넘어 영향을 끼쳤다. 부처의 독특한 신학적 특징은 교리와 일치를 위한 노력에서도, 그리고 정치적-법적 문제에서도 드러난다. 예를 들면, 부처의 성찬 교리는 비텐베르크의 종교개혁자 중 어떤 사람과도, 또한 츠빙글리파의 어떤 사람과도 동일하지 않고, 고지 독일 종교개혁의 특징이 되었다. 그는 서로 대립하는 입장들을 조정하기 위해 지칠 줄 모르는 노력을 기울였다. 그러한 노력은 1536년 비텐베르크 일치(Wittenberger Konkordie)에서 부분적으로나마 결실을 맺었다. 사실 부처는 이 일치에 스위스를 포함시키지 못했다. 그러나 그리스도의 살과 피가 성찬의 요소와 함께 임재하고 전달됨을 표현하기 위한 "성례적 연합"(unio sacramentalis)에 관한 대화를 통하여, 그리고

---

340 이것은 1545년 본(Bonn)에서 출판된 "변치 않는 답변"(Bestendige Verantwortung)이다. In: BDS 11/III.

"불경건한 자들의 성찬 참여"(manducatio indignorum, 불경건한 자들이 살과 피를 받는 것)에 관한 대화를 통하여, 비록 양측이 각각의 교리적 특성들을 포기하지 않고 중재된 형식들 아래 자신을 숨길 수 있었음에도, 적어도 비텐베르크의 사람들과 부처는 하나의 이해에 도달할 수 있었다.[341] 1540/41년 하게나우, 보름스, 레겐스부르크의 큰 제국 종교 대화에서 일치를 위한 그의 노력은 큰 성과 없이 흘러갔다. 그 대화에서 부처는 멜란히톤과 구교의 중재 신학자 요한네스 그로퍼와 함께 어쨌든 결정적인 역할을 했다.[342]

그 밖에 정부에 관한 그의 저작들도 중요하다. 그는 그 저작에서 종속된 정부의 저항권을 옹호했다. 부처의 교회법적 논문들은 종교개혁 교회들에서 교회법을 분리하기 위한 방향을 제시했다. 그는 교회법과 로마법의 유산이 성경의 가르침과 일치하는 것이 증명되는 한, 이 유산을 종교개혁의 신학적 이해와 연결할 수 있었기 때문이다. 이것은 무엇보다 새로운 혼인법원의 관할권에서 결정적이었다. 이를 위해 종교개혁은 새로운 구조를 만들어야 했다. 특히 이 새로운 구조는 결혼의 성례적 성격을 거부하는 것이고, 어쨌든 교회법을 반대한 것이었다. 울름 의회의 "하나님과 황제의 법에서 본 결혼과 이혼에 대하여"(Von der Ehe und Ehescheidung aus göttlichen und kaiserlichem Recht)[343]에 대한 부처의 평가서는 획기적인 것이었다. 이것은 심지어 훗날 저자의 이름 없이 만스펠트(Mansfeld)의 감독관(Superintendent), 에라스무스 자케리우스(Erasmus Sarcerius, 1501-1559)가 작성한 결혼법 편람(Eherechtskompendium)에 들어갔고, 넓게 확산되고 수용되었다. 부처는 신학자와 교회 조직가로서 명성을 누렸다. 그 명성은 제

---

341 참고. 본서의 299-303.
342 참고. 본서의 308-314.
343 참고. BDS 10, 163-404.

국의 경계를 넘어 영향을 주었다. 아우크스부르크 임시령(das Augsburger Interim)이 시행되면서 부처는 1549년 스트라스부르를 떠나야 했다. 그는 계속하여 케임브리지(Cambridge)에서 교수로 활동했다. 그곳에서 1551년 사망했다.

사. 종교개혁과 교육

원전(Quellen)의 재발견은 교육의 가치에 엄청난 영향을 주었고, 더하여 교회, 정치, 사회에도 영향을 주었다.[344] 종교개혁의 주요 관심은 양육과 강의를 통하여 영적이며 세상적인 관계들에서 책임을 갖는 사람의 생활과 행동을 위한 전제들을 만드는 것에 있었다. 그래서 개혁자들은 강연과 저술과 학교 규범에서 젊은이들의 일반적인 교육의 책임을 옹호했다. 근본적으로 그들은 이미 성경에서 이 책임을 보았다. 예를 들면, 루터는 제4계명("네 아버지와 어머니를 공경하라")을 단지 자녀의 부모 공경 의무에 대한 것으로만 해석하지 않고, 그의 대요리문답 해설에서 오히려 아이들의 적절한 양육을 위한 부모의 책임도 강조했다.[345] 또한 하이델베르크 요리문답도 양육과 교육을 공급할 의무를 십계명에서 추론했다. 축제일을 거룩하게 지키는 것에 대한 계명의 해설(개혁파에서 세는 방식을 따라 제4계명)에서 "하나님은 먼저, 설교직과 학교들이 보존되기를 원하신다"라고 설명한다.[346] 강의와 연구를 높이 평가하는 것은 모든 큰 종교개혁 흐름들에서 일반적이다. 비텐베르크 종교개혁과 고지 독일과 스위스에서도 동일하다.

1. 중세 후기의 교육제도의 개요

중세 후기에 이미 교육의 갱신을 위한 계기들이 존재했다. 종교개혁 이

---

344 참고. Smolinsky, Kirchenreform als Bildungsreform, 35-51; Nipperdey, Luther und die Bildung der Deutschen, 13-27. Dingel, Eruditio et pietas, 317-334.
345 참고. BSELK, 990-19-993,10, 그리고 u. S. 168.
346 참고. 103번째 질문, in: Mau (Hg.), Evangelische Bekenntnisse II, 170.

전의 갱신 운동들과 특히 인문주의는 본격적으로 성공적인 교육과 강의를 다시 살리기 위하여 노력했다. 그들은 고대의 고전적 이상에 방향을 두었고, 에라스무스가 전파한 "기독교 철학"(philosophia christiana)[347]의 의미에서 인문주의적인 개인의 윤리 개선을 목적했다. 예를 들면 엘자스의 슐레트슈타트에서 라틴어 학교 장크트 게오르크(die Lateinschule Sankt Georg)라는 가장 뛰어난 교육기관 중 하나가 생겨났다. 이 학교에서 영향력 있는 인문주의자들이 배출되었다. 뉘른베르크, 바젤, 스트라스부르와 같은 대도시들에 문학을 지향하는 모임들이 있었다. 그들은 소위 "동업조합"(sodalitates)으로 함께 모였다. 그들은 서신 교환을 통해 국제적인 인문주의자들의 네트워크를 구축했다.[348]

그러나 이 모든 연결점들이 아직은 학교제도와 대학제도의 전반적인 (umfassend) 개혁을 불러일으키지는 못했다. 학교의 양육이 무엇보다 라틴어 교육에 방향을 맞추었고, 학자를 양성하고 특히 고위 성직자를 키워내는 것을 우선적 목표로 삼았기 때문이다. 중세의 교육제도는 교회와 긴밀한 관계 가운데 있었고, 교회를 통해 특징지어진 이분화된 사회의 모습을 지탱하고 있었다. 즉 높은 가치를 가진, 하나님의 뜻에 맞는 계급으로서 성직자와 반대로 죄의 유혹에 내맡겨지고 세속적인 일들과 연결된 평신도 계급으로 구성된 그림이다. 그래서 인문주의의 교육 갱신이 교회의 견해에 속하여 머물렀다는 점에서, 개별 항목의 영향을 주었을 뿐, 폭넓은 영향을 줄 수 없었다. 종교개혁이 인문주의의 교육적 동기들을 관심 있게 다루면서, 이는 종교개혁의 선포 내용과 연결되어 지금까지 알지 못했던 실행력을 갖게 되었다.

---

347 참고. Augustijn, Erasmus von Rotterdam, 66-81, 그리고 본서의 69f.
348 참고. 본서의 124f.

2. 교육 개혁의 종교개혁적 기초들

마틴 루터는 복음에 대한 재고(Rekurs)에서 하나님의 약속의 말씀을 신학의 중심에 두었다. 그는 사람에 대한 하나님의 부르심을, 믿음을 선물로 주고 구원의 약속을 현실로 만드는 능동적이며 역사하는 말씀으로 이해했다.[349] 이것은 동시에 하나님의 약속의 장소로서 성경에, 그리고 그 영향력의 전달로서 설교에 특별히 주목한다는 것을 의미했다. 모든 신자 혹은 모든 세례 받은 사람이 제사장이라는 만인 제사장에 대한 종교개혁의 교리는 특별한 제한 없이, 성자나 사제의 중재 기도 없이 하나님께 나아간다는 것을 의미했다.[350] 이 기초에서 성경을 읽는 것과 하나님의 말씀을 적절하게 이해하는 것도 더 이상 교회의 직임을 맡은 사람들의 특권일 수 없었다. 저들에게 성경을 향한 입구는 열려 있었다.

동시에 종교개혁자들은 무엇보다 대학 신학으로 표현되는 전통적인 스콜라적 수업방식과 방법론[351]을 거부했다. 심지어 당시 대중 문학에도 성경의 해석이 더 이상 엘리트들에게만 맡겨져서는 안 된다는 종교개혁 입장이 반영되기도 했다. 팸플릿과 그림이 그려진 전단지는 평민이 교회의 교리를 성경의 내용에서 확인할 권리를 요구했다. 이 모든 것은 종교개혁 운동의 외곽에 교육을 혐오하는 경향들이 생겨나게 했다. 예를 들면, 안드레아스 보덴슈타인 폰 칼슈타트가 옛 규범을 따라 얻은 박사 칭호를 벗어버렸고, 종교개혁의 편에서 주장된 성경의 명확성을 근거로 특히 대학 학업의 유용성을 문제 삼았고, "안드레스 형제"(Bruder Andres)로 오를라뮌데의

---

349 참고. Bayer, Martin Luthers Theologie, 46-53.
350 참고. Luther, An den christlichen Adel (1520), in: WA 5, 특별히 407-411.
351 참고. Schmeidler, Das spätere Mittelalter, 104-111.

작은 목사직으로 돌아갔다.[352] 그러나 그렇게 명백하게 나타난 반사제주의(Antiklerikalismus)를 반지성주의(Antiintellektualismus)와 연결시킨 흐름들은 특수한 경우일 뿐이었다.

교육의 결정적인 자극은 필립 멜란히톤에서 시작되었다. 처음으로 루터와 만나기 이전에, 그는 1517년 "자유 학문에 대하여"(De artibus liberalibus)[353]라는 강연에서 소위 자유 학문(freie Künste)의 전반적인 교육을 재촉했다. 그는 이 사상을 1518년 8월 28일 비텐베르크 취임 연설 "젊은이 교육의 개선에 대하여"(De corrigendis adolescentiae studiis)[354]에서 다루었고, 본격적인 교육 개혁 프로그램을 펼쳤다. 철학(Artes) 분과 규범의 확장을 통해 그는 언어의 필요성, 특히 헬라어의 필요성을 강조했다. 역사나 신학의 결정적인 본문을 적절하게 해석하는 것이 보장되는 것은 오직 충분한 언어 지식을 통해서 가능하다는 것을 그가 보았기 때문이다. 언어 지식을 통해 특히 교회의 부패를 막을 수 있었다. 멜란히톤은 학문의 참담한 상태와 교회의 폐해들이 긴밀한 관계를 가지고 있다고 보았다. 그의 시각에 따르면, 강의의 개선은 경건과 윤리에도 영향을 주게 될 것이다.[355] "교육"(Eruditio)와 "경건"(pietas)은 서로 함께했다.

루터는 비슷한 생각을 발전시켰다. 그의 편에서 멜란히톤은 주도권을 가지고 교육의 갱신을 위한 생각을 강화시켰다. 두 사람은 당시까지 스콜라 철학을 지배했던 아리스토텔레스주의 교육시스템의 전환과 마찬가지로 당시까지 법학을 규정하고, 신학을 비대하게 했던 교회법의 과도한 비중

---

352 참고. 본서의 158f.
353 MWA 3, 17-28 = CR 11, 5-14; 참고. Müller, Melanchthon zwischen Pädagogik und Theologie, 99-108.
354 MWA 3, 29-42 = CR 11, 15-25; 독일어 번역 in: Melanchthon deutsch 1, 41-63.
355 참고. Müller, Melanchthon zwischen Pädagogik und Theologie, 100-102.

을 교정하는 일에 찬성했다. 이에 대한 대안으로 두 사람은 철저하게 성경으로 돌아가자고 주장했다. 루터는 1520년 자신의 저술 "기독교 귀족들에게"(An den christlichen Adel)에서 고등 교육의 개혁 필요성을 설명하고, 실천적 개혁 제안들을 제시했다. 특히 그는 옛 아리스토텔레스의 교육 프로그램이 "쓸데없는 작업, 연구, 비용으로 그토록 귀한 시간과 정신에 헛되이 짐을 지웠다"(mit unnützer Arbeit, Studieren und Kosten soviel edler Zeit und Seelen umsonst beladen gewesen)고 생각했다.[356] 실제로 도자기공은 자연의 사물들에 대하여 아리스토텔레스의 물리학과 형이상학과 윤리학에서 배울 수 있는 것보다 더 많은 지식을 가지고 있을 것이다.[357] 그러나 이것이 아리스토텔레스에 대한 일반적 거절을 의미하는 것은 아니었다. 루터는 그의 논리학과 수사학과 시학(poetik)은 적절하게 강의되기만 한다면 유용하다고 생각했다. 멜란히톤과 같이 그도 고전 언어인 라틴어, 헬라어, 히브리어에 대한 열심과 수학과 역사에 강조점을 두었다. 적절한 대학 개혁보다 더 고상한 업적은 있을 수 없다. 왜냐하면 이것은 마지막 시대에 전체 기독교에 도움이 되기 때문이다.[358]

교육의 점진적인 개편은 16세기의 흐름에서 대학, 특히 개신교 분파, 그 중에도 비텐베르크의 개신교 분파를 개신교 영역에서 결정적인 권위를 가진 사람들로 만들었다. 그들은 이제 법적으로 신학적으로 의심스러운 경우에 태도와 조언을 요청받는 사람들이었기 때문이다. 특히 교황과 교회 회의는 종교개혁에 동의하는 사람들에게 그들의 권위적 역할을 상실했다.[359] 위계적 성직 구조의 정점에 자리한 교황은 적그리스도로서 거부되었다. 그리

---

356 참고. WA 6, 457f, 인용 458,1f; 전반적으로 참고. Flaschendräger, Luthers Wirken, 26-36.
357 참고. WA 6, 457f. 특별히 458,2-4.
358 참고. WA 6, 458,32-40.
359 참고. Kohnle, Wittenberger Autorität, 189-200.

고 기대하고 있던 보편적 공의회(Generalkonzil)는 개최되지 않았고, 진행되는 신앙고백적 교파의 형성 과정에서 당파적인 것으로 거부되었다.

종교개혁의 동기는 대학 교육뿐 아니라, 초등 교육에도 영향을 주었고, 개인의 삶에까지 매우 큰 영향을 주었다. 새로운 학교들이 설립되었고, 이미 있던 교육 프로그램들은 변경되었고, 학교 규범들은 작성되었다. 그 뒤에 있던 신학적이며 사회적-실제적인 논거들은 루터의 저작 "독일 모든 도시의 의회원들에게, 여러분은 기독교 학교를 세우고 유지해야 합니다"(An die Ratsherren aller Städte deutschen Lands, daß sie christliche Schulen aufrichten und halten sollen)[360]와 그의 "설교, 아이들을 학교에 보내야 한다"(Predigt, daß man Kinder zur Schulen halten sollte)[361]에서 발견된다. 이 "교육 정책"의 프로그램 저작들은 동시에 교육에 혐오적이며 "대중 영합적으로"(populistisch) 논증하는 모든 사상에 대한 종교개혁의 결정적인 대답을 담고 있었다. 그 사상들은 거의 같은 시기에 뉘른베르크, 스트라스부르크, 바젤과 같은 도시들에서 주목을 끌려는 시도를 했었다.[362]

루터의 저작들은 그런 면에서 종교개혁을 위하여 전반적으로 근본적인 중요성을 가졌다. 그의 권면 "의회원들에게"(An die Ratherren)에서 루터는 젊은이들이 언어로 능숙한 학자들에게 교육을 받을 수 있도록 노력했다. 하나님은 사실 사람들에게 성령을 통하여 날마다 새로운 것으로 계시하신다. 하나님이 자신의 복음을 언어적 수단으로 접근하도록 하셨다면, 루터에게 언어와 관련된 수업은 절대적으로 필요한 것이었다. 인문주의자들과 개혁자들은 의사소통뿐 아니라 지성의 훈련에서도, 영적인 것뿐 아니라 자연

---

360 WA 15, 9-53. 참고. Dingel, Luthers Schrift an die Ratsherren, 180-190. 277-280; Jürgens, Luthers Schrift an die Ratsherren, 191-197. 280-282.
361 참고. WA 30/II, 508-588.
362 참고. WA 15, 10.

이성이 예속된 영역인 세상에서도, 언어의 기능을, 무엇보다 고전 언어의 기능을 보았다.[363]

종교개혁의 교육 개혁은 동시에 이전까지의 계급적 사고도 수정했다. 사실 루터도 여전히 중세로부터 이어받은 "교회"(ecclesia)와 "정부"(politia)와 "가정"(oikonomia)의 사회 질서를 고수했다. 그러나 개혁자들에게 교회의 영적인 계급은 더 이상 질적으로 높은 지위가 아니었다. 세속적 책임들, 예를 들면 선한 정부 혹은 가정의 아버지와 어머니의 임무는 "신적 질서와 계급"(göttliche Ordnung und Stand)[364]으로 평가받았고, 영적인 영역과 동등하게 놓였다. 하지만 하나님께서 원하신 선한 질서를 보장하기 위해서는 교육이 요구되었다. 그래서 루터는 양육과 강의가 성경을 열고 하나님의 행하심을 알기 위해 중요한 것은 아니라고 할지라도, 세속적 관점만으로도, 즉 학식 있고 숙련된 사람들을 그들 각각의 책임의 영역에서 소유하는 관점만으로도 소년들과 소녀들을 위한 최고의 학교들을 유지하는 데 충분하다고 주장할 수 있었다.[365]

그럼에도 종교개혁에서 양육과 교육은 무엇보다 우선적으로 신학적인 동기부여를 받았다. 양육과 교육은 사람이 하나님과 갖는 관계에 대한 바른 전제들을 만들어야 했고, 동시에 이런 배경에서 사람이 정치와 교회에서, 사회와 가정에서 필요한 모든 능력도 전달해야 했다. 그래서 루터는 지금까지 경건한 재단에 자신의 돈을 투자했던 모든 사람에게 이제는 학교를 후원하고 젊은이들의 수업을 후원할 것을 권했다. 이런 방식으로 하나님이 원하시는 삶의 질서를 존립시키기 위해 결정적으로 공헌하는 교육을 후원

---

363 참고. WA 15,37-43.
364 WA 15, 44, 11f. 참고. Luther, Kleiner Katechismus, in: BSELK, 894,4-6.
365 참고. WA 15, 44,26-33.

하는 것은 그가 보기에 "하나님과 협력"(cooperatio Dei)하는 것이기 때문이었다.[366]

학교와 대학 제도의 개혁을 위한 결단은 하나님의 의지와도 일치하는 것으로 여겨졌다. 루터의 시각에 따르면 어린이의 교육과 양육은 부모에게 전적으로 위임된 결정이 아니었다. 오히려 그것은 하나님께서 분명하게 요구하신 것이었다. 그는 이를 위해 시편에서(예컨대 시 78:5 이하) 그리고 특히 부모 공경의 계명(신 5:16)에서 증거들을 가져왔다. 그는 부모 공경의 계명을 뒤집어서 자녀에 대한 부모의 책임으로 해석했다. 그는 다음과 같이 주장한다. 부모가 먼저 "가정"에서 자신들에게 책임이 있는 자녀를 양육하고 돌보았을 때, 부모는 십계명에서 명한 자녀들의 존경을 기대할 수 있다. 정말로 젊은이는 좋은 양육과 수업의 권리를 가지고 있다. 그는 이것이 성경에 기초한 것이라고 여겼다.[367] 또한 이와 유사한 논증의 구조들은 종교개혁의 공동 자산이 되었다. 예를 들면, 요한네스 부겐하겐은 1528년 브라운슈바이크 교회 규범(Braunschweiger Kirchenordnung)에서 성경의 세례 명령을(마 28:19f.) 근거로 양육이 하나님께서 원하시는 세례를 보충하는 것이라고 강조했다.[368]

종교개혁은 그렇게 결코 새로운 강의 시스템을 만들지 않았다. 왜냐하면 이 시스템은 대학과 학교들이 중세 후기부터 사용했고, 인문주의의 개혁 동기들을 세워나가고 변경하는 상황이었기 때문이다. 다만 종교개혁은 기존 구조들을 자신들의 목적을 위해 사용했고, 이를 위해 알맞게 변화시켰다. 종교개혁의 교육적 자극이 그렇게 지속적으로 넓은 영향을 끼친 것은

---

366 참고. WA 15, 30f.
367 참고. WA 15,32f. 그리고 48,19-26; 마 18:5f.10.
368 참고. EKO 6/I, 351.

신학적 논거가 교육과 양육의 내용적 형성과 협력하는 작업 덕분이었다. 출발점이 된 개념은 다음과 같다. 사람은 하나님의 피조물로서 영적인 관계와 세속적 관계에서 정의되고, 자신의 세속적인 책임성은 영적 영역의 임무와 동등한 것이다. 그래서 강의와 양육은 모든 사람에게 적용되어야 하며, 더 이상 우월한 것으로 추정되는 개별 계급들에만 머물러서는 안 된다. 양육과 교육의 전달은 이중의 목표에 기여한다. 즉 먼저는 하나님의 말씀을 향한 접근과 사람을 향한 접근을 보장할 수 있는 능력을 전달하는 것이다. 그리고 다른 목적은 사람이 함께 살아가는 구조에 선한 질서가 존재하기 위한 근본적 기초를 놓는 것이다.

3. 실제적 변화 – 비텐베르크와 스트라스부르의 유형

멜란히톤이 비텐베르크에서 취임 연설을 한 직후, 1518년 교육제도를 새롭게 세우기 위한 첫 번째 조치들이 시작되었다. 그의 교육학의 중심에는 두 개의 주된 관심이 있었다.

첫째, 언어 강의와 수사적 연습을 통한 언어적 능력의 교육이다. 여기에 특히 연설(Deklamation)이 포함된다.

둘째, 분류된 학업 과정의 조직이 더해진다. 학업 과정은 학생들의 개별적인 필요에 맞춰져야 하고, 교사들이 감독해야 한다.

이에 맞게 대학의 일상도 변화되었다. 비텐베르크의 로이코레아와 다른 대학들에서도 개혁이 진행되었다. 1527년 마르부르크에 개신교 대학이 설립되었다. 튀빙엔 대학은 1536년 종교개혁으로 향했고, 그라이프스발트(Greifswald) 대학은 1539년 종교개혁의 교육기관으로 다시 열렸다. 선제후령 브란덴부르크(Kurbrandenburg)가 1539년 종교개혁으로 돌아선 것에 맞추어 프랑크푸르트 안 데어 오더(Frankfurt/O.) 대학에 변화가 생겨났고, 같은 시기 1539년 알베르틴 작센(albertinischer Sachen)에서 라이프치히 대학에 변화가 있었다. 1542년 로슈토크(Rostock) 대학이 종교개혁으로 방향을 돌렸다. 1544년 쾨니히스베르크(Königsberg) 대학이 개신교 대학으로서 프로이센의 공작 알브레히트(Herzog Albrecht von Preußen)을 통해 설립되었다. 1548년 예나에 고등 교육기관(Hohe Schule)이 설립되었고, 1558년 황제의 특전을 근거로 대학이 되었다. 1557년 마지막으로 선제후령 팔츠의 하이델베르크 대학이 종교개혁의 정신 가운데 새롭게 조직되었다. 멜란히톤은 여기에서 자주 조언가와 평가자로 개입되었다. 또한 언급된 대학들에서 가르쳤던 그의 제자를 통하여 그의 영향은 도처에 존재했다.

대학 개혁과 함께 학교 제도의 새로운 조직이 이어졌다. 멜란히톤의 잦은 참여 가운데 수많은 학교들이 새롭게 설립되었고 지도자와 함께 세워졌다. 예를 들면, 1525년 아이슬레벤과 마그데부르크의 라틴어 학교가 여기에 속하고, 마찬가지로 1526년 뉘른베르크가 있다. 여기에서는 멜란히톤이 작성한 새로운 교과서들이 사용되었다. 그 교과서 중에 일부는 나중에 가톨릭 학교에서 저자의 이름을 까맣게 칠해버린 후에 사용되기도 했다. 조직적으로 많은 학교가 작센의 학교 계획에 방향을 맞추었다. 그 계획은 "시찰자 교육"(Unterricht der Visitatoren)의 마지막 부분에 포함되었던 것이다.[369] 학급은 3단계로 나뉘었고, 이에 적합한 교육 프로그램이 덧붙여졌다.

도시나 영지의 종교개혁 과정에서 양육과 교육을 구성하기 위한 규정들이 각 정부에 의해 시작되었고, 그들이 공포한 교회 규범이나 별도의 학교 규범으로 확정되었다. 부겐하겐이 작성한 학교 규범과 요한네스 브렌츠

---

[369] 참고. CR 26, 90-96.

에 기원하는 1559년의 뷔르템베르크(Württemberg) 대 교회 규범은 학교 제도의 지속되는 발전을 위한 결정적인 단계들로 간주되었다.[370] 이 교회 규범은 특히 독일 학교의 숫자를 늘리는 데 목적을 두었다. 현실적으로 교육제도를 새롭게 조직하는 일은 수도원의 재산들을 몰수하여 소년 학교와 소녀 학교의 설립을 위해 사용하는 것으로 가능했다. 수도원의 재산은 공익적 목적에 지출하기 위한 "공동 금고"(gemein Kasten)로 변경되지 않았거나 영주의 권력 행사의 의미에서 다른 결정들로 사용되지 않았기 때문에, 폐쇄된 수도원들은 드물지 않게 학교로 변경되었다.[371]

"독일의 선생"(Praeceptor Germaniae) 멜란히톤으로부터 시작한 이 발전은 특히 제국의 북부, 동부, 중부를 사로잡았다. 브렌츠를 통하여 이 자극들은 제국의 남쪽 절반에도 영향을 주었다. 여기에 1537년부터 스트라스부르의 학교장 요한 슈투름은 같은 정도로 주목할 만한 영향력을 행사했다.[372] 그의 영향 아래 생겨난 스트라스부르의 학교조직은 고지 독일의 지역에서 결정적이었다. 또한 그 조직은 기존의 것들에 연결될 수 있었다. 이미 1520년대에 설교자 부처, 카피토, 헤디오가 스트라스부르 의회에 폐쇄된 수도원에 초등학교를 열 것을 요청했기 때문이다. 의회는 바로 얼마 전에 뉘른베르크에 김나지움을 설립했던 멜란히톤에게 다시 조언을 구했다. 그러나 이것이 이루어졌는지는 알려지지 않는다. 다만 분명한 사실은 스트라스부르에서 1528년부터 공립 학교들이 만들어졌고, 1534년 학교제도의 근본적인 새로운 조직이 시작되었다는 것이다.

1536년의 전반적 시찰은 유명한 스트라스부르의 김나지움 일루스트레

---

370 참고. Heppe, Schulwesen des Mittelalters, 61f.
371 세속화된 교회의 재산의 주변에 대하여 참고. Wolgast, Einführung der Reformation und Schicksal der Klöster, 2014.
372 참고. 본서의 235-237.

를 위한 초석이 되었다. 왜냐하면 교사는 부족하고, 강의되어야 할 분과는 많았기 때문에 기존의 라틴어 학교들은 종교개혁 이후 닫혔던 도미니코 수도원에서 하나의 교육기관으로 통합되었기 때문이다.[373] 이 조치는 요한 슈투름에 의해 결정적으로 시행되었다. 그는 의회에 상세한 학교 계획을 제출했고,[374] 이는 1538년 실행되었다. 이 학교 계획은 학교의 편성을 9개의 서로 연결된 학년으로 준비했다. 각 학년에서는 다양한 요소들이 전달되었다. 첫 일곱 학년의 중점은 라틴어의 습득과 숙련에 있었다. 이어지는 두 개의 학년은 표현 기술(Stil)의 개선을 목적으로 했다.[375] 또한 이 김나지움은 통상의 라틴어 학교의 유형을 넘어서, 다섯 개의 다른 학년에서 "lectiones publicae"를 제공했다. 이것은 대학 공부를 준비하는 것이었다. 강의의 내용은 철학, 고전어, 역사, 수학, 신학의 분야를 포괄했다.[376] 훗날 법학과 의학도 가르쳐졌다.

교수 방법과 수학 방법(Lehr- und Lernmethodik) 또한 요한 슈투름이 발전시킨 학교 계획을 통해 "슈투름 방법"(methodus Sturmiana)으로 정해졌다.[377] 비텐베르크 종교개혁자들과 비슷하게 슈투름은 언어와 수사적 능력의 형성에 집중했다. 언어로 학습된 단어와 사물에 대한 이해는 논리적으로 정확한 상황 이해에 대한 능력일 뿐 아니라 경건에도, 즉 sapiens atque eloquens pietas에도[378] 도움이 되었다. 그가 보기에 이것은 신학자들만을

---

373 참고. Schmidt, Vie et travaux de Jean Sturm, 18-31.
374 참고. Mertz, Schulwesen der deutschen Reformation, 146-151; 여기에 내용의 요약이 있다.
375 Schmidt, Vie et travaux de Jean Sturm, 286. 학생의 입학 나이는 5세에서 7세까지다.
376 참고. Schmidt, Vie et travaux de Jean Sturm, 36.
377 학교 조직에 대하여 참고. Schindling, Humanistische Bildungsreform, 110-115, 그리고 Schindling, Humanistische Hochschule, 1977.
378 인용은 다음에서. Schmidt, Vie et travaux de Jean Sturm, 235. 참고. Hahn, Evangelische Unterweisung, 103.

위한 것이 아니라, 훗날 각자의 책임을 맡게 되는 의사들, 법학자들, 시의원들을 위한 것이기도 했다.[379] 수사학을 위하여 아리스토텔레스, 키케로, 헤르모게네스(Hermogenes)에게로 돌아갔다.[380]

슈투름 또한 스스로 교과서를 작성했다. 그 교과서의 강조점은 고전어에 있었다. 그는 고전 라틴어의 강력한 옹호자였다. 이 스트라스부르 사람(요한 슈투름)을 비텐베르크의 교육 개혁의 노선과 구별해주는 것은 바로 이 점이었다. 왜냐하면 비텐베르크와 달리, 슈투름에게 교육의 목적으로서 민족 언어의 숙련은 완전히 뒷전으로 밀려났기 때문이다. 스트라스부르 학생들의 민족 언어 경쟁력은 독일의 중부와 북부의 학교 졸업반들과 비교할 때 오히려 부족했다. 학생들의 종교적 양육과 관련하여, (부처의 요리문답에 근거한) 라틴어 요리문답 강의에 더하여, 헬라어 신약의 발췌 본문의 낭독, 히브리어 문법의 학습, 그리고 모세 오경의 독서가 프로그램에 있었다. 본문을 이해하고, 파악하기 위해 슈투름은 한 본문을 포괄적인 의미 집단(Sinngruppen)과 사실 집단(Sachgruppen)(loci communes)으로 정리할 수 있도록 돕는 멜란히톤의 "총론"(Loci) 방식을 추천했다. 그래서 논리 정연한 사고의 과정을 드러내고, 능력을 기르고, 의미의 관계를 스스로 더욱 발전시킬 수 있도록 했다.[381]

대학을 목적으로 하는 예비 교육으로 이 교육 방식은 매력이 있었다. 스트라스부르 김나지움은 1566년 전문학교(Akademie)의 지위를 얻었고, 1621년 대학이 되었다. 이 김나지움은 당시의 상황에서 엄청난 성황을 누렸고, 유럽의 교육 중심지로 발전했다. 16세기 중반 그곳에서 약 600에서 700

---

379 참고. Schmidt, Vie et travaux de Jean Sturm, 290f.
380 참고. Schindling, Humanistische Bildungsreform, 113f.
381 참고. Schmidt, Vie et travaux de Jean Sturm, 221-299.

명의 학생들이 공부했다.[382] 이것은 유사한 학교가 세워지는 모범으로 영향력을 가졌다. 제국의 남서부에서, 스위스(로잔[Lausanne], 제네바[Genf])에서, 프랑스(님[Nîmes])에서, 폴란드(레바르토브[Lewartow], 오늘날 Lubartow)에서 그 영향을 볼 수 있다.[383] 특히 뛰어난 교사들이 있었다. 그들 중에 1538년에서 1541년까지 스트라스부르에 거주했던 요한네스 칼빈과 1556년에서 1560년까지 신앙의 피난민이요, 법학자인 프랑수아 오트망(François Hotman, 1524-1590)이 있었다. 이런 점은 전 유럽에서 온 귀족 출신 학생들뿐 아니라 시민 출신 학생들에게도 매력적이었다.

비록 비텐베르크와 스트라스부르의 교육의 개혁에 대한 영향이 두 노선으로 구분될 수 있을지 몰라도 교육 프로그램의 방법론적 내용적 형성에 있어, 또한 지리적 영향에 있어 중첩되는 영역들이 많이 존재했다. 심지어 교육 구조에서 비텐베르크와 스트라스부르의 영향이 서로 녹아 있거나, 교사의 구성에서 둘의 영향을 함께 받은 기관들이 생겨나기도 했다. 팔츠-츠바이브뤼켄(Pfalz-Zweibrücken)에 위치한 호른바흐(Hornbach)와 팔츠-노이부르크(Pfalz-Neuburg)의 라우잉엔 안 데어 도나우(Lauingen an der Donau)의 학교들에서 이런 현상들이 관찰될 수 있다.[384]

---

382 참고. Schindling, Humanistische Bildungsreform, 112 각주 15.
383 참고. Vogler, L'Impact du Gymnase, 29-35.
384 참고. Neubauer, Gründung der Landesschule zu Hornbach, 2014; Schindling, Scholae Lauinganae, 261-292.

아. 종교개혁과 제국의 정치

종교개혁이 제국의 특수한 구조로, 황제와 계급 대표들의 정치로 깊이 들어온 것은 영토의 경계에서 보호를 받으며 거의 방해받지 않고 확장되는 상당한 결과를 가졌다. 이 확장의 조건들은 당시 유럽 상황들의 맥락에서 발생한 것이었다. 정치적 대결과 발전은 종교적인 자유 공간을 만들어 주기도, 때로는 제한하기도 했다. 종교개혁의 정착과 특정한 제도적 모습의 각인은 정치적 여건과 긴밀한 상호 작용을 가졌다. 이 여건들은 "루터의 문제"(Causa Lutheri)에도 영향을 주었다.

1. 루터의 로마 재판과 제국의 상황

루터가 하이델베르크(1518)와 라이프치히(1519)에서 공개적인 토론을 벌이기 전, 이미 도미니코 수도회는 1518년 3월 그를 이단으로 고소했다. 1518년 7월 그는 60일 이내에 출석을 조건으로 로마로 소환되었다. 응하지 않을 경우 그는 사제와 교직의 모든 권리를 잃게 될 것이다. 루터는 이 문제를 선제후 현자 프리드리히의 비서인 게오르크 슈팔라틴에게 문의했고, 교황에게 그가 개입해주기를 요구했다. 선제후는 황제와 공동으로, 계획된 루터의 심문을 제국의 경계 내에서 이루어지도록 노력했다. 사실상 프리드리히는 루터를 위해 적극적이었다. 이것은 단지 자신의 대학교수에 대한 동정 때문이 아니라, 오히려 전체 유럽의 세속 정부가 교황의 재판권을 제한하고 조절하려는 전반적인 노력의 맥락에 있는 것이었다. 더 어려웠던 것은 황제 막시밀리안(1508-1519 통치)이 루터의 법적 보호에 찬성하도록 하는 것이었다. 황제는 새로운 교리들을 반대하는 데 있어 교황에게 지지를 약속하였다. 그러나 작센의 선제후는 바로 아우크스부르크 제국회의에 참석 중이던 황제가 루터를 로마로 소환하는 것에 반대입장을 표명하도록 움직일 수 있었다.

교황의 입장은 이탈리아의 가에타(Gaeta) 출신의 토마스 데 비오(Thomas de Vio, 1469-1534), 즉 카예탄이 대표했다.[385] 그는 도미니코 수도회 소속으로 1517년부터 추기경이었고, 당시 교황의 대사로 아우크스부르크에 머물고 있었다. 1518년 8월 23일의 교서(Breve)는 필요한 경우에 세속 권력의 도움을 받아 지체 없이 루터를 체포할 수 있는 권한을 주었다. 이 비텐베르크 사람은 법적으로 중요한 "haereticus declaratus", 즉 완고한 이단으로 여겨졌기 때문이다. 동시에 카예탄은 루터가 자신의 의지로 그 앞에 나타나 참회를 보이는 경우, 그를 다시 교회 공동체로 받아들일 수 있는 전권도 넘겨받았다. 참회하지 않는다면 카예탄은 루터와 그의 지지자들을 제국 전체에서 파문할 권리를 가졌고, 그를 보호하거나 보호하려는 지역들도 파문할 수 있는 권리도 함께 가졌다. 더하여 그 교서는 현자 프리드리히에게 루터를 넘겨줄 것을 요구했다. 카예탄은 수도원의 매우 뛰어난 신학자일 뿐 아니라 뛰어난 외교관이기도 했다. 그는 먼저 교서를 비밀리에 받았고, 로마로부터 루터의 심문을 위해 아우크스부르크로 소환하는 것에 대한 허락을 얻어냈다. 그는 작센의 선제후에게 루터의 견해도 듣고, 또한 그에게 호의적인 상황의 중재를 위한 방안들도 제시하기를 원한다고 약속했다.[386]

그러는 동안 제국회의가 마지막에 이르게 되었던 아우크스부르크에서는 루터와 카예탄 사이에 세 차례의 만남이 있었다. 먼저 1518년 10월 12일 푸거하우스(Fuggerhaus)의 숙소에서 카예탄은 루터를 교황의 이름으로 말하는 세 가지의 요구와 함께 대면하였다. 첫째, 루터는 자신의 잘못들을 철

---

385 참고. Hennig, Cajetan und Luther, 1966.
386 참고. Schwarz, Luther, 69-73.

회해야 한다. 둘째, 그는 어떤 잘못된 교리도 더 이상 주장하지 않겠다고 약속해야 한다. 셋째, 그는 교회에 불안을 만들 수 있는 모든 것을 멀리해야 한다. 그러나 루터는 자신에게 어떤 잘못이 있는지 알지 못한다는 입장을 고수했다.

두 번째 만남은 10월 13일 이루어졌다. 루터는 네 명의 황제 위원들과 한 명의 공증인과 또 다른 증인들이 참여한 가운데 입장했다. 그 증인들 가운데 슈타우피츠도 있었다. 그는 항상 거룩한 로마의 교회(sancta Romana ecclesia)를 위하여 자신을 지킨다고 맹세했고, 자신의 시각에 따라 성경과 교부와 교황의 법령들에서 벗어나지 않았다는 것을 확약하였고, 요구된 철회는 그러한 점에서 그가 심문을 받고, 반박될 때까지는 할 수 없다는 것을 분명히 했다. 차이점들에 대한 대응을 문서로 제출하는 것이 루터에게 허락되었다.

바로 다음 날 다시 두 명의 선제후의 위원들의 참석하에 세 번째 만남이 열렸다. 루터는 자신이 작성한 문서 조각을 넘겨주었다.[387] 그러나 카예탄은 출교를 위협하며 루터가 자신의 입장을 철회해야 한다는 그의 요구를 주장했다.

아우크스부르크에서도 루터는 교황에게 항소했다. 이것은 공증인이 작성한 항소문의 형식으로 나왔다. 해결되지 않는 문제를 법적 방식으로 조정하려는 마지막 시도였다. 이 항소는 대사에게 제출되었고, 10월 22일 아우크스부르크 대성당에 게시함으로 알려지게 되었다.[388] 루터 자신도 체포를 두려워하고 있었다. 바로 그날 밤 그는 친구들의 도움으로 비밀리에 도시를 떠났다. 이론적으로 교황청이 카예탄에게 보낸 교서로 정해진 길을 일관되

---

387 참고. WA 2, 9,16-16,21.
388 참고. Schwarz, Luther 74.

게 계속 따라가고, 루터를 소송 절차를 통해 입증된 이단으로 출교하는 것은 정말 가능했을지 모른다.

그러나 사건들은 다르게 흘러갔다. 왜냐하면 우선 교황청이 여전히 루터의 문제에서 세상의 이목을 적게 받기를 소망했기 때문이다. 이를 위한 최소한의 전제는 작센의 선제후와 친근한 화합이었다. 교황 레오 10세(Papst Leo X)는 그에게 이미 1518년 9월 작센의 귀족 출신인 교황의 신하 카를 폰 밀티츠(Karl von Miltitz)를 통하여 금으로 된 장미(Tugendrose)로 교황의 높은 훈장을 전해주었다. 그래서 동시에 비텐베르크의 교수에 대한 조치를 취할 것을 요청하려 했다. 밀티츠는 루터와도 1519년 1월 5일과 6일 협의를 했지만 성과는 없었다. 현자 프리드리히가 특별히 합스부르크가의 역동적 정치에 반대하는 영향력 있는 대항자로서 여겨졌다는 것은 교황의 관심에 있어 사소한 것이 아니었다. 종교와 정치의 긴장 지대에서 이런 상황은 문제의 진행에 영향을 주었다. 이는 추가적으로 황제 선거를 통하여 폭발력을 가지게 되었다.

1519년 1월 12일 막시밀리안 1세가 사망하였기 때문이다. 1518년 아우크스부르크 제국회의에서 그는 부르군트(Burgund)에서 자란 자신의 조카 칼을 로마의 왕으로 선출하고자 노력했다. 그러나 그는 이 방식으로 자신의 후계자에 대한 영향력을 행사하는 데 성공하지 못했다. 그래서 그가 죽은 후에, 상황은 다시 완전히 열려 있었다. 카를뿐 아니라, 프랑스의 왕 프랑수아 1세도 보좌에 관심을 가졌다. 한때 잉글랜드의 헨리 8세(Heinrich VIII)도 지원했었다. 두 경쟁자는 상당한 선거비용을 끌어왔다. 이 비용은 결혼 선물, 숙박 비용, 매수 비용의 형태로 선제후들과 그들의 의회들에 흘러갔다. 합스부르크가는 851,910굴덴을 투입했다. 이는 단지 확인 가능한 액수일 뿐이었다. 합스부르크가는 아우크스부르크의 은행가 푸거(Fugger)와 무역가 벨저(Welser)에게 요청하여 비용을 조달했기 때문이다. 프랑수아도 비슷

하게 지출했다. 그러나 그를 반대하는 거리낌을 상쇄하기에 그의 재정은 넉넉하지 않았다.[389]

교황도 황제 선거에 관심이 있었다. 제국과 제사장(Imperum und Sacerdotium)의 관계 때문이라기보다 정치 권력적 이유에서였다. 두 명의 지원자들은 이탈리아의 나폴리(Neapel)와 밀라노(Mailand)를 요구함으로 그에게 위협적인 압박을 할 수 있었다. 이 때문에 그는 제3의 가능성을 기대하게 되었고, 선제후 현자 프리드리히와 연결을 가지려고 시도했다. 그는 강력한 제국의 제후일 뿐 아니라, 보수적인 제국법의 의미에서 현행 선거법의 준수도 요구했기 때문이다. 그러나 선거단 내에서 자유로운 선거에 대한 근본적인 일치에 이르고자 하는 그의 노력은 실패했다. 교황청은 프리드리히가 교황청의 뜻을 따라 투표하거나, 심지어 스스로 황제 선거에 후보로 나서도록 움직이게 하고자 전력을 다했다. 그래서 심지어 그의 친구 중의 한 명을 추기경으로 임명하는 제안도 그에게 주어졌었다.[390] 따라서 1518/1519년 카를 폰 밀티츠(Karl von Miltitz)의 임무 또한 이런 관계에서 보아야 한다.[391]

교황청이 현자 프리드리히와의 화합에 관심을 가진 덕분에, 루터 문제는 아직 다음 단계로 진행되지 않았고 재판은 매우 느리게 진행되었다. 교황청은 이 시점에서 선제후들을 거칠게 다루지 않도록 노력했다. 그래서 유럽의 정치적 환경 조건들도 "루터 문제"(causa Lutheri)의 진행에 영향을 주었다. 그래서 종교개혁은 1년 이상 방해받지 않고 확장될 수 있었다. 1519년 6월 28일 합스부르크가의 카를은 만장일치로 로마 왕으로 선출되었다. 그는 아헨(Aachen)에서 즉위식(1520년 10월 23일)을 가진 후, "선출된 로마 황제"로

---

389 재정경제의 문제에 대한 일반적인 것은 참고. Munro, Patterns of Trade, 147-195. 참고. Schilling, Aufbruch und Krise, 194-201, 특별히 200.
390 루터가 추기경으로 임명되는 제안의 대상이었다는 것은 하지만 어디에도 증거가 없다.
391 카를 폰 밀티츠의 협상들에 대하여 참고. Brecht, Martin Luther I, 255-263.

명명되었다. 1519년 7월 3일 그는 현자 프리드리히가 제안한 새로운 황제의 선거 승복서(Wahlkapitulation)에 서명했다.[392]

프랑크푸르트의 황제 선거회의 끝에 (1519년 7월 4일) 작센의 선제후는 트리어의 대주교이자 선제후인 리카르트 폰 그라이펜클라우(Richard von Greiffenklau)와 루터가 다음 제국회의에 법적 소송을 위해 출석하는 문제를 협의했다. 이는 밀티츠와의 대화에서도 이미 협의의 대상이 되었던 것이었다. 사실 이에 대한 교황의 위임은 없었다. 그러나 그것으로 "루터의 문제"는 제국 수준에서 다루어졌고, 교황의 법적 실행을 배제할 수 있는 가능성이 생겨났다. 이 합의는 새로운 황제의 선거 승복서를 통해 뒷받침을 얻었다. 왜냐하면 승복서에서 황제는 제국의 계급 대표들에게, 사전에 제국의 계급 대표들을 통하여 심사되지 않은 경우, 누구에게도 제국의 추방을 판결하지 않을 것을 보편적으로 확약했기 때문이다.[393]

황제 선거 동안 로마의 루터 재판은 정체되었다. 그러나 1520년 1월 9일 교황과 추기경들은 새롭게 루터에 대하여 대처하기를 원한다는 그들의 의지를 표명했다. 루터를 아우크스부르크에서 심문을 통하여 알게 되었던 카예탄은 교황청에 신중해야 한다고 조언했다. 그에 반하여 요한네스 에크(Johannes Eck)는 단호한 대처를 주장했고, 공감을 얻었다. 1520년 6월 15일 파문을 위협하는 교서 "Exsurge Domine"가 작성되었다. 교황의 외교 대리인(Nuntius) 히에로니무스 알레안더(Hieronymus Aleander)는 교서를 라인강변 지역과 네덜란드에 알리는 임무를 받았다. 에크는 파문을 위협하는 교서에 루터와 더불어 파문할 다른 사람들의 이름을 기입할 전권을 받았고, 독일의 남부와 중부에 공포하는 임무를 담당했다. 두 사람은 이를 위해

---

392 참고. DRTA JR 1, Nr. 387; Rogge, Anfänge der Reformation, 160-166.
393 참고. Schwarz, Luther, 76-79.

주교들과 영주들의 도움을 의지했다.

알레안더는 카를 5세와 루뱅의 신학 분과의 지지를 얻었다. 곧바로 10월에 루뱅과 뤼티히(Lüttich)에서 루터의 저작들은 공개적으로 불태워지게 되었다. 에크는 그 교서를 특별히 큰 대학 도시들에서 알리고자 했지만, 성과는 별로 없었다. 그는 도처에서 저항과 어려움에 부딪혔다. 대학뿐 아니라 주교들도 그 교서를 공포할 준비가 되지 않았다. 라이프치히에는 신중한 사람들이 매우 많았고, 그래서 에크는 감히 그 교서를 개인적으로 대학에 넘겨줄 수도 없었다. 마이센(Meißen), 메르제부르크(Merseburg), 브란덴부르크에서 그 교서는 9월 중순 이후에야 게시되었다. 에르푸르트에서는 소동이 일어났고, 에크는 비텐베르크 대학에 그 교서를 중개자를 통해 간접적으로 전달했다. 그래서 사람들은 그 교서가 합법적으로 전달된 것으로 보지 않았고, 그래서 널리 알리지도 않았다.

작센의 선제후는 그 교서를 공포하는 것도, 또한 자신의 영토에서 시행하는 것도 거부했다.[394] 이는 비록 루터가 공적으로 파문을 위협하는 교서를 받는 위치에 있다 하더라도 필연적이었다. 카를 폰 밀티츠가 1520년 10월 이 비텐베르크 사람을 여전히 교황과 화해시키려는 마지막 시도를 행한 후, 루터는 레오 10세에게 대적자들이 이것을 행하고자 할 때도 그가 계속하여 침묵할 것을 제안하는 편지를 작성했다. 라틴어와 독일어로 작성된 이 문서에 그는 자신의 논문 "그리스도인의 자유에 대하여"(Von der Freiheit eines Christenmenschen)를 동봉했다. 그러나 파문을 위협하는 교서의 지속적인 전파는 루터가 날카로운 논조를 갖도록 자극했다. 루터는 그 안에서

---

394 참고. Kohnle, Reichstag und Reformation, 45-84.

적그리스도의 행동을 보았다.[395] 1520년 11월 17일 교서에 지정된 공식적인 철회 기한이 지나기 얼마 전, 그는 기독교와 성경에 대해 의무를 지닌 공의회에 항소했다. 그는 황제와 제후들과 제국의 도시들에 도움을 요청했다. 그가 공정한 재판관들 앞에서 대답할 수 없었기 때문이다.

사실 교황청의 행동들은 루터의 교리에 대한 내용적 반박에 기초한 것이 아니라, 교황의 교리권(Lehrgewalt)에 대한 교회법적 결정들에 기초한다. 그러므로 루터는 교회법에서 특별히 교황의 교령들(päpstliche Dekretale)에서 잘못된 방향으로 향하는 교회의 전권 시행의 구체화를 보았다. 그래서 그는 이것을 적그리스도적이라 평가했다. 교회는 사실상 복음 설교로부터 살아가는데, 이 복음 설교의 영적인 전권은 그의 시각에 따르면 교황제 안에서 사법적, 정치적 전권 요구를 통하여 혼선이 빚어졌다. 루터가 처음에는 망설였지만, 교황의 전체 교회법을 공개적으로 불태우는 계획은 당연해졌다. 1520년 12월 10일 비텐베르크의 동쪽 문, 엘스터문(Elstertor) 앞에서, 책들을 소각하는 사건이 발생했다. 그곳에는 루터와 멜란히톤과 더불어 학생들과 대학의 다른 동료들도 참여했다. 교회법의 다양한 판본들, 파문을 위협하는 교서의 인쇄본, 고해 소책자와 더불어 에크와 히에로니무스 엠저(Hieronymus Emser, 1478-1527)의 저작들도 불 속에 던져졌다.[396] 이 모든 것은 재판의 진행에 있어 어떤 것도 바꾸지 않았다. 1521년 1월 3일 로마에서 교서 "Decet Romanum Pontificem"가 게시되었다. 그 교서로 루터는 교회에서 파문되었다. 그러나 제국에서는 거의 주목받지 못했다.

---

395 참고. Luther, "Adversus execrabilem Antichristi bullam", in: WA 6, 597-612, 그리고 Luther, "Wider die Bulle des Endchrists", in: WA 6, 614-629. 교황과 적그리스도를 일치시키는 것에 대하여 참고. Seebaß, Antichrist, 28-32.
396 참고. Brecht, Martin Luther I, 403-406.

2. 종교개혁에 대한 제국회의의 의미

1) 1521년 보름스 제국회의와 루터의 추방

프랑크푸르트에서 황제 선거를 하고, 카를은 1520년 10월 23일 아헨 대성당(Aachener Dom)에서 축제의 형식으로 대관식을 가졌다. 여기에서 제국의 계급 대표들은 제국 통치에서 자신들에게 확실한 몫을 보장하는 제국법의 개혁에 대한 오래된 희망을 가졌고, 더하여 루터에 의해 발생한 운동 이후, 교황의 재정권이 가진 폐해와 제한에 대한 외적 차단에만 머무를 수 없는 제국 교회의 개혁에 대한 희망도 가졌다. 사람들은 새로운 황제에게 더 많은 것을 기대했다. 그러나 카를은 이 희망에 관심이 없었다. 그는 이전에 네덜란드를 제외하고는 한 번도 제국의 땅에 들어선 적이 없었다. 독일에서 그는 강력하지 않았다.

그가 즉위하고 나서 몇 달 후, 1521년 1월 27일 그는 첫 번째 제국회의를 보름스에서 열었다.[397] 그에게 정치적 문제들이 배경에 있었다. 예를 들면, 프랑스 왕과의 분쟁이나 스페인에서 반란의 진압 등의 군사적 계획들을 위한 신속한 재정적 후원의 동의 문제였다. 그러나 제국의 계급 대표들은 그러한 가문의 권력 이해 다툼에 거리를 두었다. 그들은 제국 문제를 돌보는 사람들로서 제국 통치와 제국 최고법원의 새로운 질서가 다루어져야 한다고 보았다. "루터의 문제"는 계급 대표들의 권리와 황제 권력의 줄다리기 속으로 들어가게 되었다. 루터를 보름스 제국회의 앞으로 소환한 것은 그러한 정치와 교회의 권력 게임의 결과였다. 사실 교회가 정죄한 이단이 여전히 자유롭게 호위를 받으며 제국회의 앞에 소환된다는 것은 황제법에도, 교회법

---

[397] 참고. Kohnle, Reichstag und Reformation, 85-104; Reuter (Hg.), Reichstag zu Worms, ²1981.

에도 위배되는 것이었기 때문이다. 하지만 바로 그 일이 발생하였다.

교황의 외교 대사 알레안더의 영향하에 카를은 사실상 교황의 파문 결정에 따라 결정문을 작성했다. 평소처럼 교회의 판단이 적법한가를 따지지 않고 제국의 추방을 시행하는 결정이었다. 루터와 그의 지지자들이 명령된 기한 내에 철회하지 않았기 때문이다. 그러나 제국의 계급 대표들은 이것을 반대했다. 현자 프리드리히는 루터에 대한 로마의 교리 판정에 있어 공정한 재판관들 앞에서 심문이 선행되지 않았고, 사람들이 그에게 이른바 성경에서 나오지 않은 잘못들을 입증했다고 비난했다. 작센의 선제후가 루터의 교리와 자신을 동일시하지 않았지만, 그는 소송의 적법성을 문제 삼아 몰아갔다. 제국의 다른 제후들도 대부분 루터가 정통신앙을 대변한다고 확신한 것은 결코 아니었지만, 교황의 파문을 관례적으로 따르는 제국 추방의 자동주의를 반대했다.

그러나 이미 막시밀리안 1세 치하에서 언급되었던 독일 국가의 항의들(Gravamina)은 항상 로마 교황청의 권리 실행을 대상으로 했다. 로마의 부실한 경영으로 인한 실천이 이제 다시 언급되었다. 명백한 루터의 반대자인 작센의 게오르크는 성직자를 반대하는 불평들의 긴 목록을 제출했다. 계급 대표들은, 높은 계급이든, 낮은 계급이든 어떤 제국의 구성원도 심문 없이 추방이 공포되어서는 안 된다고 결정한 선거 승복서의 준수를 요구했다. 책임을 맡은 황제의 대사가 계획했던 것처럼, 루터에 대한 판결이 추방으로 결정되고 그의 책들이 불태워져야 한다면, 루터의 설교를 통해 교회의 폐해에 예민하게 된 백성들이 폭동이 일으킬 것이라고 계급 대표들은 주장했다. 알레안더는 이를 다음과 같이 로마에 보고했다. "독일 전체는 명백한 반란 상태입니다. 9/10는 전장의 군호 '루터'를 들고 있습니다. 그리고 루터가 중요하지 않은 나머지 1/10은 최소한 '로마에 죽음'이란 군호를 들고 있습니다.

그들은 모두 공의회의 요구를 그들의 깃발에 썼습니다…."^398 이 상황에서 황제는 루터에게 자유로운 호위를 약속하고 보름스까지 소환했다. 그러므로 루터는 자신의 교리에 관해 토론하기 위해서가 아니라 철회를 위해 왔어야 했다. 그가 철회를 거부한다면 추방은 피할 수 없었다.

이런 배경은 루터가 알지 못하는 것이었다. 그는 보름스로 떠나는 여행을 망설이지 않았다. 에베른부르크 협의의 초대를 그는 거절했다.^399 1521년 4월 17일 그는 보름스의 주교 저택의 궁 숙소(Hofstube)에서 황제와 제국 앞에 섰다. 그의 앞에는 자신의 책들이 있었다. 그가 자신 앞에 놓인 저작들을 고수할 것인지, 아니면 그 저작들의 내용을 철회할 준비가 되어 있는지에 관한 질문에 루터는 숙고의 시간을 요청했고, 다음날 먼저는 독일어로, 그리고 다시 라틴어로 그동안 자신이 작성한 연설을 진술했다. 의견진술은 이 문장들로 끝났다. "왜냐하면 존귀하신 황제 전하께서 간단한 대답을 원하시기 때문에, 그렇게 저는 거슬리지 않은 대답을 삭히는 날카로움 없이 이 정도로 드리려고 합니다. (저는 교황도 공의회들도 그냥 믿지 않는데, 왜냐하면 그들은 여러 차례 잘못을 범했고, 자기 입장을 자기 스스로 반대하는 모순적인 말을 한 경우가 있는 것도 분명하기 때문에) 저는 성경의 증거를 통하여 설득되었거나, 아니면 명백한 근거들을 통하여 설득되었습니다. [그렇게] 저는 제 앞에 열거된 성경에 설득되었고, 하나님의 말씀에 대한 양심에 사로잡혔습니다. 그래서 저는 아직 아무것도 철회하지 않고자 합니다. 왜냐하면 양심에 반하여 행동하는 것은 어렵고, 파멸적이며, 위험하기 때문입니다. 하나님이여 나를 도우소서. 아멘".^400

---

398 인용은 다음에서 Brecht, Martin Luther I, 419. 참고. Kohnle, Reichstag und Reformation, 87.
399 이것에 대한 참고. 본서의 231.
400 WA 7, 876,9-877,6.

황제에게 이 문제는 이렇게 결정되었다. 바로 다음 날 그는 자신의 손으로 제안한 문서와 함께 회중 앞으로 나왔다. 여기에서 그는 믿음과 교회의 보호자로서 합스부르크가의 전통을 근거로 내세웠다. 그리고 공포된 이단으로 루터를 반대하는 조치를 명령했다. 다시 한번 계급 대표들은 루터를 최소한 철회로 해석될 수 있는 진술로 이끌려고 시도했다. 그러나 그는 자신의 견해에 따라 유일한 권위인, 즉 성경의 권위에 방향을 맞추지 않는다면, 제국회의의 평결 아래 전적으로 굴복하는 것을, 그리고 또한 미래의 공의회의 판결 아래 전적으로 굴복하는 것을 거부했다. 루터는 4월 25일 떠나게 되었다. 그에게 3주간 여행 호위는 보장되었다. 그 후에 그는 스스로 안전을 지켜야 했다. 먼저 제국회의의 마지막 즈음 황제는 아직 회의에 남아 있던 몇몇 계급 대표들에게 한 칙령을 인가하도록 했다. 하지만 그 칙령은 모두에게 법적인 구속력이 있던 것은 아니었다.

보름스 칙령은 루터에 대하여 이미 출교된 이단으로 제국 추방을 판결하였다. 그 칙령은 모두에게 그를 체포하고 즉각 이송할 것을 명령했다. 추방된 사람을 돕거나 거주하게 하는 것도 금지되었다. 이 추방은 루터의 보호자들과 지지자들에게도 해당되었다. 그 밖에 그의 모든 저술들은 폐기되어야 했다. 읽는 일과 판매하는 일도 금지되었다. 추가로 제국을 범위로 하는 검열이 지시되었다. 검열의 책임은 주교들과 신학 분과들에 주어져야 했다. 그러나 그러한 결정의 실행은 당시에 이미 환상에 불과하다는 점이 증명되었다. 그 칙령의 시행은 전적으로 제국의 개별 계급 대표들이 이를 위한 조치를 취하는가, 그리고 백성들이 얼마나 강력하게 루터의 교리에 사로잡혀 있었는가에 달려 있었다. 이 칙령은 결코 모든 영토에서 실행되지 못했다. 그러나 이 칙령은 1555년까지 유효하게 남아 있었고, 황제의 제국 정치

의 중요한 수단이 되었다.⁴⁰¹

보름스 칙령을 통하여 루터에게 발생한 직접적인 위험을 그의 영주 현자 프리드리히가 예방했다. 그는 루터가 보름스에서 튀링엔(Thüringen)까지 돌아오는 길에 습격을 당해 납치당한 것처럼 꾸며서 그를 바르트부르크 (Wartburg)에 숨겼다. 이곳에서 루터는 1521년 5월 4일부터 1522년 3월 1일까지 융커 요르크(Junker Jörg)라는 가명으로 살았다.⁴⁰² 그는 수도승의 삭발 머리를 다시 길렀고, 턱수염을 길렀으며 칼을 차고 금 사슬을 둘러서 기사처럼 꾸몄다. 루카스 크라나흐(Lucas Cranach)는 1521년 12월 2일 루터가 당시의 소란을 조정하기 위해 짧은 시간 비텐베르크에 머물렀을 때 그를 보았고, 초상을 그렸다.⁴⁰³ 바르트부르크에 거주하는 동안 현자 프리드리히의 궁 보좌신부였던 게오르크 슈팔라틴은 선제후령 작센의 궁에서 루터의 중재자가 되었다.

2) 1526년 슈파이어 제국회의, 영주들의 교회 지배의 발생과 교회의 질서

1521년 이후의 시기는 합스부르크와 프랑스 사이의 분쟁, 그리고 황제와 교황 사이의 단절로 규정된다. 1524년 프랑스와의 전쟁은 황제 카를에게 불행한 결과를 가져왔다. 메디치가(Medici)의 교황 클레멘스 7세(Papst Clemens VII)는 프랑스의 편에 섰다. 그러나 상황이 바뀌었고, 파비아(Pavia)의 전장에서 1525년 2월 합스부르크 사람은 엄청난 승리를 거두게 되었다. 심지어 그는 프랑스 왕 프랑수아 1세를 얼마 동안 구금하기도 하였다. 교황

---

401 이것에 대한 참고. Kohnle, Reichstag und Reformation, 99-104.
402 바르트부르크 거주에 대하여 참고. Schwarz, Luther, 130-139.
403 판화는 재생산되었다. in: Martin Luther und die Reformation in Deutschland, 205, Nr. 260. 참고. 본서의 153-157.

은 다시 황제에게 향하게 되었다.

1526년 1월 13일 마드리드(Madrid)에서 평화협정이 체결되었다. 그러나 그 평화는 전쟁 협정의 일시적인 끝이었을 뿐이었다. 왜냐하면 프랑수아는 평화 맹세를 하고 자신의 영토로 돌아간 후 1526년 5월 22일 코냑(Cognac) 동맹으로 밀라노, 베니스(Venedig), 피렌체(Florenz), 교회국가(Kirchenstaat)와 연합했기 때문이다. 교황은 프랑수아를 카를 5세에 대한 맹세에서 면제해주었고 스스로 동맹에 가입했다. 이미 1526년 5월 새로운 전쟁의 상황으로 돌입했다. 이 상황은 1527년 로마의 약탈(Sacco di Roma), 즉 황제의 군대가 로마를 약탈한 사건에서 정점에 이르렀다. 그 밖에 제국 동쪽 경계에 오스만 사람들로 인한 지속적인 위협이 존재했다. 그들은 술탄 술레이만(Sultan Suleiman)의 영도하에 헝가리에 접근했다.

이 정치적 상황은 제국의 종교개혁에 반작용을 가져왔다. 이단을 물리치는 것은 황제의 대외정치적 도전들 뒤로 물러나야 했다. 카를의 형제이자 그의 대리인이었던 대공(Erzherzog) 페르디난트(Ferdinand)는 오스트리아의 농민 소요로 인해 그 손이 묶여 있었다. 또한 제후들이 카를의 군사적 승리를 목격한 이후로 합스부르크가의 과도한 권력에 대한 우려도 커져 갔다. 그들 가운데 종교개혁은 점차 영역을 얻어갔는데, 이것은 합스부르크에 대한 반대와도 이렇게 연결되었다. 작센의 선제후 현자 프리드리히의 형제이자 후계자인 견고한 사람 요한(Johann der Beständige, 1525-1532 재위)은 그의 선임자보다 더욱 적극적으로 친개신교 정책을 추진하였다. 헤센의 젊은 지방백작 필립(der Landgraf Philipp von Hessen, 1525-1567 재위)도 마찬가지로 종교개혁의 핵심적 지지자였고, 카를과 페르디난트에 대한 정치 경쟁을 더욱 심화시키는 데 공헌하였다.⁴⁰⁴ 이미 이른 시기에 그는 방어 동맹의 체결을 위해 노력했다. 나머지 제후들 중에서도 동조하는 사람들이 있었다. 개신교 제국 도시 중에서 뉘른베르크와 스트라스부르가 두각을 나타냈다. 그러나 종교개혁 문제의 정치적 대표는 우선 작센과 헤센이었다.

이런 상황 가운데 1526년 6월 25일 슈파이어에서 제국회의가 소집되었다. 아우크스부르크에서 지난 11월 열린 회의가 완료되지 않았기 때문이다. 8월 27일까지 회의가 열렸다. 중점은 1521년의 보름스 칙령의 실행 여부였다. 보통의 경우 제국회의의 본회의에서 황제의 제안이 낭독되고, 그 후에 선제후들, 제후들, 제국 도시들의 세 위원회에서 이것을 심의한다. 즉 황제의 법적 주도권에 따라 제국회의는 이런 방식으로 공의회가 열릴 때까지 일치를 다시 회복하기 위해 보름스 칙령의 실행과 옛 질서의 유지를 위한 조치들을 다루어야 했다. 제국회의는 대공 페르디난트가 인도했다. 그러나 거의 모든 구교 계급 대표들이 자리에 없었고 참석한 대표들은 칙령의 엄격한 실행으로 새로운 혁명적 폭발들이 예상된다며 두려워했다.

농민들의 소요를 경험한 것은 그리 오래된 일이 아니었다.⁴⁰⁵ 더하여 개신교 계급 대표들은 더 많은 황제의 승인을 기대했다. 특히 교황이 자신의 정치적 대적과 연결되었다는 점 때문이었다. 도시들은 개신교 운동을 억압하고, 옛 의식들을 다시 시행하는 것은 불가능하다고 주장했다. 이 주장에 몇몇 제후들도 동조했다. 결국 작성된 제국회의 결정은 성과가 있는 타협을 담고 있었다. 그 결정은 보편 공의회(Generalkonzil) 혹은 최소한 국가 공의회(Nationalkonzil)의 개최 요구를 갱신했다. 보름스 칙령의 실행은 개별 계급 대표의 책임하에 두었다. 요구된 공의회가 개최될 때까지 "마치 각자가 그

---

404 참고. Lies, Historische Einleitung, 9-27.
405 참고. 본서의 316-324.

런 것을 하나님에 대하여, 그리고 황제의 위엄에 대하여 희망하며 책임지는 것을 신뢰하는 것처럼, 자신들의 지역을 위하여 그렇게 살고, 다스리고, [그 것을] 유지하는 것"임을 분명히 했다.[406]

하지만 최종 해결책을 가져올 것으로 기대되는 공의회까지 현재 상태를 문서로 확정하는 이 같은 결정은 단지 임시적인 것이어야 했다.[407] 슈파이어 제국회의의 이 책임 형식은 종교개혁 역사에서 표지석이었다. 그 형식을 종교개혁에 동조하는 계급 대표들은 이제 제국에서 종교개혁의 의미에서 활동해도 되고, 교회를 조직하는 조치를 취해도 된다는 뜻으로 해석했기 때문이다. 1526년 슈파이어 제국회의의 결정은 3년 동안 상대적으로 오랫동안 유효했다. 그 회의는 그렇게 정부가 이끄는 영지의 제후 종교개혁을 위한 조건을 만들었다. 제후 종교개혁은 교회 공동체의 종교개혁 단계를 대체했다. 이것은 오랫동안 영주가 교회를 통치하도록 만들었고 개신교 국가 교회의 형성을 위한 근거가 되었다.

이 발전의 정점에 선제후령 작센이 있었다. 종교개혁의 교회법을 위한 작센의 방식은 표준이 되었다. 현자 프리드리히는 임종의 자리에서 성찬을 두 종류로 받았다. 그가 사망한 후 (1525년 5월 5일) 그의 형제 견고한 사람 요한이 통치를 시작했을 때, 그의 영지는 공개적으로 종교개혁을 지지하는 우두머리를 갖게 되었다. 프리드리히가 공개적인 지지를 항상 회피했음에도 불구하고 그는 종교개혁을 방해하지 않았다. 이미 1522년부터 선제후령 작센에서는 구교 주교의 권위와 지도에 대해 더 이상 언급이 없었다.

1525년 루터는 선제후 요한에게 모든 교구를 시찰할 것을 조언했

---

406 새롭고 완전한 제국의 결정들의 모음, 274 §4. 인용은 다음에서. Kohnle, Reichstag und Reformation, 269.
407 참고. Kohnle, Reichstag und Reformation, 248-276.

다. 이를 위해 영지는 시찰 지역으로 나눠졌다. 1526년 루터의 "독일 미사"(Deutscher Messe)를 따라 예배가 개신교 예배로 변경되기 시작했다. 그러나 루터는 선제후에게 그해 가을, 새롭게 영지의 교회와 학교들의 불만족스러운 상황을 끝내고, 학교들과 교구들을 종교개혁의 의미에서 세우고, 이를 위해 긴급한 경우 수도원의 재산을 사용할 것을 요청하는 것이 필요하다 보았다. 루터가 이를 위해 세속 정부에 도움을 요청한 것은, 그가 이미 1520년 자신의 저작 "그리스도인 귀족들에게"(An den christlichen Adel)에서 했던 제안의 결과였다.[408] 구교의 주교를 허용하지 않기 때문에, 세속 정부들은 비상 주교들로서 교회 지도의 임무를 임시적으로 넘겨받아야 했다. 멜란히톤은 나중에 비슷하게 정부들에게 "praecipua membra ecclesiae"로서, 즉 기독교 공동체의 가장 귀한 구성원으로서, 교회를 이끄는 자격을 주장하고 부여했다. 그들은 "종교를 돌보는 것"(cura religionis)을 계명의 두 번째 판에 대한 파수꾼(custodia utriusque tabulae)으로 이해해야 했다.[409]

선제후 요한은 1527년 시찰 위원회를 조성함으로 반응했다. 시찰 위원회들은 이후 종교개혁의 실행을 위한 중요한 기관이 되었다. 그들의 임무는, 교회와 학교들의 상황을 지역을 따라 조사하는 것이었다. 선제후령 작센의 시찰 위원회는 당시에 한 명의 신학자(멜란히톤), 한 명의 법학자 그리고 두 명의 귀족으로 구성되었다. 1528년 루터도 시찰자로서 함께 활동했다. 교회의 참담한 상황을 시정하기 위하여 멜란히톤은 "시찰자 교육"(Unterricht der Visitatoren an die Pfarrherren im Kurfürstentum Sachen)[410]을 작성했다. 이 글은 1528년 인쇄되었고, 목사들을 지도하고, 개신교적 관계들의 도입을 돕기

---

408 참고. 본서의 88f.
409 참고. Dingel, Kirchenverfassung, 1321.
410 참고. CR 26, 29-95.

위한 것이었다. 이 글은 느슨한 순서 가운데 목사들이 무엇을 설교해야 하고, 어떻게 성례를 베풀고, 어떤 교회의 규범을 따라야 하는지를 설명했다. 루터는 이 시찰 경험들을 통해 기독교 주민교육을 위한 요리문답을 작성하려는 동기를 갖게 되었다. 1529년 그는 대요리문답과 소요리문답을 내놓았다.

"시찰자 교육"과 요리문답은 선제후령 작센의 경계를 넘어서는 영향력을 가졌다. 다른 영토에서도 비슷한 시찰들이 교회의 새로운 제도를 위해 시행되었다. 신학자들이 작성한 교회 규범들은 정부에 의해 구속력 있게 만들어졌고, 이는 대부분 한 영지의 종교개혁 과정의 마지막 작업이었다.[411] 교회 규범들이 "시찰자 교육"에 방향을 맞췄다는 점에서, 교회 규범들은 첫째 교리 부분 "Credenda"와 둘째 실천 부분 "Agenda"로 구성되었다. 그 규범들은 일반적으로 교회의 전체 상황, 즉 교리와 생활, 예배와 법에 관련되었다. 규범들은 영주의 공시를 통하여 법적 효력을 얻었다.

처음에 헤센의 지방백작령은 다른 방식으로 발전을 시도했다. 헤센에서 정부가 주도한 종교개혁으로의 이행은 교회 규범에서 시작되었다. 1526년 "헤센 교회들의 개혁"(Reformatio ecclesiarum Hassiae)[412]을 프란츠 람베르트 폰 아비뇽(Franz Lambert von Avignon)이 작성했다. 이 규범은 예배와 교회의 생활, 교회법, 학교 제도와 수도원 제도를 규정했다. 홈베르크/에프체(Homberg/Efze) 교회 회의(Synode)에서 이 규범은 1526년 지방백작 필립이 동참한 가운데 수용되었다. 그러나 이 규범은 결국 지속적으로 실행되지 못했다. 루터가 이 규범 중에 "율법 덩어리"(Haufen Gesetze)가 있다는 이유로 이 규범을 거절했기 때문이다. 사실 이 규범은 주어진 상황에 적절하지 않

---

411 이것에 대한 전반적인 참고. Wolgast, Einführung der Reformation und Schicksal der Klöster, 2014.
412 참고. EKO 8, 43-65.

앉다. 그러나 지방백작 필립은 프란츠 람베르트를 자신이 새로 설립한 첫 번째 종교개혁 대학인 마르부르크 대학에 초빙했다. 목사들도 종교개혁의 기본 원리에 따라 선출되고 투입되었다.[413]

같은 해 1526년 요한네스 브렌츠는 슈배비쉬-할(Schwäbisch-Hall)과 할(Hall)의 영지를 위해 교회 규범을 작성했다. 이 규범은 예배와 교회의 생활을 종교개혁적 의미에서 규정했다.

북부에서도 종교개혁의 교회 규범들은 정부에 의해 견고해졌다. 고백자 에른스트 공작(Herzog Ernst der Bekenner)의 "첼레 조항서"(Cellsche Artikelbuch)[414]는 첼레(die Stadt Celle)의 설교자들이 공작령 브라운슈바이크-뤼네부르크를 위하여 작성한 것이었다. 이 규범은 저지 독일의 첫 번째 개신교 교회 규범이었다. 먼저 첫 번째 부분의 21개 조항에서 제거해야 하는 폐해들이 진술되었고, 두 번째 부분에서 그것들의 부정확함을 성경으로 증명했다.

교회 규범들의 다른 발전은 많은 내용적인 종속성과 상호 간의 영향들을 분명하게 보여준다. 루터와 멜란히톤의 저술(특히 "독일 미사"와 "시찰자 교육")이 큰 역할을 감당했고, 더하여 뷔르템베르크 사람 요한네스 브렌츠, 뉘른베르크 사람 안드레아스 오시안더, 비텐베르크 사람 요한네스 부겐하겐의 교회 규범의 영향도 큰 역할을 했다. 부겐하겐에게 기원하는 것들은 1528년 브라운슈바이크의 교회 규범, 1529년 함부르크의 교회 규범, 1531년 뤼베크(Lübeck)의 교회 규범, 1542년 슐레스비히-홀슈타인(Schleswig-Holstein)의 교회 규범이 있다. 다른 많은 규범도 부겐하겐의 규범들을 따라

---

413 참고. Müller, Franz Lambert von Avignon, 29-52.
414 참고. EKO 6/I.1, 492-521.

작성되었다.[415]

3) 1529년 슈파이어 제국회의와 신앙의 문제에서 소수의 권리에 대한 다툼

슈파이어 제국회의가 끝난 지 단지 며칠 후, 1526년 8월 29일 헝가리 군대가 모하치(Mohács)에서 이슬람을 따르는 오스만 사람들의 공격에 패배했다는 것이 알려졌다. 이제 라틴 기독교는 대적들에게 무방비 상태로 넘겨진 것처럼 보였다. 그 대적들은 정치적 측면에서뿐 아니라 종교적 측면에서도 두려움의 대상이었다. 이 패배는 황제가 소위 "터키 원조"(Türkenhilfe)의 변경을 요구하게 만들었다. 이 전쟁 세금은 합스부르크의 군대 강화를 위한 것으로 이미 1526년 슈파이어에서 토론되었던 것이다. 1528년 초 제국회의는 이 문제를 새롭게 다루기 위해 레겐스부르크에서 개최되도록 계획되었다. 그러나 이 날짜는 프랑스에 대한 새로운 전쟁 조치로 인해 취소되었고, 1529년 슈파이어 제국회의로 미루어졌다.

두 번째 슈파이어 제국회의를 위한 기초는 그동안 상속을 통해 헝가리의 왕이 되고, 선거를 통해 보헤미아의 왕(1526/1527)이 된 카를의 대리인, 대공 페르디난트가 작성한 제안서였다. 스페인에 머물고 있던 황제의 제안서가 제시간에 도착하지 않았기 때문이다. 이 제안서는 제국 동부의 상황에 대한 특별한 행동을 담고 있었다. 즉각적이고 지속 가능한 "터키 원조"는 그래서 다수의 찬성을 받았다. 그 후에 지속적으로 확장되는 잘못된 교리에 대한 불만들이 표출되었다. 그 결과는 "황제의 명령과 제국 결정의 위반"(Verletzung der kaiserlichen Mandate und Reichsabschiede)이었다. 즉 보름

---

415 참고. Sprengler-Ruppenthal, Kirchenordnungen, 670-686; Sehling, Kirchenordnungen, 458-460.

스 칙령에서 볼 때 "반역, 전쟁, 유혈 사태"(Aufruhr, Krieg und Blutvergießen)가 우려되었다.[416] 다른 영주권을 침범하는 종교개혁적 개입은 금지되었으며 처벌, 특히 제국 추방이 부가되었다. 1526년 슈파이어 제국회의의 결정은 임의적이며, 오용되도록 해석될 수 있었기 때문에 책임 형식과 함께 폐지되어야 했다.

마지막으로 제국 관청(Reichsbehörde)의 유지에 대한 것이었다. 제국 관청은 제국 남부의 오스만 위협으로 인해 정치적 중심과 가까운 레겐스부르크로 옮기기를 원했다. 이런 복잡한 정치적 상황에서 개신교 계급 대표들의 관심은 무엇보다 1526년의 책임 형식[417]의 유지를 확실히 하는 것이었다. 반면 구교의 사람들은 종교개혁적 개편을 위해 책임 형식으로 요구된 법적 근거들을 없애려고 했다. 한 위원회가 소집되었다. 그러나 개신교 사람들은 그 위원회에서 강제적으로 소수로 구성되었다.

사실 모든 것은 1526년 슈파이어의 결정을 폐지하는 것으로 흘러갔다. 결정을 위해 작성된 초안은 다음과 같다. 지금까지 보름스 칙령을 시행한 사람들은 아무 변화 없이 그냥 유지해야 한다. 다른 모든 계급 대표들은 장래의 공의회까지 모든 종교개혁의 변경들 혹은 갱신들을 중지해야 한다. 성례주의적 교리들과 분파들(츠빙글리와 그의 교리의 지지자들을 의미하는데)은 금지되어야 하고, 동일하게 미사의 폐지도 금지되어야 한다. 또한 개신교 지역에서 구교의 미사는 자유롭게 시행되어야 한다. 그 밖에 세례파에 대한 명령도 준비되어야 한다. 인쇄소 면허들은 검열 아래 있어야 한다. 이 모든 것은 왕의 제안서의 요구들과 일치했다. 보름스 칙령은 그렇게 유효하게 유지되었다. 사실 이미 개신교를 도입한 계급 대표들은 여기에서 제외되었다. 그

---

416 참고. Kühn, Geschichte des Speyrer Reichstags, 60f; 참고. DTRA.JR VII/2, 1132.
417 참고. 본서의 279f.

러나 다른 종교개혁의 갱신들은 금지되었다. 작센의 요한과 헤센의 필립과 뤼네부르크의 대사 서기장(Kanzler) 요한 포스터는 이것을 받을 수 없다는 입장을 분명하게 밝혔다. 저항권(Rechtsverwahrung)의 청원이 계획되었다.

1529년 4월 12일 대립하는 진영들 사이에 명백한 단절이 발생했다. 다수는 제국의 정치 노선을 따르기로 했지만, 선제후령 작센의 사무장 그레고르 브뤼크(der kursächsische Kanzler Gregor Brück)는 견고한 사람 선제후 요한, 헤센의 필립, 브란덴부르크-안스바흐의 후작 게오르크, 제후 볼프강 폰 안할트(Fürst Wolfgang von Anhalt), 브라운슈바이크-뤼네부르크의 공작들, 에른스트와 프란츠의 사무장 포스터가 서명한 이의서(Beschwerdeschrift)를 낭독했다. 이 이의서는 하나님의 영광과 영혼의 구원과 관련된 문제에서는 다수의 결정을 따를 수 없다고 기술했다. 서명한 사람들은 다수 결정의 구속력을 그런 이유에서 거부했다. 이 청원은 얼마 후에 시행된 개신교 계급 대표들의 저항(Protestation)의 기초가 되었다. 왜냐하면 페르디난트는 그의 정치 노선에서 벗어나지 않았기 때문이다. 그는 4월 19일 위원회를 통해 작성된 결정의 초안을 확인했다. 이후에 그 초안은 제국회의에서도 다수에 의해 가결되었다. 그것은 1526년의 책임 형식의 최종적 폐기와 보름스 칙령의 강화와 미사의 일반적 용인과 미래의 모든 종교개혁적 갱신의 금지를 의미했다.

황제 대리인은 개신교 계급 대표들의 굴복을 기대했다. 그런 이유로 개신교측 사람들은 논의를 위해 잠깐 회의장을 떠났다. 그리고 돌아온 후 브뤼크의 사전 작업으로 이미 작성되어 준비되었던 저항문을 낭독했다. 그러나 페르디난트와 그의 위원들은 이미 부재한 상태였다. 그래서 다음날 1529년 4월 20일 신학적으로 기초한 확대된 저항문이 그에게 제출되었다. 이 저항문은 이미 신앙고백의 성격을 지니고 있었다. 이 문서와 함께 개신교 제후들은 1526년 슈파이어 결정의 폐지를 반대하는 저항권을 제출하였다. 그러나 페르디난트는 검토를 거부하며 돌려보냈다. 제국회의의 결정은 4월 24일 날인되었다. 제국회의 결정에서 저항문은 그래서 받아들여지지 않았다.

그럼에도 슈파이어의 저항은 1526년의 책임 형식과 동일하게 종교개혁의 지속적 발전의 이정표가 되었다. 이 저항문에 작센의 선제후, 헤센의 지방백작, 브란덴부르크-안스바흐의 후작, 안할트의 제후, 그 밖에 사무장 포스터를 통해 협의를 대표하였던 브라운슈바이크-뤼네부르크의 공작들 에른스트와 프란츠가 서명했다. 그 밖에 참석했던 전체 44개 제국 도시 중 14개의 도시가 함께했다. 1529년 5월 저항문의 본문은 인쇄되어 출간되었다. 인쇄본은 확산되었고, 공적인 게시물로 지정되었다.

그러나 슈파이어 저항이 주목받는 이유는 저항 운동 자체로서가 아니라, 오히려 종교의 문제에서 소수파가 그들의 양심의 호소에 따라 다수의 결정에 반대하여 항의했다는 사실 때문이었다.[418] 그래서 이것을 "저항주의의 탄생 시간"(die Geburtsstunde des Protestantismus)[419]으로 표현하는 것은 적절한 일이다. 믿음의 문제에서 제국법의 합의를 거절한 것은 제국을 정치적인 면에서, 또한 종교적인 면에서도 오랫동안 두 개의 상이한 진영으로 나누었다. 이 진영들은 상응하는 방어 동맹들을 결성했다.[420] 그러나 이런 차이에도 불구하고 양측은 상황이 악화되는 것을 피하고자 노력했다. 슈파이어를 떠나기 바로 전에 왕 페르디난트는 한편으로 제국회의의 다수와 함께 대화했고, 다른 한편으로는 저항하는 제후들의 믿음의 소수성에 평화의 약속을 주었다. 한 가지 확실히 해두고자 했던 점은, 어떤 쪽도 자신들의 입장을 폭력적으로 주장하지 않는 것이었다. 그렇게 제국회의가 끝나고 나서

---

418 이것은 하지만 세례파와 관계가 없다. 저항하는 계급들은 구교의 계급들과 함께 세례파에 반대하는 제국의 동일하게 결정된 명령을 지지하였다.
419 Bornkamm, Geburtsstunde des Protestantismus, 112-125.
420 참고. Dingel, Ringen um ein Minderheitenrecht, 225-242.

믿음의 문제와 관련된 무력 사용의 정지상태가 찾아왔다. 이 상태는 제국회의의 다수가 저항하는 소수에게 자신들의 결정들을 실행에 옮기기를 포기하는 것을 포함했다.

4) 1530년 아우크스부르크 제국회의와 종교개혁의 신앙고백 형성

1529년 슈파이어 제국회의와 1530년 아우크스부르크 제국회의 사이 개신교 동맹 체결을 위한 노력이 있었다. 동맹은 신학적 차이의 극복을 전제했다. 당시의 신학적 차이는 무엇보다 루터와 츠빙글리와 그들의 지지자들 사이의 성찬 문제에서 타오르고 있었다.[421] 1529년 마르부르크 종교대화(Das Marburger Religionsgespräch)는 헤센의 지방백작 필립이 열정적으로 종교개혁의 두 중심지, 비텐베르크와 취리히 사이의 화해를 이루기 위해 노력한 것이었다. 그러나 그 대화는 소기의 목적을 달성하지 못했다. 성찬 문제는 신학적 쟁점으로 남아 있었다. 그리고 지방백작의 정치적 동맹 계획들도 현실화되지 못했다. 작센의 선제후는 그런 이유에서 츠빙글리의 성찬 교리로 기울어지는 모든 사람을 포기하고 믿음과 교리에서 일치하는 계급 대표들의 특별한 동맹을 계획했다. 이를 위해 17개의 슈바바흐 조항들(die 17 Schwabacher Artikel)[422]이 기초가 되었다. 이 조항들은 슈파이어 저항에 뒤이어 브란덴부르크-안스바흐의 후작의 제안으로 필립 멜란히톤과 마틴 루터가 책임을 지고 작성한 것이다. 이 조항들은 슈바바흐 회의(Schwabacher Konvent, 1529년 10월 16-19일)에서 고지 독일의 도시들에 제시되었다.

그러나 동맹은 이 기초 위에 세워지지 않았다. 황제는 다음 제국회의를 공고했다. 1530년 2월 볼로냐(Bologna)에서 교황 클레멘스 7세(Papst

---

421 참고. 본서의 166-177.
422 Vgl. BSELK, QuM I, 37-42.

Clemens VII.)에 의해 다시 한번 황제 대관식을 거행한 카를은 여전히 볼로냐에 머물면서 1530년 4월 8일 아우크스부르크에 제국회의를 소집했다. 그 공고문에는 협의 주제로 이미 1529년 빈(Wien) 앞까지 진군했던 오스만의 위협에 대한 방어와 논란 중인 종교적 상황의 중재가 기록되어 있었다. "견해들을 일치하는 기독교 진리로 가져와, [반대들을] 조정하고, [또한] 양측에서 잘못 해석되거나, 그렇게 다뤄진 모든 것을 해소하기 위하여, 좋은 생각과 견해를···듣는 것"[423]이 다뤄져야 했다. 그래서 작센의 선제후 견고한 사람 요한은 비텐베르크 신학자들에게, 교리와 의식에서 논란이 되는 문제들을 논의하기 위해 모일 것을 요청했다. 이 모임에서 그들은 개최될 제국회의의 협의에서 얼마나 멀리 나갈 수 있을까를 심사숙고했다. 이 논의의 결과는 토르가우(Torgau)에서 제출되었다. 아마 멜란히톤이 1530년 3월 27일 소위 "토르가우 조항"(Torgauer Artikel)을 전달했을 것이다. 하지만 그 내용이 "토르가우 조항"인지 분명하게 확인할 수 있을 만한 문서는 남아 있지 않다. 확실한 것은 교회의 필요에 집중하는 몇몇 입장 표명들이 있었다는 점이다.[424]

1530년 4월 3일 작센의 선제후, 마틴 루터, 필립 멜란히톤, 유스투스 요나스는 함께 아우크스부르크로 떠났다. 루터는 추방된 상태였기 때문에 제국회의에 참석할 수 없었고, 선제후령 작센의 가장 가까운 경계지인 방어성 코부르크(die Veste Coburg)에 돌아가 머물렀다. 이미 그곳에서 멜란히톤은 함께 가져간 본문들을 가지고 작업하기 시작했다. 여러 번의 수정 작업 가운데 아우크스부르크 신앙고백(Confessio Augustana)이 탄생했다. 이 신

---

423 Förstemann (Hg.), Urkundenbuch, 8.
424 Seebaß는 유감스럽게도 출판되지 않은 그의 논문에서 이 주제를 다루었다. "Die kursächsischen Vorbereitungen auf den Augsburger Reichstag von 1530 - Torgauer Artikel?" 또한 참고. BSELK, 66.

앙고백의 첫 부분은 슈바바흐 신앙고백과 그것을 바탕으로 한 둔 루터의 마르부르크 조항들을 기초로 작성했다.[425] 아우크스부르크 신앙고백의 작성에 루터는 참여하지 않았다. 선제후는 평가를 위해 본문을 받은 후에 돌려보냈다. 그는 1530년 5월 15일 본문을 인정하는 글과 함께 아우크스부르크로 돌려보내며, 다음과 같이 진술했다.

"나는 마기스터 필립의 변증서(Apologia [=아우크스부르크 신앙고백])를 훑어보았습니다. 그것은 제게 매우 마음에 듭니다. 그리고 개선하거나 변경할 어떤 것도 알지 못합니다. 저도 받아들일 것입니다. 왜냐하면 저는 그렇게 부드럽고 조용하게 나타날 수 없기 때문입니다. 그리스도, 우리 주여, 우리가 소망하고 구하는 것처럼 크고 많은 열매를 맺도록 도우소서. 아멘!"[426]

사실 아우크스부르크 신앙고백이 목적한 것은 종교개혁에 뜻을 같이하는 사람들과 구교의 사람들을 가능한 한 하나의 신앙고백 아래 함께 묶는 것이었기 때문이다. 그래서 신앙고백은 분리하기보다는 통합하려는 성격을 지니고 있었다. 멜란히톤은 그 성격을 조항의 개념과 작성에서 세련되게 표현하려고 시도했다.

아우크스부르크 신앙고백은 비텐베르크에서 시작한 종교개혁 교리가 옛 교회에서 벗어났다는 오해를 불식시키고 싶어 한다는 점과 성경에 일치한다는 점을 분명하게 강조했다. 미사와 교황제에 대한 종교개혁의 비판은 두 번째로 물러났다. 신앙고백은 그 차이들을 몇몇의 작은 폐해들로 줄이려 시도했다. 이런 의미에서 아우크스부르크 신앙고백은 첫 부분(1-21 조항)에서 믿음과 교리를 다루었다. 둘째 부분(22-28조항)에서 잘못된 사용으

---

425 참고. 본서의 176.; BSELK, QuM I, 43-46.
426 (독일어 인용은 다음에서) Tschackert, Entstehung, 283. 이 진술은 몇몇 오해의 동기를 제공했다. 이와 관련해서 멜란히톤은 부당하게 조용히 들어오는 사람(Leisetreter)으로 비난받았다. 여기에 실제로 표현된 루터의 놀람은 주의깊고 멋지게 논지를 펼친 친구이자 동료에 대해 말한 것이었다.

로 인해 변질된 생활, 의식, 교회의 질서를 다루었다.⁴²⁷ 8명의 제후들과 두 개의 제국 도시가 신앙고백에 서명했다. 그들은 이미 슈파이어 저항에 책임이 있었던 사람들, 작센의 선제후 요한, 브란덴부르크—안스바흐의 후작 게오르크, 브라운슈바이크—뤼네부르크의 공작 에른스트, 헤센의 지방백작 필립, 작센의 선제후 공자(Kurprinz) 요한 프리드리히, 에른스트의 형제인 브라운슈바이크-뤼네부르크의 프란츠, 안할트의 제후 볼프강, 만스펠트의 공작 알브레히트가 있었고, 그 밖에 도시로는 뉘른베르크와 로이틀링엔(Reutlingen)이 있었다.

황제는 제국회의에서 신앙고백을 넘겨받는 것 자체로 매우 만족스러워했을 것이다. 그러나 개신교 계급 대표들은 독일어 본문의 공식적인 제출을 주장했다. 이 임무를 넘겨받고, 1530년 6월 25일 독일어 원고를 황제와 제국 앞에 낭독한 것은 선제후 작센의 부사무장 크리스티안 바이어(der kursächsische Vizekanzler Christian Beyer)였다. 카를 5세는 부족한 독일어 실력 때문에 낭독을 따라갈 수 없었다. 그는 후에 독일어본과 라틴어본을 받았다. 멜란히톤의 독일어 원고는 마인츠의 관청에 보관되었다. 그러나 바로 없어진 것으로 여겨졌다. 라틴어본은 브뤼셀(Brüssel)의 황제 기록실(Archiv)로 가져갔고, 후에 알바의 공작(Herzog Alba)을 통해 스페인으로 이송되었고 그곳에서 없어졌다.⁴²⁸ 원고들은 그렇게 더 이상 존재하지 않는다. 그래서 멜란히톤을 통해 마련된 1531년 첫 번째 인쇄판이 오늘날까지 보존된 신앙고백 중 가장 이른 출처다.⁴²⁹

---

427 CA와 Apologie의 작성에 대하여 참고. Lohse, Dogma und Bekenntnis, 81-94. 그 밖에, Maurer, Historischer Kommentar I ²1979, II 1978.
428 펠리페 2세(Philipp II)는 알바의 공작에게 1569년 2월 18일, Confessio Augustana를 스페인에서 없애는 것을 도와 달라 요청하였다. 그것은 아마도 후에 이루어졌을 것이다. 참고. BSELK 1198f, 각주 63.
429 편집 in BSELK, 63-225.

아우크스부르크 신앙고백에 더하여 두 개의 다른 신앙고백들이 제국회의에 제출되었다. 하나는 네 도시 신앙고백(Confessio Tetrapolitana)[430]이고, 다른 하나는 믿음의 추론(Fidei Ratio)이다. 마틴 부처가 작성한 네 도시 신앙고백은 이미 그 이름에서 알 수 있는 것처럼 스트라스부르, 콘스탄츠, 멤밍엔, 린다우 네 개의 고지 독일 도시들이 공동의 신앙고백으로 만든 것이었다. 그들은 아우크스부르크 신앙고백의 10번 조항에 기술된 성찬 교리를 따를 수 없었고, 부처의 신앙으로 표현된 종교개혁의 길을 그들의 신앙고백으로 문서화했다.[431]

"믿음의 추론"[432]은 훌드리히 츠빙글리가 1530년 "믿음의 해명"(Rechenschaft des Glaubens)으로 아우크스부르크로 보낸 것이다. 이 고백은 각각 정치적으로 영향력 있는 제국의 계급 대표들과 도시들이 서명한 두 개의 신앙고백에 비하여, 오히려 개인적 신앙고백의 특성을 가졌다. 즉 "기독교 도시권"(das christliche Burgrecht)을 가진 도시들, 즉 취리히가 주도하는 종교개혁에 동의하는 고지 독일과 스위스 동맹 도시들이 공동의 신앙고백으로 하나가 되어 이것을 황제의 서류로 제국회의에 제출하고자 했던 것이다. 그러나 이 일은 성공하지 못했다. 그래서 츠빙글리는 자신의 이름으로 말하기로 결심했다. 그의 "믿음의 추론"은 그의 신학의 믿을 만한 증거다. 그의 신학에서 루터와 멜란히톤의 성찬 교리에 대한 반대는 분명하게 나타났다.

아우크스부르크 신앙고백은 종교개혁의 진행에 있어 가장 지속적인 영향을 가지게 되었다. 무엇보다 영향력 있는 일련의 제국의 계급 대표들이 아우크스부르크 신앙고백에 서명한 고백자로서 약속했다는 것이 중요했

---

430 편집 in BDS 3, 36-185.
431 이것에 대하여 참고. 본서의 236f.
432 참고. CR 93/II, 753-817; Zwingli, Schriften IV, 93-131.384f.

다. 황제는 이 때문에 명망 있는 구교의 신학자들, 요한네스 에크, 요한 파브리, 요한네스 코흘래우스(Johannes Cochläus)를 소집하여 아우크스부르크 신앙고백을 반대하기 위한 문서를 작성하도록 했다. 8월 3일 그들이 작성한 "반박서"(Confuatio)[433]가 계급 대표들 앞에서 낭독되었다. 황제는 그것으로 아우크스부르크 신앙고백이 사실상 반박되었다고 보았다. 제국회의와 동시에 중재 협상들이 정해졌다. 그러나 그 협상들은 성과 없이 흘러갔다. 멜란히톤이 작성한 "아우크스부르크 신앙고백 변증서"(Apologie der Confessio Augustana)[434]를 통해 개신교인들은 새롭게 발언권을 가졌다. 변증서는 아우크스부르크 신앙고백의 개별 조항을 다루고, 상세한 해설을 제공했다. 그러나 황제는 역시 변증서를 받지 않았다. 로테르담의 에라스무스가 주도한 모든 중재 시도는 실패했다.

11월 19일 결국 제국회의의 결정이 이루어졌다. 하지만 종교개혁에 동의하는 대부분의 계급 대표들은 부재한 상황이었다. 그들은 변증서가 거부된 후에 제국회의를 떠났기 때문이다. 결정은 다시 1521년 보름스 칙령을 새롭게 확인하였다. 그 칙령 이후에 발생했던 저항들과 제국회의 결정들은 아무것도 아닌 것으로 공포되었고, 폐지되었다. 모든 이단적 사조들은 금지되었다. 예배와 교회의 외적 질서에 도입되었던 새로운 것들은 다시 원래대로 돌려져야 했다. 성직자들의 재산과 수입들은 다시 회복될 수 있었다. 그 동안 결혼을 했던 성직자들은 처벌의 위협을 받았다. 설교, 책의 인쇄, 책의 거래는 이제 강력하게 감시되어야 했다. 종교개혁에 동의하는 계급 대표들의 구교 하층민들에게 보호와 재산상 손해 없는 퇴거가 보장되었다. 성직자의 재산을 압수하거나 압수하려는 계급 대표들에 반대하는 탄원이 제국

---

433 참고. Immenkötter, Confutatio, 73-212.
434 참고. BSELK, 227-709.

의 최고법원에 제기될 수 있게 되었다. 옛 교회의 제도는 영토 평화의 보호 아래 세워졌다. 아우크스부르크 신앙고백을 고수하는 계급 대표들에게 이 결정은 그들이 이제부터 영토 평화를 깨는 사람들로서 제국의 최고 법원을 통해 고소될 수 있다는 것을 의미했다. 그것에 대한 대응으로 황제는 1년의 기한 안에 공의회의 소집을 돕겠다고 약속했다. 이로써 종교 분열은 제국법의 측면으로 올려지게 되었다.

동시에 아우크스부르크 신앙고백은 저항하는 계급 대표들의 믿음과 교리에 대한 해명서로서, 정치적으로 법적으로 중요한 문서의 역할을 하게 되었다. 이 문서는 1531년에 결성된 슈말칼덴 동맹의 신앙고백의 기초가 되었고, 곧 또한 이어지는 휴전 혹은 평화 결정의 법적인 기준점이 되었기 때문이다.

5) 슈말칼덴 동맹, 권력의 다툼, 첫 번째 종교 평화 결정들

안전하지 않은 외부 정치 상황으로 인해 아우크스부르크 제국회의 결정의 실행은 생각될 수 없었다. 그러나 종교개혁에 동의하는 계급 대표들의 위험은 없어지지 않았다. 옛 동맹의 계획들이 다시 살아났다. 동시에 종교개혁자들을 통하여 주장된 세 계층 교리(politia - ecclesia - oikonomia)의 기초에서 하나님께서 정하신 것으로 이해되는 저항권 혹은 정당방위권에 대한 고려가 황제의 정부에 반대하여 생겨났다. 비텐베르크 신학자들 루터와 멜란히톤뿐 아니라, 법학자들 중에서도 1520년대 이후 정당방위에 대한 권리가 언급되었다. 이 토론은 아우크스부르크 제국회의 이후에 다시 불붙게 되었다. 그 토론에서 법학자들은 신학자들과 달리, 합법적 반대무장을 옹호했다. 신학자들도 상위 정부에 대하여 하위 정부가 하층민을 보호할 의무를 주장하였다. 그러나 정당방위의 신학적 합법화를 그들은 거부하였다. 개별 그리스도인과 하층의 사람들은 고난을 각오하고 자신의 개인적 믿음과

고백의 결정으로 인한 결과들을 맞이해야 했다.[435]

1530년 12월 22-31일 고지, 중부, 저지 독일의 개신교 계급 대표들이 방어 동맹에 대하여 논의하기 위해서 슈말칼덴에 모였다. 방어 동맹은 다른 지역과 연관된 조치들로 인해 발생할 수 있는 공격에 대한 방어를 돕기 위한 것이었다. 사실상 동맹이 이루어졌다. 방어 동맹의 계약은 1531년 2월 27일 결성되었다.[436] 다음과 같은 참여자들이 함께했다. 작센의 선제후 요한, 헤센의 지방백작 필립, 브라운슈바이크-그루벤하겐의 공작 필립, 브라운슈바이크-뤼네부르크의 공작 에른스트, 안할트의 제후 볼프강, 만스펠트의 두 백작들, 도시로는 브레멘과 마그데부르크가 있었다. 단지 프랑켄 지방의 무리들, 즉 선제후령 브란덴부르크, 도시 뉘른베르크, 빈트스하임(Windsheim), 바이센부르크(Weißenburg), 슈바벤의 이웃 도시들, 할과 하일브론(Heilbronn)은 동맹에 참여하지 않았다. 그들의 견해는 황제에 대한 능동적 반대는 용납되지 않고 위험하다는 것이었다. 그들과 반대로 고지 슈바벤 도시 스트라스부르, 울름, 콘스탄츠, 멤밍엔, 린다우, 비버라흐(Biberach), 이즈니(Isny) 그리고 저지 슈바벤 도시 로이팅엔은 동맹에 참여했다. 고지 독일의 도시들이 슈말칼덴 동맹에 받아들여진 것은 무엇보다 부처의 능숙한 협상 덕분이었다.[437] 동맹은 신앙고백의 일치를 정치적 일치의 전제로 삼았기 때문이다. 그것이 의미하는 것은 아우크스부르크 신앙고백에 가입하는 것을 의미했다. 동맹의 주요 집단은 작센의 선제후와 헤센의 지방백작으로 여겨졌다.

슈말칼덴 동맹의 강도와 영향은 정치적 상황에 따른 황제의 강력함과

---

435 참고. Wolgast, Wittenberger Theologie, 165-200.
436 참고. Haug-Moritz, Der Schmalkaldische Bund, 1-24.
437 이것에 대하여 참고. 본서의 265-297.

상호 작용 가운데 있었다. 1531년 1월 초 황제의 형제 페르디난트가 다수의 선제후들에 의해 로마의 왕으로 선출되었다. 그 선거는 카를이 황제의 직위를 합스부르크 왕가에 묶어두려는 의도와 관계가 있었다. 항상 로마의 왕이 나중에 황제의 직위를 얻었기 때문이다. 선거는 작센 선제후의 저항에도 불구하고 이루어졌고 새로운 전선이 생겨났다. 1531년 10월 구교임에도 합스부르크를 싫어하는 바이에른(Bayern) 공작들이 슈말칼덴 동맹과 연결하려 했다. 동맹은 저항하는 다른 계급 대표들의 가입을 경험했다. (1531년 뤼베크[Lübeck], 괴팅엔, 브라운슈바이크, 고슬라르[Goslar], 아인베크[Einbeck], 에슬링엔[Esslingen]) 1532년 봄, 동맹은 구성원의 투표의 수, 위급할 때 편성할 수 있는 군대들에 대한 명령, 그들의 유지를 위한 분담금의 문제를 규정하는 규약을 만들었다. 그 최종판은 1533년 7월에 만들어졌다. 황제를 반대하고 종교개혁에 동의하는 반대편은 견고해졌고 외국의 권력들, 즉 잉글랜드와 프랑스에 연결을 시도했다.[438]

권력 다툼 중 새로운 문제들이 1532년 여름 발생했다. 거대한 오스만 군대가 술탄 술레이만 1세의 영도하에 직접 제국의 경계 앞까지 진격해왔고 오스트리아의 영토를 위협했다. 황제에게 가장 중요한 것은 같은 해 레겐스부르크에 소집된 제국회의가 충분한 "터키 원조"를 승인하는 것이었다. 그러나 슈말칼덴 동맹에서 하나가 된 제후들은 긴급한 필수적 지원을, 황제가 그들에게 뉘른베르크에서 약속한 휴전 중에 최고 재판 과정의 중지를 승인하고, 종교개혁에 동의하는 사람들을 반대하는 폭력적 행위를 거절한 후에야 응해 주었다. 하지만 성례주의자들[439]과 세례파들은 이 "뉘른베르크 휴전"(Nürnberger Anstand)에 포함되지 않았다. 사실 황제는 오스

---

438 이것에 대하여 참고. Dingel, Melanchthon und Westeuropa, 105-122.
439 이 표현에 대하여 참고. 본서의 285 그리고 299f.

만을 방어하는 데 성공했지만, 상황은 불확실하게 남아 있었다. 그래서 그는 뉘른베르크 휴전을 확대할 수밖에 없었다. 1539년 4월에 체결된 프랑크푸르트 휴전(Frankfurter Anstand)은 1532년부터 아우크스부르크 신앙고백에 가입된 모든 사람에 대한 휴전으로 확장되었다. 이 휴전은 개신교 계급 대표들에게 황제의 체포와 제국 최고 재판의 조치 앞에서 15개월의 보호를 보장했고, 계류 중인 재판을 면제했다. "아우크스부르크 신앙고백의 동족들"(Augsburger konfessionsverwandten)은 그들이 지금 불려지는 것처럼, 자신들의 편에서 어느 누구도 더 이상 슈말칼덴 동맹에 받아들이지 않고 "터키 원조"를 시행할 의무가 있었다. 더하여 종교 대화가 약속되었다. 이 대화는 1539년 뉘른베르크에서 열렸으나 최종 목적을 이루지는 못했다. 두 협약, 1532년 "뉘른베르크 휴전"과 1539년 "프랑크푸르트 휴전"은 제국의 첫 번째 종교 평화로 간주될 수 있다. 그것들은 슈말칼덴 동맹으로 조직된 개신교도들에게 시간적으로 한정되고, 제한된 용인을 보장했다.[440]

---

440 "종교 평화"(Religionsfrieden)의 정의에 대하여, 그리고 프랑크푸르트 항의에 대하여 참고. Dingel, Religion in the Religious Peace Agreements, 392f. 394-399.

자. 일치를 위한 노력

기독교의 초기 역사에서부터 이미 정부와 종교 사이에 긴밀한 관계가 존재한다는 점은 확실했다. 정부는 계속하여 종교적 일치를 만들고 지키기 위한 조치들을 행했다. 정치 공동체가 자신을 그리스도인의 몸(corpus christianum)으로 이해했기 때문이다. 이것은 구약에서 나온 견해와 연결될 수 있었다. 거짓 종교를 보호하거나 전파한 권력자는 자신과 나라에 대한 하나님의 처벌을 초래했다.[441] 종교의 일치는 사회정치적으로 매우 중요했다. 경험에 따르면 종교에서 발생하는 반대 운동은 불안을 야기하고 최악의 경우 반란과 폭동으로 나아가기 때문이다. 그래서 종교로 인한 분리를 극복하려는 시도가 생겨났다. 기독교의 진리는 항상 오직 하나일 수밖에 없고, 교회의 하나 됨 안에서 실현될 수 있기 때문이다. 이미 1520년대 로테르담의 에라스무스는 종교적 평화의 회복을 위한 계획을 추진했다. 이 프로그램을 그는 1533년 바젤에서 인쇄된 저작 "회복되어야 할 교회의 일치에 관한 책"(Liber de sarcienda ecclesiae concordia)에서 제시했다. 일치를 위한 노력 가운데 신학적 동기들과 정치적 동기들은 서로 제한하거나 강화될 수 있었다. 일치의 논의들과 종교 대화들은 종교개혁의 한 세기 동안 계속하여 진행되었다.[442] 그것들을 통해 구교와 종교개혁 측의 결합이 시도되었고, 더하여 종교개혁 내부의 차이들을 조정하려는 시도도 있었다.

---

441 참고. 예를 들면 왕상 22:13-40; 사 13-19장; 호 6:7-10:15; 미 1-3장. 참고. Dingel, Biblische Typenbildung, 34-40.
442 참고. Hollerbach, Religionsgespräch, 1982; Müller (Hg.) Religionsgespräche der Reformationszeit, 1980.

1. 비텐베르크 일치 (1536)

1534년 카아덴(Kaaden) 협약으로 뷔르템베르크의 공작 울리히(Herzog Ulrich von Württemberg, 통치 1498-1519, 1534-1550)는 세례파와 성례주의자들을 용인하지 않는다는 조건하에 자신의 땅에 돌아올 수 있게 되었다. 이 협약은 신학적 진영을 무엇보다 성찬 교리의 이해에서 한층 더 분명하게 드러냈다. 영토 평화의 위반으로 인해 1519년 추방되었던 뷔르템베르크 공작을 다시 복권하기 위해 지방백작 필립은 합스부르크가를 반대하여 능숙한 군사 행동을 펼쳤다. 울리히는 그런 이유로 지체 없이 종교개혁을 도입하기 시작했다. 그는 고지 독일의 마틴 부처가 대표하는 신학적 방향에 속한 암브로시우스 블라러(Ambrosius Blarer, 1492-1564)와 비텐베르크의 성향을 가져왔던 에르하르트 슈네프(Erhard Schnepf)를 초빙했다. 비록 두 신학자들이 1534년 슈트트가르트 일치(Stuttgarter Konkordie)에서 공동의 성찬 이해로 일치했음에도 갈등은 사라지지 않았다.

스트라스부르에서 시작한 고지 독일의 종교개혁은 공작 울리히와 연결된 것으로 여겨졌다. 고지 독일의 종교개혁은 성찬 이해에 있어 츠빙글리의 교리에 가까이 갔고, 그래서 성례주의자들(Sakramentierertum)로 낙인이 찍힐 위험이 있었고, 이런 상황은 해명이 필요했다. 그래서 고지 독일인들은 헤센의 지방백작에게 비텐베르크 신학자들과 대화를 진행하기를 요청했다. 이것이 스트라스부르 개혁자 마틴 부처의 일치 노력의 시작이었다.[443] 그 노력은 우선 신학적 목적으로 인한 것이었다. 그러나 이는 정치적으로도 크게 중요했다. 이 노력들이 고지 독일인들에게 개신교인들의 방어 동맹인

---

443 부처에 대하여 참고. 본서의 229-250.

슈말칼덴 동맹으로 가는 길을 평탄하게 했기 때문이다.[444]

부처는 그가 소유한 통합적 능숙함으로 마르부르크 종교대화[445] 이래 자신의 길을 가고 있던 스위스 신학자들을 다시 한번 루터와 비텐베르크 신학자들과의 대화로 이끌어오려고 시도했다. 그러나 성과는 없었다. 그들은 일치 협의에 관심이 없었고, 1536년 "제1스위스 신앙고백"(Confessio Helvetica prior)[446]을 작성했다. 이 신앙고백은 루터에 대한 교리적 반대를 분명하게 기술했다. 이것을 제외하면 부처의 노력들은 상당한 성과를 가져왔다. 이미 1534년 그는 카셀(Kassel)에서 멜란히톤과 사전 협상을 진행할 수 있었다. 그 협상에서 이미 양측의 접근이 생겨났다. 그래서 부처는 일치(Konkordie)를 얻어내기 위해 고지 독일 도시들을 여행했다. 그가 아우크스부르크에 존재하던 긴장을 중재하는 데 성공함으로, 결국 마지막 장애물이 제거되었다.[447]

아우크스부르크는 루터가 여러 번 그곳 교회의 태도들에 대하여 날카로운 비판을 했다는 점에서, 일치의 노력에서 특별한 중요성을 가졌다. 이에 상응하여 선제후들은 그 도시를 슈말칼덴 동맹에 받아들이는 것에 대하여 강력하게 반대했다. 슈말칼덴 동맹에게 결정적인 전제는 신앙고백의 일치였다. 그 도시의 신학적 산재는 어떤 방식으로도 이 같은 일치가 없음을 말해주고 있었다. 부처는 그 입장들을 정리하고 설교자들 가운데 존재하던 반대들과 논쟁들을 멈추기 위해 여러 달 아우크스부르크에 머물렀다. '10개의 아우크스부르크 조항'(10 Augsburger Artikel)으로 기초가 만들어졌고, 그 기초에서 아우크스부르크도 일치의 협의에 참여할 수 있게 되었다.

---

444 이것에 대하여 참고. 본서의 294-297.
445 이것에 대하여 참고. 본서의 175f.
446 참고. Reformierte Bekenntnisschriften 1/2, 33-68.
447 이것에 대하여 참고. 본서의 244f.

1536년 5월 루터와 멜란히톤이 이끄는 비텐베르크 신학자들과 부처와 카피토가 이끄는 고지 독일 사람들이 협의를 위하여 비텐베르크에서 만났다.[448] 5월 22일 오후 첫 번째 대화에 부처와 카피토가 함께 참여했다. 부처는 고지 독일 사람들이 결코 츠빙글리의 성찬 교리를 주장하지 않는다는 것을 분명히 하려 했던 반면, 사건을 달리 판단하던 루터는 주장의 철회를 요구했다. 사실 부처는 기본적으로 적절하지 않은 방식으로 가르쳐져 왔던 것들을 철회할 준비가 되어 있음을 분명히 했다. 그러나 동시에 그는 고지 독일인들이 결코 스위스인들처럼 성찬을 빵과 포도주의 단순한 분배로 축소시킨 적이 없음을 주장했다. 이 스트라스부르 사람은 성찬의 성례 이해에서 내용적인 반대가 아니라, 단지 말에 대한 싸움이 비텐베르크 사람들과 고지 독일 사람들을 쪼개 놓았다고 분명히 확신했다. 그리고 양측의 오해들은 제거될 수 있다고 여겼다. 이 확신을 가지고 그는 실제로 존재하는 신학적 차이를 슬쩍 넘기고자 시도했다.

무엇보다 이견이 있는 내용은 첫째, 그리스도의 살과 피를 "입으로 먹는 것"(manducatio oralis)이고, 둘째, 빵과 포도주가 그리스도의 살과 피와 "성례적 일치"(unio sacramentalis)를 이룬다는 개념이고, 셋째, "믿지 않는" 성찬의 참여자가 그리스도의 살과 피를 "먹는 것"(maducatio impiorum)이다. 세 가지는 모두 긴밀하게 서로 연관되어 있었다. 루터의 성찬 이해에 따르면, 그리스도의 살과 피는 진짜 빵과 포도주의 요소들 "안에"(in) 그리고 "아래"(unter) 실재하고 그것들 안에 그리고 함께 분배된다. 그러므로 그리스도께서 성례로 자신을 나눠주시는 것이 성찬 참여자가 육체적으로 경험할 수 있는 시행 가운데 마치 요소들을 먹고 마시는 것(maducatio oralis)처

---

448 그 맥락과 비텐베르크 일치를 위한 이끄는 협의들에 대하여. Bizer, Geschichte des Abendmahlsstreits, 11-130.

럼 일어난다. 그 근거를 루터는 그리스도께서 축성의 말씀 안에서 성찬 가운데 분배되는 빵과 포도주의 요소들에 신성과 인성으로 묶여 있다는 것에서 찾는다. 그래서 불신자도 그리스도의 살과 피를 받지만(manducatio impiorum), 구원에 이르지는 못한다.

부처는 빵과 포도주 "안"(in)과 "아래"(unter) 진짜 실재(Realpräsenz)한다는 교리를 빵과 포도주와 "함께"(mit) 그리스도의 살과 피의 현재로 제한시키는 것으로 루터와 비텐베르크 신학자들에게 접근했다. 그는 하늘의 선물과 "성례적 일치"(unio sacramentalis)로서 이 땅의 요소들이 만나는 것을 설명했고, 그것과 함께 하나의 개념을 도입했다. 이 개념은 양측에서 해석이 필요한 것으로, 그리스도의 살과 피가 빵과 포도주와 함께 성례적 일치 가운데 분배되었을 때, 성례의 가치를 가진 사람만이 효력이 있는 선물을 받는다는 것이다. 그래서 부처는 "불경건한 사람들의 참여"(maducatio impiorum)를 거부했고, 그 대신 비텐베르크 신학자 요한네스 부겐하겐의 제안을 따라 "가치 없는 사람들의 참여"(manducatio indignorum)에 대해 말했다. 성찬에 참여할 가치가 없는 사람들도 그리스도의 살과 피를 취한다. 그러나 이는 심판을 위한 것이었다. 그래서 성찬에 앞서 자신을 돌아보는 것은 필연적이었다.

5월 26일 금요일, 멜란히톤은 일치 형식, 즉 비텐베르크 일치(die Wittenberger Konkordie)를 준비했다.[449] 그 일치에는 부처의 신학이 반영되었다. 그러나 선택된 형식은 다양한 해석들에 열려 있었다. 그 형식은 반대들을 감추었고, 루터의 성찬 이해와 부처의 성찬 이해를 위한 활동 공간을 주었다. "성례적 일치"(unio sacramentalis)는, 리옹의 이레나이우스(Irenaeus

---

449 Vgl. BDS 6/I, 114-134.

von Lyon)를 따라, "땅의 것"(res terrena)과 "하늘의 것"(res coelestis)의 만남으로 정의되었다. 둘은 오직 의롭게 하는 믿음의 전제 아래 성찬에서 받아진다. 그래서 비텐베르크 일치는 일관된 방식으로, 그리스도의 살과 피가 성찬 요소의 "안"과 "밑에" 존재한다고 말하지 않고, 단지 그것들이 요소들과 "함께" 성찬에서 제공된다고 말한다. 이것은 오직 믿는 사람이 그리스도의 살과 피, 말하자면 빵과 포도주를 육체적으로 누림으로써 그의 구원 사역을 믿음 안에서 영적으로 받는다는 해석을 가능하게 했다. 그러나 동시에 비텐베르크 일치의 형식은 루터와 그의 지지자들에게 그들의 실재 이해를 확고히 하도록 허락했다. 또한 "가치 없는 사람들의 참여"(manducatio indignorum)도 양측에서 상이하게 해석되었다. 부처에게는 자격 없는 교회의 구성원으로, 루터에게는 믿지 않는 사람과 동의어로 해석되었다.

비텐베르크 일치의 능력은 이 형식의 해석 개방성에 있었다. 이 형식은 이런 방식으로 반대들을 뒷전으로 밀어냈다. 이 일치에 스트라스부르 사람들 부처와 카피토가, 또한 비텐베르크 사람들 루터, 멜란히톤, 부겐하겐, 유스투스 요나스, 카스파르 크루키거가 서명하였다. 그 밖에 다른 도시들에서 파송된 신학자들도 서명했다. 울름, 에슬링엔, 아우크스부르크, 멤밍엔, 프랑크푸르트, 퓌르펠트(Fürfeld), 로이틀링엔이 그 도시들이다. 이것으로 비텐베르크 일치는 목표를 이루었다. 즉 비텐베르크와 고지 독일의 신학적 접근을 가져왔다. 비록 루터와 부처 모두 이 일치를 각자의 의미에서 이해한다 할지라도 말이다. 둘 중 누구도 자신의 특징적 신학적 접근을 포기하지 않았다.

2. 황제의 공의회 정책과 슈말칼덴 조항 (1537)

　1532년 가을부터 황제는 제국의 공무들을 먼 곳에서만 수행하였다. 제국의 사무 중 주요한 짐은 그의 형제 페르디난트에게 지워졌다. 카를의 정책은 세 가지 점에 집중되었다. 첫째, 종교 문제의 해결을 위한 보편 공의회를 여는 것, 둘째, 오스만 전쟁을 위한 조치들, 셋째, 이탈리아 내에서 평화의 보장이었다. 이 모든 사무들을 그는 교황청과 협의했다. 그러나 메디치 가문 출신의 교황 클레멘스 7세의 정치적 호감은 황제에게 있지 않았고, 오히려 그의 대적 프랑스에게 있었다. 이것은 교황이 프랑스와 긴밀하게 연결된 관계에서 나타난다. 예를 들면, 교황은 자신의 조카 카타리나 폰 메디치(Katharina von Medici)를 프랑수아 1세의 아들, 훗날의 앙리 2세(Heinrich II)와 결혼시켰다(1533년 10월). 황제가 원했던 공의회의 소집에 대하여 처음에는 어떤 말도 없었다.

　하지만 클레멘스의 후계자 추기경 알렉산더 파르네제(Kardinal Alexander Farnese)가 바오로 3세(Paul III)로 교황의 자리에 오르게 된 후 상황은 변하게 되었다. 바오로 3세는 전형적인 르네상스-교황의 대표자였고, 본격적으로 예술을 사랑하는 화려함, 의미 있는 누림, 교황청의 정치적 공명심을 구현하였다.[450] 동시에 1534년 12월, 그가 교황에 등극한 지 얼마 후에, 자신의 조카 중 둘을 추기경으로 삼았지만, 곧바로 족벌주의의 실행을 포기했다.

　1535년부터 그는 로마교회에 개혁의 힘을 제공했던 추기경들에게 둘러싸였다. 베네치아의 정치인 가스파로 콘타리니(Gasparo Contarini)[451], 요

---

[450] 이것에 대하여 참고. Seebaß, Geschichte des Christentums III, 38f.
[451] 참고. Gleason, Gasparo Contarini, 129-185.

크 가문 출신의 레지널드 폴(Reginald Pole), 카르팡트라의 주교인 모데나의 자코모 사돌레토(Giacomo Sadoleto, der Bischof von Carpentras Giacomo Sadoleto aus Modena), 나폴리 사람 지안 피에트로 카라파(Gian Pietro Carafa, der Neapolitaner Gian Pietro Carafa)가 그들이다. 1537년 그들이 작성한 평가서에서 그들은 교황 중심주의의 문제와 그것이 만들어낸 교회의 결함을 밝혔다. 이제 제국에서 계속하여 요구되는 보편적 공의회도 결국 수용되는 것처럼 보였다. 이미 1535년 교황의 외교 대사 피에트로 파올로 베르제리오(Pietro Paolo Vergerio)는 제국의 계급 대표들에게 가능한 한 공의회를 소집할 것을 약속했다. 개신교 계급 대표들도 사전 대화에서 참석할 것을 이미 분명히 했다.

그러나 구교의 사람들은 이 제안을 그렇게 정확하게 믿고 싶지 않았다. 프랑스는 정치적인 이유에서 공의회의 계획을 모든 수단을 이용해 반대했다. 그리고 황제 측에서 지지하는 보편 공의회(Generalkonzil)의 실현을 위한 기회들도 다시 줄어들었다. 그러는 동안 교황은 이탈리아에서 자신의 영토 이권을 중요하게 생각하게 되었기 때문이다. 이를 위해 그에게는 프랑스의 협조가 더 유리한 것으로 보였다. 프랑스는 프란체스코 스포르자(Francesco Sforza)의 사망(1535년 11월 1일) 이후 다시 합스부르크와 이탈리아의 공작령 밀라노(Mailand)에 대한 싸움에 돌입했다. 형식적으로 교황은 중립에 있었지만, 황제에 대한 그의 태도는 침묵하는 반대를 드러냈다. "불신자들의 승리자"(Besieger der Ungläubigen)로서 성공적으로 아프리카 전장에서 돌아온 카를은 결국 교황에게 1536년 교서를 얻어내는 데 성공했다. 그 교서는 지속적으로 요구된 공의회를 1537년 5월 만토바(Mantua)에서 개최

하는 것이었다.[452]

이것은 개신교 계급 대표들을 매우 숙고하도록 만들었다. 대담한 사람, 작센의 요한 프리드리히(Johann Friedrich der Großmütige von Sachen)는 1532년 자신의 아버지, 견고한 사람 요한을 이어 선제후(통치 1532-1547)가 되었다. 그는 1536년 7월과 8월 계획된 공의회에 파견될 수 있는지 그리고 어떤 조항들이 협상될 수 있는지에 대하여 비텐베르크 신학자들과 법학자들의 전반적인 평가를 요구했다. 또한 그는 구교의 사람들이 하나님의 법에서 이끌어낸 교황의 수위권(Primatsanspruch)에 대하여 어떻게 다루어야 하는지에 대한 입장을 원했다.

1536년 12월 11일 선제후는 루터에게 종교개혁 교리를 포함하여, 비텐베르크 사람들의 교리 기초를 만토바에 공고된 공의회에서 대표할 수 있는 조항의 작성을 위임했다. 이미 1536년 봄 선제후는 당시 생명이 위독할 정도로 병든 개혁자에게 "신학적 유언"(theologisches Testament)을 요청했다. 루터가 작성한 슈말칼덴 조항에는 두 가지가 함께 있었다. 자신의 신학적 유언과 공의회에 제출하기 위한 종교개혁 교리에 대한 해명이 있었다. 루터는 그 조항들을 작센 선제후의 요구에 응하여 작성했고, 그 조항들은 3개의 부분으로 구성되었다. 첫째, 구교와 일치하는 삼위일체 고백에 대한 부분, 둘째, 협상할 수 없는 그리스도의 구속 사역에 대한 조항들, 제사의 미사와 수도승 제도에 대한 거부를 포함하고, 하나님의 법으로부터 교황제를 세운 것에 대한 거절을 포함한 부분, 셋째, 학자들과 사려 깊은 사람들과 협의될 수 있는 사항들을 모아 둔 부분이다. 아우크스부르크 신앙고백과 변증서와 달리, 슈말칼덴 조항들은 일치적 성격이 덜했다. 오히려 신학적으로

---

452 참고. Lies, Zwischen Krieg und Frieden, 293-295.

더 분리적이었다.[453] 이 조항들은 개신교 사람들을 위한 타협의 한계가 어디에 있는지를 분명하게 했기 때문이다. 1년 전 고지 독일 사람들과 함께 작성한 비텐베르크 일치에 비하여, 이 조항들은 다시 루터를 특징 짓는 교리, 다시 말해 "실제 임재"라는 성찬 이해를 담고 있고, 그런 면에서 부처와 그의 동지들과의 분명한 거리도 나타내고 있었다.

1536년 말에서 1537년 초까지 이 조항들은 선제후 요한 프리드리히가 지시한 비텐베르크의 신학자 회의에서 토론되었다. 종교개혁자들이 거부한 성자의 경배에 대한 조항이 확장되었다. 이어 게오르크 슈팔라틴이 작성한 원고(Reinschrift)에 여덟 명의 참여자들인 마틴 루터, 유스투스 요나스, 요한네스 부겐하겐, 카스파르 크루키거, 니콜라우스 폰 암스도르프, 게오르크 슈팔라틴, 요한 아그리콜라, 필립 멜란히톤이 서명했다. 하지만 멜란히톤은 슈말칼덴 조항에 포함된 날카로운 교황제의 판단에 함께하는 것을 원하지 않았다. 그래서 유보 가운데 서명하였다. 이후에 이 문서는 1537년 슈말칼덴 동맹회의에 동맹의 소속자들이 의무적으로 고백하도록 하기 위해 제출되었다. 루터 자신은 심각한 질병으로 인해 참여할 수 없었다. 멜란히톤은 이 조항들이 인정받도록 노력했다.

그러나 이 조항들은 만장일치의 찬성을 받지 못했다. 예를 들면 혜센의 지방백작은 성찬에 대한 진술에 반대하여 신중함을 가졌다. 고지 독일 사람들은 새로운 신앙고백에 모두 반대하여 숙고를 요청했다. 동맹 도시들이 슈말칼덴 조항을 받아들이지 않고, 아우크스부르크 신앙고백을 유일한 신앙고백으로 인정하는 데 머무는 것으로 의견일치를 보고자 한 반면, 슈말칼덴 조항은 참석한 신학자들에 의해, 고지 독일 사람들을 예외로 하고, 서

---

453 참고. BSELK, 711-785.

명을 통해 승인되었다.[454] 동시에 슈말칼덴 동맹회의는 교황의 권위와 주교들의 재판권의 문제들을 계획된 공의회에서 별개로 논의하는 것을 결정하였다. 특히 그 문제들이 아우크스부르크 신앙고백과 변증서에서 아직 충분히 표현되지 않았다는 점에서 그렇다. 또한 이 과제의 실행을 위하여 13명으로 구성된 위원회가 조직되었고, 지휘를 맡은 사람은 멜란히톤이었다.

동맹 회합 중 그의 논문 "교황의 능력과 수위권에 대하여"(De potestate et primatu papae)가 아우크스부르크 신앙고백의 보충으로 생겨났다. 이 논문은 슈말칼덴 동맹의 신학자들과 계급 대표들의 압도적 다수의 찬성을 받았고 다시금 2월 슈팔라틴이 작성한 원고(Reinschrift)에 서명되었다.[455] 또한 1537년 3월 6일 동맹 회합의 결정으로 새롭게 아우크스부르크 신앙고백이 인정되었다. 하지만 계획된 공의회에 관련하여 종교개혁에 동의하는 사람들은 참여를 거부했다. 교황의 공고는 공의회가 특히 루터에게서 시작한 이단의 제거에 집중할 것임을 알렸기 때문이다. 이로써 대화와 협의를 통하여 조정할 길은 요원해진 것이 분명했다. 슈말칼덴 동맹이 공의회를 거부함으로 황제는 공의회에 대해 관심을 잃었다. 공의회는 연기되었다. 루터는 슈말칼덴 조항을 1538년 개인적 문서로 출판했다.

3. 하게나우, 보름스, 레겐스부르크의 종교 대화 (1540/1541)

이미 1539년 프랑크푸르트 휴전의 체결[456]에서 황제는 종교 대화를 약

---

454 멜란히톤의 유보조건과 함께 서명 명단은 다음에서 편집 in: BSELK, QuM I, 802-809; 참고. 같은 책의 Einleitung, 801.
455 참고. BSELK, 796-837; 참고. 같은 책의 Einleitung, 789-791.
456 이것에 대하여 참고. 본서의 294-297.

속했다. 목표는 종교개혁에 동의하는 사람들과 구교 사이에 조정의 길을 제시하고 양측을 다시 함께 모으는 것이었다. 원래 대화는 사실 1539년 8월에 뉘른베르크에서 열려야 했었으나 실현되지 못했다. 교황의 참여는 계획되지 않았다. 그래서 교황청은 황제의 일치 노력에 대하여 불신했다. 황제의 새로운 주도권 아래 황제는 교황의 대사가 참여하는 것을 허락했다. 이로써 제국의 종교 대화를 위한 초석이 놓였다. 종교 대화는 1540/1541년 하게나우, 보름스, 레겐스부르크의 종교 대화로 시작했고, 1546년 레겐스부르크에서, 그리고 1557년 보름스에서 종교 대화의 연장이 있었다.[457] 그러나 뒤에 열린 두 개의 종교 대화는 분리되어 발전하는 종교적 상황으로 인해 1540/1541년의 대화처럼 서로 그렇게 가까이 가지 못했다.

먼저 황제는 종교 대화를 1540년 6월 슈파이어에서 계획했다. 그러나 전염병으로 인해 하게나우로 옮겨야 했다. 카를은 그의 형제 페르디난트를 통해 대리되었다. 그는 교황의 외교 대사 조반니 모로네(Giovanni Morone)와 동행했다. 교섭자로서 팔츠의 선제후 루트비히 5세(Kurfürst Ludwig V. von der Pfalz), 트리어 대주교(메첸하우젠의 요한 3세, Johann III von Metzenhausen), 바이에른의 공작 루트비히(Herzog Ludwig von Bayern), 스트라스부르 주교(혼슈타인의 백작 빌헬름 3세, Wilhelm III Graf von Hohnstein)가 참석했다. 개신교 편에서는 스트라스부르 신학자들 마틴 부처, 볼프강 카피토, 요한네스 칼빈을 통해 대표되었다. 칼빈은 그 시기에 신앙의 피난민으로서 일 강변(an der Ill)에 위치한 그 도시에 거주했다. 그 밖에 비텐베르크 신학자들 카스파르 크루키거, 프리드리히 미코니우스(Friedrich Myconius, 1490-1546), 유스투스 메니우스(Justus Menius, 1499-1558)가 대표되었다. 구교 편에서는 신학자들

---

457 참고. Dingel, Religionsgespräche, 658-663.

요한네스 에크, 요한 파브리, 프리드리히 나우제아(Friedrich Nausea, 1496-1552), 요한네스 코흘래우스가 참여했다.

협의는 먼저 소송 문제에 대한 토론과 관계되었다. 페르디난트는 1530년 아우크스부르크의 제국회의 동안 중재 협상들에서 일치를 이룰 수 없었던 조항들이 다뤄지기를 원했다. 개신교 사람들은 이것을 거부했고, 아우크스부르크 신앙고백이 대화의 기초 역할을 해야 한다고 주장했다. 멜란히톤은 자신의 신앙고백을 종교개혁을 위해, 비텐베르크 일치의 결과를 고려하여 개정했다.[458] 그 밖에 논제들의 교환 중 지켜야 할 규범들에 대한 일치가 이루어지지 못했다. 개신교 측은 오직 성경의 권위만 유효하게 인정하고자 했다. 교부와 공의회는 기준으로 인정되지 않고 거부되었다. 종교 대화의 첫 단계는 1540년 7월 28일 논의된 재판 문제와 관련하여, 협의를 10월 28일 보름스로 연기한다는 결정으로만 마치게 되었다. 그러나 아우크스부르크 신앙고백과 변증서가 협상의 기초로 받아들여졌다는 것과 대담자들이 성경에 근거해야 한다는 의무도 중요했다. 더하여 결과들이 황제와 교황의 인정을 받아야 한다는 것이 문서로 확정되었다. 하지만 이것은 개신교 사람들의 격렬한 반대를 불러왔다.

1540년 11월 25일 황제의 전권을 받은 니콜라 페레노 드 그랑벨(Nicolas Perrenot de Granvelle)이 보름스에서 종교 대화를 열었다. 그곳에서 1541년 1월까지 협상이 이루어졌다. 참석한 사람들 가운데 교회의 사자 로렌조 캄페조(Lorenzo Campeggio)와 조반니 모로네가 있었다. 개신교 대표단에는 비텐베르크에서 멜란히톤, 마그데부르크에서 니콜라우스 폰 암스도르프, 뉘른베르크에서 벤체슬라우스 링크(Wenzeslaus Linck, 1483-1547)와 안드레아스

---

458 그 개정은 1540년 Confessio Augustana variata로 제출되었다. 10번 조항에서 비텐베르크 일치의 형식을 분명히 하였다. 참고. BSELK, QuM I, 120-167, 특별히 127.

오시안더, 스트라스부르에서 야콥 슈투름, 슈투트가르트에서 에르하르트 슈네프, 슈배비쉬-할에서 요한네스 브렌츠, 울름에서 마틴 프레히트가 참가했다. 구교의 협상단은 1539년부터 마인츠의 알브레히트의 조언 추기경이던 율리우스 폰 플루크(Julius von Pflug, 1499-1564), 트리어 대학의 신학자 암브로시우스 펠라르구스(Ambrosius Pelargus, 1493-1561), 쾰른 대성당 신부 요한네스 그로퍼를 통해 강화되었다. 이번의 경우 절차의 문제가 내용 앞에 있었다.

1월 14일이 되어서야 비로소 신학적 토론이 시작될 수 있었다. 신학 토론은 아우크스부르크 신앙고백 2번 조항의 원죄 교리에서 시작하여 무엇보다 칭의 교리를 위한 전제들과 관계되었다. 그러나 큰 규모의 협의들보다 더욱 중요한 것은 단독 비밀 대화들이었다. 그것에 부처, 카피토, 그로퍼, 황제의 조언자 게르하르트 벨트빅(Gerhard Veltwyk, 1505-1555)이 그랑벨을 통해 초대되었다. 그로퍼와 부처가 대변자였다. 그로퍼는 한 제안을 가져왔다. 그 제안은 자신의 "기독교 교리 편람"(Enchiridion Christianae Institutionis)을 기초로 부처와 협동작업으로 중재 제안을 변경하는 작업이었다. 접근이 되는 주제들은 원죄와 칭의, 또한 성경과 전통이었다. 그러나 미사의 문제는 격렬하게 토론되었다. 그로퍼가 그것을 고수했다. 구교와 종교개혁의 성찬 교리를, 종교개혁의 이해에 상응하는 삽입문을 넣음으로 그로퍼의 제안에서 통합되고 조합될 수 있는 성찬의 조항이 작성되었다. 1540년 12월 31일 중재 제안이 제출되었다. 소위 "보름스 책"(Wormser Buch)이다.[459] 그랑벨과 벨트빅은 작성된 본문에 대하여 가능한 많은 제후들의 찬성을 얻고자 노력

---

459 참고. BDS 9/I, 338-483; 참고. 같은 책의 Einleitung, 223-336.

하였다. 헤센의 필립은[460] 중재 제안을 수용했다. 브란덴부르크의 선제후 요아킴 2세(Kurfürst Joachim II. von Brandenburg)는 마찬가지로 찬성 발언을 하였다. 그러나 루터는 전반적으로 회의적이었다. 1541년 1월 18일 보름스 종교 대화는 중단되었고, 이미 공고된 레겐스부르크 제국회의로 인해 연기되었다.

1541년 4월 5일 황제의 제안서가 낭독됨으로 레겐스부르크에서 새로운 회의가 시작되었다.[461] 황제는 이제 신학자들 플루크, 에크, 그로퍼를 구교 협상 대상자로, 멜란히톤, 부처, 니다(Nidda)의 요한네스 피스토리우스(Johannes Pistorius, 1504-1583)를 개신교 협상 당사자들로 선정했다. 디트리히 폰 만더샤이트(Dietrich von Manderscheid, 쾰른), 에버하르트 루덴(Eberhard Ruden, 마인츠), 하인리히 하제(Heinrich Hase, 팔츠), 프란츠 부르크하르트(Franz Burckhard, 작센), 요한 파이게(Johann Feige, 헤센), 야콥 슈투름(스트라스부르)은 증인의 역할을 했다. 대표자는 그랑벨과 팔츠 백작 프리드리히 2세(Pfalzgraf Friedrich II)였다. 사람들은 보름스 책에 대하여 회의했다. 종교 대화의 경과는 추기경 가스파로 콘타리니(Kardinal Gasparo Contarini)를 통해 많이 결정되었다. 그는 종교개혁 신학을 잘 아는 사람이었다.[462] 사실 그는 협의에 개인적으로 참여하지 않았다. 그러나 그가 특히 교황 바오로 3세에게 보고서를 보내야 했다는 점에서, 구교의 대표단들과 집중적인 접촉을 했다.

이제 보름스 책은 두 단계를 거쳐 소위 "레겐스부르크 책"(Regensburger

---

460 이중혼으로 인해 압박 가운데 있었던 헤센의 필립의 태도에 대하여 참고. Lies, Zwischen Krieg und Frieden, 473-532.
461 참고. Luttenberger, Konfessionelle Parteilichkeit, 65-101.
462 참고. Gleason, Gasparo Contarini, 186-256.

Buch)⁴⁶³으로 개정되었다. 우선 콘타리니의 제안과 외교 대사 모로네와의 협력 작업에서 그로퍼를 통하여 20개의 부분에서 수정 기입이 있었다. 무엇보다 성찬 조항이 그것에 해당했다. 보름스 책이 아직은 구교와 종교개혁의 성찬 교리를 서로 녹여 하나가 되게 하는 것을 시도하는 반면, 화체 교리는 다시 분명하게 표현되게 되었다.⁴⁶⁴ 이어서 (1541년 4월 27일부터) 별개 조항들의 토론이 시작되었다. 그것으로 보름스 책이 레겐스부르크 책으로 개정되는 두 번째 단계가 시작하였다. 첫 네 개 조항에 대하여 즉 원래의 상태, 자유로운 의지, 죄의 원인, 원죄에 대하여 일치가 달성되었다. 그것에 비해 어려운 것들은 무엇보다 칭의 교리와 교회의 해석 권위에 관한 조항들이었다.

교회의 해석 권위에 대한 논쟁은 성과가 없었고, 결국 중단되었다. 그에 반해 칭의 교리에서는 접근 혹은 최소한 공동의 형식을 찾은 것처럼 보였다. 그 조항이 "이중 칭의"(duplex iustificatio)에 대하여 말할 때, 그것은 "오직 은혜로"(sola gratia) 죄인을 의롭게 만드는 개신교 이해의 의미에서 해석하는 것이 가능했기 때문이다. 또한 사람 안에 성령이 역사하여 의 가운데 성장하도록 하는 "거주하는 의"(iustitia inhaerens)에서 출발하는 구교의 이해도 가능했다. 이것은 종교적 반대를 극복할 수 있는 희망에 동기를 주었다. 그러나 "이중 칭의"(duplex iustificatio)의 용어는 레겐스부르크 책의 개정된 판본에서는 일단 삭제되었다.⁴⁶⁵

다른 모든 남은 문제들에서 넘을 수 없는 거리가 드러났다. 성찬 조항에서 로마 측은 "화체"(Transsubstantiation) 용어를 주장했다. 그 용어를 개신

---

463 레겐스부르크 책으로 개정은 보름스 책의 편집을 위한 각주에서 접근될 수 있다. 참고. BDS 9/I, 338-483. 레겐스부르크 책에 새롭게 작성된 칭의 조항이 더해진다: BDS 9/I, 397-401.
464 참고. Fraenkel, Les protestants et le problème de la transsubstantiation, 70-115.
465 참고. Lexutt, Rechtfertigung im Gespräch, 1996.

교 측은 계속하여 엄격하게 거부했다. 또한 고해와 면죄에 대한 이해도 동일하게 교회에 대한 조항처럼 더 나아가 논쟁의 여지가 있었다. 그 조항은 위계질서와 교황의 권위를 견고히 하고자 했다. 그 밖에 미사와 성자 숭배는 충돌하는 조항으로 남아 있었다. 어떤 양보도 일어나지 않았다. 황제가 5월 22일 논의의 결과를 요구하였을 때, 단지 몇 부분에서만 일치되었고, 목적한 지점에는 도달할 수 없다는 것이 분명해졌다.

1541년 5월 31일 개신교 사람들은 황제에게 논란의 여지가 있는 그대로 조항들의 개관을 제출하였다. 교회, 성찬, 회개에 해당하는 조항이었다. 일치되었던 조항들을 통과시키는 것은 더 이상 성공하지 못했다.[466] 그 평가들은 다양한 결과를 만들었다. 양측은 레겐스부르크 책을 결과적으로 거부하였다. 루터는 비록 그가 상황에 따라 약간 더 부드럽게 이것에 대해 언급하였음에도 전반적으로 그 결과에 대한 반대를 분명히 밝혔다. 칼빈은 이것을 받아들였다. 구교 측은 절충을 부정적으로 판단했다. 교황청은 이것을 날카롭게 거부했다. 그럼에도 보름스 책과 레겐스부르크 책은 주목할 만한 가치가 있는 문서들이었다. 그 문서들은 종교적 조정을 최소한 일시적으로 손에 잡힐 만큼 가까이에 가져왔던 것들이었다.

---

[466] 하게나우, 보름스, 레겐스부르크의 모든 회의록은 종교 대화의 모든 회의록 독일 제국 종교 대화의 회의록 편집에 있다. die Edition Akten der deutschen Reichsreligionsgespräche, 6 Bde., 2000-2007.

차. 전쟁과 평화

종교개혁은 전쟁, 휴전, 평화 협약들을 특징으로 갖는 긴장의 지역에서 발생했다.[467] 권력과 무력은 종교개혁의 역사와 함께 시대를 결정한 요소들이었다. 제국 주변의 전쟁의 위험, 합스부르크와 발루아(Valois) 가문 사이의 적대, 정치적 경쟁과 강제들은 자신들의 종교적 관심사를 실행하기 위해, 영지의 정부나 도시의 정부들에 의해 드물지 않게 이용되었다. 종교도 정치 행위의 합법화를 위하여 사용될 수 있었다. 유럽의 전쟁과 오스만을 통한 제국 경계의 위협에 황제가 연루된 것은, 특히 황제가 종교개혁에 동의하는 제후들의 도움을 필요로 했다는 점에서, 제국에서 종교개혁을 촉진시킨 이면을 가졌다. 그러나 1555년 아우크스부르크 종교 평화에 이르기까지 종교개혁의 도입은 여전히 불법적 행위로 남아 있었다. 프랑스에서는 1598년 낭트 칙령(Edikt von Nantes)에 이르기까지 그랬다. 종교개혁을 후원하던 정부들은 그래서 끊임없이 해명의 책임이 지워지거나, 혹은 제국의 처벌을 통하여 영토, 권력 혹은 도시의 독립성을 잃게 될 위험 가운데 있었다. 전쟁과 평화는 양단의 극을 만들었고, 둘 사이에서 종교개혁이 발전되었다. 게다가 종교개혁의 설교는 사회경제적 욕구들이 연루된 곳에서 열정적으로 받아들여졌다. 사회적 폐해에 대한 저항은 16세기 1520년대의 농민들의 소요에서 분명해진 것처럼, 종교개혁에서 자극과 추진력을 얻을 수 있었다. 권력과 무력, 전쟁과 평화는 그것들의 다양한 현실화 가운데 종교개혁의 과정에 영향을 주었다.

---

[467] 참고. 본서의 265-297. 참고. Kohnle, Konfliktbereinigung und Gewaltprävention, 1-19; Gantet/El Kenz, Guerres et paix de religion, ²2008.

1. 농민 전쟁(1524-1526)과 마틴 루터의 반응

　농민 전쟁으로 흘러간 농민들의 소요와 지역적인 농민들의 폭동은 1524년부터 튀링엔, 제국의 남부 지역, 오스트리아, 스위스에서 발생했다. 이 소요들은 다층적 현상이었다.[468] 소요를 유발한 원인은 주로 농민들의 사회적 상황과 법적 지위에 있었다. 어떤 영지에는 조직된 관리도 정해진 규정도 존재하지 않았다. 점차 조직을 갖추어 가던 영지에서 농민들은 예측할 수 없는 지배자들에게 넘겨졌다. 예를 들면 슈바벤과 프랑크 지역의 작은 영지들에서는 세금의 압력이 끝없이 커졌다. 그곳에서 농민들은 작은 공장들을 운영했고, 농민으로서 법적 지위는 불안했다. 그곳에서 토지와 몸의 주인들은 시행 가능한 세금들을 계속하여 더 올리고, 자신을 위한 소득을 요구했다. 그러나 법적 사회적 지위는 서로 긴밀하게 연관되어 있었다. 법적 지위의 악화는 동시에 사회적 몰락을 의미했다. 이 관계는 왜 16세기 초 농민들이 폭발적 분위기에 사로잡혀 그들의 존재를 위해 싸워야 했는지, 그리고 더하여 그들의 사회적 정치적 지위에 있어 상황이 좀 더 나았던 사람들까지도 사로잡혔는가를 설명한다. 다만 농민들이 생산물을 직접 시장에 가져가 그곳에서 소득을 얻는 것이 허락되는 법적 상황에서는 달랐다. 예를 들면, 이것은 자유로운 저지의 농부들(Marschbauern)의 경우이다. 그들은 세금을 요구하는 지주에게 묶여 있지 않았다. 또한 엘자스에서 토지를 소유한 농민들의 경우도 그렇다. 농민들이 경제활동으로 얻은 이익을 충분히 소유할 수 있는 상황에서는 어떤 분쟁의 가능성도 생겨나지 않았다.

　경제적, 법적, 정치적 조건들은 매우 긴밀하게 결합되어 있었다. 예를 들

---

[468] 기본이 되는 문헌들은 특별히 예전의 DDR의 역사 그림과 논쟁에서 생겨났다. 참고. Schulze, Bäuerlicher Widerstand, 21-48. 그 밖에 참고. Blickle (Hg.), Bauernkrieg, 1985.

면, 중세에 각 지방은 때로 마을별로 자기 자신의 법 규정들을 가지기도 했다. 법 규정과 관련된 자유들에 있어 대부분 어느 정도의 자치가 허용되었다. 마을 자치에 대한 욕구는 16세기에 점차 결정적인 문제가 되었다. 특별히 도시들이 생겨난 지역들에서 그랬다. 시민들의 정치 참여의 권리들에 초점이 맞춰지기 시작했다. 그러나 영주들은 구역 정리(Arrondierung)와 영토의 내적 견고화를 위한 노력으로 이런 흐름을 반대했다. 일반적으로 정부들은 지역법을 폐지하고, 로마법에 기초한 통일된 법을 도입하려고 시도했다. 지금까지 있었던 조합적 자치의 자리에 관료가 지도하는 주권적-관료주의적 조직을 도입하려 했다. 이런 의도들과 조치들은 그런 발전으로 인해 손해를 입는 지역 정부가 불신을 갖도록 만들었다. 영주들이 지역의 공적 이익에 개입했을 때, 이 모든 문제가 발생했다. 하지만 계속해서 인구가 증가하는 상황에서 몇몇 영주들은 자신의 재정 개선을 위해 한 마을의 공동의 이익에 해당하는 지역들을 새로운 거주지로 바꾸었다. 지금까지 농부들에게 낚시, 돼지사육이나 사냥을 위해 열려 있던 수역과 숲들이 드물지 않게 귀족의 소유가 되었다.

사회적 긴장은 단지 영주 혹은 지주와 농민들의 차이에서만 발생하는 것이 아니었다. 마을 내에서도 발생할 수 있었다. 사회적 차등화는 여관주인의 수준에 있었던 자작농과 대농민의 사회적 계급과 마을의 수공인들과 같은 수준의 중간 농민을 넘어, 아래로 빈곤한 임금 노동자들로 이어졌다. 그것이 의미하는 것은 본격적으로 "마을 귀족"(Dorfpatiriziat)과 "마을 하층민"(Dorfproletariat)이 생기게 되었다는 것이다.[469] 이 계층들은 변두리 지역의 지분이나 혹은 마을의 자치에 참여를 위해 경쟁했다.

---

469 Schilling, Aufbruch und Krise, 145.

그러므로 농민 전쟁은 단지 확산된 빈곤으로 인해 발생한 것이 아니다. 예를 들면, 프랑켄에서는 하층 농민의 강력한 참여가 있었다. 더 나은 지위에 있던 농민 계급들도 그 봉기에 참여했기 때문이다. 그 계층의 문제는 정치적 영향력이나 위치를 확실하게 하여, 유산으로 받은 권리들을 지키는 것이었다. "영토 거주자의 가장 낮고 가난한 계층들, 즉 작은 토지를 소유한 농부, 집만 가진 농부, 다른 땅 없는 하위 농민 그룹들이 일반적 분위기를 주도한 것이 아니라,"마을의 존경받는 사람들"(Dorfehrbarkeit), 즉 중간농민과 대농민들의 중간계층의 부류가 주도했다."[470] 이들은 앞선 세대가 경험한 신분 상승이 이제 제한될 것이라는 우려를 느꼈기 때문이다.[471] 전체적으로 볼 때, 농민 봉기에서 문제는 사회적 억압을 없애는 것, 경제적 기회를 보호하는 것, 세속 공동체이자 종교 공동체로서 이해되는 마을을 이루어 마을의 자치를 회복하거나 세우는 것에 대한 문제였다. 종교개혁과 종교개혁이 열어놓은 새로운 사고의 지평은 농민들의 목표들과 연결될 수 있었다.

농민 전쟁은 서로 연관된 봉기가 아니었다. 오히려 다양한 개별적 폭동들로 구성되어 있었다. 그 폭동들은 1524년 이른 여름 스위스 경계에 가까운 슈바르츠발트(Schwarzwald)에서 일어났다. 12월 고지 슈바벤은 봉기들의 다른 활동지가 되었다. 그중에 멤밍엔이 이 결과들의 중심지였다. 이곳에서 1525년 3월 농민들의 주요 프로그램 문서 "슈바벤 농민들의 12조항"[472]이 생겨났기 때문이다. 반란은 1525년 봄 고지 독일 전체와 프랑켄을 사로잡았고, 이어서 튀링엔, 오스트리아, 스위스를 넘어 확장되었다. 당시 제국 지역의 약 1/3이 농민들의 소요와 관계되었다. 토마스 뮌처의 영향을 통해

---

470 Schilling, Aufbruch und Krise, 145.
471 참고. Schilling, Aufbruch und Krise, 140-145; Blickle, Revolution von 1525, 51-71.
472 인쇄 in Blickle, Revolution von 1525, 321-327.

뮐하우젠은 농민 전쟁의 중심지가 되었다.[473] 또한 에르츠산맥(Erzgebirge)과 보헤미아에서도 반란이 일어났다. 보헤미아에서는 광부들이 전쟁을 수행했다. 티롤(Tirol)과 잘츠부르크(Salzburg)에서 농민들과 광부들은 이익 공동체를 형성했다. 츠빙글리의 지지자였던 미카엘 가이스마이르(Michael Gaismair, 1490-1532)가 그들을 이끌었다. 처음에 농민 무리는 성과를 낼 수 있었다. 그러나 1525년 5월과 6월 그들은 발트부르크의 게오르크 트루히제스(Georg Truchseß von Waldburg)가 이끄는 슈바벤 동맹의 군대를 통해, 그리고 다른 제후들의 군대를 통해 멸절되듯 패배했다. 1526년 티롤의 농민들도 패배했고, 선제후령 작센에서 마지막 봉기들이 실패했다. 튀링엔의 반란은 채 한 달도 지속되지 못했다.(1525년 4월 중순 - 5월 중순) 반란에 관계되지 않은 지역은 공작령 바이에른(Herzogtum Bayern), 니더작센(Niedersachsen), 슐레스비히-홀슈타인(Schleswig-Holstein), 멕클렌부르크(Mecklenburg), 폼메른(Pommern), 브란덴부르크, 동부 작센, 슐레지엔이었다.[474]

농민들의 요구에서 농민들의 이해와 종교개혁 사상이 분명하게 상호 맞물린다는 것이 관찰된다. 종교개혁 신학이 믿음과 성경에 대한 교리에 무조건적으로 붙어있을 것을 요구했던 것처럼, 농민들은 복음에 보장되고 복음에서 높이 들려지기 위해 "하나님의 법"(göttliche Recht)에 삶의 질서가 전격적으로 붙어 있어야 한다고 주장했다. 이 기초에서 1524년 6월 멤밍엔 주변 지역에서 농민들의 세금, 이자, 신분적 차이가 하나님의 말씀에 모순된다는 주장이 생겨났다. 1525년 2월 시골 지역의 농민들은 도시의 의회와 함께 그들의 기초를 하나님의 법에 두자는 일치를 결정했다. 세 개의 큰 농민 조직들, 알고이 사람들(Allgäuer), 보덴제 사람들(Bodenseer), 발트링 무리들

---

473 이것에 대하여 참고. 참고. 본서의 202-209.
474 참고. Maron, Bauernkrieg, 319-322; Schilling, Aufbruch und Krise, 149-161.

(Baltringer Haufe)이 1525년 3월 6일 "기독교의 일치"(christlichen Vereiniung)로 함께 모였을 때, 가죽공 제바스티안 로처(Sebastian Lotzer, 약 1490-1525)는 그들에게도 하나님의 법을 관철시키는 데 성공했다. "하나님의 법"은 임시적으로 "12개 조항들"(Zwölf Artikel)[475]에 기록되었고 성경 구절에 근거했다. 사람들은 그것을 나중에 최종적으로 루터, 멜란히톤, 츠빙글리, 그리고 다른 종교개혁의 대표자들과 같이 성경을 연구한 판단자(Richter)들을 통하여 하나님의 말씀으로 확정받도록 하고자 했다. 하나님의 법의 판단자 목록은 멤밍엔의 동맹 규범에 포함되어 있다.[476] "12개 조항들"의 첫 번째 조항은 교회 공동체를 위하여 그들에게 복음을 설교해야 하는 목사들을 직접 선택하고, 응급시 직접 투입시킬 수 있는 권리를 요구했다. 두 번째 조항은 농민들이 십일조가 구약에서만 요구되었고, 신약에서 다시 폐지되었음에도, 큰 십일조, 즉 수확 세금을 전적으로 계속하여 지불하고자 한다는 것을 설명했다. 십일조는 이제 목사나 가난한 자들의 생계를 돕는 데 사용되어야 한다. 작은 십일조, 즉 모든 다른 경제 수익의 십일조는 사람이 고안한 것이기 때문에 더 이상 유효하지 않다. 세 번째 조항에서 농민들은 노예제를 주제로 삼았다. 노예제는 그리스도의 피를 통한 일반적 구원에 모순된다. 네 번째와 다섯 번째 조항은 사냥과 낚시에 대한 옛 법들을 숲에서 땔감과 건축용 목재를 조달하는 권리와 함께 다시 되돌리는 것을 요구했다. 다른 세금과 부담들을 없애는 것은 이어지는 조항들의 주제였다. 동시에 농민들은 12번째 조항에서 성경에 근거하지 않은 모든 요구들을 폐기하기를 원한다는 입장을 밝혔다. 그러나 다만 나중에 성경에 기초한 것으로 밝혀질 수 있는 다른 요구들은 유효하게 될 수 있도록 유보되었다. 합법적으로 얻

---

475 참고. 각주 472.
476 참고. 멤밍엔 (알고이) 동맹규범, in: Laube/ Seiffert (Hg.), Flugschriften, 32-34, 목록 33f.

어진 영주들의 권리는 건드리지 않았다. 동시에 농민들은 이미 결정된 혹은 결정하기로 약속된 기독교 결합에 동참하도록 정부와 도시들을 압박했다. "멤밍엔 동맹규범"(Memminger Bundesordnung)[477]은 이 관계에 속한 것이다. 이것이 이루어지지 못했을 때, 농민들의 무리는 점점 더 급진화되었다. 그들은 자신들의 요구를 폭력적으로 관철하고, 농민들을 영주들처럼 기독교 결합에 동참하도록 강제하기 시작했다. 그 과정에서 대저택, 성, 수도원, 성지가 파괴되거나 황폐화되었고, 만행이 시작되었다. 그렇지만 승리한 제후들의 반응과 농민들에 대한 재판은 반란의 정도와 관계없이 가혹한 것이었다.

농민의 봉기들이 다양한 지역에서 진행되었기 때문에, 루터는 상대적으로 늦게 그 과정과 관계하게 되었다. 1525년 4월 중순에 그는 "12조항"을 고지 슈바벤 농민들이 특별히 그를 하나님의 법의 재판관으로서 명명했다는 소식과 함께 듣게 되었다. 우선 그는 자신의 글 "슈바벤 농민들의 12조항에 대한 평화를 위한 경고"(Ermahnung zum Frieden auf die Zwölf Artikel der Bauernschaft in Schwaben)[478]로 반응했다. 그 글에서 그는 멤밍엔 동맹 규범에 대하여 다루었다. 그의 관심은 농민들이 요구한 법의 기초에 대한 근본적 해명이었다. 사실 루터는 농민들이 복음과 함께 요구한 것들의 기초가 종교개혁 운동과 관계가 있다는 것을 인정했다. 그러나 그는 그 안에서 용납되지 않은 성경의 도구화를 보았다. 이런 방식으로 육체적이며 영적인 자유가 섞이게 되었다. 또한 그는 농민들이 사실상 경제적이고 법적인 큰 위험 가운데 있다고 평가했다. 그래서 그는 제후들과 영주들에게, 그들 스스로 호화로운 삶을 살아가는 동안 농민들의 생계를 압박하는 요구를 통해 어떤 죄를 쌓게 되는지 그들의 눈으로 보기를 요청했다. 그래서 그는 농민들과 호

---

477 이것에 대하여 참고. Seebaß, Artikelbrief, Bundesordnung und Verfassungsentwurf, 1988.
478 참고. WA 18, 279-334.

의적인 조정을 찾고, 그들의 요구를 큰 틀에서 적절하고 바른 것으로 여길 수 있도록 정부들을 강력하게 설득했다. 그러나 또한 농민들에게도 루터는 비록 그들이 정당한 방식으로 심각한 불의에 대하여 불평했음에도 불구하고, 그들의 관심을 "선한 양심과 법을 가지고"[479] 노력할 것을 경고하고 권면했다. 그는 농민의 태도에서 서로 다른 법적 영역의 혼합을 보았다. 예를 들면, 그들이 "기독교의 통합"을 위해 노력할 때와 하나님의 법에 대한 요구에 호소할 때, 그들의 관심은 결코 성경의 법적 이해와 일치될 수 없었다. 그들이 그리스도 혹은 하나님의 이름으로 다루는 것을 요구할 수 없었다. 그리스도에 대한 호소는 사실 법의 파괴를 요구했고 불의를 용납할 준비를 요구했다. 농민들은 자신들의 문제에서 재판자였고, 용인된 불의를 스스로 벌하고자 했다. 이것을 통해 개혁자가 보기에 그들은 자연적이며 일반적인 세상의 법에 반대로 가고 있었다. 농민들이 사회의 법적 질서를 무시하기 때문이었다. 그래서 루터는 비록 그들의 요구들이 성경에 기초할 수 없으나 세속적 관심에서는 전적으로 인정될 수 있는 것이라고 여길지라도, 그들을 "폭도"(Rotterei)와 "봉기"(Aufruhr)라고 비난했다. 이 전제를 가지고 그는 양측에 요청하고 있었다. 그는 하나님께서 폭군을, 폭도나 봉기와 마찬가지로 벌하신다는 것을 보여주는 역사적 경험을 기억하도록 했다. 그는 여전히 협의의 길로 갈 수 있다고 보았다.[480]

루터가 "평화를 위한 경고"를 아직 완성하지 못했을 때, 그는 여러 주간에 걸쳐 튀링엔의 아이슬레벤까지 여행 중에 농민들을 통한 폭동과 폭력의 시작을 경험했다. 이 경험은 그 상황을 판단하는 데 결정적인 영향을

---

479 WA 18, 300,5.
480 참고. Schilling, Martin Luther, 294-317; Brecht, Martin Luther II, 174-178; Maron, Bauernkrieg, 327f.

주었다. 무엇보다 토마스 뮌처에게서 그는 선동자, 폭동꾼, "살인하는 선지자"[481]를 보았다. 아마도 여전히 그가 여행 중이었을 때, "강도질과 살인하는 농민들의 폭도들에 반대하여"(Wider die räuberischen und mörderischen Rotten der Bauern)라는 작은 글을 작성했을 것이다.[482] 그가 농민들을 일반적으로 비난한 것은 첫째, 그들이 독단적으로 법을 만들어 정부에 대한 선서 의무를 없앤 것, 둘째, 도적질과 살인과 폭동으로 영토의 평화를 명백히 깨는 것, 셋째 그들 자신의 행동을 정당화하기 위해 복음을 남용하여 하나님의 모욕한 것이다. 농민들이 복음에 호소하며 공공연하게 폭동을 일으키는 것은 종교개혁자를 가장 크게 진노하게 했다. 법적이며 신학적 동인들은 그가 매우 날카롭게 나아가도록 자극했다. 그는 공공연한 폭동을 진압하는 것이 법 권력을 소유한 사람들, 곧 정부의 적합한 임무라고 생각했다. 이런 생각에서 그는 요청했다. "친애하는 영주들이여, 여기에서 풀고, 여기에서 구하고, 여기에서 도와주십시오. 가난한 무리를 불쌍히 여기십시오. 가능하면 당신은 여기에서 찌르고, 때리고, 조르시오. 당신은 그 위에서 죽습니다. 당신에게 잘되었습니다. 당신은 복된 죽음을 결코 경험할 수 없습니다."(Darum, liebe Herren, löst hier, rettet hier, helft hier; erbarmt euch der armen Leute; steche, schlage, würge hier, wer da kann; bleibst du darüber tot [d.h. stirbst du dabei], wohl dir, einen seligeren Tod kannst du nie erfahren)[483] 결국 정부들이 지나칠 정도로 거친 처벌로 농민들을 반대하는 조치를 위한 것은 결코 루터가 농민에 반대편에 참여한 것 때문이 아니다. 오히려 그들은 농민들이 우선적으로 정치적, 사회적 구조를 문제 삼은 것에 반응했다.

---

481 Brecht, Luther II, 183. 뮌처에 대하여 참고. 본서의 202-209.
482 참고. WA 18, 344-361.
483 WA 18, 361,24-26.

그 구조는 그들의 지위와 그들의 통치행위에 영향을 주는 것이었기 때문이다. 그러나 루터가 농민들을 반대한 것은, 그가 정부의 부적절한 냉혹함을 경고한 것과 비교할 때, 더 큰 영향이 있었다. 그럼에도 그는 아직도 가능한 평화적 해결책을 내어놓았다. 이는 그가 튀링엔의 폭동 지역에서 돌아온 후 4월에 체결된 슈바벤 동맹과 보덴제 농민 무리 사이의 바인가르텐 협약(Weingartener Vertrag)을 비텐베르크에서 출간하도록 했다는 것에서 드러난다. 그는 본문에 자신의 서문을 앞에 넣었고, 후기를 더했다. 그는 이 협약으로 하나 됨의 방식을 추천했다.[484]

1525년 7월 그의 저작 "농민들에 반대하는 거친 소책자의 발송편지"(Sendbrief von dem harten Büchlein wider die Bauern)[485]로 그는 다시 한번 말했다. 그는 혼란 중에 있는 공공연한 폭동을 다루었고, 그것과 함께 법적 공동체로서 사회에 대한 매우 심각한 범죄를 다루었다. 비록 그가 농민들에 대한 제후들의 유혈 보복이 과도하다고 비난하고 있음에도 불구하고, 폭동 진압 이외의 다른 가능성은 그에게 더 이상 생각할 수 없었다.[486]

2. 슈말칼덴 전쟁(1546/1547)과 아우크스부르크 임시령(1548)

농민들의 봉기와 진압 이후 약 20년이 지나 제국의 제후들과 황제는 전쟁에 직면하게 되었다. 1546년 레겐스부르크에서 제국이 주도한 다른 종교대화가 열리고 있었음에도,[487] 황제의 편에서 종교를 일치시키는 해법에 대

---

484 참고. Brecht, Luther II, 178-184.
485 참고. WA 18, 375-401.
486 참고. Maron, Bauernkrieg, 328f; Seebaß, Evangelium und soziale Ordnung, 44-57.
487 이것에 대하여 참고. Vogel, Das zweite Regensburger Religionsgespräch, 2009.

한 관심은 퇴색했다. 이미 1545년 5월 중순 카를 5세가 보름스에서 제국회의를 소집했을 때, 군사적 개입은 그의 편에서 점점 더 가능성을 얻었다. 특히 전쟁을 위한 전제들이 유리하게 보였다. 그는 프랑스와 전쟁에서 승리했다. 그리고 크레피(Crépy)에서 1544년 9월 14일 체결된 평화는 그에게 다시 제국의 문제들을 향할 수 있는 기회를 주었다. 더하여 1545년 5월 17일 추기경 알레산드로 파르네제(Kardinal Alessandro Farnese)가 교황의 대사로서 교황청의 제안을 가지고 오스만 혹은 이단에 대한 싸움을 위해 100,000 두카텐(Dukaten)을 준비하여 보름스에 도착했다. 이것은 황제가 로마와 협상하도록 자극했다. 사실 1546년 레겐스부르크 제국회의 즈음 교황과 협약이 체결되었다. 그 협약은 단지 재정적 도움뿐 아니라, 또한 군사적 분담[488]도 약속했다. 하지만 이 도움은 한 번도 성실하게 시행된 적이 없었다. 또한 카를은 폴란드의 왕 지기스문트 1세(Sigismund I.)의 지원을 받으려고 노력했다. 술탄 술레이만(Sultan Suleiman)과 휴전을 위한 협상에 들어갔다. 더하여 황제는 종교개혁에 동의하는 제후 중에서 개별 협정을 통해 자기 편을 만들 수 있었다.[489] 그는 작센의 공작 모리츠(Herzog Moritz von Sachsen)와 그런 방식으로 레겐스부르크 제국회의 동안 협약을 체결했다. 협약의 내용은 당시까지 개신교 계급 대표들의 결합을 거부하며 슈말칼덴 동맹에 참여하지 않았던 알베르틴 가문 사람(모리츠)에게, 황제를 군사적으로 후원하는 요구를 수용하는 경우 그의 사촌 요한 프리드리히의 에르네스틴 선제후령의 상당한 영토를 떼어주는 것을 약속했다. 더하여 모리츠는 마그데부르크와 할베르슈타트 재단들에 대한 위임통치권을 약속받았다. 협정이 확

---

488 이 분담은 하지만 1547년 슈말칼덴 전쟁이 끝나기 전에 다시 철수되었다. 종교 대화 이전의 협상들에 대하여 참고. Vogel, Das zweite Regensburger Religionsgespräch, 49f. 141-151; 짧은 개관, Dingel, Rolle Georg Majors, 190-194.
489 참고. Rabe, Reichsbund und Interim, 70f.

정한 바는 재단들이 교회의 목적을 위해 사용되는 조건에서 교단의 탈퇴에 반대하는 어떤 이의도 제기되지 않아야 한다는 것이었다.[490] 이미 1541년 황제는 협상을 통해 개신교 선제후 브란덴부르크의 요아킴 2세를 슈말칼덴 동맹으로부터 거리를 두도록 하는 데 성공했다. 또한 카를은 종교개혁에 동의하는 퀴스트린의 후작 한스(Markgraf Hans von Küstrin)와 브라운슈바이크-칼렌베르크의 에리히(Erich von Brauschweig-Kalenberg)와 브란덴부르크-쿨름바흐의 후작 알브레히트(Markgraf Abrecht von Brandenburg-Kulmbach)와 함께 약속했다. 구교의 강력한 바이에른의 공작 빌헬름 4세(Herzog Wilhelm IV. von Bayern)와 조약을 통해 황제는 다른 잠재적인 대적을 상쇄시켰다. 합스부르크와 바이에른 사이의 이 이해는 곧 빌헬름 공작의 아들 알브레히트와 황제의 조카 안나의 1546년 7월 4일의 결혼으로 확인되었다.

같은 달 1546년 7월 슈말칼덴 동맹에 함께 모인 개신교도들에 대한 전쟁이 발발했다. 1546년 7월 20일 황제는 작센의 선제후와 헤센의 지방백작과 동맹의 우두머리들을 반역자로서 추방할 것을 공포했다. 법적으로 볼 때 황제는 전쟁을 제국법의 테두리에서, 즉 복종을 거부하는 사람들에게 제국의 처벌을 시행하는 것이었다. 그러나 실제로는 신앙고백의 분열을 없애는 것이었다. 전쟁 수행의 첫 단계는 1546년 봄 도나우(Donau)에서 진행되었다. 둘째 단계는 작센의 모리츠의 행동들을 통해 특징지어졌다. 그는 1546년 11월 선제후령 작센을 기습했고, 이를 통해 남쪽에 있던 동맹군들을 북쪽으로 움직이도록 했다. 이것은 황제에게 제국의 남부 공간에서 군사적 성과를 내게 했다. 그리고 셋째 결정적 단계는 작센에서 군대들의 직접 충돌

---

490 이것에 대하여 참고. Wartenberg, Landesherrschaft und Reformation, 1988.

에서 발생했다. 엘베 강변(Elbe)의 뮐베르크(Mühlberg) 전투에서 작센의 선제후 요한 프리드리히가 1547년 4월 24일 전멸하듯 패배했다. 그는 사로잡혔고, 전쟁 재판 앞에 세워졌고, 대역죄와 이단의 죄목으로 사형 판결을 받았다. 그러나 나중에 종신 감옥형으로 감면되었다.[491] 1547년 5월 19일 비텐베르크 항복으로 요한 프리드리히는 자신의 선제후위(Kurwürde), 선제후 영지(비텐베르크, 토르가우, 아일렌부르크), 다른 영토들을 자신의 친족 모리츠에게 넘겨야 했다. 그와 그의 아들들에게는 단지 튀링엔의 몇몇 지역들만이 남았다. 또한 헤센의 지방백작은 결국 자신의 처남 브란덴부르크의 요아킴 2세와 자신의 사위 작센의 공작 모리츠와 협상 후 항복했다. 그는 황제 앞에 사죄를 행하기 위해 할레(Halle)로 갔고, 그러나 곧바로 체포됐다. 작센의 동맹자처럼 그는 1552년까지 황제의 감옥에 있었다. 슈말칼덴 동맹의 두 주요인물이 감옥에 투옥되고, 남부의 독일 계급 대표들이 항복함으로 전쟁은 북쪽의 개별적 저항들, 특별히 마그데부르크에서의 저항이 있었음에도 끝이 났다. 이제 황제는 지속되던 계급 대표들의 자치를 끝내고, 새롭게 제국을 개혁하여 더 강력한 군주국가로 제국의 수장을 강화하는 작업을 착수할 수 있었다. 그 관계에서 제국 개혁과 제국의 종교 일치를 회복하기 위한 조치들이 다음 제국회의 논의 주제로 세워졌다. 제국회의는 1547년 아우크스부르크의 "무장된 제국회의"(der geharnischte Reichstag)로 역사에 기억되었다. 왜냐하면 황제는 아우크스부르크에 군사를 주둔시키는 것을 포기하지 않았기 때문이다. 그는 갑옷을 입은, 즉 무장한 스페인 군대를 제국의 경계 내에 두었고, 그들을 이 도시에 모이게 했다. 그런 면에서 제국 제후들의 높은 참여가 이루어졌다. 그중에 모든 여섯 명의 선제후들이 오는 중이

---

491 1552년 파사우 협약(Abschluss des Passauer Vertrags)의 결정 전에 그는 다시 자유롭게 되었다.

거나 참석하거나, 대리인을 통하여 대표되도록 할 수 있었다. 황제는 하나의 재정조직과 군사조직을 만들기 위해 제국의 모든 계급 대표들을 하나의 제국 동맹으로 합치는 것을 계획했다. 이는 더 이상 개별 제후들에게 매여 있지 않고, 계급 대표들의 이해를 넘어 기능할 수 있는 조직을 만드는 것이었다. 그러나 저항이 상당했다. 별로 중요하지 않은 문제에서만 동의가 있었다. 예를 들면, 황제에게 돈을 비축하는 것이 승인되었고, 더하여 제국 최고 법원의 대표와 후보자들을 정할 권리가 승인되었다. 황제는 이전에 서명했던 선거 승복서에 반대하여 선제후들을 고려하지 않고 추방을 포고할 수 있는 권한을 요구했다. 그러나 장기간으로 볼 때 카를은 자신의 정치 개혁 계획의 실현에 만족할 수 없었다.[492]

더 많은 성과는 종교 문제의 규정에서 나왔다. 물론 여기에서도 문제들에 대한 쟁론이 야기되었다. 교황 바오로 3세는 1545년 트리엔트(Trient)에서 공의회를 열었다. 그러나 이 공의회는 1547년 황제가 군사적인 성공을 이루자 교회 국가 내의 볼로냐로 옮겨졌다. 공의회를 황제의 영향력의 범위에서 떼어놓기 위해서였다. 트리엔트의 페스트 전염병 발생이 공식적인 근거였다. 사실 이 결정은 공의회를 마비시켰다. 개신교인들은 공의회가 교황청에 너무 크게 예속된 것을 비난했고, 여전히 그것을 인정할 준비가 되지 않았기 때문이다. 교회 국가로 옮기는 것으로 황제가 패배한 개신교인들에게 참여를 명령하는 것은 불가능하게 되었다. 종교 일치의 회복을 위한 수단으로서 공의회는 그렇게 실패했다. 이런 배경에서 카를이 노력한 "중간 시기"(zwischenzeitlich)의 해법, 소위 "임시령"(Interim)은 큰 의미를 얻게 되

---

492 참고. Rabe, Reichsbund und Interim, 179-360. 참고. Engel (Hg.), Handbuch der Europäischen Geschichte III, 536-540.

었다.[493]

1548년 초 황제는 신학자 위원회를 소집했다. 위원회는 에라스무스와 같은 생각을 가진 나움부르크의 주교 율리우스 폰 플루그와 마인츠의 보좌주교 미카엘 헬딩(der Mainzer Weihbischof Michael Helding, 1506-1561)으로 구성되었다. 개신교 편의 대표자로서 브란덴부르크의 궁중 설교자 요한 아그리콜라가 세워졌다. 나중에 황제의 고해 신부 도밍고 데 소토(Domingo de Soto), 궁중 설교자 페드로 데 말벤다(Pedro de Malvenda), 왕 페르디난트의 궁중 신학자 잘처(M. Saltzer)가 추가되었다. 그들은 종교 집단들을 결합시키기 위한 제안을 작업해야 했다. 이미 1548년 1월 위원회는 작업을 시작했다. 1548년 3월 15일 임시령의 기준이 되는 원고가 제출되었다. 두 달 후, 1548년 5월 15일, 그 본문은 제국의 계급 대표들에게 서론의 낭독을 통하여 공식적으로 전달되었다. 여기에서 임시령이 제국의 모든 계급 대표들에게 적용될 수 없고, 단지 "갱신을 도입한 사람들"(Neuerung vorgenommen)[494], 즉 종교개혁을 도입한 사람들에게만 적용된다는 것이 분명하게 되었다. 제국의 성직자 계급 대표들에게 칼은 1548년 6월 14일 사제직과 수도원 삶의 조심스러운 개혁을 목적하는 "개혁의 형식"(Formula Reformationis)을 공포했다. 그러나 실제로 이는 단지 소수의 장소에서 그리고 소극적으로 실행되었다.[495]

임시령은 황제의 종교법이었다. 그 법은 개신교 계급 대표들이 교리에서도 교회의 생활에서도 옛 믿음으로 돌아오는 것을 목적했다. 다만 평신도에게 잔을 베푸는 것과 사제의 결혼은 인정되었다. 제국회의에서 계급 대표들

---

493 참고. Rabe, Reichsbund und Interim, 407-449; Rabe, Zur Interimspolitik Karls V., 127-146.
494 Mehlhausen (Hg.), Augusburger Interim 34.
495 참고. Mehlhausen, Interim 230-237.

의 찬성은 결코 확실하지 않았다. 카를은 위원회가 협의하는 도중에도, 가장 중요한 제후들의 승낙을 얻기 위하여 노력했다. 선제후령 브란덴부르크와 선제후령 팔츠는 확신 때문이 아니라 외교적 계산에서 중재의 준비를 했다. 그래서 카를은 두 선제후에게 자주 공공연하게 반대를 표명하는 다른 계급 대표들과 협의하는 데 들어오도록 부탁했다. 임시령은 특히 제국의 남부 절반이 관계된 지역에서 강제적으로 도입되었는데, 그곳에서 황제의 영향력은 북부보다 더 위협적이었다. 결국 개신교 설교자들은 임시령의 결정들에 따르지 않는 한 이주해야 했다. 도처에서 저항이 커졌다. 저항은 입장 표명, 전단, 조롱하는 노래들로 바람을 만들었다. 아니면 위로의 글을 통해 관계된 사람들에게 도움을 베풀었다.[496] 그렇게 인쇄되어 널리 퍼진 표현들은 제국의 하늘 모든 방향에서 왔다. 그러나 작센의 모리츠가 주둔한 도시 마그데부르크가 생산적인 중심지였다. 마그데부르크는 그 인쇄소들을 "우리 주 하나님의 사무실"(unseres Herrgotts Kanzlei)이라는 영광스런 제목으로 기록했다.[497] 이미 1547년 신학자 유스투스 메니우스가 자신의 소책자 "정당방위에 대하여"(Von der Notwehr)를 출간했다. 이 책은 정치적 정부에 반대를 격려했다. 정부는 개신교인들이 보기에 공공연하게, 참된 기독교의 교리를 방해하려고 했다.[498] 작센의 모리츠에게 상황은 어려웠다. 왜냐하면 그는 한편으로 계속하여 황제와 좋은 관계를 유지해야 했고, 다른 한편으로 그렇지 않아도 약해진 선제후 작센의 계급 대표들과의 공감을 완전히 잃어버리지 않아야 했기 때문이다. 그는 황제 편에서 승리를 통하여 (통치 1547-1553) 그들의 우두머리가 되었다. 그래서 그는 종교 문제에서 조심스

---

496 참고. 본문들은 in: Controversia et Confessio 1, 2010.
497 이것에 대하여 참고. Kaufmann, Ende der Reformation, 1-12.
498 참고. Schneider (Hg.), Politischer Widerstand, 2014.

럽게 행동했고, 페르디난트에게 임시령을 포함한 만장일치의 제국회의 결정을 개인적으로 받아들이기를 원하나, 그것에 연결되는 의무들을 자신의 영토와 백성들에게 시행하는 것은 거절한다고 알렸다.[499] 영토의 계급 대표들과 신학자들과 사전 협의 없이 그는 그런 결정을 자신의 영토에서 구속력 있게 시행할 수 없었다. 비텐베르크 신학자들의 비판적 평가들도 그를 지지했다. 그는 1548년 5월 18일 황제 앞에서도 거부하는 의견을 표명했다. 특히 그는 이제 새롭게 추가로 얻은 영토에서 자신이 다스리는 사람들에게 선제후의 위(Kurwürde)를 받을 때 확약했다는 이유로, 그들의 개신교 신앙을 보호하겠다고 했다. 슈말칼덴 전쟁이 끝나고 비텐베르크 대학을 다시 열 때, 신학자들에게 완전한 교리와 신앙고백의 자유가 허용되었다. 특히 아우크스부르크 제국회의 동안 이끌었던 모든 특별 협상들이 성과가 없었다는 점에서, 상황은 새 선제후에게 극도로 어렵게 흘러갔다. 모리츠는 그래서 황제의 임시령에 반대하여 내놓을 수 있는 대체 제안을 작성하려고 했다. 그 작업에 게오르크 폰 안할트(Georg von Anhalt)와 필립 멜란히톤이 비텐베르크 신학 분과의 구성원들과 함께 참여했다. 이 대안은 라이프치히 영토회의(Landtag)에 제출되었다.[500] 다른 영토와 도시들에서도 비슷한 발의들이 있었다. 그것들은 임시령의 도입을 통한 영향을 감당할만한 정도로 줄이려는 목적을 가지고 있었다. 그렇게 라이프치히 제안은 종교개혁 교리의 고수를 의도했다. 그러나 그 제안은 옛 의식들의 다시 세우려 했던 황제의 종교 정책에 대한 양보를 담고 있었다. 이것은 "아디아포라"(Adiaphora), 즉 개인의 믿음과 영혼의 구원에 유리하지도 불리하지도 않은, 어디에도 매이지

---

499 참고. Pollet (Hg.), Pflug, Correspondance III, 654.
500 참고. Wartenberg, Augsburger Interim, 15-32; Wartenberg, Albertinische Kirchen- und Religionspolitik, 163-172, 특별히 168-170.

않은 중간의 것들을 다룬다는 전제 아래 있었다. 이 교리의 작성은 여러 곳에서 전형적인 멜란히톤의 강조점들을 담고 있었다. 그러나 이 제안은 이미 1546년에 사망한 루터를 강력하게 지지하는 일련의 무리들 가운데 아우크스부르크 임시령보다 더 단호한 거절을 불러일으켜 충돌되었다. 그들은 마티아스 플라키우스 일리리쿠스(Matthias Flacius Illyricus, 1520-1575)와 니콜라우스 폰 암스도르프 주변에 모여들었다. 멜란히톤이 비난을 받은 것은 그가 종교개혁의 루터 유산에서 떠났고, 이와 같은 위기의 상황에서 스스로 소위 아디아포라에 신앙고백의 중요성이 있다는 것을 잘못 이해했다는 것이었다. 그러므로 의식적 실행에서 어떤 양보도 있을 수 없었다. 라이프치히 영토회의 제안(Landtagsvorlage)은 승인되지도 않았다. 그러나 논쟁적으로 논평된 상태로 플라키우스와 그의 동료들에 의해 출판되었다. 이 본문은 "라이프치히 임시령"(Leipziger Interim)이란 이름으로 알려졌고 개신교 진영에서 수많은 논쟁을 유발하게 되었다.[501] 소위 라이프치히 임시령의 공식적인 출판은 한 번도 없었다. 하지만 1549년 7월 요약본, 소위 "발췌본"(Auszug) 혹은 선제후 모리츠가 멜란히톤에게 권고하여 작성한 "소 라이프치히 임시령"(Kleine Leipziger Interim)[502]이 인쇄되었다. 작센의 목사들은 이것을 지킬 의무가 있었다. 그것은 그리스도와 성자들의 그림들을 미사의 복장과 함께 허락했고, 로마의 교리에서 벗어나는 것을 과도하고 분명하게 만드는 모든 문제를 교리에서 제외했다. 그러나 "발췌본"의 공식적인 도입은 이루어지지 않았다. 개신교 내부의 아디아포라와 연관된 논쟁들은 모든 주제를 극단적으로 만들었고, 그 가운데 근본적인 것은 항상 비텐베르크

---

501 참고. Controversia et Confessio 2: Der Adiaphoristische Streit, 354-441. 여기에 또한 아디아포라에 대한 다른 입장들도 있다.
502 참고. CR 7, 426-428.

종교개혁의 유산의 권위적 보존에 대한 문제였다. 이 논쟁들은 일치 신조 (Konkordienformel, 1577)와 일치서(Konkordienbuch, 1580)를 통해 루터파의 신앙고백을 형성하도록 흘러갔다.[503]

3. 제후 전쟁과 파사우 조약(1552)

아우크스부르크 임시령은 큰 반대에 부딪혔다. 다수의 개신교 목사들과 설교자들은 "임시령의"(interimistisch) 의미에서 일하는 것을 거부했다. 제국회의 결정을 실행하는 데 완강하고 수동적인 반대가 있었다. 동시에 황제에 반대하는 정치적 세력도 점차 형성되었다. 황제는 슈말칼덴 동맹의 패배 후 그리고 임시령을 반대하는 저항에 대한 반응으로 작센의 선제후 모리츠에게 마그데부르크에 대한 황제 추방 명령의 집행을 맡겼다. 포위는 1550년에 시작되었다. 니더작센의 도시들과 제후 동맹이 마그데부르크를 돕기 위한 모든 시도는 실패했다. 그러나 모리츠는 외적으로는 황제의 편에 있는 것처럼 행동하고, 비밀리에 그 도시에 아주 유리한 조건을 가지고 마그데부르크와 협상을 통해 전쟁 없이 도시의 항복을 얻어내는 전략을 취했다. 1551년 11월 9일 그는 제국의 총사령관으로 마그데부르크에 들어갔다. 그의 군대는 이제 다른 곳에 출정할 필요가 없었다. 그동안 황제의 스페인 군대가 제국에 주둔하는 것에 대한 불만이 커졌다. 사람들은 그 군대와 황제에게서 제후들의 "자주성"(Libertät)을 제한하려는 기존에 없었던 권력을 보았다. 슈말칼덴 동맹의 지도자들은 계속 투옥되어 있었고, 이

---

503 BSELK의 새로운 편집본 참고.

는 일반적으로 제후계급 대표들의 굴욕으로서 여겨졌다. 더하여 여전히 떠도는 소문이 있었는데, 황제가 자신의 형제 페르디난트의 사망한 후 황제위(Kaiserwürde)를 자신의 아들 스페인의 필립(Philipp von Spanien)에게 넘겨주려 한다는 계획들에 관한 것이었다. 이 소문은 황제와 "짐승 같은 스페인의 굴종"(die viehische spanische Servitut)[504]에 대한 혐오를 강화시켰고, 두려움은 한층 커져 갔다. 특히 누구보다 작센의 모리츠에게서 불만이 발생했다. 사실 그는 슈말칼덴 전쟁의 종결로 이득을 보았으나, 그럼에도 정치적으로는 속았다고 느꼈다. 원래 황제는 마그데부르크와 할베르슈타트에 대한 권리를 확인해 주기로 했지만, 그 반대로 그는 이 성직자 재단들을 포기해야 했기 때문이었다. 더하여 그는 자신의 행동으로 인해 사랑받지 못했다. 개신교인들 가운데 그는 "마이센의 유다"(Judas von Meißen)로 여겨졌다.[505] 이 다양한 이해관계 가운데 모리츠는 슈말칼덴 전쟁에서 자신의 대적이 아니었던 제후들과 함께 협의에 들어갔다. 이는 황제를 반대하는 본격적인 제후들의 음모의 싹이었다. 목적은 제후들의 "자주성"(Libertät)을 아우크스부르크 신앙고백의 자유로운 고백과 함께 요구하고, 실패한 슈말칼덴 동맹의 투옥된 수장들을 자유롭게 하는 것이었다. 작센의 모리츠와 함께 메클렌부르크의 요한 알브레히트, 퀴스트린의 한스, 헤센의 지방백작 빌헬름이 이 동맹에 속했다. 더하여 브란덴부르크-쿨름바흐의 후작 알브레히트 알키비아데스(Markgraf Albrecht Alcibiades von Brandenburg-Kulmbach)가 함께했다. 그에게 큰 용기와 대담함의 호소가 앞서 있었다. 황제가 1551년 이후 다시 프랑스와 전쟁의 대결 가운데 있었다는 것은 유리하게 작용했다. 그래서 황제에 대한 공동의 반대는 구교도인 프랑스 왕 앙리 2세와 개

---

504 다음에서 인용. Jedin (Hg.), Handbuch der Kirchengeschichte IV, 306.
505 참고. Haug-Moritz, Judas und Gotteskrieger, 235-259.

신교의 제후들을 종교적 차이를 뛰어넘어 함께 하게 만들었다. 심지어 모리츠는 프랑스 사람들과 황제에 대한 공격 동맹을 실현하는 데까지 이른다. 계약상 협약은 계획된 군사적 공격을 위한 프랑스의 보조금을 약속했다. 하지만 제국의 제후들이 이를 위해 감당해야 하는 비용은 상당했다. 계획된 시도가 성공할 때, 앙리에게 로트링(Lothring)의 도시들, 메츠(Metz), 툴(Toul), 베르됭(Verdun) 그리고 캉브레(Cambrai)의 제국 보좌신부직이 약속되었다.

아우크스부르크에서 황제의 대리인으로서 왕 페르디난트와 협상들이 실패한 후, 1552년 3월 황제에 대한 군사적 공격이 시작되었다. 계약에 따라 동맹의 파트너들은 공격했다. 카를은 여러 번 경고되었음에도, 이 결과들로 인해 놀라게 되었다. 소수였던 그의 군대들은 패배했다. 그 스스로 인스브루크(Innsbruck)에서 브렌너(Brenner)를 거쳐 필라흐(Villach)까지 도망쳐야 했다. 제국 계급 대표들 중 다수는 중립적인 태도를 취했고 개입하지 않았다. 황제의 패배는 결국 피할 수 없었다. 왜냐하면 1551년부터 카를과 페르디난트의 군사적 분담이 이번에 헝가리와 지중해에서 벌어졌던 오스만에 대한 새로운 전쟁으로 인해, 이탈리아와 네덜란드에서도 벌어졌던 프랑스와 전쟁으로 인해 묶여 있었기 때문이었다. 또한 프랑스 왕도 동시에 약속된 도시들을 방어하기 위해 로트링엔(Lothringen)을 기습했다. 이번에는 개신교 제후들이 전쟁에서 승리를 얻었다.[506] 이것은 여러 방면의 결과들을 가져왔다.

모리츠와 페르디난트의 협약으로 1552년 5월 말 파사우(Passau)에서 제후들의 소집이 개최되었다. 20명의 제국 계급 대표들이 참석했다. 직접 참

---

506 참고. Engel (Hg.), Handbuch der Europäischen Geschichte III, 542-544.

여하기도 하고 대리인을 보내기도 했다. 황제 또한 두 명의 대사들을 대리로 보냈다. 주요 요구사항들은 제후들의 "자주성"과 두 종교 진영의 동일 지위와 관계된 진정서(Gravamina)가 폐지된 것과 관계되었다. 개신교인들의 관점에서 그것의 의미는 평화의 결정이 임시령을 폐지하고, 지속적인 종교 평화를 보장해야 한다는 것이다. 그밖에 몰수된 교회의 재산들은 새로운 소유자들에게 귀속되어야 하고 결국 진정서는 승인되어야 했다. 반대로 종교개혁에 동의하는 계급 대표들은 황제에게 오스만의 위협에 대한 지원을 약속했다. 왕 페르디난트는 그 요구들을 받아들이는 것에 전적으로 준비된 것처럼 보였다. 그리고 그는 자신의 형제에게도 찬성할 것을 간청했다. 그러나 황제는 소극적인 입장을 취했다. 무엇보다 영구적인 종교 평화에 대한 요구를 그는 양심을 이유로 거부했다. 지루한 협의 후 결국 1552년 8월 2일 파사우 조약이 서명되었다.[507] 그 조약을 통해 다음 제국회의까지 제한적인 종교 평화가 보존되었고, 임시령은 폐지되었다. 제후들의 진정서 문제는 다가오는 제국회의에서 종교의 질문과 동일하게 새롭게 다루어져야 했다. 헤센의 지방백작은 사면되었고, 자유를 다시 찾았다. 작센의 요한 프리드리히는 바로 직전에 구속에서 풀려났다.[508] 전쟁에 참여한 제후들에게 사면이 보장되었다. 동시에 그들은 자신들의 군대를 왕 페르디난트에게 넘겼다. 작센의 모리츠는 바로 직후에 (1553) 그동안 황제 편으로 넘어갔던 브란덴부르크-쿨름바흐의 후작 알브레히트 알키비아데스와의 전투에서 사망했다.[509]

---

507 참고. Drecoll (Hg.), Passauer Vertrag, 2000.
508 참고. 각주 491.
509 참고. Kirchner, Reformationsgeschichte, 94-96; Herrmann, Moritz von Sachen, 183-214.

4. 아우크스부르크 종교 평화(1555)

지난 결과들은 단일한 로마교회의 믿음의 기초위에 군주제를 향하는 강력한 황제 통치를 목표로 했던 카를 5세의 정치가 더 이상 실현될 수 없었다는 것을 분명하게 보여주었다. 메츠(Metz) 시를 포위하여 프랑스 왕에게서 다시 빼앗아 오려는 시도도 실패했다. 결국 카를은 네덜란드로 물러났고, 1554년 그의 형제 로마의 왕인 페르디난트에게 제국 문제의 운영을 넘겼다. 그렇게 카를은 1555년 아우크스부르크에 소집된 제국회의에 이제는 스스로 참석하지 않게 되었다. 2월 5일 시작하는 제국회의를 이끈 것은 페르디난트였다. 제국의 결정은 사실 여전히 공식적으로 황제 카를의 이름으로 이루어졌다. 그러나 아우크스부르크에서 회의가 진행되는 중에, 그는 사건들의 전개에 낙담하여 통치를 최종적으로 내려놓는 결심을 했다. 1556년 그는 사임했다.

9월 25일 아우크스부르크에서 황제와 계급 대표들이 영토의 평화를 위해 합의한 제국의 결정이 공포되었다.[510] 이 영토 평화는 하나의 실행 규정과 하나의 종교 평화에 기초한다. 실행 규정은 제국 내에서 합의한 제국의 계급 대표들에게 일반적 영토 평화의 보존을 위한 권한을 주었다. 종교 평화는 옛 로마교회의 믿음의 지지자들과 아우크스부르크 신앙고백의 지지자들의 공존을 위해 제국법의 기초를 못 박는 결정을 포함했다.[511] 1648년 베스트팔렌 평화(der Westfälische Frieden)를 통해 교체되기까지 아우크스부르크 종교 평화는 제국에서 신앙고백적 관계를 위한 표준이 되었고, 당시

---

510 이것에 대하여 전반적으로 참고. Gotthard, Augsburger Religionsfrieden, ²2006; Schilling/Smolinsky (Hg.), Augsburger Religionsfrieden 1555, 2007.
511 참고. Walder (Bearb.), Religionsvergleiche I, 41-69.

의 제국의 경계를 넘어 다른 종교 평화의 규범들에도 영향을 주었다.[512] 종교 평화는 이전에 존재하던 시간적으로 제한된 모든 종교 평화나 종교와 관련된 모든 휴전을 대체했다. 법적으로 볼 때, 그 결과는 우선 종교적 분리가 극복될 수 없는 것임을 의미했다. 아우크스부르크 종교 평화가 제국의 종교적 일치에 대한 포기를 의미했기 때문이다. 이 평화는 지금까지 법적으로 이단으로 여겨진 종교개혁에 동의하는 사람들을 그들이 아우크스부르크 신앙고백을 약속하는 경우, 용인하는 것을 보장했다. 앞으로 개별 영주들이 종교 주권을 행사하는 것이 가능하게 되었다.[513]

아우크스부르크 종교 평화는 그러므로 "아우크스부르크 신앙고백의 동류들"에게도 제국법의 용인을 보장했다. 그것은 동시에 옛 로마교회의 믿음이나 아우크스부르크 신앙고백에서 벗어나는 모든 종교적 그룹들은 이 용인에서 제외되었다는 것을 의미했다. 이는 세례파와 함께 아우크스부르크 신앙고백의 성찬 교리에서 거리를 두었던 개혁파의 노선들과 관계되었다. 그러나 아우크스부르크 종교 평화는 "개신교인들 자신의 의지에 따라"(nach dem Willen der Evangelischen selbst)[514] 그동안 일치 대화와 종교 대화의 과정 중에 멜란히톤이 개정한 신앙고백[515]의 어떤 판본을 이 규범의 기초로서 삼을 것인지에 대해서 아무것도 진술하지 않았다. 아우크스부르크 신앙고백 비변경판(invariata)과 변경판(variata) 사이의 차이, 즉 성찬 교리와 관계된 질문은 의도적으로 비워졌다.[516] 교회와 학교에서 1540년부터 아우크스부르크 신앙고백 변경판이 사용되고 있었다. 그러나 루터파의 신

---

512 이것에 대하여 유럽 역사를 위한 라이프니츠 연구소에서 유럽 종교 평화에 대하여 이루어진 연구들에 대하여 참고: www.religionsfrieden.de.
513 참고. Heckel, Deutschland im konfessionellen Zeitalter, 178-203.
514 그렇게 Müller, Kirchengeschichte II/1, 448.
515 이것에 대한 참고. 본서의 308 그리고 각주 458.
516 Confessio Augustana variata에 대하여 참고. BSELK, QuM I, 120-167, 특별히 127.

앙고백 형성과 그들의 1530년의 아우크스부르크 신앙고백 비변경판 인증의 과정 중에 늦어도 일치 신조(1577)와 일치서(1580)로 그것은 역행되었고, 그렇게 아우크스부르크 종교 평화의 해석에도 영향을 주었다.[517] 더하여 종교 평화는 제국의 계급 대표들과 제국의 직계 귀족들에게 자유로운 신앙고백의 선택 권리를 보장했고, 영주에게 "개혁의 권리"(ius reformationis)를 주었다. 이것은 종교 평화가 결정된 시점에 이미 종교개혁을 아우크스부르크 신앙고백의 기초 위에 도입했던 사람들을 위해 소급하여 유효할 뿐 아니라, 또한 미래에 영주가 종교개혁을 도입하려고 하는 영토들에도 유효하다는 것을 의미했다. 동시에 이 규정은, 영토의 제후들에게 종교나 신앙고백의 자유로운 선택 권리를 인정하는 것을 포함했다. 그러나 피지배인에게 이 권리는 인정되지 않았다. 이런 법적 상황은 자주 "그의 지역, 그의 종교"(cuius regio, eius religio)라는 기본 문장으로 요약되었다. 하지만 이 문장은 종교 평화의 본문에는 없던 것이다. 피지배인들에게 종교의 자유는 그들이 자신의 영주의 종교적 결정에 따를 필요가 없었고, 그들이 자신의 다른 믿음을 유지하고자 할 경우에는, 그들의 소유와 재산을 팔고 가족과 함께 다른 영토로 옮겨갈 권리를 갖는 것에 있었다. 오늘날에는 이 규정들이 제한적으로 들릴 수 있지만, 근세 초기에 있어 이것은 획기적인 것이었다. 이 규정들로 인해 종교개혁의 지지자들에 대하여 구교 지역에서 적용될 수 있었던 이단의 규정에 따른 사형과 종교재판소의 처벌권이 공식적으로 폐지되었기 때문이다. 또한 재산의 강제적인 몰수에도 빗장이 질러졌다. 오직 카를 5세의 부르군트 영지에서만 이 결정이 유효하지 않을 뿐이었다. 그곳에서 페르디난트는 옛 이단법을 존속시켰다. 즉 이단의 사형 처벌을 시행했다. 하지만

---

517 참고. Dingel, Augsburger Religionsfrieden, 157-176.

"개혁의 권리"는 모든 제국의 계급 대표들에게 보장되지 않았다. 제국의 도시들에 예외 규정이 적용되었다. 지금까지 두 종교, 구교와 아우크스부르크 신앙고백의 종교가 함께 존재했던 곳이나 구교가 임시령을 통해 다시 기반을 얻은 지역에서 둘은 계속하여 함께 존재할 수 있었다. 이 결정은 제국 도시들의 신앙고백의 평등을 위한 것이었다. 그 밖에 아우크스부르크 종교 평화는 종교개혁 지역들에서 성직자의 재판권, 주교의 교회 통치, 종교 기관들의 후견권(Patronatsrecht)을 폐지했다. 이 권리들과 의무들은 마찬가지로 영주에게 넘겨졌다. 하나의 예외로 제국 직속(reichsunmittelbarer)의 성직자 계급들의 후견권, 즉 성직자 제후들의 후견권은 유지되었다. 또한 개신교 영토 내에 있는 제국 직속의 성직자 계급의 재산, 수입, 권리들의 시각에도 예외 규정이 있었다. 이것들은 앞으로도 보장되었다. 이에 반하여 개신교 영주에 의해 1552년 전에, 즉 파사우 조약 체결 전에 이미 세속화되었던 모든 소작 수도원, 재단, 재산들은 각 영주의 재산으로 남아 있게 되었다. 아우크스부르크 종교 평화의 예외 규정들에는 그 밖에 소위 성직자 유보(Vorbehalt)가 포함되었다. "교회 권리 지정"(reservatum ecclesiasticum)은 격렬한 논쟁의 동기를 제공했다. 성직자 권리 지정은 성직자 제후령들에게 "종교개혁의 권리"를 거부했기 때문이다. 구교 편에서 이 규정은 핵심이었다. 왜냐하면 재단 혹은 성직자 제후령이 종교개혁에 연결되었다면, 이는 주로 인접한 지역의 군주인 한 명의 개신교 주교가 선출되는 것으로 여겨지기 때문이다. 이것은 성직자 영토가 이른 시기에 아니면 나중에 세속 제후령으로 편입되거나 합쳐질 위험을 담고 있었다. 성직자의 권리 지정은 그러므로 성직자 제후령의 존속을 보장하는 것을 목표로 했다. 성직자 제후가 신앙고백을 변경할 때, 그는 모든 관직과 수입을 잃게 된다는 결정이 이에 도움이 되었다. 이 조항에 대한 합의를 이루는 것은 어려웠다. 제후들은 종교 평화의 결정 이후 사실상 조항들의 준수를 사정에 따라서 강제로 시행할 의무가 있었는데, 그들은 이 경우에 주어진 방식으로 실행하는 것을 보장할 수 없다고 입장을 밝혔다. 그렇지만 "Declaratio Ferdinandea", 즉 왕 페르디난트의 공포 혹은 의지 표명으로 개신교인들에게 이미 오래전부터 아우크스부르크 신앙고백을 고백했던 성직자 영토의 기사들, 도시들, 교회들이 계속하여 방해받지 않고 자신들의 신앙에 머무를 수 있다는 것이 인정되었다. 그래서 신앙고백 평등의 형식이 가능하게 되었다. 하지만 "Declaratio Ferdinandea"는 종교 평화의 증서로 받아들여지지 않았다. 그리고 제국 최고법원은 그것을 지킬 의무가 없었다.[518]

아우크스부르크 종교 평화는 시대를 가르는 중요성을 가진다. 이 종교 평화는 유럽의 역사 가운데 처음으로 두 개의 종교 진영이 상이한 진리 요구들과 함께 평화롭게 공존하는 것을 지속적으로 보장하고 가능하게 했다. 앞선 종교 평화의 해법들 가운데 어떤 것도 이것을 이런 방식으로 성공시키지 못했다. 하나의 통일된 믿음을 위해 기독교의 분열을 되돌리려는 극복에 대한 생각은 사실 완전히 포기된 것은 아니었다. 그러나 신학적 진리의 문제는 이 종교 평화에서 더 이상 어떤 역할도 하지 못했다. 종교 평화는 정치가와 법률가들의 평화였다.[519] 내용에 대한 동기로 시행된 신학적 조정은 오직 종교 대화를 통해 성과를 낼 수 있었을 것이다. 사실상 1557년 큰 제국 종교 대화의 마지막 대화가 보름스에서 개최되었다. 하지만 그 대화는 이전의 다른 모든 대화처럼 성과 없이 끝이 났고, 분열은 더욱 분명하게 드러났다. 그러나 아우크스부르크 종교 평화 이래, "아우크스부르크 신앙고백 동류들"은 제국의 법적인 용인을 누렸다. 종교 평화의 "개혁의 권리"와 "이주 권리"(ius emigrandi)를 위한 결정들은 장기간 황제에 대한 제후들의 "자주성"

---

518 참고. Heckel, Deutschland im konfessionellen Zeitalter, 188-192.
519 참고. Kohnle, Konfliktbereinigung und Gewaltprävention, 6-9.

과 정치적 독립성의 강화로 이끌었고, 또한 영토의 신앙고백적 균일화로 이끌었다. "개혁의 권리"는 동시에 다른 종교개혁 교회의 기관화에도 영향을 주었다. 지금까지 구교의 교회와 그들의 직제에 맡겨졌던 많은 규정의 영역에 이제 정치적 정부들이 들어오게 되었다. 그렇게 종교개혁에 동의하는 영주들은, 교회, 학제, 재판, 윤리 감독, 가난한 자 돌보는 일을 맡을 수 있는 법적 구실을 갖게 되었다.[520]

5. 프랑스 종교 전쟁과 낭트 칙령(1598)

제국에서 아우크스부르크 종교 평화가 체결되는 동안, 프랑스에서는 개신교인들의 핍박이 프랑수아 1세의 아들 앙리 2세(Heinrich II. 통치 1547-1559) 치하에서 정점을 이루어졌다. 이것은 프랑스 개신교를 지속적으로 지하로 내밀었다. 최소한 파리의 첫 국가총회(Nationalsynode, 1559)에서 칼빈의 신학이 반영된 하나의 신앙고백과 교회 규범이 의결되었다.[521] 그때부터 조직된 교회들의 네트워크가 존재했다. 프랑스 고위 귀족의 상당수도 개신교 신앙으로 넘어갔다. 종교개혁의 관심들은 프랑스 왕권의 군주적-중앙집권적 경향에 대한 귀족의 반대와 함께 묶여 있었다. 프랑스 개혁파들이 1560년부터 위그노(Hugenotten)라는 이름으로 불렸다. 그들은 제약들을 통해 억제하거나 간단히 무시할 수 없는 권력의 요소가 되었다.[522] 1559년 7월 앙리 2세가 사망했고, 1560년 12월 초 그의 아들이요 후계자인 프랑

---

520 참고. Heckel, Deutschland im konfessionellen Zeitalter, 203-206.
521 참고. 본서의 353-363. 프랑스 종교개혁 역사의 전반적인 것에 대하여 Léonard, Historie générale du protestantisme II, 1988.
522 참고. Nürnberger, Politisierung, 29-72, 그리고 본서의 406f.

수아 2세(Franz II.)가 사망했다. 그래서 통치는 아직 미성년인 샤를 9세(Karl IX., 통치 1560-1574)에게 넘겨졌다. 섭정은 왕비이자 어머니, 카타리나 폰 메디치에게 맡겨졌고, 그녀는 인문주의 사상을 가진 수상 미셸 드 로피탈(Michel de l'Hôpital)의 도움을 받았다.[523] 그녀는 섭정을 종교적 분열을 해결하려는 시도로 시작했다. 이 방식으로 군사적으로 강화된 정치적 권력들의 반대를 국가에서 상쇄하려 했다. 이로 인해 푸아시(Poissy) 대회(1561년 9월 9일 시작)로 종교 대화[524]가 개최되었고 도움이 되었다. 이 대화를 미셸 드 로피탈은 기억될 만한, 신중한 경고의 연설로 열었다. 그는 대회(Kolloquium)를 국가 공의회(Nationalkonzil)로서 규정했고, 대회에 프랑스의 정치와 종교를 위한 중요한 가치를 부여했다. 그러나 목적된 종교의 일치는 성공하지 못했다. 그 사제는 어떠한 개혁 의지도 보이지 않았다. 그리고 신학적 논쟁들은 개신교 내부의 차이뿐 아니라, 구교 사람들의 모순까지도 드러내게 되었다.[525] 군사적 분쟁을 피하기 위해 관용 칙령은 피할 수 없는 것처럼 보였다. 1562년 샤를 9세는 생 제르맹 앙 레(Saint-Germain-en-Laye) 칙령으로 예방적인 종교 평화를 공포했다.[526] 그 칙령은 도시 밖에서 자유로운 개혁파 예배를 허용했다. 그렇게 교구회의의 조직과 노회의 개최와 마찬가지로, 왕의 관리가 관찰자로서 참여할 수 있다는 조건하에서 허용되었다. 그러나 싸움과 폭동의 인상을 불러일으키는 모든 것은 엄격하게 금지되었다. 예를 들면 무장한 집회나, 위그노를 정치적 독립으로 이끌 수 있는 발의는 금지되었다.[527] 이것은 평화를 기대하고 신속한 종교의 재일치까지 가는 과도기의 해

---

523 참고. Dingel, Katharina von Medici, 224-242.
524 일치를 찾는 수단으로서 종교의 대화에 대하여 참고. 본서의 308-314. 각주 457.
525 참고. Lecler, Geschichte der Religionsfreiheit II, 75-89.
526 참고. Walder (Bearb.) Religionsvergleiche, Bd. 2, 5-12.
527 개별 결정들에 대하여 참고. Dingel, Religion in the Religious Peace Agreements, 399-402.

결책이 될 수 있었다. 그러나 이 희망은 이루어지지 못했다. 칙령이 파리 의회에서 등록을 통하여 1562년 3월 6일 법적 효력이 발생한 지 바로 며칠 후에, 바시(Vassy)에서 학살이 발생했다. 그 학살은 개혁파 예배에 함께 모인 참석자들의 생명을 앗아갔다. 이것은 프랑스에서 발생한 총 여덟 번의 종교전쟁 가운데 첫 번째의 시작이었다.

모두에게 평화의 칙령이 끝났다는 것은 분명했다.[528] 1562년 생 제르맹 앙 레(Saint-Germain-en-Laye) 종교 평화에서 포함된 결정들은 변경되었고, 추가되거나 취소되었다. 어떤 칙령도 프랑스의 개신교인들에게 그리 많은 활동 공간을 주지 않았다. 그러나 1570년 생 제르맹(Saint-Germain) 평화 칙령은 (생 제르맹 앙 레의 성으로 서명되었는데) 중요한 것이었다. 그 칙령은 위그노들에게 처음으로 네 개의 안전한 장소 혹은 주둔 도시들을 보장했다. 그 가운데 강력한 방어성 라 로셸(La Rochelle)이 있었다. 이 평화의 결정은 소위 "정치가"(Politiker, Politiques) 그룹의 작품이었다. 그들은 인문주의자들과 개혁의 의지가 있는 로마교회의 지지자들로 구성되었다. 제독 콜리니(Admiral Coligny)를 통해 그 그룹은 궁정에서 영향을 얻게 되었다. "정치가"들은 종교들의 전선 사이에 중재를 시도했다. 그들은 점차 시간이 흐를수록 개혁파 쪽에 가까워졌다.[529] 모든 종교 전쟁들에 공통적으로 프랑스 고위 귀족과 변화하는 동맹들의 참여가 외부의 권력들과 함께 개입되어 있었다.[530] 그러므로 전쟁은 단지 구교와 종교개혁 입장들의 싸움일 뿐 아니라, 동시에 프랑스 왕의 편에 선 사람들과 개신교 귀족의 반대 사이의 권력 싸움이었다. 예를 들면, 왕의 편에 기즈(Guise) 가문이, 반대편인 위그노 편에 부르봉

---

528 참고. Foa, Making Peace, 256-274.
529 참고. Lecler, Geschichte der Religionsfreiheit II, 112-115; Dingel, Katharina von Medici, 238f.
530 참고. Lecler, Geschichte der Religionsfreiheit II, 96-154; Le Roux, Guerres de Religion, 2014; Livet, Guerres de Religion, [8]1996.

(Bourbon) 가문이, 나바라(Navarra)의 왕 잔 달브레(Jeanne d'Albret)의 결혼을 통해 앙투안 드 부르봉(Antonie de Bourbon)과 함께, 그리고 그의 형제 루이 드 콩데(Louis de Condé)와 그의 아들 앙리(Henri)와 함께 있었다. 더하여 위그노의 편에 샤티용-(쉬르-루앙)(Châtillon [sur Loing]) 가문의 뛰어난 세 명의 구성원들, 그리고 또한 보병 총사령관 프랑수아 당들로(François d'Andelot) 형제들, 해군 사령관 가스파르 드 콜리니(Gaspard de Coligny), 보베(Beauvais)의 제후 주교와 추기경 오데 드 샤티용(Odet de Châtillon)이 있었다. 그들은 모두 이미 1555년에서 1561년까지 개혁파 신앙으로 넘어갔다. 더하여 낮은 귀족 구성원들도 더해졌다. 명망있는 위그노 지도자 해군 사령관 콜리니의 암살을 통해 시작된 바르톨로메오의 밤(Bartholomäusnacht, 1572년 8월 24일) 살육은 개혁파 귀족을 살해하도록 이끄는 정말 끔찍한 결과가 되었다. 훗날 앙리 4세(Heinrich IV.)가 되는 나바라의 앙리와 앙리 드 콩데(Henri de Condé)는 개종해야 했다.[531] 이전까지 위그노들은 왕가에 여전히 충성의 태도를 보였지만, 이제 그들 가운데 전제주의에 대항하는 사고에 흠뻑 빠진 저항권이 발전하게 되었다.

앙리 3세의 암살 이후 개신교도인 잔 달브레와 앙투안 드 부르봉의 아들 나바라의 앙리가 왕좌(통치 1589-1610)를 얻게 되었을 때, 상황은 변하게 되었다. 하지만 그는 법적으로 출교된 이단으로서 여겨져 통치를 할 수 없었다. 더하여 그는 "나라 안에 나라"(Staat im Staate), 즉 위그노의 병행사회(Parallelgesellschaft)가 자신만의 구조를 가지고 세운 것을 다시 하나가 되게 하고, 모든 면의 신뢰를 얻게 해야 하는 어려운 과제 앞에 있었다. 1593년 7월 25일 그는 생 드니(St. Denis)에서 개신교 신앙에서 떠날 것을 맹세하

---

[531] 앙리는 후에 다시 개신교 믿음으로 돌아갔다.

고, 개종하며, 교황에게 사죄를 청했다. 이것은 동맹으로 맺어진 그의 가톨릭 대적을 만족시킬 수 있을 뿐 아니라, 또한 샤르트르(Chartres)에서 1594년 2월 그의 즉위를 가능하게 했다. 그러나 개신교인들은 이제 그를 불신으로 대했다. 심지어 그들은 자신들의 조직을 다시 강화했다. 그래서 귀족 "보호자"(Protecteurs)를 통해 보호된, 자신들의 군사적 조합과 행정구조를 통해 만들어진 "나라 안의 나라"를 나중에 낭트 관용 칙령에서 부분적으로 용인하도록 했다. 그러한 인정의 협의를 통해 앙리 4세는 위그노에게 있던 반대를 다시 찬성하도록 바꾸는 데 성공했다.[532]

1598년 4월 13일 왕은 낭트 칙령에 서명했다.[533] 그 칙령은 프랑스 개신교주의의 박해를 약 100년가량 멈추게 했다. 이 종교 평화는 네 개의 문서들, 92개의 일반 조항들과 56개의 비밀 조항들에 2개의 사면장이 더하여져 구성되었다. 두 조항의 순서는 사실상의 칙령을 설명한다. 그 칙령은 의회가 등록했고, 법적으로 효력이 발생했다. 56개 조항은 해설의 기능을 했고, 예외를 다루었고, 문화에 대한 결정들을 담고 있었다. 사면장들은 상이한 시점들에서 나온 것으로 오직 왕의 권한에 달려 있었다. 그것들은 날인되지도, 의회에 등록되지도 않았다. 특히 결정들에서 볼 때, 반대로 여겨질 수 있다는 점 때문에 그렇다. 예를 들면 첫 번째 사면장은 성직자들의 사례를 위해 교회가 조달해야 하는 것에 추가로 해마다 45,000에퀴르(écurs)를 지불하는 것을 약속했다.[534] 두 번째 사면장은 개혁파들에게 8년간 그들이 1597년 8월에 소유하고 있었던 모든 도시를 약속했다. 그것은 약 200개의 도시였다. 그 가운데 약 100개의 도시는 방어성이 있는 도시들이었다. 이를 위

---

532 참고. Sutherland, Edict of Nantes, 199-236.
533 참고. Walder (Bearb.), Religionsvergleiche, Bd. 2, 13-71.
534 참고. 1598년 4월 30일 사면장(Brevet) I, in: Walder, Religionsvergleiche, Bd. 2, 63f; Léonard, Historie générale II, 147.

해 왕의 편에서 상당한 재정적 지원도 약속되었다.[535] 위그노들의 군사적, 행정적, 교회적 조직은 그래서 확실한 정도까지 유지되었다. 그러나 이 추가 약정들은 1629년 님(Nîmes) 칙령으로 폐지되었고, 그래서 단지 제한된 종교 평화의 부분만 유효하게 남게 되었다. 칙령의 주요 결정들은 92개의 조항 안에 종교적이며 시민적인 방식으로 있었다. 종교 평화는 가톨릭 문화와 그것과 연관된 권리들과 교회 재산을 회복하도록 조치했다. 또한 가톨릭 축제들은 공통적으로 준수되어야 했다. 마찬가지로 결혼할 때, 금지된 친족등급은 존중되었다. 그러나 종교 평화는 동시에 개신교인들에게 일반적인 용인과 모든 장소에서 차별 없이 살 수 있는 권리를 보장했다. 하지만 자유로운 종교 행위는 전반적으로 용인되지 않았다. 전체 개혁파 귀족들에게 종교 행위는 그들의 주요 거주지들과 그들이 거주하는 집에서 가능했다. 더하여 종교 행위는 왕의 모든 행정 지역에서 그리고 도시 변두리에서 가능했다. 그러나 광장 자체나 파리와 왕의 소유지들에서는 허용되지 않았다. 다른 곳에서 예식의 자유는 1596/1597년 이미 존재했던 곳에서, 혹은 이전의 평화 칙령들을 통해 설립되었던 곳에서 전반적으로 도처에서 허가되었다. 그 밖에 위그노들은 제한 없는 "시민의"(bürgerliche) 권리들을 소유했다. 그것이 의미하는 바는 교육과 가난한 자와 병든 자를 돌보는 일에서 어떤 종교적 차별도 허용되지 않았다는 것이다. 또한 모든 관직에 나가는 것은 방해 없이 가능해야 했다. 더하여 칙령은 결정들의 준수를 돕기 위한 사법 부서(chambres de l'édit)를 세우도록 했다. "중간 부서"(chambres mi-parties), 다시 말해 동수로 구성된 부서를 의회에 만들어 개혁파들에게 독립적인 사법권과 판결권이 보장되었다.[536] 그렇게 동시에 프랑스 개신교의 탈정치

---

535 참고. 1598년 4월 30일 사면장(Brevet) II., in: Walder, Religionsvergleiche, Bd. 2, 64f
536 참고. Kretzer, Calvinismus und französische Monarchie, 36-43.

화와 일반 행정 구조로 통합을 위한 중요한 기초들이 놓였다. 1685년 루트비히 14세(Ludwig XIV.)는 이것을 "영원하고 반대할 수 없이"(ewig und unwiderruflich, édit perpétuel et irrévocable) 유효한 퐁텐블로(Fontainebleau) 칙령으로 폐지했다.

카. 제네바의 종교개혁

종교개혁에 앞서 제네바는 이미 종교적으로 중요한 중심지였다. 이 제국 직속의 도시는 사보이(Savoyen) 제후령 중심에 위치했다. 사보이의 공작들은 15세기 초 제네바(Genevois) 백작직을 제네바 시를 포함하지 않고 얻었다. 도시 스스로 주교 소재지였고, 주교 제후의 통치 아래 있었다. 하지만 그의 세속 권력은 중세 후기 이래 몰락하고 있었다. 종교개혁은 기욤 파렐(Guillaume Farel)의 설교를 통하여 자극되어 진행되었고, 결정적으로 요한네스 칼빈을 통해 특징지어졌다. 이 종교개혁은 제네바의 신학적, 정치사회적 발전을 위한 동력이 되었다. 종교개혁의 변화와 함께 주교는 주교 통치의 지지자들과 성직자들과 수도회 소속자들과 함께 도시에서 쫓겨나야 했다. 도시의 지배는 그때부터 전적으로 시 의회의 손에 주어졌다. 시 의회는 이미 1535년 8월 10일, 즉 아직 칼빈이 이 도시에서 활동을 시작하기 전에, 구교의 미사를 금지했고, 1536년 5월 21일 공식적인 종교개혁의 도입을 위한 진로를 결정했다.[537] 30년대 중반부터 정치적으로 독립한 제네바는 이미 1526년 강력한 도시 베른(Bern)과 접촉을 했고 프라이부르크와 함께 도시 동맹에 참여했다. 이것은 인접한 사보이의 군사적 위협이 존재한다는 점에서 중요했다. 그리고 그렇게 개신교가 된 도시는 조약을 넘어 스위스 연방지역들에 가까이 갔다. 제네바는 독립을 영속적으로 보존할 수 있었고, 국제적 중요성을 얻었다. 이것에 프랑스 태생인 요한네스 칼빈의 종교개혁 활동이 결정적으로 공헌했다. 오늘날까지 제네바는 세계적으로 확장된 칼빈주의의 중심지로서 여겨진다.[538]

---

537 참고. Grandjean, Genf, 148.
538 Dingel, Wittenberg und Genf, 285.

1. 칼빈의 종교개혁을 향한 여정과 초기 종교개혁 활동

요한네스 칼빈은 1509년 7월 10일 피카르디(Picardie)의 누아용(Noyon)에서 제라르 코뱅(Gérard Cauvin)과 잔 르프랑(Jeanne Lefranc)의 아들로 태어났다.[539] 어린 나이에 그는 누아용에서 성직록을 받았다. 이것으로 그의 성직자 이력이 사실상 그려졌다. 1523년 그는 파리로 가서, 라 마르셰 대학(Collège de la Marche)에 들어갔고 이후에 몽테귀 대학(Collège Montaigu)에 들어갔다. 그곳에서 그는 중세 스콜라 정신으로 교육을 받았고, "철학 석사" 학위를 취득했다. 아버지의 압력으로 법학으로 돌아섰고, 1528/29년 법학도로 오를레앙(Orléans)으로 갔다. 이후에 그는 부르주(Bourges)로 옮겼다. 오를레앙에서 그는 슈바벤의 인문주의자이자 루터의 지지자인 멜히오르 폴마르(Melchor Volmar, 1497-1560)를 알게 되었다. 그는 칼빈이 인문주의 연구에 몰두하도록 영향을 끼쳤다. 칼빈은 1530/31년 프랑스로 돌아갔고, 프랑수아 1세가 세운 프랑스 대학(Collège de France)에서 연구를 계속했다. 여기에서 그의 첫 번째 문학 작품, 세네카의 "관용론"(De clementia) 주석이 나왔다. 그 시기에 칼빈은 고전 문헌에 매우 익숙하게 되었을 뿐 아니라, 교부에 대한 집중적 지식도 얻었다. 20년대 후반과 30년대 초반의 시기에 성경에 대한 칼빈의 집중적 몰두가 있었다. 이를 위해 인문주의와 종교개혁에 동의한 친척 피에르 로베르 올리베탕(Pierre-Robert Olivétan, 1506-1538)이 그에게 자극이 되었다. 파리에서 그는 종교개혁의 사상을 가지고 온 학생들도 함께 만났다. 그리고 그는 특히 부처와 루터의 저작들을 읽는 데 집중했

---

539 2009년 칼빈의 해에 수많은 전기가 발간되었다. 그 가운데 Selderhuis, Johannes Calvin, 2009; Strohm, Johannes Calvin, 2009. 참고. 그 밖에 van't Spijker, Calvin, 2001. Crouzet, Jean Calvin, 2000; Cottret, Calvin, 1998.

다. 칼빈의 지속적인 발전에 있어 1528년 스트라스부르의 방문은 중요했다. 그 도시는 당시에 이미 개신교 도시였다. 모든 것은 그가 점진적으로 개신교 신앙으로 향하도록 준비시켰다. 그는 훗날 1557년 그의 시편 주석 서문에서 "subita conversio", 즉 "갑작스런 회심"에 대하여 회상하며 말했다. 그러나 라틴어 "subito"는 "기대하지 않았던"의 의미로 이해되어야 한다. 사실상 회심은 점진적으로 준비된 내적 변화를 다루기 때문이다. 그리고 그 변화는 1533/1534년의 시기에 정착될 수 있었다.[540] 그것의 가장 중요한 증거를 소르본(Sorbonne)의 새로 임명된 학장, 니콜라스 콥(Nicolas Cop)이 1533년 모든 성자의 날 행한 유명한 취임사(마 5:3에 대하여)가 제공한다. 그 취임사는 오늘날 알려진 대로 결정적으로 칼빈에 의해 작성되었다. 이 연설은 에라스무스의 사상뿐 아니라, 종교개혁의 사상들도 오랜 전통의 스콜라 신학과 분명히 다른 것이라고 진술했다. 그래서 콥과 칼빈은 이단의 혐의를 받게 되었고, 피신해야 했다. 1534년 5월 4일 칼빈은 누아용의 성직록을 포기했다. 그는 샤를 데스프빌(Charles d'Espeville)이라는 가명으로 은신했고, 프랑스의 여러 장소에 머물렀다. 특별히 네락(Nérac)에 있는 프랑수아 1세의 누나, 마르그리트 당굴렘(Marguerite d'Angoulême, Margarete von Navarra)의 궁에서 머물기도 했다. 그곳에서 칼빈은 영향력 있는 인문주의자 자크 르페브르 데타플(Jacques Lefèvre d'Etaples, Jacob Faver Stapulensis, 약 1455-1536)과 종교개혁에 동조하는 제라르 루셀(Gérard Roussel, 약 1500-1550)을 알게 되었다. 그러나 결국 프랑스를 떠나야 했다. 구교의 미사를 공격하는 종교개혁 내용의 게시물들이 왕의 침실 앞까지 밀고 들어왔다. 인문주의를 선호하던 이 주권자는 자신과 자신의 나라와 거룩한 보좌와의 관계에 피해를

---

540 참고. van't Spijker, Calvin, 116f; Cottret, Calvin, 91-94.

줄 수 있는 종교적 이탈에 반대하는 조치를 취했다. 이것은 소위 "벽보 사건"(affaire des placards)이었다. 1534년의 벽보 사건은 프랑스에서 종교개혁에 동조하는 사람들에게 첫 번째 거대한 박해의 파도를 불러왔다. 칼빈은 1534년 12월 스트라스부르로 갔고, 1535년 초 바젤로 갔다. 그는 신앙의 확신을 위하여 피난하고, 추방당하며, 망명을 신청하는 피난민이 되었다.

바젤에서 그는 특히 기욤 파렐(Guillaume Farel, 1489-1565), 피에르 비레(Pierre Viret, 1511-1571), 하인리히 불링거(Heinrich Bullinger, 1504-1575)를 알게 되었다. 바젤에서 칼빈은 마르티아누스 루키아누스(Martianus Lucianus)라는 가명으로 올리베탕의 프랑스어 성경 번역의 서문을 작성했다. 그 서문은 칼빈의 알려진 신학 출판 중 프랑스어로 된 가장 오래된 것이었다. 더하여 바젤은 1536년 그가 이미 이전에 시작한 "기독교 강요"(Institutio religionis Christianae)를 완성한 장소다. "기독교 강요"는 요리문답적 목표와 변증적 목표를 결합시켰다. 그래서 "기독교 강요"는 단지 가르치는 믿음과 교리의 요약일 뿐 아니라, 설명된 내용들이 성경에 접합한 바른 믿음이라는 입증했다.[541] "강요"가 출간되었을 때, 칼빈은 다시 샤를 데스프빌이라는 가명으로, 페라라(Ferrara)로 가고 있었다. 그곳에서 그는 공작부인 레나타(Renata)의 궁에서(1535/1536) 인문주의에서 영감받은 종교개혁을 위한 그녀의 노력들을 도왔다. 그는 다시 바젤로 돌아갔고, 마지막 용무를 해결하기 위해 짧게 그의 고향 프랑스를 여행했다. 그곳에서 스트라스부르로 돌아오는 길에 제네바를 거쳐 가는 것으로 선택했다. 제네바에서 그는 1536년 7월 기욤 파렐을 만났다. 파렐은 종교개혁 교회의 건설을 위해 칼빈의 도움을 얻을 수 있었다. 파렐은 이 도시에 종교개혁의 시행을 도왔고, 도시의 공동

---

541 참고. van't Spijker, Calvin, 124f. 이것에 대하여 참고. 본서의 354f., 372f.

작업을 위한 중요한 기초석을 놓았다.[542]

2. 제네바에서 칼빈의 활동(1536-1538)과 스트라스부르 망명(1538-1541)

1536년 9월[543] 칼빈은, 사실상 신학 독학자로서 생 피에르(Saint-Pierre) 교회에서 교사로 바울 서신 해석을 시작했다. 얼마 후, 1537년 파렐과 함께 제네바 교회의 새로운 규범 작성에 착수했다. 이를 위해 교회 규범,[544] 요리문답, 신앙고백이[545] 사용되었다. 교회 규범은 구교의 주교를 추방한 이후 젊은 종교개혁 교회 공동체의 교리와 삶에 방향을 정하는 규정들을 포함했다. 예를 들면, 성찬을 매달 시행하도록 계획되었다. 성례의 허락은 엄격한 규율을 통해 규정되어야 했다. 그 규율을 감독하는 것은 장로(Ältesten 혹은 Presbytern)의 임무였다. 다른 규정들은 교회의 예배에 시편 찬송의 도입과 아이들의 교육에 관련되었다. 이를 위해 계획된 요리문답과 신앙고백은 1537년 함께 하나의 인쇄물로 출간되었다. 내용에 있어 "제네바 요리문답"은 1536년 "기독교 강요"에 기초했고, 개혁파 신학을 민족 언어로 담은 작은 편람이었다. 이 편람은 마지막에 교회 규범과 교회 치리의 문제를, 또한 정부와 피지배층의 관계를 각각의 책임성과 함께 다루었다. "믿음의 고백"(Confession de Foi)은 오늘날 파렐에게 돌려진다. 이 신앙고백은 21개의 신앙조항들로 구성되었다. 그리고 1537년 7월 29일 공개적인 맹세로 시의

---

542 참고. van't Spijker, Calvin, 129f.
543 참고. van Stam, Calvins erster Aufenthalt, 31.
544 참고. Calvin-Studienausgabe, 1/I, 109-129.
545 참고. Calvin-Studienausgabe, 1/I, 131-207.

모든 주민이 받아들여야 했다. 그러나 이것은 엄청난 마찰을 일으켰다. 이 행위는 엄격한 교회 치리가 정착되어야 한다는 요구와 연결되었기 때문이다. 시민의 다수가 이를 거절했다. 의회도 신중한 입장을 내놓았다. 특별히 권한들을 나누는 것에 이견이 컸다. 1555년까지 취리히와 베른처럼 시 정부나 교회가 윤리적 치리에 책임이 있는가의 문제는 논쟁의 대상이었다. 파렐과 칼빈은 단호하게 이 문제에서 교회의 독립적 권한을 옹호했다. 그러나 그들이 1538년 부활절 성찬에서, 몇몇 자격 없는 사람들에게 성찬 베푸는 것을 거부했을 때, 둘은 도시에서 추방되었다.[546] 파렐은 그런 이유로 뇌샤텔(Neuchâtel)로 갔고, 칼빈은 스트라스부르로 갔다.

1538년에서 1541년까지 칼빈은 스트라스부르에서 거주했다. 그곳에서 그는 프랑스 피난민 교회에서 설교직을 맡았다. 더하여 요한 슈투름이 교장으로 있는 김나지움 일루스트레에서 강의를 했다.[547] 또한 1540년 과부 이들레트 드 뷔르(Idelette de Bure)와 결혼한 것도 스트라스부르 시절의 일이었다. 그녀는 9년 후 제네바에서 사망했다. 그 시절 신학적으로 매우 큰 결실이 있었다. 특별히 칼빈은 마틴 부처와 관계를 유지했고, 그의 신학의 영향을 받았다. 스트라스부르에서 행해진 예식 실제도 그에게 영향을 주었다. 특별히 그곳에서 "기독교 강요" 2판(1539년 라틴어, 1541년 프랑스어)이 나왔다. 그는 "강요"를 "로마서 주석"(1540)과 함께 새롭게 작업했고 확대했다.[548] 주해와 신학적 교리의 작성은 긴밀하게 연계되었다. "강요" 외에 주해적 주석도 칼빈의 주요 작품들로 간주되었다.[549] 그 시기에 큰 제국의 종교 대화들

---

546 참고. van Stam, Calvins erster Aufenthalt, 30-37; van't Spijker, Calvin, 131-141.
547 이것에 대하여 참고. 본서의 235, 261-264.
548 이것에 대하여 참고. 본서의 372f.
549 참고. Kolb, The Bible in the Reformation, 104-111; Muller, The Unaccommodated Calvin, 186. 일반적으로 참고. Ganoczy/Scheld, Hermeneutik Calvins, 1983.

(1540/1541)이 하게나우, 보름스, 레겐스부르크에서 개최되었다. 칼빈은 부처와 함께 하게나우에 갔고, 그 후에 이어지는 보름스와 레겐스부르크의 대화에 참여했다. 그곳에서 그는 1541년 아우크스부르크 신앙고백 변경판에 서명했다.[550] 종교 대화는 그에게 필립 멜란히톤과 접촉할 수 있는 기회도 주었다. 둘은 1560년 멜란히톤이 사망할 때까지 풍성하지만 또한 신학적 차이들을 감추지 않는 서신들을 교환했다.[551] 당시에 얼마나 칼빈이 비텐베르크 성찬 교리에 사실상 가깝게 서 있었는가는 스트라스부르 시절 작성한 그의 "성찬에 대한 소논문"(Petit Traicté de la saincte Cène)에서 드러난다.[552] 루터는 이 작은 논문에 긍정적 입장이었고, 그것을 자신과 츠빙글리 사이에 확대되고 계속하여 꺼지지 않는 성찬 분쟁의 해법을 위한 공헌이라고 평가했다.[553]

3. 칼빈의 제네바 귀환과 계속되는 활동(1541-1564)

칼빈의 부재 기간 동안 제네바의 상황은 변화했다. 카르팡트라(Carpentras)의 주교, 자코모 사돌레토는 제네바 사람들을 향하여 서한을 썼다. 그 서한으로 그들이 다시 구교의 믿음으로 돌아올 것을 압박했다. 제네바 사람들로 이로 인해 칼빈에게 도움을 요청했다. 그는 그런 이유에서 그들을 위하여 단호한 거절의 글을 작성했다.[554] 이 서신에서는 제네바 사람

---

550 Nijenhuis는 칼빈이 그 전에 스트라스부르에서 CA invariata에도 서명했다고 기록한다. 참고. Nijenhuis, Johannes Calvin, 572.
551 참고. Dingel, Melanchthon - Freunde und Feinde, 803과 각주 168.
552 참고. Calvin-Studienausgabe, 1/II, 431-493.
553 스트라스부르 시절에 대하여 참고. Arnold, Straßburg, S. 37-43; van't Spijker, Calvin, 142-155.
554 참고. Calvin-Studienausgabe, 1/II, 337-429. 또한 참고. Calvin, Musste Reformation sein?, 2009

들과 연대감이 또한 표현되었다. 그리고 그것은 결국 그를 이 도시로 돌아가게 했다. 그는 제네바에서 1564년 5월 27일 사망할 때까지 활동했다. 그가 1541년 9월 13일 돌아간 후, 그는 이 도시를 짧은 여행을 할 동안만 떠나 있었다. 예를 들면 스트라스부르, 베른, 취리히, 프랑크푸르트(Frankfurt/M)까지 여행한 정도였다.[555] 칼빈의 두 번째 제네바 활동 시기는 설교와 교수 활동과 큰 신학 작품들의 작업뿐 아니라, 의회와 시민 중에 논쟁을 불러일으켰던 새로운 종교개혁 규범 제안과 더하여 잘못된 이단이라 분류되는 교리들에 대한 싸움으로 특징지어졌다.[556]

1) 교회의 새로운 규범 – 구조, 실행, 교회 치리

칼빈은 돌아온 후 바로 교회의 새로운 규범을 세우는 작업에 착수했다. 이를 위해 다시금 그가 작성한 "교회 규범"(Ordonnances ecclésiastiques, 1541)이 사용되었다. 이 규범은 1561년 확장된 판으로 출간되었고[557] 계속하여 새로운 판이 나왔다. 시 의회 또한 이 조치에 일치하여 동의했고, 그 규범을 받아들였다. 그들의 결정은 교회의 구조(첫 번째 부분)뿐 아니라, 또한 교회 공동체의 생활과 교회 치리에 대한 것(둘째 부분)이었다.

성경으로 돌아가자는 원리[558] 아래 칼빈은 네 개의 직제 혹은 기능들을 정했다. 목사, 박사 혹은 교사, 장로, 집사가 그것이다. 이 직제 구조는 개혁파 교회의 일반적인 특징이다.[559] 목사는 설교와 성례의 집행(ministerium verbi Dei)의 책임이 있었다. 그들의 임무는 에베소서 4:12을 따라 교회 공동

---

555 상세한 설명은 참고. Selderhuis, Johannes Calvin, 771.
556 참고. Naphy, Calvins zweiter Aufenthalt in Genf, 44-57; van't Spijker, Calvin, 156-202.
557 참고. Calvin-Studienausgabe, 2, 227-279.
558 참고. 롬 12:4-8; 고전 12:4-6, 28; 엡 4:11-14.
559 이것에 대하여 참고. 본서의 375.

체의 교화(Erbauung, aedificatio)였다. 장로들과 함께 그들은 교회 치리도 돌보았다. 교회 치리는 첫 단계에서 선포로도 이해되었다. 교회 치리는 마태복음 18:15-17을 따라 개인적 경고로 시작하기 때문이다. 극단적인 경우 교회 치리는 특히 출교로, 즉 일시적으로 교회 공동체에서 제외하는 것으로 끝날 수 있다. 목사의 임직은 "민주주의적"(demokratisch) 교회 선거를 통하지 않고, "존귀한 목사회"(Vénérable Compagnie des Pasteurs)[560]의 제안을 따른다. 이 제안에 따라 의회는 제안된 사람의 지명을 통하여 응답한다. 이어 목사는 교회 공동체에 소개된다. 그 후에 교회는 선거를 통해 동의를 표명할 기회를 갖는다. 박사들에게는 젊은이들을 가르칠 책임이 부여되었다. 훗날 신학 교육의 책임도 부여되었다. 그들의 역할은 특별히 대학과 고등학교(Hohe Schule)나 김나지움이 있는 곳에서 중요했다. 장로들은 교회 공동체의 윤리적 삶을 감독하는 책임이 있었고, 이를 위해 도시의 특정 지역에 배정되었다. 그들은 목사와 장로가 함께 모인 당회(Konsistorium, consistoire)에서 함께 교회 치리를 시행했다. 다만 장로직에서는 교회 안에 존재하는 시 정부의 영향이 드러난다. 그들은 "제네바 태생의 시민들 중에서 시 정부에 의해 선출되고, 1년에 한 번 소(실행) 의회가 표결을 위해 준비된 후보자들의 목록을 목사들과 함께 정하기"[561] 때문이다. 목사들은 그들의 임명에 단지 조언만 할 뿐이었다. 200인 의회를 통한 그들의 승인 이후, 그들은 목사들과 마찬가지로 정부 앞에서 맹세를 했다.[562] 마지막으로 집사는 병든 사람들과 가난한 사람들을 돌보는 일에 책임이 있었고, 동시에 이 목적을 위해 정해진 돈을 관리했다. 칼빈의 원리들에 따라 조직된 교회와 교회 공동

---

560 목사회(Pfarrkapitel); 그들의 임무에 대하여 참고. van't Spijker, Calvin, 158f.
561 Kingdon, Genf, 370, 제네바 교회조직에 대한 요약적 서술은 같은 책, 369-371.
562 참고. van't Spijker, Calvin, 159f.

체의 생활은 그러므로 견고한 직제의 연결로 정해지는 것이지, 결코 국민의 참여 원리들을 따라 된 것이 아니다. 장로-노회 구조는 그러한 공동체의 친밀함을 보존할 수 있었다. 그 구조는 핍박 가운데, 오랫동안 지하 조직으로 존재했던 프랑스 개신교의 1559년 교회 규범 안에서 발견된다.[563] 제네바에서는 이를 위한 필요가 없었다.

"교회 규범"(Ordonnances ecclésiastiques)은 단지 구조들을 정하는 것에 더하여 교회의 생활도 규정했다. 세례와 성찬의 시행에 대한 규정들, 혼인 축복, 병자와 투옥된 사람들에 대한 심방, 자녀 교육에 대한 규정들을 담고 있었다. 그러나 무엇보다 칼빈은 이 교회 규범으로 자기 신학의 중심적 관심을 실현할 수 있었다. 즉 기독교 공동체의 순결을 지키고 거룩함을 위한 교회 치리를 시행하는 것이었다. 칼빈이 이것에 적극적으로 매달렸고, 강력한 교회 치리가 훗날 칼빈주의를 전반적으로 특징 짓게 된 것은, 자주 그에게 돌려지는 엄격함 때문이라기보다는 오히려 전체 도시의 생활을 계속하여 기독교화하려는 그의 목적에 있었다. 칼빈은 광범위한 가치의 변화를 이끌어내기를 원했다. 그 변화는 마지막 시대에 기대되는 하나님의 나라와 그리스도의 왕권의 길을 준비하는 데 도움이 되는 것이어야 했다. 설교자의 교리에 더하여 시민의 윤리적 생활도 그래서 엄격하고 지속적인 통제 아래 있어야 했다. 하지만 이런 견해와 그것의 시행은 지속적인 마찰의 원천임이 분명히 증명되었다. 잘못에 대한 대처가 너무 강력하고 사회적 배려가 없었기 때문이다. 예를 들면, 부유한 카드제조업자이자 의회원인 피에르 아모(Pierre Ameaux)는 칼빈에 대한 경멸적 말로 인해 굴욕적인 공개적 회개를 해야 했었다. 간통과 매춘, 불법적 결혼, 저주와 조롱, 금지된 사치, 경

---

563 이것에 대하여 참고. 본서의 405f.

솔한 품행, 교회에서 불공손한 처신은 처벌을 받게 되었다. 구교 서적들을 소유하는 것 자체도 처벌받았다. 이런 방식으로 옛 믿음과 구교 경건의 모든 흔적은 근절되어야 했다. 목적은 단지 교회의 개혁뿐 아니라, 또한 성경의 규범을 따르는 사회의 갱신이었다. 그러나 제네바 모델의 경우 "신정정치"(Theokratie)를 다루지 않는다. 제네바 교회는 결코 치리의 도구를 정부의 손에 두지 않았기 때문이다. 심지어 교회 규범 안에 기술된 교회법 모델은, 기독교 공동체와 기독교적이라고 이해되는 정부가 서로 구분된 기관들로서 칼빈이 목적한 하나님 나라의 증진을 위해 협력하도록 계획되었다.[564] 그러나 정확히 이것이 지속되는 분쟁의 불구덩이였다. 윤리 혹은 교회 치리의 시행에서 관할권은 서로의 감정을 계속하여 자극했다. 예를 들면, 정부는 당회(Konsistorium)가 시민들을 성찬에서 배제할 수 있는 권한을 계속하여 갖는 것을 논란 삼았다. 예를 들면, 1553년 9월 제네바 시민으로서 필리베르 베르텔리에(Philibert Berthelier)는 의회에 당회가 1년 전 선고했던 출교의 해제를 요청했고, 의회가 그 요청을 들어주는 사건이 있었다. 칼빈은 의회가 권한을 침해한 것에 대하여 항의했다. 칼빈은 설교 중 도시를 다시 떠날 것이라고 위협했고, 자신의 주장을 관철시킬 수 있었다. 베르텔리에는 출교된 상태로 있게 되었다. 그러나 논쟁은 계속하여 존재했다. 부유한 제네바 시민 아미 페랭(Ami Perrin) 주변의 "자유파들"(Libertinern)은 엄격한 윤리 치리에 반대하는 그룹이었고, 그들 가운데 칼빈의 지속적인 반대자들이 있었다. 1554년과 1555년 선거에서 칼빈의 지지자들이 의회의 다수를 차지한 후에야 당회는 더 큰 독립성을 얻을 수 있었다.[565]

---

564 의회가 윤리 교육을 보장하는 취리히와는 다르다. 참고. 본서의 149-152.
565 참고. Nijenhuis, Johannes Calvin, 572-574; van't Spijker, Calvin, 169-175.

2) 교리의 확정 – 신학적 논쟁들

엄격한 교회 치리를 통하여 도시를 기독교화하려는 칼빈의 노력과 병행하여 바른 교리와 순전한 선포를 위한 노력이 있었다. 이를 위하여 칼빈이 세운 "성경 토론회"(Conférence de l'Écriture)가 도움이 되었다. 이 기관은 일주일에 한 번 금요일 7시에 함께 모였다. 이 모임에서 제네바 목사들과 주변의 목사들은, 츠빙글리의 예언자회(Prophezei)와 비슷하게[566], 차례로 성경의 한 단락을 해석하고 함께 토론하기 위해 모였다. 이 "토론회"에 참석하는 것은 의무였다.

그러나 성경 읽기와 해석에 더하여 다른 견해들과의 논쟁도, 칼빈이 각인시킨 개혁파 신학이 윤곽을 얻도록 공헌했다. 예를 들면, 라틴어 학교 교장이었던 세바스티안 카스텔리오(Sebastian Castellio, 1515-1563)는 목사가 되는 것이 거절되었다. 왜냐하면 그의 교리 시험에서 내용적 부적합성이 드러났기 때문이다. 그것은 정경의 이해와 그리스도의 지옥 강하의 이해와 관련된 것이었다.[567] 그러나 칼빈은 그의 윤리적으로 흠 없는 삶을 전적으로 인정했다. 마찬가지로 이 신학적 차이가 결코 기독교 믿음의 중심 교리를 문제 삼지 않았다는 사실도 인정했다.[568]

더 중대했던 것은 원래 프랑스 출신이었던 의사 제롬 에르메스 볼섹(Hieronymus Bolsec, 약 1584년 사망)과의 논쟁이었다. 이 논쟁은 칼빈의 예정 교리에서 불붙었다. 개혁자는 자신의 "기독교 강요"에서 하나님은 변치 않는 작정에 따라 사람을 구원으로 선택하시고, 반대 작정으로 다른 사람들은 영원한 형벌에 버려두신다고 가르쳤다. 칼빈에 따르면 선택에서 은혜와

---

566 참고. 본서의 148f.
567 카스텔리오는 아가를 정경으로 인정하지 않았고, 칼빈의 지옥 강하의 해석을 그리스도의 고난과 그의 하나님의 버림의 표현으로서 비난했다. 참고. van't Spijker, Calvin, 167f.
568 Nijenhuis, Johannes Calvin, 574.

하나님의 자비가 나타나고, 유기에서 하나님의 의가 나타난다.[569] 사람이 은혜를 얻을 수 있도록 하는 선을 위한 자유 의지를 칼빈은 거부했다. 이에 대한 논쟁은 이미 1539년, "기독교 강요"가 출간된 직후 구교의 신학자 알베르투스 피기우스(Albertus Pighius, 약 1490-1542)에 의해 제기되었다. 피기우스는 칼빈과 같이 1541년 레겐스부르크의 종교 대화에 참여했다. 그는 칼빈이 이 교리로 하나님을 악의 원인자로 만든다고 비난했다. 그러나 논쟁은 급격하게 가라앉았다. 더 큰 영향은 1551년 볼섹과의 다툼에서 발생했다. 그는 거의 비슷한 비판, 즉 칼빈이 그의 예정 교리를 가지고 하나님을 죄의 원인자로 만든다는 비판을 토론회의 금요일 모임에서 공개적으로 언급했다. 칼빈은 성경과 교부 어거스틴을 근거로 자신의 교리를 결정적으로 방어하며 옹호했고, 볼섹이 구원의 순서를 바꾸고 믿음을 사람의 처리 능력 아래 두고 있다고 비난했다. 그 논쟁은 그렇게 도발적으로 흘러갔다. 그래서 볼섹은 순수한 교리에 대한 우려에 더하여, 도시의 소란에 대한 우려를 잠재우기 위해, 의회에 의해 체포되었다. 평가서들을 받은 이후, 그는 결국 도시로부터 추방되었다. 볼섹은 계속하여 칼빈을 반대하는 논쟁을 벌이려고 베른으로 망명했고, 그곳에서 추방될 때까지 머물렀다. 결국 그는 프랑스로 돌아갔고, 구교의 믿음으로 돌아갔다.[570] 볼섹이 작성한 칼빈의 전기는 개혁자를 잔인한 폭군으로 낙인찍었다. 이 전기는 칼빈의 반대파의 시각들에 스며들었다.

스페인 의사 미카엘 세르베트와의 논쟁은 점점 더 칼빈의 교리의 핵심으로, 그리고 기독교 신앙의 핵심 전반으로 들어갔다. 이 사람은 이미 1531년 자신의 저작 "삼위일체의 오류에 대하여"(De Trinitatis erroibus)에서 삼위

---

569 예정 교리의 단계적 발전에 대하여 참고. Neuser, Prädestination, 307-317.
570 참고. van't Spijker, Calvin, 175f; Cottret, Calvin, 251-257.

일체 교리에 문제를 제기했다. 1534년 칼빈과 프랑스에서 만나 의견 차이에 대해 논의하려는 계획은 이루어지지 못했다. 세르베트는 리옹과 빈에서 대주교 피에르 팔미에(Pierre Palmier)의 주치의로 일했다. 칼빈과의 서신 교환에는 그들의 의견 차이의 점진적 악화가 반영되었다. 이 의견 차이를 세르베트는 공개적으로도 만들었다. 그는 1546년부터 칼빈에게 보낸 30개의 편지들을 1553년 자신의 저작 "기독교의 회복"(Restitutio Christianismi)으로 출간했다. 그 편지들에서 그는 삼위일체를 세 개의 머리를 가진 괴물로서 표현했다. 이 저작에서 그는 단지 삼위일체 교리를 거부할 뿐 아니라, 또한 "구원의 종교로서 기독교"를 거부했다. 이 저작은 그의 사상의 가장 성숙한 표현이었다.[571] 사람들이 세르베트를 제네바의 재판정에서 이단으로 단죄했을 때, 그는 빈에서 투옥되었고, 심문받았다. "그리고 1553년 6월 17일 특별히 칼빈이 마련한 자료에 근거하여 사형 판결을 받았다."[572] 그러나 세르베트는 감옥에서 탈출하는 데 성공했다. 도피를 위해 이탈리아로 가던 도중 제네바를 거쳤고, 그곳에서 사로잡혔다. 세르베트의 이어지는 운명은 신학적이며 또한 법적이며 사회 정치적인 다양한 요소들이 교차되어 정해졌다. 그는 이 모든 층에서 혐의를 받고 있었기 때문이었다. 그는 "자유파"(Libertiner)의 편에 섰다. 그들은 아미 페랭 주변에 모였고, 베르텔리에의 경우처럼 칼빈에게 반대하여 행동했다. 세르베트는 그들과 함께 공모했다. 그것은 전선을 강화시켰고, 또한 칼빈에게도 결정할 수 있는 반경을 잘라버렸다. 세르베트는 재판을 받고, 적법한 법을 따라 유죄 판결을 받았다. 즉 로마법(Corpus Iuris Civilis)과 황제 카를 5세의 형사 재판 규정을 따라 판결을 받았다. 그의 완고한 삼위일체 교리의 부정으로 세르베트는 교회법에 더하여 세속 로마

---

571 Friedman, Michael Servet, 175; 174f에 그 저작 내용의 짧은 요약이 있다.
572 van't Spijker, Calvin, 179.

법도 위반했다. 판결은 화형장의 죽음이었다. 사실 칼빈은 성과는 없었지만, 화형보다 더 완화된 칼로 행하는 사형의 형태가 시행되도록 시도했다. 그러나 적법한 처벌로서 사형 판결은 반박되지 않았고, 칼빈도 동의했다. 1553년 10월 28일 세르베트는 제네바에서 화형당했다. 바로 다음 해 1554년 칼빈은 자신의 "정통적 신앙의 방어"(Defensio orthodoxae fidei)에서 그의 교리에 대한 해명을 내놓았다.[573] 동시에 세바스티안 카스텔리오는 루터, 요한네스 브렌츠, 에라스무스, 제바스티안 프랑크, 교부들의 이단 사형집행에 반대하는 진술들을 수집하여 "이단은 핍박받아야 하는가에 대하여"(De haereticis an sint persequendi)로 출판했다. 서문에서 그는 오직 하나님만이 판단할 수 있는 잘못된 교리에 대한 판결을 앞서 행하면 안 된다고 주장했다.[574]

4. 생성되는 루터파와의 단절 - 2차 성찬 논쟁(1552-1557)

칼빈이 등장한 이후 오랫동안 가장 중요한 논쟁들 중 하나는 소위 2차 성찬 논쟁이었다. 엄격하게 루터의 견해를 따르는 함부르크 신학자 요아킴 베스트팔(Joachim Westphal, 1510-1574)과의 논쟁이었다. 이 논쟁의 중요성은 무엇보다 그 논쟁이 생성되는 신앙고백적 교파들, 다시 말해 루터파와 칼빈주의를 서로의 길로 이끌었다는 것이다.

1) 취리히 일치(Consensus Tigurinus)

1536년 "기독교 강요"의 초판에서 이미 칼빈의 성찬 교리가 루터의 교리

---

573 참고. van't Spijker, Calvin, 178-182.
574 참고. Guggisberg (Hg.), Religiöse Toleranz, 86-102.

와 다르다는 것은 분명했다. 예를 들면, 그는 빵과 포도주를 그리스도의 살과 피에 일치시키는 것을 반대했고 성찬 가운데 그리스도의 인성이 실제로 임재한다는 주장을 거부했다. 그럼에도 루터의 지지자들이 보기에 칼빈은 아직 신학적 반대자가 아니었다. 특히 칼빈이 루터의 지지자들과 분리되는 취리히의 성찬 견해에 대하여 비판을 했고, 심지어 때때로 츠빙글리에 대해 상당한 날카로움을 표현했기 때문이다. 우선 비텐베르크 신학자들의 칼빈에 대한 긍정적 태도는 그가 1538년부터 1541년까지 스트라스부르에서 머무는 동안 그곳의 성찬에 참여했고, 1536년 비텐베르크 일치를 약속했던 것에 기인했다. 그래서 루터 스스로 칼빈을 부처의 동지로서 평가했다. 멜란히톤은 칼빈을 1539년 프랑크푸르트에서 개인적으로 알게 되었다. 이후에 둘은 1540/1541년 보름스와 레겐스부르크의 종교 대화에서 다시 만났고, 계속하여 접촉을 가졌다. 칼빈은 아우크스부르크 신앙고백 변경판에 서명한 사람들에 속했다.[575] 루터는 교리의 차이를 잘 알고 있었다. 그러나 칼빈이 언젠가 비텐베르크 종교개혁의 노선으로 방향을 바꾸기를 소망했다. 스스로 엄격하게 루터의 견해와 일치시키는 신학자 요한네스 브렌츠와 야콥 안드레아이(Jacob Andreae, 1528-1590)는 칼빈과 함께 서신 교환을 했다. 성찬 교리의 차이가 당시에는 부정적인 영향을 주지 않았다. 그러나 동시에 칼빈과 스위스 사람들 사이의 연결선도 존재했다. 사실 때때로 칼빈이 루터에 대한 존경을 표현하면서, 부처와 친근한 관계로 있는 것 때문에 충돌이 있었다. 그러나 취리히의 츠빙글리의 후계자, 하인리히 불링거는 자신이 칼빈과 교리에 있어 완전히 일치한다는 것을 분명하게 강조했다. 이런 모순에도 불구하고 비텐베르크 사람들에게도 그리고 취리히 편에도 칼빈

---

575 이것에 대하여 참고. 본서의 355와 각주 550.

과 관계는 문제가 없었다.[576] 그러나 이것은 1549년 취리히 일치(Consensus Tigurinus)가 나옴으로써 변하게 되었다. 이 문서는 취리히와 제네바 신학자들의 성찬에 대한 일치를 보여준다.[577]

제네바와 취리히 사이의 일치 협의를 위한 동기는 제네바와 베른 사이의 종교정치적 어려움 때문이었다. 1536/37년부터 제네바에 경계하는 바트란트(Waadtland, Vaud)가 그런 어려움을 가진 지역에 속했다.[578] 그곳의 설교자들은 대부분 칼빈의 신학에 영향을 받았다. 제네바는 특히 바트(Waadt)의 교회들에 대하여 후원 권리를 행사했다. 그러나 이것은 베른의 신학적 방향과 경쟁하게 되었다. 바트란트의 설교자들은 제네바 요리문답에 근거하여 교리와 교회 활동을 했다. 반면 베른은 그들이 츠빙글리의 성찬 교리를 주장하기를 기대했다. 이로 인해 긴장이 발생했다. 이것만이 발행한 유일한 차이는 아니었다. 이 마찰들은 교회 치리와 시행의 권리와 교회 재산과도 관계가 있었다. 베른 교회가 1548년 지몬 줄처(Simon Sulzer, 1508-1585)의 지도하에 일시적으로 비텐베르크 신학으로 향했던 시기 이후, 다시 츠빙글리의 신학적 유산으로 향했을 때, 사람들은 특히 제네바에 대한 불신을 품었다. 제네바는 부처와 친근한 관계를 유지하고 있었고, 루터에 대한 취리히의 논쟁에도 거리를 두었다. 그들은 제네바에 대하여 베른에서뿐 아니라, 또한 취리히에서도 의심하도록 만들었다. 그래서 신학적 합의는 더욱 간절해졌다. 이것은 불일치들을 제거하고, 종교개혁에서 나온 개신교 교회 공동체를 최소한 스위스 맥락에서 결합시키려는 일반적인 소원과 쌍을 이루었다. 칼빈뿐 아니라 불링거도 명확한 성찬 교리에 권위를 부여하여 존중하게

---

576 참고. Bizer, Geschichte des Abendmahlsstreits, 244-247.
577 생성 관계들은 Campi에 의해 설명되었다. In: Campi/Reich (Hg.), Consensus Tigurinus, 9-41.
578 베른은 바트란트(Vaud)를 제네바에 대한 도움을 수행하기 위해 사보이 공작과 전쟁 중에 얻을 수 있었다. 참고. Bizer, Geschichte des Abendmahlsstreits, 249.

하고자 했다.[579]

제국과 프랑스에서도 관찰되던 발전들도 동일하게 의미심장하다. 개신교 계급 대표들의 슈말칼덴 전쟁 패배와 아우크스부르크 임시령으로 제국에서 구교의 사람들이 정치적으로 또한 신학적으로 성공했다는 것이 명백하게 되었다.[580] "제네바와 취리히와 같은 스위스 연맹의 개혁과 지역들에서도 개혁자들과 관료들은 이 상황들이 성찬의 신학적 논쟁과 함께 그들의 종교개혁의 작업을 위하여 의미가 있는 위기를 자각했다."[581] 더하여 프랑스 왕 앙리 2세는 1548년 용병을 얻기 위해 스위스 연맹과 동맹을 맺으려 노력했다. 베른과 취리히는 이 요구에 반대한 반면 프랑스는 칼빈에게서 후원을 찾게 되었다. 칼빈이 자신의 나라 프랑스에서 개신교를 용인하도록 앙리를 설득할 수 있다고 기대했기 때문이다. 그리고 그는 그렇게 1549년 5월 취리히로 여행했다. 그곳에서 자신의 노선에 대한 지지를 얻고, 동시에 베른과 관계를 느슨하게 하려고 했다. 칼빈이 취리히 사람과 성찬 문제에서 일치에 이르고자 한 의도는 그래서 "베른에 반대하는 날카로움"도 있었다.[582]

그의 활동의 다양한 맥락 가운데 성례와 성찬에 대한 칼빈의 교리는 다양한 발전 단계를 통과했다.[583] 그는 성례를 하나님께서 자신의 은혜를 나누시는 구원의 수단으로 이해했다. 먼저 그는 루터와 비슷하게 약한 믿음이 성례를 통하여 강하게 되는 것을 경험할 수 있다는 강조점을 주장했다. 그러나 나중에는 이 사고를 더 이상 따르지 않았다. 그러나 칼빈이 츠빙글리와 비슷하게 그리스도가 하나님 우편에 앉으심을 공간적으로 이해한 것

---

579 참고. Bizer, Geschichte des Abendmahlsstreits, 248-251.
580 이것에 대하여 참고. 본서의 324-333.
581 Campi, Consensus Tigurinus, 18.
582 Ulrich Gäbler는 그렇게 보았다. 인용은 다음에서. Campi, Consensus Tigurinus, 19.
583 이것에 대하여 참고. Campi, Consensus Tigurinus, 9-19.

은 그리스도께서 자신의 영의 힘으로 믿는 사람들에게 임재하실 수 있다는 것을 배제하지 않았다. 이에 상응하여 칼빈은 표지와 표지행위(빵을 쪼개고, 빵과 포도주를 나누는 것)를 성찬에서 성찬을 믿는 사람들에게 전달되는 것(은혜와 죄 용서)을 위한 증거물로서 이해했다. 이 성찬 교리는 불링거와 교환 가운데 수정되었다. 그래서 일치의 순간은 구체적으로 가까워졌다. 제네바에서 20개 조항이 작성되었고, 그 조항들은 베른에서 열린 교회 회의에 제출되었다.[584] 비록 그 조항들이 지속적인 관심을 받지 못했을지라도, 그 조항들은 취리히에서 먼저 논의되고, 양측의 일치를 목적으로 한 26개 조항의 기초가 되었다. 그것은 논의 장소의 이름을 따서 "취리히 일치"(Consensus Tigurinus, 1549)라고 불린다.[585] 펜을 든 사람은 하인리히 불링거였다. 1551년에야 이 문서는 인쇄되었다.

취리히 일치는 제네바와 제네바에서 가르쳐지는 신학적 인식을 결정적으로 변화시켰다. 그 형식은 칼빈의 성찬 교리를 취리히 교리에 맞춘 진술을 담고 있었기 때문이다. 예를 들면, 취리히 일치에서 진술된 "오직"(solus)의 강조는 하나님의 구원 행위들(solus Deus, solus Christus) 안에 있는 동시에, 성례적 시행의 가치를 감소시키는 것을 목적으로 했다는 점에서 분명해졌다. 성례에서 사효론(ex opere operato, 사제의 성찬 행위만으로 은혜가 전달된다)이라는 구교의 이해는 결정적으로 제외되어야 했다. 그러나 이 전제 아래 "하나님의 은혜의 도구"(Werkzeuge der Gnade Gottes)로서 성례에 대한 칼빈의 의견은 더 이상 존재할 수 없었다.[586] 성찬의 믿음을 강화하는 요소는 더

---

584 "Confessio Gebennensis"로 불린다. 편집 in: Campi/Reich (Hg.), Consensus Tigurinus, 118-124. 221-226.
585 참고. Campi/Reich (Hg.) Consensus Tigurinus, 149-158. 내용의 요약, Bizer, Geschichte des Abendmahlsstreits, 271-273.
586 참고. Campi in: Campi/Reich (Hg.) Consensus Tigurinus, 31.

이상 언급되지 않았다. 취리히 일치에서 "오직 선택된 사람들"(soli electi)과 "오직 믿는 사람들"(soli fideles)이 그리스도와 함께 공동체를 경험하는 것은 전적으로 성례 밖에서도 일어날 수 있다. 그러므로 취리히 일치가 의미하는 것은 츠빙글리의 신학에 분명히 가까이 가는 것이었다. 동시에 그는 잘못되거나 적절하지 않은 것으로 평가된 교리들로부터 자신을 분리했다. 그것에는 로마교회의 화체설 교리와 변화된 요소들에 행해지는 경배와 더하여 루터와 비텐베르크의 성찬 교리들도 속했다. 비텐베르크의 교리는 살과 피의 진짜 임재, 즉 그리스도 인성의 요소들 아래 임재를 분명하게 고수했고, 그것은 제정 말씀의 문자적 이해에 근거했다. 비록 칼빈의 압력으로 나중에 취리히 일치를 자신의 전형적 성찬 이해를 위해 열어놓기를 원하여 하나의 조항, 즉 증거물과 인장으로서 이해되는 성례의 시행을 영적인 구원의 좋은 것을 진짜로 전달하는 수단으로 보는 조항(23번 조항)이 추가되었을지라도, 취리히 일치는 장차 칼빈 신학의 해석을 위한 틀을 규정했다.[587]

2) 칼빈을 반대하는 베스트팔

취리히 일치가 널리 알려지면서, 단번에 더 이상 칼빈의 성찬 이해와 루터의 성찬 이해 사이에 어떤 다리도 존재하지 않는다는 것이 분명하게 되었다. 제네바가 취리히와 하나가 된 이후 칼빈과 그의 교리는 "츠빙글리의 안경"을 통해 조명되었다. 이는 단지 동감을 잃은 것에 더하여 제네바에서 주장된 신학에 대한 불신도 의미했다. 그 신학은 제국의 경계 내에 지지자를 얻지 못하는 것이었다. 서유럽에서는 사정이 달랐다. 이것은 루터와 멜란히톤의 옛 학생이자 함부르크의 장크트 카타리넨(St. Katharinen in Hamburg)

---

587 이것에 대하여 참고. Neuser, Dogma und Bekenntnis, 272-274; "신학적 수확"(theologischer Ertrag)에 대하여 참고. Campi in: Campi/Reich (Hg.) Consensus Tigurinus, 31.

의 목사였던, 요아킴 베스트팔이 안트베르펜(Antwerpen)의 같은 시대의 사람으로부터 받은 편지에서 잘 표현되었다. 그는 베스트팔과 그의 함부르크 동료인 요한네스 아이피누스(Johannes Aepinus, 약 1499-1553)와 마티아스 플라키우스에게 "성례주의자들"(Sakramentierer)을 반대하여 펜을 들어, 잘못된 신학적 오류가 발전하여 인기를 얻지 못하게 해달라고 요청했다. 폴란드 출신의 귀족이자 런던에 거주하는 피난민 교회의 수장인 요한네스 아 라스코(Johannes a Lasco, 1499-1560)는[588] 1552년 "그리스도의 교회의 성찬에 대한 짧고 분명한 논문"(Brevis et dilucida Tractatio de Sacramentis ecclesiae Christi)에서 취리히 일치를 새롭게 출판했고, 적절하지 않은 방식으로, 공동의 개신교 일치로서 찬양했다. 아마도 부르크잘 출신인 서신의 발신자는 이 "논문"(Tractatio)과 다른 스위스 측의 언급들을 베스트팔에 보내는 편지에 동봉했다. 그 편지는 이 요구와 관계되었고, 그 입장을 주장했다.

이로써 격렬하게 다투는 저작 논쟁이 시작되었다.[589] 이미 1552년 그 함부르크 감독관(Superintendent, 베스트팔)은 자신의 저작 "성례주의자들의 책에서 모은 주의 몸에 대한 뒤섞이고 서로 다른 의견들의 혼합"(Farrago confuseanarum et inter se dissidentium opinionum de coena Domini, ex Sacramentariorum libris congesta)[590]을, 성찬에서 구원을 전달하는 교리와 그리스도의 실제 임재에 대한 루터의 교리를 부정하는 모든 사람을 경고하기 위하여 출판했다. 이것은 츠빙글리를 따르는 사람들과 칼빈을 따르는 사람들의 일치에서 발생하는 위험에 대한 모든 루터의 지지자들을 향한 경고

---

588 참고. MacCulloch, Importance of Jan Laski, 315-345. - 피난민 교회는 에드워드 6세(Edward VI.)에서 매리 튜더로(Maria Tudor) 정권이 바뀐 후에 1553년 11월 아 라스코의 지도 아래 잉글랜드를 떠났야 했고, 결국 엠덴에서 피난처를 찾았다.
589 참고. Neuser, Dogma und Bekenntnis, 272-285; Tschackert, Entstehung, 531-537; Dingel, Calvin im Spannungsfeld, 123-129.
590 그 저작은 단지 라틴어로만 나왔다.

의 호소였다. 그것에 이어 그는 곧바로(1553) 다른 저작을 내었다. "사도 바울의 말씀과 복음서에서 표현되고 보호된 주의 몸에 대한 바른 믿음"(Recta fides de Coena Domini ex verbis Apostoli Pauli et Evangelistarum demonstrata ac communita)이다. 그 저작에서 그는 루터의 성찬 교리의 신약적 기초를 논했고, 강력하게 츠빙글리의 견해에 경고를 주었다. 베스트팔의 "혼합"(Farrago)은 스위스에서 곧바로 답을 얻었다. 칼빈은 베스트팔을 한 번도 개인적으로 알지 못했고, 그를 대적자로 이름을 언급하지도 않았지만, "성례에 대한 건전하고 정통적인 교리의 방어"(Defensio sanae et orthodoxae doctrinae de sacramentis)[591]로 자신의 믿음의 동료를 지지했다. 이것으로 시작된 논쟁적 저작들의 교환은 확장되었다. 베스트팔의 편에 특히 브레멘의 신학자 요한네스 티만(Johannes Timann, 약 1500-1557)과 당시 함부르크의 감독관과 대성당의 수석 강사였던 파울 폰 아이첸(Paul von Eitzen, 1521-1598)이 논쟁에 참여했다. 더하여 에르하르트 슈네프, 에라스무스 알베르, 니콜라우스 갈루스(Nikolaus Gallus, 1516-1570), 마티아스 플라키우스 일리리쿠스, 마태우스 유덱스(Matthaeus Judex, 1528-1564)에 더하여 요한네스 브렌츠와 야콥 안드레아이가 함께 있었다. 칼빈의 편은 요한네스 아 라스코, 하인리히 불링거, 테오도르 베자(Theodor Beza, 1519-1605), 종교개혁에 동조하여 자신의 고향 이탈리아를 떠나야 했던 베르나르디노 오키노(Bernardino Ochino, 1487-1564), 테오도르 비블리안더(Theodor Bibliander, 1509-1564), 프랑크푸르트(Frankfurt/M)의 왈롱파(wallonisch) 외국인 교회 지도자였던 발레랑 풀랭(Valérand Poullain, 1509-1557)을 통해 강화되었다. 이로써 진정한 유럽의 토론의 장이 열렸다. 베스트팔은 자신의 편에서 칼

---

591 CR 37, 1-40.

빈을 반대하는 두 개의 다른 문서들로 성찬 교리를 위한 교부들의 근거들을 규명하고, 자신에게 적용하려 시도했다. 그 논쟁은 칼빈이 "요아킴 베스트팔에 대한 요한네스 칼빈의 최후의 경고"(Ultima admonitio Joannis Calvini ad Joachimum Westphalum, 1557)를 통해 마지막으로 더 이상 논쟁에 참여하지 않았을 때에서야 잠잠해졌다.

2차 성찬 논쟁은 지금까지 완전한 의미에서 인식하지 못했던 차이점들을 드러내었다. 그래서 이 논쟁은 생성되는 루터파와, 동일하게 확정되는 칼빈주의가 결정적으로 신학적으로 서로 구별되는 것에 공헌했다. 양 진영의 날카로운 반응들은, 만약 지금 나타난 잘못된 발전들을 관여하지 않고 자신의 입장을 분명하게 방어하지 않는다면, 기독교 믿음의 가장 핵심점에서, 즉 성찬 교리에서, 성경에 대한 바르고 종교개혁적인 이해가 상실될 수 있다는 우려에서 나온 것이었다. 그러나 이 신학적 불화로부터 결과적으로 각각의 신학적 대적자들에 대한 깊은 불신도 도출되었다.

3) 개혁파의 교리와 생활에 대한 영향들

칼빈과 그의 신학은 제네바의 경계를 넘어 널리 영향을 주었다. 그가 아주 넓은 유럽 지역들과 접촉한 것이 그의 영향에 도움이 되었다. 또한 그 도시에 국제적 시민들이 살았던 것도 사실이다. 오랫동안 제네바는 신앙 때문에 박해받는 사람들의 주된 피난처였다. 그들은 주로 프랑스에서 왔고, 이탈리아와 다른 나라들에서 피신해온 자들도 있었다. 지속적인 이민으로 제네바 주민의 숫자는 1536년에 24세 이상 인구가 약 10,000명이던 것이 1560년에는 21,000명으로 두 배 이상 늘었다. 프랑스어 교회 외에 이탈리아어, 스페인어, 영어 교회가 있었다.[592] 더하여 국제적 학생들과 제네바에 거주하던 여행객들이 있었다. 그들은 모두 필연적으로 이런저런 방식으로 칼빈과 접촉을 하게 되었다. 특히 그가 정기적으로 설교하고, 수많은 저작들을 출간하고, 중요한 학생들의 무리를 자신의 주변에 모았다는 점에서 그렇다. 제네바는 "개신교의 로마"(protestantisches Rom)로 여겨졌다.

특별히 1559년 칼빈이 설립한 아카데미(Académie)가 이를 위해 공헌했다. 아카데미는 학문적 지위가 없는 초등 교육기관에서 발전했다. 칼빈도 그곳에서 강의했다. 아카데미는 전 유럽에서 매력 있는 장소가 되었고, 종교개혁자의 신학을 위한 결정적 재생산지가 되었다. 도처에서 젊은 사람들이 자랑스러운 아카데미에 몰려들었다. 개신교가 박해받는 프랑스의 개혁파 목사들은 그들의 교육을 무엇보다 제네바 아카데미에서 누릴 수 있었다. 칼빈의 사망 이후 아카데미는 프랑스 신앙의 피난민 테오도르 베자에 의해 계속 이끌어졌다.[593] 계몽주의 시대가 시작하기까지 아카데미는 중요한 학문의 중심지였다.

그러나 개혁파 교회의 교리와 생활에 아주 넓게 영향을 준 것은 무엇보다 칼빈의 저작들이었다. 그 가운데 특별히 "기독교 강요"(Institutio Christianae religionis)[594]와 1541년과 1561년의 "교회 규범"(Ordonances ecclésiastiques)[595]이 있었다. 그 밖에 주해 작품들이 있다. "기독교 강요"로 칼빈은 유럽 수준의 교의서(Dogmatik)를 작성했다. 이 교의서는 오늘날까지 제네바 개혁자를 계승하는 모든 교회에서 표준 문서로서 여겨진다. 이

---

592 숫자와 관련하여 Selderhuis, Johannes Calvin, 771.
593 이것에 대하여 참고. Heppe, Theodor Beza, 231-234. 또한 전반적인 베자의 삶과 영향에 대하여 Geisendorf, Théodore de Bèze, ²1967.
594 참고. Calvin, Unterricht in der christlichen Religion. Institutio Christianae Religionis. hg. v. Matthias Freudenberg, ³2012.
595 참고. 본서의 356-360.

미 스트라스부르에서 그는 "기독교 강요"를 작업했다. 그리고 "기독교 강요"의 초판은 1536년 바젤에서 완성되었다. 먼저 그는 "기독교 강요"를 "경건의 총론"을 위하여 요리문답처럼 구상했다. 그래서 "기독교 강요" 초판은 5개의 주요 부분을 전통적 순서에 따라 구성했다. 십계명을 포함한 하나님의 율법(I)에서 시작하여, 사도신경(II)으로 믿음이 따르고, 주기도문(III)과 마지막으로 성례들, 세례와 성찬(IV, V)이 따른다. 추가로 구교의 다섯 개 "잘못된 성례"(falsa sacramenta)에 대하여, 그리고 기독교의 자유에 대하여 2개의 장이 더해졌다.[596] 그러나 "기독교 강요"의 요리문답적 결정은 당시 상황과 관계된 변증적 목적을 가졌다. 프랑스에서 종교개혁에 동조하는 사람들은 이단으로 핍박받고 있었다. 칼빈은 "기독교 강요"의 서문을 왕 프랑수아 1세에게 헌정하여 프랑스 왕에게 그들의 정당함을 보여주는 도움을 주고자 했다. 여기에서 그는 종교개혁의 교리가 새로운 것도 이단적인 것도 아니라고 주장했다. 동시에 그는 왕과 왕국에 대한 개신교도들의 충성을 강조했다. 그들은 안정과 질서에 위협이 되지 않았고, 오히려 사실상 비방과 핍박으로부터 왕의 보호가 필요했다.[597] "기독교 강요" 2판은 칼빈이 스트라스부르에 두 번째 머물던 시기(1538-1541)에 나왔다. 이 확장된 새 작업은 원래의 요리문답적 성격을 그 배경으로 밀어버렸다. 그래서 "기독교 강요"는 이제 더 이상 이미 기술된 요리문답의 성격을 지니지 않고, 자체로 일관된 교의서의 특징을 지니게 되었다. 앞부분의 서문에 따르면, "기독교 강요"는 신학 학생들이 성경의 "교리들"(doctorina)을 신뢰하게 만들고자 했다. 2판에 이어 1541년 프랑스어 번역이 나왔다. 칼빈 스스로 번역을 했다.[598] 개혁자

---

596 "기독교 강요"의 생성과 내용에 대하여 참고. Wendel, Calvin. Ursprung und Entwicklung, 91-315.
597 참고. 기독교 강요의 라틴어 서문 (1536) in: Joannis Cavini Opera Selecta III, 9-30.
598 Milet의 편집본, Calvin, Institution de la Religion Chrétienne (1541), 2008.

는 "기독교 강요"를 계속하여 개정했다. 그래서 다양한 판본이 있었다. 가장 중요한 라틴어본은 1543년, 1550년, 1559년에 나왔다. 가장 중요한 프랑스어 번역들은 1545년, 1551년, 1560년 나왔다.[599] "기독교 강요"는 마땅히 칼빈 신학의 요약으로서 여겨진다. 여기에서 그는 자신에게 전형적인 성찬 교리를 작성했다. 성찬 교리에서 루터파와 칼빈주의가 나눠졌다. 신앙고백적 교회의 확정을 위해 성찬 교리는 칼빈의 예정 교리보다 더 중요해졌다. 예정 교리는 처음이 아니라 16세기의 80년대 말 즈음에 형성되는 신앙고백적 교회들 사이에서 중요한 토론 대상이 되었다.[600] 칼빈이 구원의 확신을 돕는 하나님의 자녀 됨의 "증거물"로서 성찬을 정의하는 것은[601] 또한 프랑스 개신교인들의 "믿음의 고백"(Confessio de Foi)에서도 발견된다. 이 신앙고백은 1559년 파리의 첫 번째 국가총회에서 만들어졌다. 이 신앙고백은 성례들을 분명하게 "하나님 은혜의 증거물과 표지"로서 표현했다.[602] 자카리아스 우르시누스(Zacharias Ursinus, 1534-1589)가 펜을 잡았던 1563년 하이델베르크 요리문답은 성례들을, 정말 유사하게, "표적과 인장"(Wahrzeichen und Siegel)으로 이해했다. 성례들은 복음의 신적 약속을 사람에게 이해되도록 하고, 보장하기 위한 것이었다.[603] 십자가에서 깨어진 그리스도의 몸에 대한 비유로 성찬에서 행해지는 빵을 쪼개는 것은 확인하는 표지 행위로서 보존되었고, 마찬가지로 나중에 신앙고백적 차이의 표지로 발전했다.

칼빈의 교리를 신학적으로 완성된 방식으로 보여주며, 루터파와 구교의 입장에 대한 구분을 의도했던 "기독교 강요" 외에 제네바 교회 규범

---

599 참고. 판본의 문헌 증명 in Joannis Calvini Opera Selecta III, VI-XLVIII.
600 또한 다음 참고. Dingel, Schwerpunkte calvinistischer Lehrbildung, 90-96.
601 참고. Institutio IV, 17,1-5.
602 참고. 34번 조항, in: Evangelische Bekenntnisse II, 192.
603 참고. 66번 질문, in: Evangelische Bekenntnisse II, 156f.

(Ordonnances ecclésiastiques)도 과소평가할 수 없는 영향을 주었다. 이 규범은 칼빈의 교회 규범의 모델을 직접적인 예로 보여주는 방식으로 펼쳐졌고, 수많은 개혁파 교회 공동체가 이 규범을 받아들였고, 그들 각자의 생활의 조건에 맞추었다. 1561년 교회 규범의 확장판은 특징적인 기본 요소들을 유지했다. 이 요소들은 이미 1541년 초판에 존재하던 것이었다. 교회 규범의 핵심을 네 개의 직분, 즉 목사, 박사, 장로, 집사[604]로 나누고, 이 직분 구조와 연관된 공동체 생활의 조직이 교리, 선포, 목양, 교회 치리, 가난한 사람을 돌봄에서 나온다. 더하여 교회 규범은 세례와 성찬의 실행, 혼인 축복, 병자와 감옥에 갇힌 사람의 심방, 어린이 교육에 대한 결정들을 담고 있다. "교회 규범"(Ordonnances ecclésiastiques)의 결과로 형성된 개혁파의 모든 교회 규범들이 네 직분을 계획한 것은 아니었다. 몇몇은 세 개로 만족했고, 박사 직분이 없기도 했다.[605]

그 밖에 칼빈의 신구약에 대한 주해적 강의들과 주석들도 큰 영향을 주었다. 칼빈의 모든 활동에서 매우 주도적이었던 성경의 연관성이 그 안에서 분명해졌다. 그의 주해들은 여러 청중들에게 영향을 주었을 뿐 아니라, 목사와 박사들도 그것을 수용했다. 그의 수많은 설교들은 1549년에서 1560년까지 제네바에서 살았던 프랑스 신앙의 피난민 드니 라귀니에(Denis Raguenier)에 의해 받아 적어졌고, 그래서 그 설교들은 이어 출판되어 널리 퍼지게 되었다.[606]

칼빈의 교리와 칼빈이 만든 교회 규범의 구성 요소들은 오랫동안 신앙고백적 정체성의 형성에 영향을 끼쳤고, 그래서 칼빈주의는 루터파와 가

---

604 이것에 대하여 참고. 본서의 356.
605 예를 들면 프랑스 개신교의 교회 규범은 단지 3개의 직분만 받는다: 목사, 장로 집사, 참고. Discipline eccelésiastiques (1559), in: Evangelische Bekenntnisse II, 197-205.
606 Moehn, Predigten, in: Calvin Handbuch, 174f.

톨릭주의와 마찬가지로 신앙고백적 교회로서 설립되었다. 그러나 루터파나 가톨릭과는 달리 칼빈주의는 하나의 유일한 기초적 신앙고백에 방향을 맞추지 않았다. 루터파의 경우 아우크스부르크 신앙고백이 있었고, 가톨릭의 경우 트리엔트 신앙고백(Professio Fidei Tridentina)이 있었지만, 칼빈주의는 오히려 수많은 지역적 혹은 "국가"(national)와 연결된 "신앙고백들"(Confessiones)에 방향을 맞추었다. 예를 들면, 프랑스 신앙고백(Confessio Gallica, 1559), 벨기에 신앙고백(Confessio Belgica, 1561), 스코틀랜드 신앙고백(Confessio Scotica, 1560), 헝가리 신앙고백(Confessio Hungarica, 1562), 최소한 1618/1619년 도르트레히트 총회 이후 신앙고백의 수준에 올라왔던 하이델베르크 요리문답(1563), 그리고 많은 다른 지역에서 유효한 신앙고백 문서들이 있었다. 이 문서들은 1581년 발간된 "신앙고백들의 조화"(Harmonia Confessionum) 안에서 하인리히 불링거가 작성한 제2스위스 신앙고백(Confessio Helvetica posterior, 1566)[607]과 연관되었다. 이 관계는 이제부터 확산되는 기본 신앙고백(Referenzbekenntnis)으로서 모든 개혁파 교회들을 위해 전면에 등장하게 되었다.

교리와 고백뿐 아니라, 또한 교회의 생활도 제네바 종교개혁의 영향을 받은 개혁파 교회들을 다른 교회들과 구분시켰다. 이것은 의식의 시행에 더하여 교회 치리의 시행과 관계된다. 예부터 행하던 것들을, 부분적으로 여전히 중세에 근거한 의식들을 칼빈주의는 새로운 형태로 대체했다. 사람들은 루터와 비텐베르크 사람들에게서 시작된 종교개혁이 철저히 마지막까지 이끌어지기를 원했다. 그리고 의식의 시행에서도 오직 성경에 근거하기를 원했다. 칼빈주의에서 제2계명으로 여겨지는 구약의 그림 금지와 관계

---

607 참고. Reformierte Bekenntnisschriften 2/2, 243-345.

하여, 그림과 십자가상은 교회에서 제거되었다. 초, 제단, 성찬의 금 그릇은 성경 전파의 내용을 사실상 바꾸어 버리는 전통적 경건의 잔재들처럼 보였다. 그것들은 폐지되거나 혹은 간단한 도구로 대체되었다. 성찬 시행에서 사람들은 전통적 제병 대신 발효되지 않은 빵을 사용했고, 빵을 쪼개는 것을 실천했다. 세례 의식에서 사람들은 고대 교회부터 있었던 퇴마의식이나 마귀에 대한 거절을 없앴다. 칼빈은 세례를 인장과 언약의 표지로 이해했기 때문에, 모든 마술적인 구교 의식을 반대했다. 칼빈의 견해는 이런 의식적 구성 요소를 더 이상 용납할 수 없었다.[608] 또한 예배에서 악기를 사용한 음악에 대하여 조심스러운 태도를 보였다. 더 중요한 것은 교회 공동체의 노래였다. 제네바 시편은 결정적이었다.[609] 여기 포함된 시편들은 주로 프랑스 시인 클레망 마로(Clément Marot)와 테오도르 베자에 의해 프랑스어로 번역되었고, 운율이 주어졌다. 이 시편 찬송은 국제적 칼빈주의를 노래하는 공동체로 함께 모았다.

---

[608] 여기에서 다음 형식이 다루어졌다. "떠나라, 너 불결한 영아, 그리고 성령에게 자리를 주라", 이 형식은 루터의 세례 소책자를 따라 또한 루터의 의식에서도 말해졌다. 참고. BSELK, 907, 22f.

[609] 참고. Grunewald u.a. (Hg.), Genfer Psalter, 2004; Jürgens, Genfer Psalter (EGO) URL: www.ieg-ego.eu/juergensh-2010-de URN: urn:nbn:de:0159-20100921251 [19.12.2010]

종교개혁,
인물과 중심지를
따라 읽다

III. 영향

Reformation

III. 영향

가. 종교개혁의 영향 - 유럽의 범위에서

비텐베르크, 스트라스부르, 취리히, 제네바는 종교개혁의 중심지로 유럽에 영향을 주었다. 이 중심지들의 커가는 영향력은 그들에게서 시작하여 다른 도시들에서 다시 인쇄된 종교개혁의 저작들을 통해 퍼져 갔으며, 더하여 상당한 정도로 그들의 교육 기관들을 통하여 퍼져 갔다. 비텐베르크 대학, 소위 "로이코레아"는 17세기까지 전 유럽의 학생들에게 큰 매력을 주었다. 또한 스트라스부르의 김나지움 일루스트레도 비슷했다. 특히 이 김나지움에서 유럽의 귀족들은 자신의 아들들을 교육시켰다. 제네바 아카데미는 개혁파 영역에서 지도적인 교육기관이었다. 남부 유럽과 러시아를 예외로 하면 전 유럽이 종교개혁에 사로잡혔다. 그곳에서 종교개혁의 사고관은 주로 이미 존재하던 중세 후기적이면서 종교개혁적인 사조들 혹은 인문주의적이면서 교회 비판적인 토대의 기초 위에서, 비텐베르크, 고지 독일 혹은 스위스의 특징을 가지고 수용되었다. 종교개혁의 동기는 그런 근간에 부딪히면서 지속적으로 세워질 수 있었고, 존재하던 사조들과의 관계에서 특

수한 신학적 특징을 나타낼 수 있었다.⁶¹⁰

1. 네덜란드

네덜란드는 합스부르크의 세습영지에 속했다. 그곳에서 새로운 헌신(Devotio moderna)과 로테르담의 에라스무스를 통해 대표된 인문주의가 종교개혁을 위한 길을 평탄하게 만들었다.⁶¹¹ 비록 에라스무스가 결정적으로 루터와 그의 신학에 경계를 그었는데도 말이다. 그러나 루터가 원래 소속되었던 어거스틴 은자 수도원은 네덜란드에서도 수도원을 유지하고 있었다. 그래서 사람들은 그곳에서 비텐베르크에서 발생하는 일에 대한 지식을 빨리 얻을 수 있었다. 네덜란드의 종교개혁을 위하여 특별한 의미를 갖는 곳은 작센 수도회에 속한 안트베르펜의 어거스틴 수도원이었다. 왜냐하면 이 수도원의 원장(Prior) 야코부스 프라이포시투스(Jacobus Praepositus, Jacob Probst, 1486-1562)가 종단의 몇몇 다른 수도승들과 함께 1516년부터 1520년 사이 로이코레아에서 공부했기 때문이다. 그들은 그곳에서 루터를 개인적으로 알게 되었다. 아마도 선별된 루터 저작들이 1520/1521년 네덜란드에서 번역되고 인쇄된 것은 그들이 주도한 일이었을 것이다. 예를 들면, 안트베르펜, 레이덴, 즈볼레의 인쇄업자들은 1520년 가을 루뱅과 달리 금지령이나 공개적인 서적 소각으로 물러서지 않았다. 무엇보다 루터의 저작 "그리스도인의 자유에 대하여"와 성경 번역은 국경을 넘어 영향을 주었고, 수없이 재인쇄되었고 판매되었다. 암스테르담에서 아드리안 판 베르그

---

610 참고. Dingel, Luther und Europa, 206-217.
611 이것에 대하여 참고. 본서의 53-56, 69f.

헨(Adriaan van Berghen)과 도엔 피테르츠(Doen Pietersz)는 1523년 루터의 신약 번역을 안트베르펜에서 출간했다. 안트베르펜은 네덜란드의 종교개혁 서적의 인쇄 중심지가 되었다. 야콥 리스벨트(Jakob Liesvelt)는 1526년 루터의 부분 번역을 따라 전체 성경을 생산했다. 심지어 루뱅과 브뤼셀에서도 종교개혁에 동의하는 사람들이 있었다. 어떤 사람들은 비밀리에 "학교"(Schulen)로 불리는 작은 집회로 모였다. 1529년에서 1531년까지 그런 모임이 레이덴, 페레/제란트(Veere/Zeeland), 마스트리히트(Maastricht)에 있거나 도시 밖에서 모였다. 교황의 외교대사 알레안더를 통해 1520년 9월 추방 위협 교서 "Exsurge Domine"가 확산되어 종교개혁 사조가 이미 이른 시기에 제한되도록 명령되었기 때문이다. 특히 이것으로 합스부르크와 그 지역의 교회의 권위자들이 억압적 정책을 펼쳤기 때문이다. 루뱅 대학은 이미 1519년 11월 루터와 그의 사상에 거리를 두었다. 이 상황에서 믿음의 박해와 순교가 발생했다. 비텐베르크에서 시작한 종교개혁의 첫 번째 피의 증인들은 어거스틴 수도승 헨드릭 보에스(Hendrik Voes)와 요한네스 판 덴 에스헨(Johannes van den Esschen)이었다. 그들은 1523년 7월 1일 브뤼셀의 흐로터 시장(Grote Markt)에서 화형을 당했다. 이 사건으로 인한 루터의 깊은 충격은 그가 작시한 순교자의 노래 "우리가 시작하는 새로운 노래"(Ein neues Lied wir heben an)에서 확인된다.[612] "네덜란드의 그리스도인들에게 보내는 편지"(Brief an die Christen im Niederland)[613]에서 개혁자는 그들의 담대함의 가치를 인정하고, 위로하고자 시도했다. 전방위적인 압박은 종교개혁의 어린 교회 공동체들을 지하로 몰아갔다. 공식 문서들에서 "루터파 이단

---

612 참고. WA 35, 411-415.
613 참고. WA 12, 73-80.

들"(secte van den Lutranen)⁶¹⁴에 대하여 말하고 있었을지라도, 이것은 네덜란드의 종교개혁에 동조하는 사람들이 신앙고백적 교회의 의미에서 "루터파"(Lutheraner)만 존재했다는 것을 의미하지 않았다. 그 당시에 "루터파"나 "루터의"(lutherisch) 방향에 대하여 말한다면, 이것은 폭넓은 방식으로 비텐베르크의 루터와 그의 동료들에게서 시작한 종교개혁 사조와 관계된 것이었다. 츠빙글리의 영향들은 아직 시작되지 않았다. 이에 반하여 네덜란드에서는 1530년경 멜히오르 호프만의 설교 활동을 통해 영향을 받았던 세례파에 동조하는 집단들이 모이기 시작했다. 1540년부터 페트루스 다테누스(Petrus Dathenus, 약 1531-1588)가 작업한 시편 작품들이 많은 영향을 주었다. 16세기의 50년대부터 점차 개혁파 방향이 자리 잡혀갔다. 이 흐름은 남부 지방에서 교회 당회들(Konsistorien)과 함께 교회를 형성하게 되고, 후에 노회의 요소들도 생겨났다. 하지만 이 교회 공동체는 숨겨진 상태로 존재했다. 핍박으로 인해 그들은 자주 피난을 갔다. 그래서 네덜란드 피난민 교회는 런던, 프랑크푸르트(Frankfurt/M), 엠덴, 선제후령 팔츠에 정착했다. 지도적 인물은 폴란드 귀족 출신의 요한네스 아 라스코였다. 그가 피난민 교회를 위하여 교회 규범을 세운 활동은 특징적이었다. 그곳에서 그는 부처와 칼빈의 영향을 받은 유산들을 각각의 맥락에 맞추어 적용했다. 제네바와 팔츠에서 나온 영향들은 계속되는 발전을 위한 방향을 제시해주었다. 1561년 에노(Hennegau)의 몽스(Mons) 출신 귀도 드 브레(Guido de Brès, Guy de Bray, 1522-1527)가 "신앙고백"(Confession de Foi)을 작성했다. 네덜란드 신앙고백 혹은 벨기에 신앙고백(Confessio Belgica)으로 불리는 이 신앙고백은 개혁파 교회 공동체들을 일치시켰고, 칼빈의 신학에 가까이 서 있었다. 또

---

614 Duke, The Netherlands, 153.

한 하이델베르크 요리문답의 번역도 같은 역할을 했다. 이 요리문답은 16세기 말까지 60쇄 이상 사용되었고, 마찬가지로 칼빈의 신학에 가깝게 서 있는 자카리아스 우르시누스의 영향이 있었다. 반면 안트베르펜에서 마티아스 플라키우스 일리리쿠스가 작성한 신앙고백(1566)과 마태우스 유덱스(Mathäus Judex)가 작성한 작은 교리전집(Corpus Doctrinae, 1565)이 루터의 소요리문답을 기초한 실행문서(Agenda, 1567)와 함께 나오면서 루터 교회 공동체가 설립될 수 있었다. 그러나 이 교회 공동체도 신앙의 핍박 아래 다양한 변화를 겪었다. (1566년부터) 네덜란드가 로마 가톨릭의 남부와 7개 지방으로 구성된 개신교의 북부로 분리된 후, 신앙고백적으로 개혁파 칼빈주의적 교회가 계급 대표들의 보호 아래 특권화된 상태를 유지했다.[615]

2. 북유럽/스칸디나비아

북유럽/스칸디나비아의 땅에도 비텐베르크에서 시작한 종교개혁의 영향이 미쳤다. 1397년부터 1523년까지 세 개의 왕국, 덴마크, 스웨덴, 노르웨이는 핀란드와 공작령 슐레스비히와 홀슈타인과 함께 북부 연합(칼마르 연합, Kalmarer Union)으로 통합되어 있었다.[616] 코펜하겐 대학에서 파울루스 헬리에(Paulus Helie, 약 1485- 약 1534)는 크리스티안 2세(통치 1513-1523 덴마크와 노르웨이의 왕으로서, 1520-1523 또한 스웨덴의 왕으로서)의 성경 주해 교사로 초빙되어 영향을 주었고, 성경 인문주의가 들어올 수 있는 학문적 환경이 만들어지게 되었다. 잔혹한 통치로 인해 "폭군"(der Tyrann)이란 별명을 부여

---

615 참고. Janssen/Nissen, Niederlande, Lüttich, 200-235.
616 참고. Olesen, Dänemark, Norwegen und Island, 35-37.

받았던 크리스티안이 반란으로 인해 구스타프 1세 바사(Gustav I. Wasa)에 의해 스웨덴뿐 아니라 덴마크와 노르웨이에서도 파면되자, 그는 우선 네덜란드로 피신했고, 나중에 비텐베르크로 갔다. 그곳에서 그는 루카스 크라나흐에게서 집을 구했고, 루터와 멜란히톤과 접촉을 갖게 되었고, 이제 공개적으로 두 종류의 성찬을 받음으로 종교개혁으로 방향을 돌렸다. 크리스티에른 빈터(Christiern Winter)와 한스 믹켈슨(Hans Mikkelsen)을 통해 신약이 덴마크어로 번역되었다. 1524년 이것이 비텐베르크에서 출판되었다. 이 출판은 또한 정치적으로도 중요한 점들이 있다. 이 번역이 믹켈슨의 편지를 담고 있었기 때문이다. 믹켈슨은 폐위된 왕의 정권을 다시 회복시키고 정당화하려는 목적을 가지고 있었다. 즉 그는 폐위된 주권자의 이름으로 크리스티안의 숙부이자 슐레스비히-홀슈타인의 공작 프리드리히 1세(통치 1523-1533)를 반대하는 반역을 주장했다. 그가 크리스티안 대신에 왕으로 선출되었기 때문이다.[617] 프리드리히는 구교에 신실하게 머물러 있었다. 그는 자신의 통치를 시작하면서 직접 분명하게 "루터의 이단"에 거리를 두어야 했다. 슐레스비히-홀슈타인에서 하인리히 폰 취트펜(Heinrich von Zütphen)이 1524년 12월 순교자의 죽음으로 사망했다. 과거 어거스틴 수도승이었던 그는 루터의 친구였고, 그의 종교개혁 설교들로 인하여 고소되었다. 슐레스비히-홀슈타인에서뿐 아니라, 덴마크에서도 종교개혁은 확장될 수 있었다. 종교개혁은 심지어 왕가로도 들어갔다. 1526년 프리드리히 1세는 자신의 딸을 프로이센의 공작 알브레히트(Herzog Albrecht von Preußen)와 결혼시켰기 때문이다. 알브레히트는 루터와 긴밀한 우정 관계를 유지했다. 전 수도승이었던 한스 타우젠(Hans Tausen, 1494-1561)은 1523년에서 1525년 사이

---

617 참고. Grell, Scandinavia, 97; Schwarz Lausten, Reformation in Dänemark, 2008.

비텐베르크에서 공부했고, 이후에 위트란트(Jütland)의 비보르(Viborg)에서 활동했다. 그를 통하여 계속되는 종교개혁의 영향들이 그 땅으로 들어왔다. 그곳에서도 루터 저작의 번역들이 인쇄되었고 확산되었다. 프리드리히는 타우젠을 결국 코펜하겐으로 불러들였다. 그곳에서 그는 큰 대중들 가운데 설교했다.[618] 왕의 사망과 이어지는 농민 전쟁 후, 1536년 그의 아들 크리스티안 3세가 왕좌를 이어받았다. 그는 이미 슐레스비히-홀슈타인의 공작으로서 종교개혁을 도입했었고, 이제 덴마크에서도 상응하는 조치들을 취했다. 그는 교회의 재산을 몰수했고, 구교의 주교들을 파면시켰으며 그 자리에 개신교 감독관(Superintendent)을 세웠다. 감독관들은 지금까지 정부에서 월급을 받았다.[619] 교회를 새롭게 조직하기 위하여 그는 비텐베르크 시 목사 요한네스 부겐하겐을 덴마크로 불렀다. 부겐하겐은 7명의 새 감독관들을 임명하고, 교회 규범을 작성했을 뿐 아니라, 왕 부부에게 코펜하겐에서 대관식도 거행해주었다. 또한 대학이 다시 열리게 되었다. 그것과 함께 1537년 종교개혁이 공식적으로 도입되었다. 교회 규범과 대학 개혁에서 타우젠은 함께 활동했다. 그는 계속하여 로스킬데(Roskilde)에서 근무했다. 타우젠 외에 페더 팔라디우스(Peder Palladius, 1503-1560)[620]가 지도적인 덴마크 신학자와 개혁자로 여겨진다. 그는 1531년부터 1537년까지 로이코레아에서 루터와 멜란히톤에게서 공부했고, 멜란히톤의 특징을 지닌 종교개혁 신학을 대표했다. 그가 1537년 덴마크로 돌아갔을 때, 크리스티안 3세는 부겐하겐에게 그를 지체 없이 제란트(Seeland)의 감독관으로 임명하도록 했다. 더하여 그는 코펜하겐의 대학교수로, 왕의 조언자로서 활동했다.[621] 타

---

618 참고. Schwarz Lausten, Hans Tausen, 99; Seidel, Tausen, 580-582.
619 참고. Wolgast, Einführung der Reformation, 15.
620 참고. Schwarz Lausten, Peder Palladius, 202-206.
621 참고. Seegrün, Schleswig-Holstein, 140-164; Schwarz Lausten, Reformation in Dänemark, 2008.

우젠은 1542년 부겐하겐에게서 리펜(Ripen)의 감독관으로 임명되었다.

덴마크와 슐레스비히-홀슈타인의 발전은 노르웨이에까지 빛을 비추었다. 노르웨이는 북부 연합이 깨진 후(1523) 덴마크와 개인적 연합을 통해 묶여 있었다. 크리스티안 2세가 신의를 끊은 후 프리드리히 1세가 1524년 제국 의회에 의해 노르웨이의 왕으로 선출되었기 때문이다. 프리드리히는 루터의 지지자들과 그의 교리에 대항하여 싸울 것을 약속해야 했다. 그럼에도 왕은 특히 베르겐(Bergen) 지역 주변에 존재하던 종교개혁의 경향들에 대하여 관대하게 대응했다. 사실 그는 심지어 개신교 설교자 헤르만 프레제(Herman Frese)와 옌스 비보르(Jens Viborg)를 위하여 통행증을 발급해 주기도 했다. 1536년 크리스티안 3세는 권력을 넘겨받았고, 덴마크에서처럼 종교개혁을 도입했다. 그러나 자신들만의 뛰어난 개혁자를 노르웨이는 갖지 못했다.[622]

스웨덴의 상황은 달랐다. 스웨덴은 1523년 구스타프 1세 바사(Gustav I. Wasa, 통치 1523-1560) 아래 독립적인 왕국이 되었다. 1527년 배스테로스(Västerås) 왕국 회의에서 정부가 도입하는 종교개혁을 위한 길이 정해졌다. 왕은 교회의 재산을 몰수할 권리를 갖게 되었다. 주교들은 왕국 회의에서 지금까지의 자리를 잃게 되었다. 성직자의 재판권은 엄격하게 영적인 범위로 혹은 세속 권력이 성직자에게 관리하도록 넘겨준 경우로 제한되었다. 혼인 재판권이 그 예다. 하나님의 말씀을 순전하게, 즉 종교개혁의 의미에서 선포하는 임무를 맡았던 교회는 다만 그 구조와 조직에 있어 변화 없이 유지되었다. 지도적 개혁자는 올라우스 페트리(Olaus Petri, 1493-1552)였다. 그는 1516년에서 1519년까지 비텐베르크에서 공부했고, 당시에 루터와 멜란

---

[622] 다음의 짧은 설명을 참고. Montgomery, Norwegen, 646f.

히톤도 알았다. 그가 1525년 구스타프 바사로 인해 스톡홀름(Stockholm)의 시 비서와 니콜라스 교회의 설교자로 부름 받은 후에 1528년 대관식 설교를 맡았다. 1531년에서 1533년까지 그는 수상도 역임했다. 하지만 그것은 그의 성향에 맞지 않았다. 그래서 그는 짧은 시간 후 다시 그의 신학적 의무들로 돌아왔다. 그 직무 중에도 그는 정부 비판을 아끼지 않았다. 그가 왕의 교회 정치 조치들에 대하여 비판적 태도를 취한 것 때문에 1539/40년 격렬한 분쟁이 발생했다. 이 분쟁의 끝에 그는 사형을 선고받았고, 마찬가지로 그의 종교개혁에 동조하는 동료 라우렌티우스 안드레아이(Laurentius Andreae, 약 1470-1552)[623]도 함께 사형 선고를 받았다. 그러나 둘은 나중에 사면되었다. 스웨덴의 종교개혁은 올라우스 페트리와 그의 교리를 통하여 신학적으로 형성되었다. 그의 설교들과 저작들에서 루터의 영향뿐 아니라 멜란히톤과 부처의 영향도 발견된다. 신약의 스웨덴어 번역자(1526)로서 그는 특히 민족 언어의 형성에 결정적인 기초를 제공했다. 그러나 전반적으로 스웨덴의 종교개혁은 비교적 늦은 시기에 확고한 규범적 형태를 얻게 되었다. 1571년에야 개신교 교회 규범이 마련되었고, 1593년에야 아우크스부르크 신앙고백에 대한 공식적 가입이 있었다.[624] 루터파의 일치서는 1686년에 처음으로 왕의 법령으로 받아들여졌다.[625]

핀란드는 정치적으로 스웨덴과 일치되었고, 그래서 북부 연합의 한 부분이기도 했다. 핀란드는 구스타프 바사의 통치 아래 마찬가지로 종교개혁의 방향으로 노선을 변경했다. 1527년 배스테로스(Västerås) 왕국 회의와 1529년 외레브로(Örebro) 노회를 통해 종교개혁을 도입하기 위한 법적 기초가 놓였다. 핀란드에서도 학생으로 비텐베르크에 가서 개신교 교리를 함께 가지고 왔던 신학

---

623 그의 학업은 라이프치히, 로슈토크, 크라이프스발트에서 이어졌다. 참고. Smedberg, Laurentius Andreae, 1245-1246.
624 참고. Jarlert, Schweden, 650.
625 참고. Dingel, Einleitung zur Konkordienformel, in: BSELK, 1177.

자들의 도움으로 변화가 진행되었다. 아직 옛 믿음에 머물러 있었지만 종교개혁의 경향에 열려있던 투르쿠(Turku) 주교 마틴 스퀴테(Martin Skytte, 1457-1550)는 이미 이런 시기에 젊은이들을 학업을 위해 특히 로이코레아로 보냈었다. 그 가운데 핀란드의 후대 개혁자 미카엘 아그리콜라(Michael Agricola, 약 1508-1557)가 있었다. 그는 1536년부터 1539년까지 루터와 멜란히톤에게서 공부했고, 두 개혁자의 추천서를 가지고 핀란드로 돌아왔다. 또한 그는 부겐하겐과도 접촉을 유지했다. 그는 돌아온 후 투르쿠에서 라틴어 학교의 교장으로서 활동했다. 그는 당시 대성당의 교회법 학자였고, 후에 스퀴테 주교의 조력자(Koadjutor)가 되었고 결국 그의 후계자가 되었다. 아그리콜라는 성경과 루터의 저작들을 핀란드어로 번역했다.(신약 1548년, 구약의 일부 1551/1552년) 그리고 이 방식으로 핀란드 문장 언어를 만들었다. 또한 자신의 저작들인 "ABC 책"과 방대한 기도서로 종교개혁이 백성에 가깝게 자리 잡고 실행되도록 영향을 주었다. "ABC 책"은 또한 최초의 핀란드어 인쇄 작품이었다(1543). 그 책은 아그리콜라가 루터와 멜란히톤과 안드레아스 오시안더의 요리문답들에 의지하여 조합한 요리문답 부분들을 알파벳과 숫자의 기초 교육과 결합한 것이었다. 신학적으로 독자적인 것은 1544년의 기도서였다. 기도서에 모아진 695개의 기도는 아그리콜라의 개인적 경건에 대한 인식을 제공했다.

유럽의 북부 지방에서 종교개혁은 약 16세기 말, 17세기 초에 신앙고백적으로 루터파의 방향으로 발전했다. 종교개혁은 정치적 배경으로 인해 거의 방해 없이 전개될 수 있었다. 지속적인 정부의 주도는 국가교회적 구조

형성으로 진행되었고, 이 구조는 교회의 생활을 현재까지 특징지었다.[626]

3. 프로이센과 발트해

프로이센과 발트해의 나라들도 비텐베르크의 종교개혁에 사로잡혔다. 그 영향은 로이코레아의 학생들을 통해 전달되었다. 그러나 더욱 중요한 것은 개인적인 연계였다. 브란덴부르크-안스바흐의 공작이자 독일 수도원 단장이었던 알브레히트와 마틴 루터 사이에 개인적 관계가 있었다. 그 관계는 개인적인 만남과 대화를 통해(1523년 11월, 1534년 5월, 1545년 12월) 발생했고, 서신 교환으로 이어졌다. 서신들은 전적으로 우정으로 표현될 수 있다. 공작 알브레히트는 1522년 뉘른베르크 개혁자 안드레아스 오시안더를 통하여 종교개혁에 성공했고, 그런 이유로 수도원의 개혁 시행을 위하여 루터의 조언을 구했다. 개혁을 위한 알브레히트의 노력은 1523년 3월 루터의 저작 "독일 수도원의 수도승들에게, 그들은 잘못된 정결을 피하고, 바른 결혼의 정결로 가야 한다는 경고"(An die Herren deutschs Ordens, dass sie falsche Keuschheit meiden und zur rechten ehelichen Keuschheit greifen, Ermahnung)[627]를 통해 지지를 받게 되었다. 이 저작은 심지어 수도원의 폐지와 독일 기사단 국가(Deutschordensstaat)의 세속화를 위한 자극을 주었다.[628] 프로이센은 1525년 크라쿠프 협약(der Krakauer Vertrag)으로 세속 공

---

626 참고. Heininen/Czaika, Wittenberger Einflüsse (EGO) URL: www.ieg-ego.eu/heininens-czaikao-2012-de URN: urn:nbn:de:0159-2012060637 [2015-12-31]; Buchholz, Schweden mit Finnland, 107-243.
627 WA 12, 228-244.
628 루터는 이것을 1523년 11월 23일 비텐베르크에서 알브레히트와 만남에서 확실하게 했다.

작령이 되었다. 이 공작령은 폴란드 왕권의 봉토에 속했다. 잠란트(Samland) 의 주교 게오르크 폰 폴렌츠(Georg von Polenz)는 이미 1523년 종교개혁으로 돌아섰다. 그의 동료 포메사니엔(Pomesanien) 주교, 에르하르트 크바이스(Erhard Queis)는 종교개혁을 1527년 행했다. 종교개혁의 도입은 루터의 주변에 뿌리를 둔 설교자들을 통해 지지를 얻었다. 비텐베르크 사람은 이미 1523년 여름, 자신이 "독일 수도원 수도승들에 대한 경고"(Ermahnung an die Deutschordensherrn)를 출판하고 얼마 후 코트부스(Cottbus) 태생으로 로이코레아에서 신학 박사 학위를 취득한 요한네스 브리스만(Johannes Brießmann, 1488-1549)을 개신교 목사로 프로이센에 파송했다. 그는 쾨니히스베르크 대성당에서 활동했다. 그의 110 주제들 "사람 내부와 외부, 믿음과 공로에 대한 작은 꽃들"(Flosculi de homine interiore et exteriore, fide et operibus)은 루터의 자유 저작의 사고를 가공했고, 종교개혁의 시행에 신학적 뒷받침을 주었다. 그를 도와 1524년부터 파울 슈페라투스(Paul Speratus, 1485-1551)가 쾨니히스베르크의 궁중 설교자로 활동했다. 1년 후 요한 폴리안더(Johann Poliander, 1487-1541)가 구도시의 교회에 목사로서 더해졌다. 이 셋은 루터의 추천으로 프로이센에 갔고, 지속적으로 종교개혁의 새로운 질서를 위해 노력했다.[629] 공작의 긴밀한 친구로서 브리스만이 활동했고, 그와 함께 퀴스트린(Küstrin)의 프리브로브(Priebrow 오늘날 폴란드어로 Przyborów) 출신 안드레아스 크뇌프켄(Andreas Knöpken, 약 1468-1539)[630] 과 함께 리가(Riga)와 리브란트(Livland)[631]에서도 종교개혁 도입을 위해 함

---

629 참고. Gundermann, Herzogtum Preußen, 220-233.
630 크뇌프켄과 리브란트의 종교개혁에 대하여 참고. Weber, Andreas Knöpken, 167-169; Arbusow, Einführung der Reformation in Liv-, Est- und Kurland, 1964; Kuhles, Reformation in Livland, 2007.
631 당시의 독일 종단 지역의 단장령(Meitertum) 리브란트는 오늘날의 에스토니아(Estland)와 라트비아(Lettland)를 포괄한다.

께 활동했다. 브리스만은 1527년에서 1531년까지 리가에 거주했다. 그곳에서 크뇌프켄은 이미 1522년 구교의 대표자들을 상대로 한 토론에서 자신이 세운 종교개혁 내용의 24개 주제를 방어했다. 그것에 이어 그는 장크트 페테르의 대교구장(Archidiakon)에게 전해졌고, 긴밀하게 루터에게 방향을 잡은 종교개혁을 시행하기 시작했다. 리가의 시 서기인, 요한네스 로뮐러(Johannes Lohmüller)는 1522년 8월 서신으로 비텐베르크 개혁자와 접촉을 가졌다. 루터는 그의 "리가와 레발과 리브란트의 도르파트의 그리스도인들에게 보내는 편지"(Brief an die Christen in Riga, Reval und Dorpat in Livland)로 1523년 대답했다.[632] 얼마 후 그는 자신의 시편 127편 해설을 "리가와 리브란트의 그리스도인들에게"(an die Christen zu Riga und Livland) 보냈다.[633] 시의 모든 교회에 점차 종교개혁에 동조하는 설교자들이 세워졌다. 그들은 루터의 신학 정신으로 활동했다. 브리스만이 1531년 쾨니히스베르크로 돌아간 반면, 슈페라투스는 1530년 에르하르트 크베이스의 후계자로 마리엔베르더(Marienwerder, 오늘날 Kwidzyn)에 있는 포메사니언의 개신교 주교가 되었다. 이 개혁자들을 통하여 당시 독일 기사단 국가에 세워진 비텐베르크의 영향은 쾨니히스베르크의 공작 도서관(die Herzogliche Bibliothek)의 서고들에도 반영되었다. 공작 알브레히트의 소위 은제 도서관(Silberne Bibliothek) 도서 명부는 20개 중 6개를 은으로 묶인 루터의 저작으로 가지고 있다. 그리고 목사 도서관에서는 당연히 루터의 설교들이 일반적인 서고로 여겨졌다. 다만 저작들을 문제없이 수용하는 데 있어 언어가 장벽이었던 폴란드 언어권의 마주렌(Masuren)에서는 마찬가지로 번역들이 제작되었다. 1531년과 1536년에 폴란드어로 옮겨진 소요리문답이 인쇄되었다. 그것을

---

632 WA 12, 143-150.
633 WA 15, 348-378.

슈페라투스가 1544년 말 새롭게 개정한 번역으로 출간했다.[634] 또한 마틴 모스비디우스(Martin Mossvidius, Maszwidas)에 의해 1547년 리투아니아어 판이 번역되었다. 이것은 슈페라투스의 제안으로 이루어진 것이었다. 1544년 쾨니히스베르크에 대학이 설립되고, 뉘른베르크의 개혁자 안드레아스 오시안더를 신학 교수와 쾨니히스베르크의 구도시의 목사로 초빙함으로써 공작령 프로이센은 점점 더 동부의 종교개혁 중심지로 발전했다. 그리고 공작 알브레히트는 이것을 다양한 시각에서 후원했다. 무엇보다 그는 리투아니아인 슈타니슬라우스 라파겔라누스(Stanislaus Rapagelanus, 약 1485-1545)가 로이코레아에서 학업을 하도록 재정을 지원했다(1542-1544). 그곳에서 그는 루터가 학장으로 있을 때 신학 박사를 취득했다. 이어 알브레히트는 그를 쾨니히스베르크의 자신의 대학으로 데려왔다.

왕령 프로이센에서는 반대로 폴란드 왕 지기스문트 1세(Sigismund I.)가 종교개혁을 칙령들과 폭력적 시도로 저지하려 했다. 하지만 성과는 많지 않았다. 가까이에 있는 자치 도시 단치히(Danzig)에서 1522년 중반부터 야콥 헤게(Jakob Hegge)가 비텐베르크 종교개혁의 관점에서 설교했다. 이 단치히 출신 인물은 짧은 시간 동안 비텐베르크에 머물렀지만 이미 그 전에 종교개혁의 사상을 습득했다. 이미 1520년에 단치히에서 루터의 글이 인쇄되었음이 증명될 수 있다. 또한 단치히의 다른 학식 있는 사람들은 그들의 교육을 비텐베르크에서 받았고, 그들의 귀향 후에 그들 각각의 직책에서 시 서기, 시장, 교사 혹은 설교자로서 종교개혁의 확대 재생산자로 활동했다. 사람들은 자주 루터와 멜란히톤에게 직접 설교자와 학교장과 법학자 등을 파송할 것을 요청했다. 세례파와 반삼위일체주의의 사조들이나 칼빈주의

---

634 참고. Małłek, Martin Luther, 36f; Wotschke, Andreas Samuel und Johann Seklucyan, 213-219.

로 치우치는 설교는 비밀리에 존재했다. 단치히는 루터와 멜란히톤의 신학을 연결하는 신학을 유지했다. 또한 폴란드에서도 비텐베르크에서 시작한 종교개혁의 영향은 완전히 배제될 수 없었다. 1521년 토른(Thorn)에서 교황의 대사를 통해 루터 저작들이 공개적으로 소각되었을 때, 시민들은 돌을 던지며 반응했다. 2년 후 도시의 도미니코 수도승과 프란체스코 수도승들은 종교개혁으로 방향을 돌리기 위해 그들의 수도회에서 탈퇴했다. 이 모든 것들은 개별적인 사건들이 아니었다. 하지만 종교개혁으로 변화한 것은 또한 정치적 반대자들과 연결되거나 로마 가톨릭 신앙고백을 점차적으로 "폴란드화"(Polonisierung) 하는 것과 연결 지을 수 있다. 계급 대표들과 도시들이 행한 종교개혁은 나중에 또한 구교인 폴란드 정권과 구분 짓는 것과도 관련되었다. 개신교가 1547년 슈말칼덴 전쟁 중 뮐베르크의 전투에서 패배한 후 보헤미아 형제들(Bömische Brüder)을 추방하고 나서, 리사(Lissa)는 형제들의 일치를 통해 특징지어지는 개신교의 중심지가 되었다. 1573년 바르샤바 연맹에서 종교로 인한 전쟁을 수행하지 않겠다고 상호 간에 확약했던 귀족의 보호 아래, 반삼위일체주의 또한 오랜 기간 동안 정착할 수 있었다.[635] 그러나 곧 투입되는, 특히 예수회와 폴란드 프란체스코-규율회(Franziskaner-Observanten)에 의해 행해진 가톨릭 개혁들은 종교개혁의 영향들을 제한했다. 그것은 또한 폴란드와 개인적 연합으로 묶인 리투아니아에도 유효했다.[636] 리투아니아에서 안드레아스 폴라누스(Andreas Volanus, 1530-1610)는 16세기 중반에 개혁자로서 활동했다. 하지만 그는 자신이 교육을 받은 프랑크푸르트 안 데어 오더(Frankfurt/O)와 쾨니히스베르크 대학

---

635 참고. Poschmann, Königlich Preußen, Ermland, 206-219.
636 그 연합은 리투아니아의 대제후 브와디스와프 2세 자기엘로와 폴란드 왕비 야드비가의 결혼으로 14세기에 생겨났다. 1569년 루블린(Lublin) 협약과 함께 귀족 공화국 폴란드-리투아니아가 되었다. 그리고 그렇게 진짜 연합이 만들어졌다.

에서 신학을 공부하지 않았었다. 한편으로 반삼위일체주의자들과 계속되는 논쟁들 가운데, 다른 한편으로 예수회와의 논쟁들 가운데, 그는 칼빈과 제네바에 방향을 둔 종교개혁을 정착시켰다.[637]

4. 헝가리와 지벤뷔르겐

헝가리와 지벤뷔르겐에서 종교개혁의 확장은 지벤뷔르겐-작센 부분과 동헝가리 지역과 슬로바키아를 포함하여, 크게 볼 때 정치적 상황에 달려 있었다. 헝가리의 마지막 왕 마티아스 코르비누스(Matthias Corvinus, 통치 1458-1490)와 함께 그 땅은 르네상스 문화와 인문주의 교육의 중심지가 되었다. 그것은 프레스부르크(Pressburg, Pozosony, 오늘날 Bratislava) 대학의 설립과 오펜(Ofen, Buda; 오늘날 부다페스트)에서 코르비누스 도서관(Bibliotheca Corviniana)의 서적 모음 가운데 분명히 드러난다. 그 후에 헝가리와 보헤미아는 폴란드-리투아니아 왕조 자길로 가문(Jagiellonen)과의 개인적 연합을 통해 통치되었다. 그 왕조는 그러나 16세기에 합스부르크 가문과 연결되었다. 자길로 가문과 합스부르크 사이의 결혼 연결은 신성 로마 제국의 종교 정책이 헝가리에서도 영향을 끼치도록 했다. 가족으로 묶인 것은 그 왕조를 이중의 방식으로 제한했다. 합스부르크 황제 카를 5세의 형제 페르디난트는 자길로 가문 출신의 헝가리 왕 루트비히 2세의 자매 안나와 결혼했다. 그리고 루트비히는 다시 합스부르크의 마리아, 페르디난트의 자매와 결혼했다. 1521년 보름스 제국회의에서 헝가리는 법학자 슈테

---

637 이것에 대하여 참고. Daugirdas, Andreas Volanus, 2008.

판 베르뵈치(Stephan Verböczy)를 대표로 보냈다. 그는 여전히 루터를 "오류들"(Irrtümern)로부터 멀어지게 하려고 시도했다. 예를 들면 헝가리까지도 서신 왕래를 통해 그의 사상이 파고들었고, 초기에 인쇄된 그의 저작들은 상인들을 통해 제국의 경계를 넘어 그곳까지 도달했다. 1521년 토마스 프라이스너(Thomas Preisner)는 라이비츠(Leibiz 헝가리어 Leibic, 슬로바키아어 Ľubica)의 카이저스마르크트(Kaisersmarkt, Käsmark, 헝가리어 Késmárk, 오늘날 Kežmarok)에서 루터의 95개 조항을 공개적으로 설교단에서 낭독했다. 여기에서 특별히 시몬 그뤼나이우스(Simon Grynaeus, 1493-1541)가 코르비누스 도서관(Bibliotheca Corviniana) 관장으로서 그리고 오펜의 라틴어 학교 교장으로서 영향을 끼쳤고, 콘라드 코르다투스(Conrad Cordatus, 약 1480-1546) 또한 여왕 마리아의 목회자로서 영향을 끼쳤다.[638] 하지만 추방 교서 "Decet Pontificem Romanum"(1520)이 헝가리에서 나왔을 때 왕비는 코르다투스를 해고하도록 강요되었다. 그런 이유로 그는 비텐베크르로 갔다. 그곳에서 그는 1524년부터 1525년까지 로이코레아에서 공부했고, 신학 박사를 취득했다. 그는 루터의 집에 거주했고, 그의 탁상 담화를 기록하기 시작했다. 1525년 헝가리 국가 회의는 모든 "루터파"에 대한 박해와 화형을 결정했다. 이것은 결과적으로 오펜의 인문주의 모임의 해체를 가져왔다. 그 모임은 종교개혁에 동정적이었고, 그 모임에 콘라드 코르다투스도 속해 있었다. 그러나 코르다투스는 1525년 헝가리로 다시 돌아갔고, 투옥되었다가 다시 비텐베르크로 도망했다. 짧은 시간 동안(1527년 4월까지) 그는 다시 헝가리 영향권으로 돌아가기 위해 슐레지엔의 리그니츠(Liegnitz)에 있는 아카데미에서 강의했다. 비텐베르크 종교개혁의 확대 재생산자로서 그

---

638 루터는 그녀에게 위로의 편지를 보냈다. 그녀의 남편 루트비히가 1526년 8월 모하치(Mohács)에서 전사했을 때에. 참고. WA 19, 542-615. 참고. Hudak, Luther und der Osten, 21.

는 슬로바키아(Slowakei)까지 영향을 주었다.⁶³⁹ 그는 다시 체포되었고, 결국 헝가리를 이제 완전히 떠나게 되었다. 우선 츠비카우에서 목사로서 그리고 이후에는 1532년부터 니멕크(Niemegk)에서 활동했다. 비텐베르크와 로이코레아는 헝가리 학생들에게 사랑받는 학업 목적지가 되었다. 멜란히톤은 특별히 독일어에 능하지 않은 헝가리 학생들을 위하여 라틴어 성경 주해들을 열었다.⁶⁴⁰ 종교개혁의 영향들을 그들은 비텐베르크의 거주를 통해 얻었다. 그들은 그 자극들을 고향으로 돌아갈 때 함께 가지고 갔고, 전파했다. 이 그룹에 마티야스 비로 데바이(Mátyás Bíró Dévai, 약 1500- 약 1545)가 속한다. 그는 비텐베르크에서 루터의 식탁 동료들에 속했다. 그는 헝가리의 개혁자가 되었고, 1531년부터 먼저는 오펜에서, 그리고 카샤우(Kaschau)와 주변에서 비텐베르크 종교개혁의 관점에서 설교했다. 수많은 투옥들에도 불구하고 그는 영향력 있는 가문의 후원으로 큰 영향력을 펼칠 수 있었다. 16세기 중반 즈음 고지 헝가리의 독일어를 다수가 사용하는 자유도시들, 바르트펠트(Bartfeld, 헝가리어 Bártfa, 폴란드어 Bardiów), 프레샤우(Preschau, 헝가리어 Eperjes, 폴란드어 Preszów), 카샤우(Kaschau, 헝가리어 Kassa, 슬로바키아어 Košice), 스체벤(Szeben, 헝가리어 Kisszeben, 슬로바키아어 Sabinov), 로이차우(Leutschau, 헝가리어 Löcse, 슬로바키아어 Levoša)에서 종교개혁이 도입되었다. 그래서 이곳에서는 독자적인 서품식들이 시행되었다. 레온하르트 슈퇴켈(Leonhard Stöckel, 약 1510-1560)은 비텐베르크에서 공부했고, 바르트펠트에서 학교장으로 일했는데, 그가 1549년에 1540년 아우크스부르크 신앙고백 변경판에 의지하여 첫 번째 헝가리 신앙고백인, 다섯 도시 동맹 신앙고백(Confessio Pentapolitana)을 작성했다. 정부가 그것을 인정한 것은 고

---

639 참고. Veselý, Lutherische Reformation, 117.
640 참고. Rhein, Melanchthon und Europa, 61f.

지 헝가리에 아우크스부르크 종교 평화에서 보장된 보호를 확실하게 했다. 비텐베르크의 영향 외에 1543년 비텐베르크에서 박사를 취득한 이스트반 스체게디 키스(István Szegedi Kis, 1505-1572)를 통해 개혁파 경향이 들어왔다. 2년간의 터키 포로에서 풀려난 후 그는 목사로서 라우첸마르크트(Rautzenmarkt, 헝가리어 Ráckeve, 세르비아어 Kovin)에서 목사로 도나우게비트(Donaugebiet)에서 주교로 활동했다. 그와 그의 제자 페테르 멜리우츠 유하츠(Péter Méliusz Juhász, 1532-1572)는 신학에 있어 취리히의 하인리히 불링거의 영향을 받았다. 1567년 데브레첸(Debrecen) 노회에서 제2스위스 신앙고백(Confessio Helvetica posterior)이 헝가리 개혁파의 기본 신앙고백(Referenzbekenntnis)이 되었다.[641]

지벤뷔르겐에서 발전은 헝가리의 발전과 긴밀하게 관계되었다. 헝가리는 1541년 부다(Buda)에서 오스만에게 패배한 후, 그리고 1568년 아드리아노펠(Adrianopel) 평화에서 합스부르크의 지배를 받는 서부 헝가리, 오스만 제국의 몫이 된 중부 헝가리 그리고 폴란드 통치를 받는 지벤뷔르겐의 북동 헝가리로 나눠졌다. 이로써 고지 분지에는 배상금 지불의 의무가 부여되었으나 계속하여 내적 자치를 누리게 했다. 그들의 계급 대표들, 헝가리 귀족, 스체클러의 주민 그룹, 지벤부르크의 작센이 그 자치를 이용했다.[642] 그것으로 종교 상황들은 자신의 특징을 얻었다. 처음에는 비록 단호한 개혁으로 가지 못했지만, 지벤뷔르겐의 도시들이 제국과 긴밀한 접촉을 유지함으로써 루터의 저작들은 여기에서 빠르게 그리고 이른 시기에 확산되었다. 헤르만슈타트(Hermannstadt)에서 비텐베르크 종교개혁은 이미 1519/1520년대에 수용되었다. 계급 대표들은 1542년 국가 회의의 결정으로 상호 간

---

641 참고. Hein, Ungarn, 284-290.
642 참고. Wien, Wirkungen des Calvinismus in Siebenbürgen, 127-153.

에, 종교의 문제에 부담을 주지 않기를 원한다는 것을 확실히 했다. 그것이 의미하는 것은 지벤뷔르겐의 세 계급 대표들의 지배지역에서 "종교개혁의 권리"(ius reformationis)는 방해받지 않고 스스로 행할 수 있었다는 것이었다. 크론슈타트(Kronstadt)에서 그 발전들은 상당한 영향을 가졌다. 여기에서 요한네스 혼테루스(Johannes Honterus, 약 1498-1549)가 활동했다. 그는 많은 사람들처럼 인문주의를 통하여 종교개혁에 도달했다. 그리고 지벤뷔르겐의 작센 아래 종교개혁의 도입을 위하여 노력했다. 1543년 그의 종교개혁 소책자와 1547년 교회 규범은 큰 의미를 가졌다. 비텐베르크 종교개혁에 방향을 맞춘 교회는 1572년 아우크스부르크 신앙고백을 받아들였다. 처음 1550년 헤르만슈타트에서 생겨난 종교개혁의 실행을 위한 공식적 결정의 기초 위에서 비텐베르크의 영향이 우세하게 된 후 상황은 변화되었다. 1559년 노이마르크트 노회(Neumarkter Synode)에서 지벤뷔르겐 작센과 클라우젠부르크 작센과 동부 지벤뷔르겐의 스체클러 사이에 교리적 차이가 존재한다는 것이 분명하게 되었다. 클라우젠부르크 사람들은 개혁파의 스위스 신학으로 향하게 되었고, 제2스위스 신앙고백(Confessio Helvetica posterior)을 받아들였다. 더하여 특히 헝가리 귀족 중에 반삼위일체 사조들도 존재했다. 이 사조들은 프란츠 다비드(Franz Dávid, 헝가리어 Dávid Ferenc)와 조르지오 비안드라타(Giorgio Biandrata)를 통해 지지를 받았다. 그들의 지지자들은 일위일체론자(Unitarier)로서 소규모 공동체로 결합했다.[643] 이미 1568년 토렌부르크(Thorenburg)의 국가 회의의 결정들은 계급 대표들과 그들의 종교의 동등함과 상호 간 존중에 강력한 무게를 두었다. 그 회의에 그들이 나타났고, 그렇게 일위일체론 교회도 공식적 인정을 누리게 되었다. 1595

---

643 이것에 대하여 참고. 본서의 223-228.

년 지벤뷔르겐의 헌법 본문들에 처음으로 "네 개의 수용된 종교들"(vier rezipierten Religionen)이란 표현이[644] 생겼다. 로마 가톨릭, 루터파, 칼빈주의, 일위일체론이 그것이다. 다수의 신앙고백은 특별한 관용의 의미와는 관계가 없었다. 오히려 "계급 대표들의 힘의 표현이며 영주들의 약함의 표현일 뿐이었다."[645]

5. 보헤미아와 모라비아

보헤미아와 모라비아에서[646] 종교개혁 운동은 인상적인 후스의 기초를 만나게 되었다. 얀 후스 주변에 모였던 두 종류 성찬주의자들(Utraquisten)의 교회적 반대 운동은 로마와 관계를 끊는 것을 선언했고, 1433년부터 독립적인 교회로 정착될 수 있었다.[647] 1485년 쿠텐베르크 평화(Kuttenberger Frieden)를 통하여 심지어 교회에 일시적으로 로마 교회와 공식적인 공존이 보장되기도 했다. 이 개혁 운동은 지리적으로 제한되어 있었고, 결코 통일적이지 않았다.[648] 두 종류 성찬주의 운동의 일부는 자신들의 두 종류의 성찬에 대한 요구를 구교 로마교회 내에서 관철시키려 시도했던 반면, 다른 일부는 지속적으로 성경적 기초에서 개혁을 요구했다. 특별히 후스파 운동의 중요한 날개로서 타보르파(Taboriten)가 그런 사람들로 여겨진다. 그들은 사제직, 예복, 의식을 거부했고, 성물과 성자 숭배를 비난했고, 맹세와 금

---

644 다음을 인용을 따라. Zach, Siebenbürgen, 255.
645 Wolgast, Einführung der Reformation, 18.
646 참고. Machilek, Böhmen, 134-152.
647 참고. Schäufele, Wegbreiter der Reformation?, 147-151, 그리고 본서의 62-64.
648 참고. Bahlcke, Geschichte Tschechiens, 40-51.

식을 거부했으며, 성례 가운데 세례와 성찬만 유효한 것으로 여겼다. 그들에게 간소한 생활 방식과 묵시적 기대의 태도는 특징적이었다. 그들의 개혁 동기에서 1457년 마찬가지로 후스파 운동에서 생겨난 보헤미아 혹은 모라비아 형제들에게 가까움이 드러났다. 보헤미아 형제들 또한 비텐베르크의 루터와 접촉했다. 그들은 루카스 폰 프라하(Lukas von Prag, 약 1460-1528)의 지도하에 모였다. 그러나 정치적 정부는 옛 로마 신앙을 고수했고, 왕 페르디난트 1세 아래 1526년부터 보수적 종교 정책을 따랐다. 그래서 종교개혁의 제안들은 단지 조심스럽게 발을 디딜 수 있었고, 종교개혁에 방향을 둔 집단들은 대개 후스파 운동 안에서 강하게 되었다. 이들은 다시금 루터가 자신들과 같은 의미로 함께 싸우고 있다고 믿었다. 수많은 루터 저작의 체코어 번역들은 사람들이 루터를 급진 후스파의 의미에서 배우고, 그의 신학에 상응하는 교회의 설립을 위하여 사용하기를 시도했다는 것을 알려준다.[649] 1519년까지 루터는 후스나 보헤미아 형제들과 거리를 두었다. 그러나 라이프치히 토론회(1519)에서 그는 후스의 진술을 복음적이라고 방어했다. 이후에 그는 공개적으로 후스를 자기 편으로 삼았다. 프라하시 교회의 설교자 얀 포두스카(Jan Poduška)와 대학의 콜레기움 카롤리눔(Collegium Carolinum) 대표 바클라브 로즈달로브스키(Václav Rožd'alovský)는 그런 이유로 루터와 서신 접촉을 가졌다. 우선 비텐베르크 사람은 여전히 보헤미아 형제들이 자신에게 찬성하기를 희망했다. 그의 "보헤미아 국가 계급 대표들에게 보내는 글"(Schreiben an die böhmischen Landstände, 1522)[650]과 저작 "교회의 목회자를 세우는 것에 대하여, 보헤미아의 유력한 프라하 장로

---

649 참고. Řičan, Tschechische Übersetzungen, 287; Wernisch, Luther and Medieval Reform Movements, 62-70.
650 WA 10/II, 169-174.

에게"(De instituendis ministris ecclesiae ad clarissimum senatum Pragensem Bohemiae, 1523) [651]는 이에 대한 증거였다. 그러나 차이점들은 성찬 교리에서 루터가 실제 임재를 주장하는 것에서 우선 나타났다. 그리고 결국 칭의 교리에서도 차이점이 드러났다. 그의 엄격한 "오직 믿음으로 인한 칭의"(iustificatio sola fide)의 강조에 반대하여 보헤미아 형제들은 선행을 통하여 함께 관계할 수 있는 거룩함의 사고를 주장했다. 이 차이점은 단지 루카스 폰 프라하와의 마찰로 이끌었을 뿐 아니라, 또한 결정적으로 분열로 향하도록 했다. 1528년 그가 죽은 후에 보헤미아 형제들은 장로들을 선출했고, 그들 가운데 얀 아우구스타(Jan Augusta, 1500-1572)가 있었다. 그 장로들은 더욱 비텐베르크 신학으로 기울어졌다. 그렇게 1533년 그들의 "믿음의 변호"(Rechenschaft des Glaubens)가 비텐베르크에서 독일어 번역으로 루터의 서문과 함께 인쇄되었다.[652] 루터가 비텐베르크에서 출판된 1538년 보헤미아 형제들의 "믿음과 종교의 신앙고백"(Confessio fidei ac religionis)을 위해 서문을 작성했다는 것은[653] 일시적인 친밀함을 증거한다. 루터에게 영감을 받은 보헤미아의 종교개혁 중심지는 1516년 백작 슈테판 슐리크(Graf Stephan Schlick)가 설립한 베르크바우슈타트 요아킴스탈(Joachimsthal, 체코어 Jáchymov)이 되었다. 그곳에 수많은 작센 출신의 광부들이 거주했다. 여기에서 1532년부터 루터의 학생이고, 루터 전기 작가인 요한네스 마테시우스(Johannes Mathesius, 1504-1565)가 학교장과 설교자로서 활동했다. 그는 작곡가 니콜라우스 헤르만(Nikolaus Hermann, 1480-1561)과 함께 비텐베르

---

651 WA 12, 160-174.
652 WA 38, 75-80.
653 WA 50, 375-380.

크 종교개혁과 루터 신학의 성공적인 확대 재생산자가 되었다.[654]

모라비아에서 가장 중요한 종교개혁 자극들은 이흘라바(Iglau 체코어 Jihlava)에서 시작했다. 그곳에서 이미 1520년대 루터의 교리로 향했던 파울 슈페라투스가 얼마 동안 활동했다.(1522-1523) 그러나 올뮈츠(Olmütz)의 주교는 그가 체포되어 화형 판결을 받도록 영향을 끼쳤다. 하지만 그 판결은 추방으로 완화되었다. 슈페라투스는 1524년 공작 알브레히트의 궁중 설교자로서 쾨니히스베르크에서 자리를 얻었고, 1530년부터 죽을 때까지(1551) 포메자니엔의 개신교 주교가 되었다.[655] 16세기의 40년대 마틴 부처와 요한네스 칼빈에게서 시작하는 신학적 영향들이 강력하게 그 땅으로 몰려왔다. 모라비아는 다양한 종교개혁 노선들이 모이는 곳이 되었다. 그렇게 세례파들도 이미 이른 시기에 정착하는 데 성공했다. 니콜스부르크(Nikolsburg)에서 발타자르 후브마이어는 상당한 영향력을 얻었다. 그리고 티롤 출신인 야콥 후터도 자신의 지지자들인 후터파와 함께 모라비아에서 고향과 수용과 보호를 찾았다. 세례파들은 고용주들 아래서 은둔하며 살았고, 그들의 수공업적 능력으로 인해 좋게 여겨졌다.[656] 그러나 합스부르크의 공격을 통해서 그리고 1548년 슈말칼덴 전쟁 이후 도입된 재가톨릭화를 통해 후터파에 종말이 찾아오게 되었다. 그럼에도 16세기 말까지 나라의 2/3 이상이 종교개혁에 동의했다. 1575년 아우크스부르크 신앙고백 변경판에 의존하여 보헤미아 신앙고백(Confessio Bohemica)[657]이 법적인 인정을 얻으려는 희망으로 작성되었다. 그러나 그 희망은 성공하지 못했다.

---

654 참고. Brown, Singing the Gospel, 2005; Kolb, Bibelauslegung in der Via Wittenbergensis, 93-110.
655 참고. 본서의 391.
656 참고. 본서의 187f. 그리고 198f. (후터파에 대하여)
657 참고. Reformierte Bekenntnisschriften 3/1, 47-176.

6. 프랑스

프랑스에서도 인문주의가 종교개혁의 길을 준비했다. 이미 이른 시기에 종교개혁에 동의하는 무리가 형성되었다. 그 중심지는 파리 동부의 도시 모(Meaux)였다. 그곳에서 같은 생각을 가진 한 무리가 인문주의 교육을 받은 주교 기욤 브리소네(Guillaume Briçonnet, 약 1470-1534) 주변에 모였다. 그는 1522/1523년 불가타를 기초하여 복음서의 프랑스 번역을, 이후에 전체 신약의 번역을 출간했던 유명한 인문주의자 자크 르페브르 데타플(Jacques Lefèvre d'Étaples)의 제자였다.[658] 개혁에 동의하는 무리 가운데 루터의 저작들이 주목할 만한 관심을 끌었다. 예를 들면 파리에서 특히 1519년 6/7월의 루터와 에크 사이의 라이프치히 토론 기록들이 유통되었고,[659] 비텐베르크 사람의 초기 저작들도 받아들여진 것으로 보였다.[660] 1520년부터 루터 저작들이 있었다는 것은 리옹에서도 증명될 수 있다. 사람들은 종교개혁에 동조하는 사람들을 루터의 신학에 종속되는가 아닌가와 상관없이 우선은 "루터파"(luthériens)라고 불렀다. 처음 일정 기간 동안 종교개혁의 모든 것이 그 명칭 아래 포괄되었던 것은 단지 프랑스에서만의 일은 아니다.[661] 이 발전에 대한 반응은 오래 기다려지지 않았다. 1521년 4월 15일 아직 보름스 칙령이 공포[662]되기 전에, 소르본(Sorbonne)의 사람들은 100개의 진술로 루

---

658 올리베탕은 이것을 후에 개정했다. 개정판에 칼빈은 서문을 덧붙였다. 참고. 본서의 391f.
659 참고. McGoldrick, Luther's Scottish Connection, 104, 각주 13.
660 프로벤(Froben)의 진술들과 (s. o. S. 83) 1519년 4월 13일의 요한 랑에게 보내는 글에서 루터의 발언은 이것을 증명한다. 참고. WA.B 1, 369, Nr. 167.
661 참고. 본서의 383.
662 1521년 5월 8일 참고. 본서의 273-277.

터의 진술을 정죄했다. 파리 의회도[663] "루터의 이단"에 대한 싸움을 받아들였다. 그럼에도 여전히 종교개혁 문서들은 출간되었고 유통되었다. 예를 들면, 파리의 인쇄업자 시몽 뒤 부아(Simon du Bois)는 1525년에서 1529년까지 비밀리에 그리고 익명으로 개신교 교화 서적들과 다른 종교개혁 인쇄물들을 출간했다. 그 가운데 루터 저작의 번역도 있었다. 프랑스 귀족이자 법학자이며 에라스무스의 친구인 루이 드 베르캥(Louis de Berquin)은 그런 번역들을 제작했고, 종교개혁 사상을 자신의 저술들에서 유포했다는 것에 대하여 여러 번의 고소 당했고, 1529년 체포 후 종교개혁의 첫 번째 프랑스 순교자 중 하나로 화형을 당했다. 왕 프랑수아 1세는 처음에는 그를 도우려고 노력했다. 왜냐하면 궁에서 인문주의 성향은 거부될 수 없었기 때문이다. 이는 무엇보다 왕의 누나와 관계가 있었다. 그녀는 많은 교육을 받은 나바라의 마르그리트 당굴렘(Marguerite d'Angulême von Navarra)이다. 그녀는 인문주의와 종교개혁 사조들을 후원했고 그렇게 호감을 갖는 학자들을 네락(Nérac)에 있는 그녀의 궁에 데려왔다. 왕의 태도는 1534년 "벽보 사건"(affaire des placards)을 통해 근본적인 변화를 겪었다.[664] 그 사건은 로마의 미사를 반대하여 공격하는 선전물의 발행으로 인해 발생했다. 그리고 이 선전물은 왕의 침실 앞에까지 도달했다. 왕은 이것을 더 이상 받아들일 수 없었고, 프랑스는 "교회의 장녀"(fille aînée de l'Église)로 인정되었다. 이제부터 점점 더 프랑수아 1세의 후계자들 아래 핍박의 파도가 발생했다. 이 핍박은 종교개혁 집단들과 어린 교회 공동체들을 지속적으로 지하로 내밀었다. 약 1550년부터 조직된 교회 공동체의 망이 존재했다. 이 교회 공동체들

---

663 파리와 프랑스 지방에 세워진 "의회들"(Parlamente)은 재판정이었다. 여기에서 특별히 왕의 칙령들이 등록되었고, 그렇게 법적 효력을 갖게 되었다.
664 이것에 대하여 참고. 본서의 352.

은 이제 더 이상 "루터파"(luthériens)가 아니라, "칼빈파"(calvinistes)라고 불렸다. 최소한 1540년 중반부터 칼빈의 영향이 확고한 위치를 차지했고, 기욤 파렐의 영향을 통해 준비되었기 때문이다. 많은 핍박받는 사람들이 제네바에서 피난처를 찾았다. 많은 프랑스 교회 공동체의 목사들이 여기에서 교육을 받았다.[665] 프랑스에서 영향력 많은 고위 귀족의 일부도 종교개혁의 편에 섰다.[666] 동시에 교회가 지하에 존재하는 것의 신학적 문제도 심각해졌다. 예를 들면, 모두에게 동일하게 받아들여지는 유효한 교리와 고백의 기초가 없었고, 규정된 세례의 시행도 없었다. 이것은 세례에 대하여, 그리고 더 이상 성례로 인정되지 않는 결혼에 대하여, 동시에 사회에서 법적인 개인의 계급에 대한 시각에 대해서도 영향을 주었다. 일치하는 교회 구조도 없고, 교육된 임직자도 충분하지 않았다. 이런 이유로 1559년 파리에서 개신교의 첫 번째 국가총회(Nationalsynode)는 중요한 단계를 보여준다. 그 회의가 "신앙고백"(Confession de foi)과 "교회 규범"(Dicipline ecclésiastique)의 작성으로 신학적 그리고 교회법적 틀을 만들었기 때문이다. 그 틀에서 프랑스 개신교는 계속하여 존재했다. 두 문서는 분명하게 칼빈과 그의 신학의 영향을 보여준다. "신앙고백"(Confession de Foi)에는 신앙고백적 해명을 통해 핍박을 피하게 해보겠다는 헛된 소망으로 프랑스 왕 프랑수아 2세(통치 1559-1560)에게 보내는 헌정 서문이 첨부되었다. 얼마 후 앙부아즈(Amboise)의 반란(1560)이 발생했다. 그 반란은 젊은 왕을 로마에 충성스러운 기즈 가문(Guisen)의 영향으로부터 자유롭게 하려는 목적을 가졌다. 그러나 그 시도는 실패했고, 끔찍한 처형으로 처벌되었다. 이런 관계에서 "위그노"(Hugenotten)란 칭호는 프랑스 개신교의 지지자를 위한 것이 되었다.

---

665 참고. 본서의 372.
666 참고. 본서의 342.

하지만 프랑스 개신교인들의 왕권에 대한 충성은 깨지지 않고 여전했다. 신앙고백, 교회 규범, 정기적 노회들의 기초 위에 하나의 구조적 신학적 견고화가 이루어졌다. 하지만 그 견고화는 계속하여 지하로 흘러갔다. 또한 왕의 어머니 카타리나 폰 메디치(Katharina von Medici)와 그녀의 인문주의에 동조하는 수상 미셸 드 로피탈(Michel de l'Hôpital)이 주도한 로마교회와 프랑스 개신교 사이의 중재 시도가 1561년 푸아시(Poissy) 종교 대화에서 실패한 후, 군사적 분쟁의 단계가 시작되었다. 1562년부터 발생한 여덟 차례의 종교 전쟁과 종교 평화는[667] 정치적인 이해와 종교개혁의 발전이 얼마나 서로 엮여 있었는가를, 그리고 점차 다른 견해를 용인하는 형태에 대한 고찰들이 어떻게 발생했는가를 보여주었다. 먼저 낭트의 관용 칙령으로[668] 1598년 "religion pétendue réformée"(자칭 개혁파 종교)의 지지자들이 오랫동안 공식적인 인정과 법적 안정을 누리게 되었다. 그러나 그것은 루이 14세(Ludwig XIV. 통치 1643-1715)를 통하여 시도된 개종과 선교 캠페인의 도움과 경기병(Dragoner, Dragonnade)의 주둔으로 다시 퇴행하게 되었다. 프랑스의 개신교는 계속하여 "피난민"(Refuge)으로 살았다. 그들을 받아들이는 유럽의 장소와 나라로는 당시 제국에서, 특히 도시 프랑크푸르트 암 마인과 선제후령 브란덴부르크가 있었다. 그곳에서 그들은 경제와 상업의 발전을 위해, 또한 문화적 개방을 위해 공헌했다.[669]

---

667 이것에 대하여 참고. 본서의 342-348.
668 참고. Walder (Bearb.), Religionsvergleiche, Bd. 2, 13-71.
669 참고. Dingel, Hugenotten, 658-661; Lachenicht, Hugenotten in Europa und Nordamerika, 2010.

7. 잉글랜드

다른 지역들과 마찬가지로 잉글랜드에서도 중요한 인문주의 사조가 형성되었다. 그중 뛰어난 대표자는 에라스무스와 우정을 나눴던 존 콜렛(John Colet, 1417-1519)이었다. 그가 신약을 영어로 번역하고 알레고리 성경 해석을 거부함으로 종교개혁으로의 길은 평탄해졌다. 이것은 동시에 존 위클리프로 특징지어진 중세 후기 롤라드파(Lollarden)의 교회 비판과 만났고, 이 토대 위에서 자리 잡을 수 있었다.[670] 잉글랜드의 종교개혁은 로버트 반즈(Robert Barnes, 1495-1540)[671]와 윌리엄 틴데일(William Tyndale, 약 1484-1536)의 이름과 긴밀하게 관계되었다. 반즈는 원래 루터처럼 어거스틴 은자 수도원에 소속되었고, 케임브리지 수도원 공동체의 원장이었다. 그는 개혁에 동조하는 다른 사람들과 함께 "백마 여관"(White Horse Inn)에서 루터의 저작들을 읽고 그렇게 그의 신학을 알게 되었다. 그래서 그 무리는 "작은 독일"(Little Germany)이란 이름으로도 알려졌다.[672] 틴데일이 이 무리에 속했는가는 확실하지 않다. 그러나 분명한 것은 케임브리지가 잉글랜드 종교개혁의 정착을 위해, 또한 루터 사상의 확장을 위해 중요한 역할을 했다는 점이다. 그러나 파문을 위협하는 교서 "Exsurge Domine"의 공고는 여전히 1520년 말까지 이 도시에서 종교개혁 문서가 소각되도록 했다. 이 도시에 이어 다른 도시들도 따랐다. 그럼에도 종교개혁의 내용을 담은 책들은 계속하여 케임브리지, 옥스퍼드, 런던에서 유통되었다. 틴데일은 에라스무스의 "그리스도인 군사의 안내서"(Enchiridion militis Christiani)을 영어 번역으

---

670 참고. 본서의 61f. 그 밖에 Schäufele, Wegbereiter der Reformation?, 142-147.
671 Beiergrösslein, Robert Barnes, England und der Schmalkaldische Bund, 2011; Beiergrösslein, Robert Barnes, 30-36.
672 참고. Clebsch, England's Earliest Protestants, 79.

로 출간했고, 성경을 민족어로 옮기는 것을 계획했다. 1524년 그는 로이코레아에 입학했고, 신약성경을 헬라어에서 영어(1525/26)로 번역하는 작업을 했다. 이 작업에서 그는 루터의 번역을 의지했다. 6,000부를 한 판으로 하는 인쇄는 1526년 보름스에서 페테르 쉐퍼(Peter Schöffer d.J.)에게서 이뤄졌다. 반즈는 배포가 금지되었던 영국에서 확산을 도왔고, 핍박으로부터 피신을 할 수밖에 없었다. 틴데일과 같이 그는 비텐베르크로 갔고, 그곳에서 확신에 찬 종교개혁의 지지자가 되었다. 그는 지치지 않고, 자신의 저작 "왕 헨리 8세에 대한 탄원"(A Supplication unto King Henry VIII, 1530)으로 왕 헨리 8세(Heinrich VIII. 통치 1509-1547)가 종교개혁에 찬성하도록 만들기 위해 노력했다. 그러나 헨리가 1521년 "7성례의 주장"(Assertio septem sacramentorum)으로 루터에 반대하여 돌아섰고, 그런 이유로 교황 레오 10세에게 "믿음의 보호자"(Defensor Fidei)라는 칭호를 받아 명예를 얻었다는 사실로 볼 때, 반즈의 시도는 성공적이지 못했다. 그럼에도 잉글랜드가 로마교회에서 떨어져 나간 것은 교황 클레멘스 7세가, 헨리가 원했던 황제 카를 5세의 숙모인 자신의 아내 카타리나 폰 아라곤(Katharina von Aragon)과의 이혼을 거부하고, 심지어 왕을 파문한 것과 관계되었다. 헨리는 이미 1533년 1월 25일 비밀리에 앤 볼린(Anna Boleyn)과 결혼했다. 그리고 그의 이전 결혼은 같은 해 5월 23일 캔터베리(Canterbury) 대주교 토머스 크랜머(Thomas Cranmer)의 사회 아래 영국 주교 회합을 통해 무효로 공포되었다.[673] 헨리는 로마교회의 신학적, 법적 권리들을 무시했고, 1534년 11월 3일 영국 의회가 수장령(Suprematsakte)을 공포하고 그것을 법적으로 비준하도록 했다. 왕은 "영국 교회의 땅에서 유일한 수장"(the only supreme head in earth of the Church

---

[673] 이것에 대하여 참고. Dickens, English Reformation, 125-129; Hughes, Reformation in England 156-191.

of England),[674] 즉 교회의 우두머리가 되었다. 그렇게 잉글랜드 (국가)교회가 탄생했다. 로체스터(Rochester)의 주교 존 피셔(John Fisher)와 인문주의에 동조하는 대법관(Lordkanzler) 토마스 모루스(Thomas Morus)처럼 이 행위를 비판하는 사람들은 처형되었다. 이제 수도원들이 폐지되었고, 수도원의 재산들은 세속화되었다. 그러나 교리와 법에 있어서 잉글랜드 교회는 여전히 거의 완전하게 구교에 머물렀다. 하지만 사람들은 교황제도도 수도원 제도도 버렸다. 반면 제국의 개신교 제후들은 헨리를 반합스부르크 방어 동맹, 즉 슈말칼덴 동맹의 편에 서게 하려고 노력했다. 잉글랜드 편에서 국가 장관 토머스 크롬웰(Thomas Cromwell)이 이를 지지했다. 이를 위한 전제는 교리와 신앙고백의 일치였다.[675] 1535/1536년 멜란히톤이 이끄는 비텐베르크 신학자들과 잉글랜드 왕 사이에 중재를 시도하고 협상을 이끌었던 이가 로버트 반즈다.[676] 그와 허포드(Herford) 주교 에드워드 폭스(Edward Fox)와 캔터베리의 부주교 니콜라우스 히스(Nikolaus Heith)로 구성된 그의 사절들은 슈말칼덴의 동맹 회의에서 종교개혁의 시행을 도울 수 있는 학자를 잉글랜드로 보내달라는 헨리의 부탁을 낭독했다. 이것은 슈말칼덴 동맹에게 호의적으로 받아들여졌다. 그러나 공동의 종교개혁 신앙고백의 일치는 성사되지 못했다. 잉글랜드에 돌아간 후 반즈는 그의 설교와 저작들을 통해 비텐베르크 종교개혁의 확대 재생산자가 되었다. 결국 반즈는 체포되었고, 이단으로 화형당했다. 틴데일도 헨리에 의해 교황의 대사, 추기경 토머스 울지(Thomas Wolsey)와 격렬하게 논쟁했고 화형장의 죽음으로 판결받았다. 그는 1536년 순교자의 죽음을 네덜란드에서 당하게 되었다. 헨리

---

674 Wolgast, Einführung der Reformation, 20.
675 참고. 본서의 107.
676 이것에 대하여 참고. Dingel, Melanchthon und Westeuropa, 105-122.

의 셋째 부인 제인 세이모어(Jane Seymour)의 아들 에드워드 6세(Edward VI. 통치 1547-1553)와 대주교 토머스 크랜머 시대에 이르러서야 개신교 개혁들은 시행되었다. 이 개혁들은 예식의 개혁에 기초했다. 그리고 당시 잉글랜드에 거주하던 외국인 마틴 부처, 페트루스 마튀르 베르밀리(Petrus Martyr Vermigli, 1499-1562), 요한네스 아 라스코의 영향을 받았고, 1549년 "공동기도서"(Book of Common Prayer)에 이르게 된다. 1552년 판은 여전히 진행되는 개혁들을 보여준다.[677] 하지만 예식은 비교적 전통적으로 남아 있었다. 공동 기도서에는 믿음과 교리에서 종교개혁으로 방향을 잡은 신앙고백 "42개 종교 조항"(Forty-Two Articles of Religion)[678]이 함께 있었다. 이것은 당시 멜란히톤이 헨리 8세와 신앙고백의 일치를 위해 작성한 "비텐베르크 조항"(Wittenberger Artikel)의 영향을 받은 흔적을 가지고 있다.[679] 그러나 교회의 주교법에서는 어떤 개혁도 시행되지 않았다. 그렇게 잉글랜드 성공회는 자신들의 전형적 특징을 갖게 되었다. 매리 튜더(Maria Tudor, 통치 1553-1558, 헨리의 카타리나 폰 아라곤과 첫 결혼에서 낳은 첫째 딸)의 통치 아래 유혈 박해로 이루어진 "재가톨릭화"(Rekatholisierung)의 단계 후, 엘리자베스 1세(Elisabeth I. 통치 1558-1603, 헨리가 앤 볼린과의 두 번째 결혼에서 낳은 딸)는 교회의 종교개혁적 상태를 다시 세웠다. 그녀는 수장령을 갱신했다. 그러나 헨리 8세 때와는 달리 왕 혹은 여왕은 이제 더 이상 교회의 "최고 수장"(supremum caput ecclesiae)이라고 칭해지지 않고, "교회와 정치에서 국가의 최고 통치자"(oberster Regent des Staates in ecclesiasticis et politicis)라고 칭해졌다. 그것이 의미하는 것은 말씀과 성례의 집행이 주권자의 권한 밖에 있다

---

677 참고. Reformierte Bekenntnisschriften 1/3, 1-58.
678 참고. Reformierte Bekenntnisschriften 1/3, 233-247.
679 참고. Dingel, Melanchthon und Westeuropa, 106f. 각주 4.

는 것이다. 더하여 1552년 공동 기도서가 다시 도입되었다. 1559년 일치령 (Univormitätsakte)을 통해 에드워드 6세 때에 실행되었던 것처럼 예식이 크게 그리고 전체적으로 다시 세워졌다. 그림과 십자가와 사제복은 유지가 되었다. 그래서 순전히 외적으로는 구교의 의식들에 매우 가까웠다. 하지만 교리에서 영국 성공회는 종교개혁적이었다. 이 교회는 자신의 신앙고백을 "39개 종교 조항"(Thirty-Nine Articles of Religion)[680]으로 가졌다. 이것은 1552년 42개 조항의 개정으로 칼빈의 성찬 교리를 완화시킨 형태를 담고 있다. 영국의 16명의 주교 중 15명은 수장 맹세를 거부했고 쫓겨났다. 남은 사제들은 대부분 성공회의 구조를 받아들였다. 그러나 이 성공회주의를 반대한 사람들도 있었다. 그들은 1560년대 중반부터 "청교도"(Puritaner)라는 이름으로 모였다. 그들은 개혁파를 지향하고 교회의 장로교 헌법을 추구했다. 그들의 주요 대표자는 토머스 카트라이트(Thomas Cartwright, 1535-1603)였다. 그와 그의 동지들은 비국교도와 반대자로서 핍박받았다. 많은 청교도들이 네덜란드로 이주했다.

8. 스코틀랜드

스코틀랜드에서 인문주의와 종교개혁은 대륙과 긴밀한 경제적, 문화적 관계들을 통해 지지되었다. 상인들과 함께 학생들도 비텐베르크에서 시작한 종교개혁의 자극들과 접촉했고, 특별히 루터와 멜란히톤의 저작들이 번역되었고, 제국의 경계를 넘어 인쇄되었고 확산되었다. 더하여 교회를 비판

---

680 Reformierte Bekenntnisschriften 2/1, 371-410.

하는 종교개혁의 문헌들이 비밀리에 유통되었다. 무엇보다 틴데일의 신약 번역의 확산이 중요했다. 스코틀랜드에서 패트릭 해밀턴(Patrick Hamilton, 약 1504-1528)이 종교개혁 사상의 결정적인 확대 재생산자였다. 그는 파리에서 공부했다. 그곳에서 에라스무스의 인문주의를 알게 되었다. 그러나 루터와 비텐베르크에서 시작한 그리고 파리에서 반대하여 논쟁되었던 종교개혁의 이상도 알게 되었다. 이후에 해밀턴은 루뱅 대학으로 옮겼다. 그곳에서 그는 아마 로버트 반즈와 연결되었을 것이다. 1523년 세인트 앤드루스(St. Andrews) 대학에 입학하기 위해 스코틀랜드로 돌아왔다. 당시 그는 이미 스콜라주의를 떠났고, 그의 결정적인 교회 비판을 통해 주의를 끌었다. 그래서 그는 "루터 이단"이라는 비난을 받았다. 모든 종교개혁 사조들에 대한 엄격한 조치로 인해 그는 나라를 떠날 수밖에 없었다. 그는 비텐베르크로 가는 계획을 세웠다. 그러나 그는 1527년 마르부르크에 머물렀다. 그곳에서 프란츠 람베르트 폰 아비뇽(Franz Lambert von Avinon)을 그의 선생으로 두었다.[681] 해밀턴은 종교개혁의 확신을 가진 지지자가 되었다. 마르부르크에 머무는 동안 해밀턴은 종교개혁의 주요 관심사들을 다룬 주제들을 작성했다. 그 주제들은 루터의 저작 "그리스도인의 자유에 대하여"를 통해 전달되던 것이었다. 왜냐하면 해밀턴이 전개했던 교리는 루터처럼 율법과 복음의 긴장 가운데 놓인 것이었기 때문이다. 그의 "신학총론"(Loci Communes)는 멜란히톤이 전파한 Loci 방식을 따랐고, 1529년 "패트릭의 주제들"(Patrick's Places)이라는 제목으로 출판되었다. 이 책은 수많은 판본으로 인쇄되었고, 잉글랜드와 스코틀랜드에서 널리 확산되었다. 그곳에서 이 책은 요리문답과 비슷한 위치를 얻게 되었다. 해밀턴이 세인트 앤드루스로 돌아갔을 때,

---

681 프란츠 람베르트에 대하여 참고. 본서의 282.

그는 이단으로 정죄되었고, 1528년 2월 29일 화형장에서 화형을 당했다. 해밀턴은 종교개혁의 첫 번째 스코틀랜드 순교자였다. 그를 통해 스코틀랜드에 전달된, 비텐베르크에 방향을 둔 종교개혁은 이제 1540년대에는 츠빙글리의 방향으로 그리고 결국은 칼빈의 방향으로 변하게 되었고, 마찬가지로 세인트 앤드루스에서 사형당한 조지 위샤트(George Wishart, 약 1513-1546)를 통해, 그리고 특히 그의 동지 존 녹스(John Knox, 약 1514-1572)를 통해 대표되었다. 녹스는 2년간 갤리선에 구류된 후에[682] 버윅(Berwick)에서, 그리고 이후에는 잉글랜드의 뉴캐슬어폰타인(Newcastleupon-Tyne)에서 설교자로서 일했다. 매리 튜더가 에드워드 6세 이후 왕위에 오르자, 녹스는 1554년 1월 대륙으로 피신했고, 여러 곳에 머물다가 1555년 제네바에 도착했다. 여기에서 그는 칼빈의 지지자가 되었고, 잉글랜드 피난민 교회의 목사가 되었다. 그는 개신교에 동조하는 스코틀랜드의 귀족을 통해 스코틀랜드로 돌아가도록 초청받았고, 1559년 5월 스코틀랜드로 돌아가면서, 동시에 칼빈의 신학적 영향을 함께 가져갔고, 스코틀랜드에서 칼빈주의의 길을 평탄하게 했다. 스코틀랜드의 개혁자로서 녹스의 영향은 권력 다툼과 연관되어 있었다. 그가 얼마 동안 서기로 활동했던 개신교에 동조하는 스코틀랜드 회중의 귀족들과 로마-가톨릭에 동조하는 미성년자 매리 스튜어트(Maria Stuart)의 섭정 기즈의 매리 사이의 권력 다툼이 있었다. 존 녹스는 자신의 설교와 여성 지배를 반대하는 저작 "여성의 괴물 통치에 반대하는 첫 나팔소리"(1558)를 통하여 1567년 그녀의 파면에 크게 공헌했다. 녹스의 영향 아래 스코틀랜드에는 장로교에 기초한 교회가 설립되었다. 이 교회의 신앙고

---

[682] 그가 세인트 앤드루스의 추기경 데이비드 비튼(Kardinal David Beaton)에 반대하는 봉기에 참여했었기 때문이다.

백은 스코틀랜드 신앙고백(Confessio Scotica, 1560)⁶⁸³이었다. 교회 치리는 1560/1561년 "치리의 첫 번째 책"(First Book of Discipline)에 규정되었다. "공동 규범의 책"(Book of Common Order)은 잉글랜드 피난민 교회의 "기도의 형식과 성례의 시행"(The Forme of Prayers and Ministration of Sacraments)에 의존했고, 이 책은 교회 생활을 규정했다.[684]

9. 스페인과 이탈리아

종교개혁은 유럽의 남부에서 다른 발전 양상을 갖게 되었다. 스페인과 이탈리아에서, 비록 두 나라에도 다른 유럽의 지역에서처럼 영향력 있는 인문주의 운동이 존재했음에도 불구하고, 종교개혁은 지속적으로 자리를 잡을 수 없었다. 카를 5세의 수상 메르쿠리노 가티나라(Mercurino Gattinara)와 그의 서기 알폰소 데 발데스(Alfonso de Valdés)[685]를 통하여 인문주의 사상은 황제의 궁에까지 전해졌다. 또한 톨레도와 세비야의 대주교들은 인문주의 사상을 대변했다. 이미 1521년 아우크스부르크와 뉘른베르크 같은 제국 도시들과 접촉을 가졌던 스페인과 포르투갈의 상인들을 통해 안트베르펜을 넘어 종교개혁 저작들이 이 나라로 들어왔다. 어떤 것들은 스페인어로 번역도 되었다. 대부분 종교개혁 저작의 확산은 가짜 표지와 거짓 저자명 아래 이루어졌다. 왜냐하면 황제에 더하여 스페인에 이미 거의 자리 잡은 종교재판소(Inquisition)도 이런 종류의 모든 연결점에 대하여는 실효적

---

683 참고. Reformierte Bekenntnisschriften 2/1, 209-299.
684 참고. Methuen, John Knox, 138-146; Dawson, Scotland Reformed, 89-263.
685 후안 데 발데스(Juan de Valdés)의 쌍둥이 형제. 참고. 본서의 415.

조치를 취했기 때문이다. 그래서 더 큰 개신교 운동은 존재할 수 없었다. 때로 작은 집회들이 있었다. 하지만 그것은 우선적으로 성경 인문주의와 내면화된 신비주의적-영성주의적 경건으로 특징지어졌다. 종교개혁 영향들을 받아들이는 것은 당시 지배적인 교회에서 분리되는 것을 의미했다. 중요한 인물로 카스티야(Kastilien) 출신 후안 데 발데스(Juan de Valdés, 1498/1500 - 1541)[686]가 있었다. 그는 알칼라(Alcalá) 대학에서 공부하는 동안 에라스무스의 인문주의에 감동을 받았다. 루터와 멜란히톤과 외콜람파드의 저작들을 읽고 발데스는 종교개혁 사상을 알게 되었다. 그가 1529년 초 요리문답의 종류인 "기독교 교리에 대한 담화"(Diálogo de doctrina christiana)를 출간했을 때, 종교재판소는 그를 주목하게 되었고, 그래서 그는 나라를 떠나야 했다. 1531년 그는 이탈리아로 떠났다. 1535년부터 그는 당시 스페인 왕가에 속해 있었던 나폴리(Neapel)에 살았다. 여기에서 그의 주변에 인문주의 교육을 받은 동지들 한 무리가 모였다. 그 무리 중에 특히 당시의 카푸친 수도원장 베르나르디노 오키노(Bernardino Ochino)와 어거스틴 수도참사회원 페트루스 마르튀르 베르밀리가 속해 있었다. "담화"(Diálog)를 제외한 발데스의 다른 저작들은 그가 죽고 나서야 출간되었다. 그 가운데 로마서와 고린도전서 주석이 있었다. 그의 마태복음 주석과 시편의 스페인어 번역은 출판되지 않은 채 있었다. 발데스의 저작들은 종교개혁의 칭의 교리에 분명하게 가까운 것으로 드러났다. 그러나 그의 교리는 종교개혁의 차용과 옛 교회에 뿌리를 둔 개혁적 인문주의와 스페인 알룸브라디스모(Alumbradismo)[687]에서 나온 경건을 독자적으로 연결했다. 발데스 스스

---

686 참고. Schäufele, Juan de Valdés, 258-262; Nieto, Juan de Valdés, 1970.
687 발데스는 1523/24년 평신도 설교자 페드로 루이즈 데 알카라즈(Pedro Ruiz de Alcaraz)를 알게 되었다. 그는 스페인 알룸브라도스(계몽된, Erleuchtete)의 저 경건의 노선의 대표자로 여겨졌다. 그들은 내재된 영성주의적 종교성을 실천했다. 참고. Firpo, Tra alumbrados e "spirituali", 1990.

로 종교개혁을 위한 명시적 고백을 피했다. 그의 제자들이 몰두한 "발데스주의"(Valdesianismus)는 이탈리아와 스페인의 종교개혁 사조들뿐 아니라 교회 내부의 개혁운동들에도 영향을 행사했다. 페레즈 데 피네다(Pérez de Pineda)와 돈 카를로스 데 세소(Don Carlos de Seso)를 통해 발데스의 교리는 스페인에 널리 퍼지게 되었다. 그들은 세비야(Sevilla)와 바야돌리드(Valladolid)에서 개신교 교회 공동체가 생겨나는 데 영향을 주었다.

이탈리아에서는 학식 있는 도미니코 수도승 피렌체의 지롤라모 사보나롤라(Girolamo Savonarola)가 영적 갱신의 의미에서 영향을 끼쳤다.[688] 성경에 대한 높은 평가는 그를 기존의 교회에 대한 비판으로 이끌었고, 개혁 요구들을 초래했다. 1498년 그는 "이단"이라는 비난 가운데 사형당했다. 그의 지지자들은 계속하여 그를 순교자로서 존경했다. 그리고 그 기초에서 작은 교회 공동체들이 형성되었다. 이 공동체들은 그의 기억을 보존했고, 그가 설교한 엄숙주의를 실현하고자 했다. 이런 방식으로 바탕이 준비되었고, 루터의 몇몇 저작들이 이탈리아어로도 나왔음에도 불구하고, 종교개혁은 오랫동안 실행될 수 없었다. 그중에 두 개의 종교개혁 주요 저작들 "독일 기독교 귀족들에게"[689]와 "그리스도인의 자유에 대하여"[690]가 있었고, 더하여 1522년 로마서 서문[691] 그리고 1525년 그의 기도 소책자[692]의 발췌본들이 있었다. 이것들은 부분적으로 무명이나 가명으로 확산되었다. 이런 방식으로 사람들은 비텐베르크에서 확산된 종교개혁의 자극들을 로렌조 발

---

688 이것에 대하여 참고. 본서의 282. Benrath (Hg.), Wegbereiter, 247-253.
689 WA 6, 381-469.
690 WA 7, 12-38. 39-73.
691 WA.DB 7, 2-27.
692 WA 10/II, 331-501.

라나 마르실리오 피치노의 인문주의적 성경 주해의 맥락으로 분류했다.[693] 루터가 1520년 "교회의 바벨론 포로에 대하여"(De captivitate Babylonica ecclesiae)[694]에서 담고 있었던 로마교회의 성찬 교리에 대한 너무나 명백한 비판과 그의 영향력 있는 신학적 새로운 출발점은 반대로 민족 언어로 단 한 번도 알려지지 않았다. 하지만 이탈리아에도 종교개혁의 사조들은 존재했다. 그 사조들은 내용적으로 비텐베르크 종교개혁에 전적으로 가까이 있었지만, 결국 독자적인 특징들을 발전시켰다. 여기에 에라스무스주의자 후안 데 발데스를 새로운 것이라고 부를 수 있다. 그는 1535년 스페인에서 나폴리로 왔다. 인문주의에 동조하여 그의 주변에 모여든 친구 중에 오치노와 마르튀르 베르밀리 외에 피에트로 카르네세치(Pietro Carnesecchi)도 발데스의 제자에 속했다. 그는 1567년 로마에서 개신교 이단으로서 화형당했다. 피렌체에서 태어난 베르밀리는 이미 1542년 스위스로 도피했다. 그곳에서 그는 스트라스부르와 옥스퍼드에 거주한 후에 명망 있는 개혁파 신학자로 취리히에서 죽었다. 그가 작성한 "신학총론"(Loci communes theologici) 은 개혁파 지역에서 큰 영향력을 얻었다. 시에나(Siena) 출신의 베르나르디노 오치노가 유럽에서 확장력 있는 영향을 끼쳤다.[695] 그는 자신의 설교 재능과 경건한 삶의 모습으로 인해 유명했고, 1538년 카푸친 수도원에서 수도원장으로 선출되었다. 나폴리에서 그는 종교개혁 사상들과 접촉하게 되었다. 그러나 교황 바오로 3세가 교서 "Licet ab initio"로 1542년 로마의 종교재판소를 살린 후, 오치노는 혐의를 받게 되었다. 베르밀리처럼 그는 자신의 고향을 떠나기로 결정했다. 그는 취리히를 지나 제네바로 갔다. 그곳에서 그

---

693 참고. Welti, Geschichte, 21f.; 참고. 본서의 66.
694 WA 6, 484-593.
695 참고. Baschera, Bernardino Ochino, 183-188.

는 칼빈의 인정을 받았고, 다양한 단편 저작들을 출판했다. 그 시절에 그는 시에나시 의회에 보내는 한 통의 편지를 작성했다. 그 편지는 자신의 공개적인 종교개혁의 신앙고백으로 여겨졌다. 1545년 8월 아직 그가 제네바를 떠나기 전, 그는 로마서 주석을 이탈리아어로 펴냈다. 그 주석은 훗날 심지어 라틴어와 독일어로 번역되기도 했다. 그의 다른 경유지들은 바젤, 스트라스부르, 아우크스부르크였고, 마찬가지로 슈말칼덴 동맹의 전쟁 패배 후, 부처, 베르밀리와 함께 잉글랜드로 갔다. 케임브리지와 옥스퍼드에서 신학 교수직을 맡고 있었던 두 동지와 달리 오치노는 런던의 피난민 교회의 설교자가 되었다.[696] 베르밀리처럼 그는 매리 튜더에게 정권이 넘어갔을 때 다시 본토로 돌아갔다. 그리고 결국 취리히에서 이탈리아권 피난민 교회의 설교자가 되었다. 그러나 1563년 그의 "30 담화"(Dialogi XXX)가 바젤에서 출판되었을 때, 그는 반삼위일체주의의 혐의를 받게 되었다. 지금까지 그렇게 높이 존경받던, 개혁파로 여겨지던 신학자가 이제 취리히도 떠나야 했다. 오치노는 폴란드로 갔고, 결국 모라비아의 슬라브코프(Slavkov)의 이탈리아 반삼위일체주의자 니콜로 파루타(Niccolò Paruta)에게서 거처를 찾게 되었다.

피에트로 파올로 베르게리오(Pietro Paolo Vergerio, 1498-1565)[697] 또한 인문주의에 동의하는 환경에서 나왔다. 1498년 이스트라의 항구 도시 카포디스트리아(Capodistria, 오늘날 Koper, 슬로베니아[Slowenien])에서 태어났다. 이 도시는 당시 베네치아 공화국에 속했었다. 그는 먼저 교황 클레멘스 7세의 서기가 되었고, 그 후에 1533년 왕 페르디난트 1세의 궁에서 교황의 외교 대사가 되었다. 교황 바오로 3세의 임무로 제국의 제후들을 만토바에 계획된 공의회에 찬성하도록 하기 위한 일주 여행 중, 그는 비텐베르

---

696 참고. 본서의 369.
697 참고. Salvadori, Pietro Paolo Vergerio, 263-267.

크에서 루터와 부겐하겐을 알게 되었고 종교개혁 문서를 읽기 시작했다. 그는 이탈리아의 개혁 운동을 위하여 만토바에서 추기경 에르콜레 곤자가(Ercole Gonzaga)를 만나고 로마에서 주세페 콘타리니(Giuseppe Contarini), 비토리아 콜론나(Vittoria Colonna), 지안 마테오 지베르티(Gian Matteo Giberti)를 만났다. 소위 "에반겔리스모"(Evangelismo) 혹은 "스피리투알리스모"(Spiritualismo)에 찬성하게 되었다. 교회의 내적 갱신을 추구했고, 믿음에서 칭의의 주제가 중요한 역할을 했다. 이 운동은 종교개혁과 일치하지 않으면서 종교개혁에 가까이 갔다. 베르게리오는 비공식적으로 프랑스 왕 프랑수아 1세의 대리인으로 1540/1541년 보름스와 레겐스부르크의 종교 대화에 참여했다. 그는 자신의 저작 "교회의 일치와 평화에 대하여"(De unitate et pace ecclesiae)로 다시 얻을 수 있는 교회 일치의 개혁을 주장하는 투쟁가가 되었다. 에반겔리스모 관점의 개혁들을 그는 크로아티아 교구 모드루츠(Modrusz)의 (1536년부터) 수장으로서 시행하려 했다. 그러나 성과는 없었다. 1542년부터 종교재판소가 활동하면서 베르게리오는 "루터파"로 고소되었다. 그의 재판은 1545년 베네치아에서 시작되었다. 도움을 얻기 위한 노력이 수포로 돌아간 후 그는 결국 스위스로 피신했다. 그곳에서 그는 다른 이탈리아 망명자들과 접촉을 유지했고, 목사로서 활동했다. 1553년 그는 뷔르템베르크 공작 크리스토프의 부름에 따라 튀빙엔에서 그의 조언자로서 활동했다. 그는 무엇보다 프리무츠 트루바(Primusz Trubar, 1508-1586)[698]가 신약을 슬로베니아어로 번역할 때 도움을 주었다. 베르게리오는 때때로 로마교회의 고위 관료가(그의 경우는 주교였는데) 그들의 인문주의 사고와 개혁적 갱신 자극을 넘어 구 교회에서 발걸음을 내디뎌 종교개혁의 길로 접어

---

698 참고. Schindling, Primus Truber, 247-252.

든 인물의 예로 언급된다. 그러나 이것이 항상 그와 같은 규칙대로 발생한 일은 아니었다.

종교개혁,
인물과 중심지를
따라 읽다

원전자료와
참고문헌

Reformation

원전자료와 참고문헌

1. 원전자료

Akten der deutschen Reichsreligionsgespräche im 16. Jahrhundert, hg. v. *Klaus Ganzer* und *Karl-Heinz zur Mühlen*, 6 Bde., Göttingen 2000–2007.
BDS = Martin Bucers Deutsche Schriften, 18 Bde., hg. v. *Robert Stupperich / Gottfried Seebass / Christoph Strohm*, Gütersloh 1960–2015 (Martini Buceri Opera Omnia Series I).
Benrath, Gustav Adolf (Hg.), Wegbereiter der Reformation, Bremen 1967, Nachdr. Wuppertal 1988 (KlProt 1).
BSELK = Die Bekenntnisschriften der Evangelisch-Lutherischen Kirche. Vollständige Neuedition, hg. v. *Irene Dingel*, Göttingen 2014.
BSELK, QuM I = Die Bekenntnisschriften der Evangelisch-Lutherischen Kirche. Quellen und Materialien, Bd. I, hg. v. *Irene Dingel*, Göttingen 2014.
Calvin, Jean, Institution de la Religion Chrétienne (1541), t. I–II, Edition critique par Olivier Millet, Genf 2008 (Textes Littéraires Français).
Calvin, Johannes, Musste Reformation sein? Calvins Antwort an Kardinal Sadolet, Göttingen 2009.
– Unterricht in der christlichen Religion. Institutio Christianae Religionis. Nach der letzten Ausgabe von 1559 übers. und bearb. von *Otto Weber*. Im Auftrag des Reformierten Bundes bearb. und neu hg. v. *Matthias Freudenberg*, Neukirchen-Vluyn ³2012.
Calvin-Studienausgabe, hg. v. *Eberhard Busch u.a.*, 8 Bde., Neukirchen-Vluyn 1994–2011.
Campi, Emidio / Reich, Ruedi (Hg.), Consensus Tigurinus (1549). Die Einigung zwischen Heinrich Bullinger und Johannes Calvin über das Abendmahl. Werden – Wertung – Bedeutung, Zürich 2009.
Controversia et Confessio, hg. v. *Irene Dingel*, bisher 6 Bde., Göttingen 2009–2016.
CR 1–28 = Philippi Melanthonis opera quae supersunt omnia, hg. v. *Carl Gottlieb Bretschneider / Heinrich Ernst Bindseil*, 28 Bde., Halle und Braunschweig 1834–1869 (Corpus Reformatorum 1–28).
CR 29–87 = Ioannis Calvini opera quae supersunt omnia, hg. v. *Wilhelm Baum / Eduard Cunitz / Eduard Reuss*, 59 Bde., Braunschweig und Berlin 1863–1897 (Corpus Reformatorum 29–87).
CR 88–108 = Huldreich Zwinglis sämtliche Werke, hg. v. *Emil Egli / Georg Finsler*, 21 Bde., Berlin und Zürich 1905–2013 (Corpus Reformatorum 88–108).
CS = Corpus Schwenckfeldianorum, published under the Auspice of The Schwenckfelder Church Pennsylvania and The Hartford Theological Seminary Connecticut, 19 Bde., Leipzig 1907 – Pennsburg 1961
Drecoll, Volker Henning (Hg.), Der Passauer Vertrag (1552), Berlin / New York 2000 (AKG 79).

DTRA.JR VII/2 = Deutsche Reichstagsakten Jüngere Reihe, Bd. VII/2, bearb. v. *Johannes Kühn*, Stuttgart 1935.
EG =Evangelisches Gesangbuch, 1995.
EKO = Die evangelischen Kirchenordnungen des XVI. Jahrhunderts, hg. v. *Emil Sehling*, Bd. 6/I.1, Bd. 8, Bd. 12, Tübingen 1955, 1965, 1963.
Erasmus von Rotterdam, Ausgewählte Schriften, 8 Bde., hg. v. *Werner Welzig*, Darmstadt 1995.
Erasmus von Rotterdam, Iulius exclusus, bearb. v. *Silvana Seidel-Menchi*, in: Opera Omnia Desiderii Erasmi Roterodami, Bd. 8, Leiden/Boston 2013, 1–297.
Evangelische Bekenntnisse, hg. v. *Rudolf Mau*, Bd. 2, Bielefeld ²2008.
Fast, Heinold (Hg.), Der linke Flügel der Reformation. Glaubenszeugnisse der Täufer, Spiritualisten, Schwärmer und Antitrinitarier, Bremen 1962, Nachdr. Wuppertal 1988 (KlProt 4).
Förstemann, Karl Eduard (Hg.), Urkundenbuch zu der Geschichte des Reichstages zu Augsburg im Jahre 1530, Halle 1833.
Fournier, Marcel / Engel, Charles (Hg.), Les Statuts et Privilèges des Universités Françaises depuis leur Fondation jusqu'en 1789, t. IV, Paris 1894, Nachdr. Aalen 1970.
Frank, Sebastian, Paradoxa, hg. v. *Siegfried Wollgast*, Berlin ²1995.
Guggisberg, Hans R. (Hg.), Religiöse Toleranz. Dokumente zur Geschichte einer Forderung, Stuttgart – Bad Cannstatt 1984 (Neuzeit im Aufbau 4).
Guhl, Ernst (Hg.), Künstlerbriefe der Renaissance, Paderborn 2012 = Nachdr. der Ausg. 1913.
Hieronymus, Ep. 130 ad Demetriadem. De servanda Virginitate, in: PL 22, Sp.1107–1138.
Hubmaier, Balthasar, Schriften, hg. v. *Gunnar Westin / Torsten Bergsten*, Gütersloh 1962 (QFRG 29 = QGT 9).
Immenkötter, Herbert (Bearb.), Die Confutatio der Confessio Augustana vom 3. August 1530, Münster ²1981 (CCath 33).
Joannis Calvini Opera Selecta, ed. *Petrus Barth / Guilelmus Niesel*, Vol. III, München 1928.
Laube, Adolf / Hans Werner Seiffert (Hg.), Flugschriften der Bauernkriegszeit, Berlin 1975.
Lietzmann, Hans (Hg.), Die Wittenberger und Leisniger Kastenordnung 1522–1523, Berlin ²1935.
Luther, Martin, Freiheit und Lebensgestaltung. Ausgewählte Texte, hg. u. teilweise neu übers. v. *Karl-Heinz zur Mühlen*, Göttingen 1983 (Kleine Vandenhoeck-Reihe 1493).
Marsilius von Padua, Der Verteidiger des Friedens. Auf Grund der Übersetzung von Walter Kunzmann bearb. v. *Horst Kusch*, Stuttgart 1985 (Reclams Universal-Bibliothek 7964)
D. Martin Luther, Die gantze Heilige Schrifft Deudsch. Wittenberg 1545. Letzte zu Luthers Lebzeiten erschienene Ausg. hg. v. *Hans Volz*, München ²1973 = Darmstadt 1973.
Martin Luther Studienausgabe, hg. v. *Hans-Ulrich Delius*, Bd. 1, Berlin 1979.
May, Gerhard (Hg.), Das Marburger Religionsgespräch 1529, 1970, ²1979 (TKTG 13).
McKee, Elsie (Hg.), Katharina Schütz Zell, Church mother. The Writings of a Protestant Reformer in Sixteenth Century Germany, Chicago/London 2006.
Mehlhausen, Joachim (Hg.), Das Augsburger Interim von 1548, Neukirchen-Vluyn ²1996 (TGET 3).

Melanchthon deutsch, hg. v. *Michael Beyer / Stefan Rhein / Günther Wartenberg*, Bd. 1: Schule und Universität. Philosophie, Geschichte und Politik, Leipzig 1997.
Melanchthon, Philipp, Loci communes 1521, lat. – dt., übers. und mit kommentierenden Anm. versehen v. Horst Georg Pöhlmanns, Gütersloh ²1997.
– Heubtartikel Christlicher Lere [1553]. Melanchthons deutsche Fassung seiner Loci Theologici, hg. v. *Ralf Jenett / Johannes Schilling*, Leipzig 2002.
Mü³ Erg.Bd. 1 = Martin Luther, Ausgewählte Werke, hg. v. *H.H. Borcherdt / Georg Merz*, Ergänzungsreihe Bd. 1, München ³1986.
Müller, Nikolaus [Hg.], Die Wittenberger Bewegung 1521 und 1522. Die Vorgänge in und um Wittenberg während Luthers Wartburgaufenthalt. Briefe, Akten u. dgl. und Personalien, Leipzig ²1911.
Müntzer, Thomas, Das Amt von der Auferstehung Christi. Deutsche evangelische Messe, 1524, übertr. und für den Gebrauch eingerichtet von *Thomas Bergholz*, Saarbrücken 1993.
– Deutsche evangelische Messe 1524, hg. v. *Siegfried Bräuer*, Berlin 1988.
– Schriften und Briefe. Kritische Gesamtausgabe, hg. v. *Günther Franz*, Gütersloh 1968.
MWA = Melanchthons Werke in Auswahl, hg. v. *Robert Stupperich*, Bd. II/1–2, Bd. III, hg. v. *Robert Stuperich*, Gütersloh ²1978–²1980, 1961.
Neue und vollständige Sammlung der Reichs=Abschiede, 2. T., Frankfurt 1747.
Pollet, Jacques V. (Hg.), Julius Pflug, Correspondance, t. III: 1548 – Juillet 1553, Leiden 1977.
Reformierte Bekenntnisschriften, hg. v. *Andreas Mühling / Peter Opitz*, Bd. 1/1–3/2, Neukirchen-Vluyn 2002–2015.
Schneider, Hans-Otto (Hg.), Politischer Widerstand als protestantische Option. Philipp Melanchthon und Justus Menius: Von der Notwehr (1547), Leipzig 2014.
Seebaß, Gottfried (Hg.), Katalog der hutterischen Handschriften und der Drucke aus hutterischem Besitz in Europa, bearb. v. *Matthias H. Rauert / Martin Rothkegel*, Gütersloh 2011 (QFRG 85/1–2 = QGT XVIII.1–2).
Thomas-Müntzer-Ausgabe. Kritische Gesamtausgabe, hg. v. *Helmar Junghans / Armin Kohnle*, 3 Bde., Leipzig 2004–2010 (Quellen und Forschungen zur Sächsischen Geschichte 25,1–3).
WA = Martin Luther, Werke. Kritische Gesamtausgabe, 1. Abt. Schriften, hg. v. *Joachim Karl Friedrich Knaake / Gustav Kawerau / Ernst Thiele u.a.*, 64 Bde., Weimar 1883–1990.
WA.B = Martin Luther, Werke. Kritische Gesamtausgabe, 2. Abt. Briefe, hg. v. *Otto Clemen / Hans Volz / Eike Wolgast*, 18 Bde., Weimar 1930–1985.
WA.DB = Martin Luther, Werke. Kritische Gesamtausgabe, 4. Abt. Deutsche Bibel, hg. v. *Ernst Thiele u.a.*, 12 Bde., Weimar 1906–1961.
Walder, Ernst (Bearb.) Religionsvergleiche des 16. Jahrhunderts, 2 Bd., Bern I ³1974, II ²1961 (QNG 7–8).
Zwingli, Huldrych, Schriften, 4 Bde., hg. v. *Thomas Brunnschweiler u.a.*, Zürich 1995.

2. 참고문헌

Aland, Kurt, Die 95 Thesen Martin Luthers und die Anfänge der Reformation, Gütersloh 1983.
Arbusow, Leonid, Die Einführung der Reformation in Liv-, Est- und Kurland, Leipzig 1921, Neudr. Aalen 1964 (QFRG 3).
Arnold, Matthieu, La Correspondance de Luther. Étude historique, littéraire et théologique, Mainz 1996 (VIEG 168).

- Straßburg, in: Calvin Handbuch, hg. v. *Herman J. Selderhuis*, Tübingen 2008, 37–43.
- (Hg.), Johannes Sturm (1507–1589). Rhetor, Pädagoge und Diplomat, Tübingen 2009 (SMHR 46).

Augustijn, Cornelis, Erasmus von Rotterdam. Leben – Werk – Wirkung, München 1986.
- Erasmus. Der Humanist als Theologe und Kirchenreformer, Leiden / New York / Köln 1996 (SMRT 59).
- Humanismus, Göttingen 2003 (KiG 2, H2).

Barge, Hermann, Andreas Bodenstein von Karlstadt, 2 Bde., Leipzig 1905, Nachdr. Nieuwkoop 1968.

Bahlcke, Joachim, Geschichte Tschechiens. Vom Mittelalter bis zur Gegenwart, München 2014.

Baschera, Luca, Bernardino Ochino, in: Das Reformatorenlexikon, hg. v. *Irene Dingel / Volker Leppin*, Darmstadt 2014, 183–188.

Bayer, Oswald, Martin Luthers Theologie. Eine Vergegenwärtigung, Tübingen ³2007.

Beiergrösslein, Katharina, Robert Barnes, England und der Schmalkaldische Bund (1530–1540), Gütersloh 2011 (QFRG 86).
- Robert Barnes, in: Das Reformatorenlexikon, hg. v. *Irene Dingel / Volker Leppin*, Darmstadt 2014, 30–36.

Bizer, Ernst, Studien zur Geschichte des Abendmahlsstreits im 16. Jahrhundert, Gütersloh 1940, Nachdr. Darmstadt 1972 (BFChTh II, 46).

Blickle, Peter (Hg.), Der Bauernkrieg von 1525, Darmstadt 1985 (WdF 460).

Blickle, Peter, Die Revolution von 1525, München ⁴2004.

Bornkamm, Heinrich, Die Geburtsstunde des Protestantismus. Die Protestation von Speyer (1529), in: *ders.*, Das Jahrhundert der Reformation. Gestalten und Kräfte, Göttingen ²1966, 112–125.
- Thesen und Thesenanschlag Luthers. Geschehen und Bedeutung, Berlin 1967.

Bräuer, Siegfried / Junghans, Helmar (Hg.), Der Theologe Thomas Müntzer. Untersuchungen zu seiner Entwicklung und Lehre, Berlin 1989.

Brecht, Martin, Zwingli als Schüler Luthers. Zu seiner theologischen Entwicklung 1518–1522, in: ZKG 96 (1985), 301–319.
- Martin Luther, 3 Bde., Stuttgart ³2013 (Sonderausg der 3. durchgesehenen Aufl. 1990.)

Brown, Christopher Boyd, Singing the Gospel. Lutheran Hymns and the Success of the Reformation, Cambridge MA 2005.

Bubenheimer, Ulrich, Consonantia Theologiae et Iurisprudentiae. Andreas Bodenstein von Karlstadt als Theologe und Jurist zwischen Scholastik und Reformation, Tübingen 1977 (JusEcc 24).

Buchholz, Werner, Schweden mit Finnland, in: Dänemark, Norwegen und Schweden im Zeitalter der Reformation und Konfessionalisierung. Nordische Königreiche und Konfession 1500 bis 1660, hg. v. *Matthias Asche / Anton Schindling*, Münster 2003 (KLK 62), 107–243.

Buckwalter, Stephen E., Die Priesterehe in Flugschriften der frühen Reformation, Gütersloh 1998 (QFRG 68).

Burnett, Amy Nelson, The Yoke of Christ. Martin Bucer and Christian Discipline, Kirksville 1994 (SCES 26).
- Karlstadt and the Origins of the Eucharistic Controversy. A Study in the Circulation of Ideas, Oxford / New York 2011.
- Andreas Bodenstein von Karlstadt, in: Das Reformatorenlexikon, hg. v. *Irene Dingel / Volker Leppin*, Darmstadt 2014, 45–51.

- Luther and the Schwärmer, in: The Oxford Handbook of Martin Luther's Theology, hg. v. *Robert Kolb / Irene Dingel / L'ubomír Batka*, Oxford 2014, 511–524.
Chudaska, Andrea, Peter Riedemann. Konfessionsbildendes Täufertums im 16 Jahrhundert, Gütersloh 2003 (QFRG 76).
Clebsch, William A., England's Earliest Protestants. 1520–1535, New Haven / London 1964 (YPR 11).
Cottret, Bernard, Calvin. Eine Biographie, Stuttgart 1998.
Crouzet, Denis, Jean Calvin. Vies parallèles, Paris 2000.
Daugirdas, Kęstutis, Andreas Volanus und die Reformation im Großfürstentum Litauen, Mainz 2008 (VIEG 221).
- Lelio Sozzini und Fausto Sozzini, in: Das Reformatorenlexikon, hg. v. *Irene Dingel / Volker Leppin*, Darmstadt 2014, 239–246.
- Die Anfänge des Sozinianismus. Genese und Eindringen des historisch-ethischen Religionsmodells in den universitären Diskurs der europäischen Evangelischen, Göttingen 2016 (VIEG 240).
Dawson, Jane E. A., Scotland Re-formed, 1488–1587, Edinburgh 2007 (The New Edinburgh History of Scotland 6).
Dejung, Christoph, Wahrheit und Häresie. Untersuchungen zur Geschichtsphilosophie bei Sebastian Franck, Zürich 1979.
de Kroon, Marijn, Bucer und die Kölner Reformation, in: Martin Bucer and Sixteenth Century Europe. Actes du colloque de Strasbourg (28–31 août 1991) hg. v. *Christian Krieger / Marc Lienhard*, Bd. 2, Leiden / New York / Köln 1993 (SMRT 53/II), 492–506.
Deppermann, Klaus, Melchior Hoffman. Widersprüche zwischen lutherischer Obrigkeitstreue und apokalyptischem Traum, in: Radikale Reformatoren. 21 biographische Skizzen von Thomas Müntzer bis Paracelsus, hg. v. *Hans-Jürgen Goertz*, München 1978 (Beck'sche Schwarze Reihe 183), 155–166.
- Melchior Hoffman. Soziale Unruhen und apokalyptische Visionen im Zeitalter der Reformation, Göttingen 1979.
Dickens, Arthur Geoffrey, The English Reformation, London [2]1989.
Dingel, Irene, Thomas Müntzer, in: Deutsche Dichter der frühen Neuzeit (1450–1600). Ihr Leben und Werk, hg. v. *Stephan Füssel*, Berlin 1993, 389–405.
- Ablehnung und Aneignung. Die Bewertung der Autorität Martin Luthers in den Auseinandersetzungen um die Konkordienformel, in: ZKG 105 (1994), 35–57.
- Concordia controversa. Die öffentlichen Diskussionen um das lutherische Konkordienwerk am Ende des 16. Jahrhunderts, Gütersloh 1996 (QFRG 63).
- Art. Religionsgespräche IV. Altgläubig – protestantisch und innerprotestantisch, in: TRE 28 (1997), 654–681.
- Melanchthon und Westeuropa, in: Philipp Melanchthon als Politiker zwischen Reich, Reichsständen und Konfessionsparteien, hg. v. *Günther Wartenberg / Matthias Zentner*, Wittenberg 1998 (Themata Leucoreana), 105–122.
- Art. Gallikanismus, in: RGG[4] 3 (2000), 459f.
- Melanchthon und die Normierung des Bekenntnisses, in: Der Theologe Melanchthon, hg. v. *Günter Frank*, Stuttgart 2000 (Melanchthon-Schriften der Stadt Bretten 5), 195–211.
- Art. Kirchenverfassung II. Mittelalter und III. Reformation«, in: RGG[4] 4 (2001), 1315–1327.
- Katharina von Medici im Spannungsfeld von Religion und Politik, Recht und Macht, in: Reformation und Recht. Festgabe für Gottfried Seebaß zum 65. Geburtstag, hg. v. *Irene Dingel / Volker Leppin / Christoph Strohm*, Gütersloh 2002, 224–242.

- / *Wartenberg, Günther* (Hg.), Georg Major (1502–1574). Ein Theologe der Wittenberger Reformation, Leipzig 2005 (LStRLO 7).
- Die Rolle Georg Majors auf dem Regensburger Religionsgespräch von 1546, in: Georg Major (1502–1574). Ein Theologe der Wittenberger Reformation, hg. v. *Irene Dingel / Günther Wartenberg*, Leipzig 2005 (LStRLO 7), 189–206.
- Augsburger Religionsfrieden und »Augsburger Konfessionsverwandtschaft« – Konfessionelle Lesarten, in: Der Augsburger Religionsfrieden 1555, hg. v. *Heinz Schilling / Heribert Smolinsky*, Gütersloh 2007 (SVRG 206), 157–176.
- Die Wittenberger Reformation, in: Lutherische Kirchen. Die Kirchen der Gegenwart 1, hg. v. *Michael Plathow*, Göttingen 2007 (BenshH 107), 7–57.
- Art. Hugenotten, in: Enzyklopädie der Neuzeit 5 (2007), 658–661.
- Eruditio et Pietas. Die Wirkung der Reformation auf Schule und Universität, in: Christlicher Glaube und weltliche Herrschaft, hg. v. *Michael Beyer / Jonas Flöter / Markus Hein*, Leipzig 2008, 317–334.
- Schwerpunkte calvinistischer Lehrbildung im 16. und 17. Jahrhundert, in: Calvinismus. Die Reformierten in Deutschland und Europa, hg. v. *Ansgar Reiss / Sabine Witt*. Eine Ausstellung des Deutschen Historischen Museums Berlin und der Johannes a Lasco Bibliothek Emden, Dresden 2009, 90–96.
- Luther und Europa, in: Luther Handbuch, hg. v. *Albrecht Beutel*, Tübingen ²2010, 206–217.
- Philipp Melanchthon – Freunde und Feinde, in: ThLZ 135 (2010), 775–804.
- Calvin im Spannungsfeld der Konsolidierung des Luthertums, in: Calvinus clarissimus theologus. Papers of the Tenth International Congress of Calvin Research, ed. by *Herman J. Selderhuis*, Göttingen 2012 (RHT 18), 118–140.
- The Creation of Theological Profiles: The understanding of the Lord's Supper in Melanchthon and the Formula of Concord, in: *Irene Dingel / Robert Kolb / Nicole Kuropka / Timothy Wengert*, Philip Melanchthon. Theologian in Classroom, Confession, and Controversy, Göttingen 2012 (Refo 500 Academic Studies 7), 263–281.
- Wittenberg und Genf, in: Europäische Erinnerungsorte, Bd. 2, hg. v. *Pim den Boer / Heinz Duchhardt / Georg Kreis / Wolfgang Schmale*, München 2012, 281–289.
- / *Leppin, Volker* (Hg.), Das Reformatorenlexikon, Darmstadt 2014.
- / *Jürgens, Henning P.*, Historische Einführung, in: Meilensteine der Reformation. Schlüsseldokumente der frühen Wirksamkeit Martin Luthers, hg. v. *Irene Dingel / Henning P. Jürgens*, Gütersloh 2014, 11–16.
- Luthers Schrift »An die Ratsherren aller Städte deutschen Lands« (1524) – Historische und theologische Aspekte, in: Meilensteine der Reformation. Schlüsseldokumente der frühen Wirksamkeit Martin Luthers, hg. v. *Irene Dingel / Henning P. Jürgens*, Gütersloh 2014, 180–190. 277–280.
- Religion in the Religious Peace Agreements of the Early Modern Period: Comparative Case Studies, in: Collaboration, Conflict, and Continuity in the Reformation. Essays in Honour of James M. Estes on His Eightieth Birthday, ed. by *Konrad Eisenbichler*, Toronto 2014 (Centre for Reformation and Renaissance Studies. Essays and Studies 34), 389–409.
- »Von der Freiheit eines Christenmenschen« (1520) – Historische und theologische Aspekte, in: Meilensteine der Reformation, Schlüsseldokumente der frühen Wirksamkeit Martin Luthers, hg. v. *Irene Dingel / Henning P. Jürgens*, Gütersloh 2014, 122–131. 266–269.
- Biblische Typenbildung und »gute Ordnung« in Leichenpredigten, in: Entfaltung und zeitgenössische Wirkung der Reformation im europäischen Kontext – Dissemination and Contemporary Impact of the Reformation in a European Context, hg. v. *Irene Dingel / Ute Lotz-Heumann*, Gütersloh 2015 (SVRG 216), 33–48.

- Das Ringen um ein Minderheitenrecht in Glaubensfragen. Die Speyerer Protestation von 1529, in: ZKG 126 (2016), 225–242.
Dixon, C. Scott, The Reformation in Germany, Oxford 2002 (Historical Association Studies).
Duke, Alastair, The Netherlands, in: The Early Reformation in Europe, ed. by *Andrew Pettegree,* Cambridge 1992, 142–165.
Eberhard, Winfried, Konfessionsbildung und Stände in Böhmen, 1478–1530, München/Wien 1981 (VCC 38).
Elliger, Walter, Thomas Müntzer. Leben und Werk, Göttingen ³1976.
Engel, Josef (Hg.), Handbuch der Europäischen Geschichte, Bd. 3: Die Entstehung des neuzeitlichen Europa, Stuttgart ⁴1994.
Fabisch, Peter / Iserloh, Erwin (Hg.), Dokumente zur Causa Lutheri (1517–1521), 1. Teil: Die Gutachten des Prierias und weitere Schriften gegen Luthers Ablaßthesen (1517–1518), Münster 1988 (CCath 41).
Fausel, Heinrich, D. Martin Luther. Leben und Werk 1522 bis 1546, Gütersloh ⁴1983, Holzgerlingen 2008.
Firpo, Massimo, Tra alumbrados e »spirituali«. Studi su Juan de Valdés e il valdesianesimo nella crisi religiosa del Cinquecento italiano, Florenz 1990 (STPRC 3).
Flaschendräger, Werner, »... mocht geschehenn ... gutte reformation der universitetenn ...« – Zu Luthers Wirken als Professor und als Universitätsreformer, in: Jahrbuch für Regionalgeschichte 10 (1983), 26–36.
Flogaus, Reinhard, Luther versus Melanchthon? Zur Frage der Einheit der Wittenberger Reformation in der Rechtfertigungslehre, in: ARG 91 (2000), 6–46.
Foa, Jérémie, Making Peace. The Commissions Enforcing the Pacification Edicts in the Reign of Charles IX (1560–1574), in: French History 18 (2004), 256–274.
Fraenkel, Pierre, Les Protestants et le Problème de la Transsubstantiation au Colloque de Ratisbonne. Documents et Arguments, du 5 au 10 mai 1541: Oec. 3 (1968) 70–115.
Frank, Günter (Hg.), Melanchthon Handbuch, Tübingen [in Vorbereitung].
Friedman, Jerome, Michael Servetus. A Case Study of Total Heresy, Genf 1978 (THR 163).
- Michael Servet. Anwalt totaler Häresie, in: Radikale Reformatoren. 21 biographische Skizzen von Thomas Müntzer bis Paracelsus, hg. v. *Hans-Jürgen Goertz,* München 1978 (Beck'sche Schwarze Reihe 183), 223–230.
- Art. Michael Servet, in: TRE 31 (2000), 173–176.
Füssel, Stephan (Hg.), Deutsche Dichter der Frühen Neuzeit. 1450–1600, Berlin 1993.
Füssel, Stephan, Johannes Gutenberg, Reinbek bei Hamburg ⁵2013.
Gäbler, Ulrich, Huldrych Zwingli. Eine Einführung in sein Leben und sein Werk, Zürich ³2004.
Gähler, Konrad, Der Einfluß von Marsilius von Paduas Defensor Pacis auf die Konziliare Bewegung, München 2008.
Ganoczy, Alexandre / Scheld, Stefan, Die Hermeneutik Calvins. Geistesgeschichtliche Voraussetzungen und Grundzüge, Wiesbaden 1983 (VIEG 114).
Gantet, Claire / El Kenz, David, Guerres et paix de religion en Europe aux XVIe–XVIIe siècles, Paris ²2008 (Collection cursus: Histoire).
Geisendorf, Paul-Frédéric, Théodore de Bèze, Genf, ²1967.
Gilmont, Jean-François, Der Anschluss der romanischen Waldenser an die Reformation, in: Die Waldenser. Spuren einer europäischen Glaubensbewegung, hg. v. *Günter Frank,* Bretten 1999, 83–95.
Gleason, Elisabeth G., Gasparo Contarini. Venice, Rome, and Reform, Berkeley / Los Angeles / Oxford 1993.

Goertz, Hans-Jürgen (Hg.), Radikale Reformatoren. 21 biographische Skizzen von Thomas Müntzer bis Paracelsus, München 1978 (Beck'sche Schwarze Reihe 183).
Goertz, Hans-Jürgen, Thomas Müntzer. Revolutionär am Ende der Zeiten, München 2015.
Gollwitzer, Helmut, Zur Auslegung von Joh 6 bei Luther und Zwingli, in: In memoriam Ernst Lohmeyer, hg. v. *Werner Schmauch,* Stuttgart 1951, 143–168.
Gotthard, Axel, Der Augsburger Religionsfrieden, Münster ²2006 (RST 148).
Grandjean, Michel, Genf – Johannes Calvin und Theodor Beza, in: Europa Reformata. Reformationsstädte Europas und ihre Reformatoren, hg. v. *Michael Welker / Michael Beintker / Albert de Lange,* Leipzig 2016, 147–156.
Grell, Ole Peter, Scandinavia, in: The Early Reformation in Europe, ed. by *Andrew Pettegree,* Cambridge 1992, 94–119.
Greschat, Martin, Martin Bucer. Ein Reformator und seine Zeit. 1491–1551, Münster ²2009.
Grünberg, Paul, Art. Martin Butzer, in: RE³ 3 (1897), 603–612.
Grunewald, Eckhard / Jürgens, Henning P. / Luth, Jan R. (Hg.), Der Genfer Psalter und seine Rezeption in Deutschland, der Schweiz und den Niederlanden, Tübingen 2004 (Frühe Neuzeit 97).
Gundermann, Iselin, Herzogtum Preußen, in: Die Territorien des Reichs im Zeitalter der Reformation und Konfessionalisierung. Land und Konfession 1500–1650, Bd. 2: Der Nordosten, hg. v. *Anton Schindling / Walter Ziegler,* Münster 1990 (KLK 50), 220–233.
Hahn, Friedrich, Die evangelische Unterweisung in den Schulen des 16. Jahrhunderts, Heidelberg 1957 (PF 3).
Hahn-Bruckart, Thomas, Dissenter und Nonkonformisten – Phänomene religiöser ›Abweichung‹ zwischen den britischen Inseln und dem europäischen Kontinent, in: Europäische Geschichte Online (EGO), hg. vom Leibniz-Institut für Europäische Geschichte (IEG), Mainz 2016-01-15. URL: http://www.ieg-ego.eu/hahnbruckartt-2016-de URN: urn:nbn:de:0159-2015120905 [2016-04-02].
Hammann, Gottfried, Martin Bucer 1491–1551. Zwischen Volkskirche und Bekenntnisgemeinschaft, Stuttgart 1989 (VIEG 139).
Hamm, Berndt, Religiosität im späten Mittelalter. Spannungspole, Neuaufbrüche, Normierungen, hg. v. *Reinhold Friedrich / Wolfgang Simon,* Tübingen 2011 (SMHR 54).
Haug-Moritz, Gabriele, Der Schmalkaldische Bund (1530–1541/42). Eine verfassungsgeschichtliche Fallstudie zu den genossenschaftlichen Strukturelementen der politischen Ordnung des Heiligen Römischen Reiches deutscher Nation, Leinfelden-Echterdingen 2002 (Schriften zur südwestdeutschen Landeskunde 44).
– Judas und Gotteskrieger. Kurfürst Moritz, die Kriege im Reich der Reformationszeit und die »neuen« Medien, in: Moritz von Sachsen – Ein Fürst der Reformationszeit zwischen Territorium und Reich, hg. v. *Karlheinz Blaschke,* Stuttgart 2007 (Quellen und Forschungen zur Sächsischen Geschichte 29), 235–259.
Hausammann, Susi, Die Marburger Artikel – eine echte Konkordie? in: ZKG 77 (1966), 288–321.
Heckel, Martin, Deutschland im konfessionellen Zeitalter, in: *Bernd Moeller / Martin Heckel u.a.,* Deutsche Geschichte, Bd. 2: Frühe Neuzeit, Göttingen 1985, 157–354.
Hege, Christian / Bender, Harald S. (Hg.), Mennonitisches Lexikon, 4 Bde, Frankfurt/M. 1913–1967.
Heidrich, Jürgen, Luthers Lied »Nun freut euch, lieben Christen g'mein« (1523/24) – Historische und musikwissenschaftliche Aspekte, in: Meilensteine der Reformation, Schlüsseldokumente der frühen Wirksamkeit Martin Luthers, hg. v. *Irene Dingel / Henning P. Jürgens,* Gütersloh 2014, 200–206. 282.

Hein, Markus / Hein, Éva Zs., Art. Ungarn, in: TRE 34 (2002), 272–303.
Heininen, Simo / Czaika, Otfried, Wittenberger Einflüsse auf die Reformation in Skandinavien in: Europäische Geschichte Online (EGO), hg. vom *Leibniz-Institut für Europäische Geschichte* (IEG), Mainz 2012–06–13. URL: www.ieg-ego.eu/ heininens-czaikao-2012-de URN: urn:nbn:de:0159-2012060637.
Hendrix, Scott, Martin Luther. Visionary Reformer, New Haven / London 2015.
Hennig, Gerhard, Cajetan und Luther. Ein historischer Beitrag zur Begegnung von Thomismus und Reformation, Stuttgart 1966 (AzTh II, 7).
Henze, Barbara, Aus Liebe zur Kirche Reform. Die Bemühungen Georg Witzels (1501–1573) um die Kircheneinheit, Münster 1995 (RST 133).
Heppe, Heinrich, Das Schulwesen des Mittelalters und dessen Reform im sechzehnten Jahrhundert, Marburg 1860, Repr. 2011.
– Theodor Beza. Leben und ausgewählte Schriften, Elberfeld 1861 (LASRK 6).
Herrmann, Johannes, Moritz von Sachsen (1521–1553). Landes-, Reichs- und Friedensfürst, Beucha 2003.
Hofmann, Andrea, Psalmenrezeption in reformatorischem Liedgut. Entstehung, Gestalt und konfessionelle Eigenarten des Psalmliedes, 1523–1650, Leipzig 2015 (AKThG 45).
Hollerbach, Marion, Das Religionsgespräch als Mittel der konfessionellen und politischen Auseinandersetzung im Deutschland des 16. Jahrhunderts, Frankfurt/M. 1982 (EHS.G 165).
Hudak, Adalbert, Luther und der Osten. Die bleibende Bedeutung der Reformation für den deutschen Osten und für Osteuropa, in: Martin Luther und die Reformation in Ostdeutschland und Südosteuropa. Wirkungen und Wechselwirkungen, hg. v. *Ulrich Hutter*, Sigmaringen 1991 (JSKG Beih. 8), 15–26.
Hudson, Anne, The Premature Reformation. Wycliffite Texts and Lollard History, Oxford 1988, Repr. 2002, 239–246.
Hughes, Philip, The Reformation in England, vol. I: The King's Proceedings, Repr. London 1993.
Hutter, Ulrich (Hg.), Martin Luther und die Reformation in Ostdeutschland und Südosteuropa. Wirkungen und Wechselwirkungen, Sigmaringen 1991 (JSKG Beih. 8).
Illi, Martin, Art. Konstaffel, in: Historisches Lexikon der Schweiz, URL: www.hls-dhs-dss.ch/textes/d/D10249.php.
Iserloh, Erwin, Luther zwischen Reform und Reformation. Der Thesenanschlag fand nicht statt, Münster ³1968 (KLK 23/24).
Janssen, Antoon E. M. / Nissen, Peter J. A., Niederlande, Lüttich, in: Die Territorien des Reichs im Zeitalter der Reformation und Konfessionalisierung. Land und Konfession 1500–1650, Bd. 3: Der Nordwesten, hg. v. *Anton Schindling / Walter Ziegler*, Münster 1991 (KLK 51), 200–235.
Jarlert, Anders, Art. Schweden, in: TRE 30 (1999), 642–675.
Jedin, Hubert (Hg.), Handbuch der Kirchengeschichte, Bd. 4: Reformation, Katholische Reform und Gegenreformation, Sonderausg. Freiburg/Basel/Wien 1985, Repr. 1999.
Junghans, Helmar, Martin Luther in Wittenberg, in: Leben und Werk Martin Luthers von 1526 bis 1546. Festgabe zu seinem 500. Geburtstag, 2 Bde., Göttingen 1983, Bd. I, 11–37, Bd. II, 723–732.
– Martin Luther und Wittenberg, München/Berlin 1996.
Jürgens, Henning P., Der Genfer Psalter – europaweiter Kulturtransfer, konfessionelle Kultur und europäische Literaturen, in: Europäische Geschichte Online (EGO), hg. vom *Leibniz-Institut für Europäische Geschichte* (IEG), Mainz European History

Online (EGO), Mainz 03.12.2010. URL: www.ieg-ego.eu/juergensh-2010-de URN: urn:nbn:de:0159-20100921251.
- Luthers Schrift »An die Ratsherren aller Städte deutsches Lands« (1524) – Entstehungskontext und Druckgeschichte, in: Meilensteine der Reformation, Schlüsseldokumente der frühen Wirksamkeit Martin Luthers, hg. v. *Irene Dingel / Henning P. Jürgens*, Gütersloh 2014, 191–197. 280–282.
- »Von der Freiheit eines Christenmenschen« (1520) – Zur Druckgeschichte, in: Meilensteine der Reformation, Schlüsseldokumente der frühen Wirksamkeit Martin Luthers, hg. v. *Irene Dingel / Henning P. Jürgens*, Gütersloh 2014, 132–138. 269f.
- Das Evangelium singen. Gesangbücher und Psalter im europäischen Kontext, in: Entfaltung und zeitgenössische Wirkung der Reformation im europäischen Kontext. Dissemination and Contemporary Impact of the Reformation in a European Context, hg. v. *Irene Dingel / Ute Lotz-Heumann*, Gütersloh 2015 (SVRG 216), 103–123.

Kaufmann, Thomas, Das Ende der Reformation. Magdeburgs »Herrgotts Kanzlei« (1548–1551/2) Tübingen 2003 (BHTh 123).
- An den christlichen Adel deutscher Nation von des christlichen Standes Besserung, Tübingen 2014 (Kommentare zu Schriften Luthers 3).

Kawerau, Gustav, Art. Antinomistische Streitigkeiten, in: RE³ 1 (1896), 585–592.
Kingdon, Robert, Art. Genf, in: TRE 12 (1984), 368–375.
Kirchner, Hubert, Reformationsgeschichte von 1532–1555/1566 – Festigung der Reformation – Calvin – Katholische Reform und Konzil von Trient, Berlin 1988 (KGE II/6).
Köhler, Walther, Zwingli und Luther, 2 Bde., Leipzig 1924, Gütersloh 1953 (QFRG 6 und 7).
Kohls, Ernst-Wilhelm, Luther oder Erasmus. Luthers Theologie in Auseinandersetzung mit Erasmus, 2 Bde., Basel 1972–1978 (ThZ.S 3 und 8).
Kohnle, Armin, Reichstag und Reformation. Kaiserliche und ständische Religionspolitik von den Anfängen der Causa Lutheri bis zum Nürnberger Religionsfrieden. Gütersloh 2001 (QFRG 72).
- Wittenberger Autorität. Die Gemeinschaftsgutachten der Wittenberger Theologen als Typus, in: Die Theologische Fakultät Wittenberg 1502–1602. Beiträge zur 500. Wiederkehr des Gründungsjahres der Leucorea, hg. v. *Irene Dingel / Günther Wartenberg*, Leipzig 2002, 189–200.
- Konfliktbereinigung und Gewaltprävention: Die europäischen Religionsfrieden in der frühen Neuzeit, in: Das Friedenspotenzial von Religion, hg. v. *Irene Dingel / Christiane Tietz*, Göttingen 2009 (VIEG Beih. 78), 1–19.

Kolb, Robert, Bound Choice, Election, and Wittenberg Theological Method. From Martin Luther to the Formula of Concord, Grand Rapids MI 2005.
- Bibelauslegung in der Via Wittenbergensis. Die Volkshermeneutik von Johann Mathesius als Vertreter von Luthers Homiletik, in: LuThK 33 (2009), 93–110.
- Luthers Appell an Albrecht von Mainz. Sein Brief vom 31. Oktober 1517, in: Meilensteine der Reformation, Schlüsseldokumente der frühen Wirksamkeit Martin Luthers, hg. v. *Irene Dingel / Henning P. Jürgens*, Gütersloh 2014, 80–88. 258f.
- The Bible in the Reformation and Protestant Orthodoxy, in: The Enduring Authority of the Christian Scriptures, hg. v. *Donald A. Carson*, Grand Rapids MI 2016, 89–114.

Köpf, Ulrich, Luthers Römerbrief-Vorlesung (1515/16) – Historische und theologische Aspekte, in: Meilensteine der Reformation, Schlüsseldokumente der frühen Wirksamkeit Martin Luthers, hg. v. *Irene Dingel / Henning P. Jürgens*, Gütersloh 2014, 48–55. 253f.

Krentz, Natalie, Ritualwandel und Deutungshoheit. Die frühe Reformation in der Residenzstadt Wittenberg (1500–1533), Tübingen 2014 (SMHR 74).
Kretzer, Hartmut, Calvinismus und französische Monarchie im 17. Jahrhundert, Berlin 1975 (Historische Forschungen 8).
Kuhles, Joachim, Die Reformation in Livland. Religiöse, politische und ökonomische Wirkungen, Hamburg 2007 (Hamburger Beiträge zur Geschichte des östlichen Europa 16).
Kühn, Johannes, Die Geschichte des Speyrer Reichstags 1529, Leipzig 1929 (SVRG 146).
Lachenicht, Susanne, Hugenotten in Europa und Nordamerika. Migration und Integration in der Frühen Neuzeit, Frankfurt am M. / New York 2010.
Lau, Franz, Reformationsgeschichte bis 1532, in: *Franz Lau / Ernst Bizer*, Reformationsgeschichte Deutschlands bis 1555, Göttingen ²1969 (KiG 3, K).
Le Roux, Nicolas, Les Guerres de Religion. 1559–1629, Paris 2014 (Histoire de France 6).
Lecler, Joseph, Geschichte der Religionsfreiheit im Zeitalter der Reformation, Bd. 2, Stuttgart 1965.
Léonard, Emile G., Histoire générale du protestantisme, Bd. 2: L'Établissement (1564–1700), Paris 1961, Repr. 1988.
Leppin, Volker, Die Reformation, Darmstadt 2013 (Geschichte kompakt).
Lexutt, Athina, Rechtfertigung im Gespräch. Das Rechtfertigungsverständnis in den Religionsgesprächen von Hagenau, Worms und Regensburg 1540/41, Göttingen 1996 (FKDG 64).
Ley, Roger, Kirchenzucht bei Zwingli, Zürich 1948 (QAGSP 2).
Lies, Jan Martin, Zwischen Krieg und Frieden. Die politischen Beziehungen Landgraf Philipps des Großmütigen von Hessen zum Haus Habsburg 1534–1541, Göttingen 2013 (VIEG 231).
– Historische Einleitung, in: Dokumente zu den politischen Beziehungen Philipps des Großmütigen von Hessen zum Haus Habsburg, 1528–1541, Marburg 2014 (VHKH 46. Kleine Schriften 13), 9–27.
Livet, Georges, Les Guerres de Religion. 1559–1598, Paris ⁸1996 (Que sais-je? 1016).
Locher, Gottfried Wilhelm, Huldrych Zwingli in neuer Sicht, Zürich 1969.
– Zwingli und die schweizerische Reformation, Göttingen 1982 (Die KiG 3, J1).
Loewenich von, Walter, Europa oder christliches Abendland?, in: Europa und das Christentum. Drei Vorträge von Walther von Loewenich, Fedor Stepun und Joseph Lortz, Wiesbaden 1959 (VIEG 18), 15–32.
Lohse, Bernhard, Mönchtum und Reformation. Luthers Auseinandersetzung mit dem Mönchsideal des Mittelalters, Göttingen 1963 (FKDG 12).
– (Hg.), Der Durchbruch der reformatorischen Erkenntnis bei Luther. Neuere Untersuchungen, Wiesbaden 1988 (VIEG Beih. 25).
– Dogma und Bekenntnis in der Reformation: Von Luther bis zum Konkordienbuch, in: Handbuch der Dogmen- und Theologiegeschichte, hg. v. *Carl Andresen*, Bd. 2, Göttingen ²1998, 1–164.
Luttenberger, Albrecht P., Konfessionelle Parteilichkeit und Reichspolitik. Zur Verhandlungsführung des Kaisers und der Stände in Regensburg 1541, in: Fortschritte in der Geschichtswissenschaft durch Reichstagsaktenforschung. Vier Beiträge aus der Arbeit an den Reichstagsakten des 15. und 16. Jahrhunderts, hg. v. *Heinz Angermeier / Erich Meuthen*, Göttingen 1988 (SHKBA 35), 65–101.
MacCulloch, Diarmaid, The Importance of Jan Laski in the English Reformation, in: Johannes a Lasco (1499–1569). Polnischer Baron, Humanist und europäischer Reformator, hg. v. *Christoph Strohm*, Tübingen 2000 (SuR 14), 315–345.

Machilek, Franz, Böhmen, in: Die Territorien des Reichs im Zeitalter der Reformation und Konfessionalisierung. Land und Konfession 1500–1650, Bd. 1: Der Südosten, hg. v. *Anton Schindling / Walter Ziegler*, Münster 1989 (KLK 49), 134–152.

Małłek, Janusz, Martin Luther und die Reformation im Herzogtum Preußen und Königlich Preußen, in: Studia maritima 6 (Wroclaw 1987), 30–39 (Académie Polonaise des Sciences, Comité des Sciences Historiques).

Maron, Gottfried, Individualismus und Gemeinschaft bei Caspar von Schwenckfeld. Seine Theologie, dargestellt mit besonderer Ausrichtung auf seinen Kirchenbegriff, Stuttgart 1961 (KO.B 2).

– Art. Bauernkrieg, in: TRE 5 (1980), 319–338.

– Ignatius von Loyola. Mystik – Theologie – Kirche, Göttingen 2001.

Martin Luther und die Reformation in Deutschland. Katalog der Ausstellung Nürnberg 1983, Frankfurt/M. 1983.

Matsuura, Jun, Psalterdruck und Manuskripte zu Luthers Psalmenvorlesung (1513–1515) – Ihre Wege durch die Geschichte, in: Meilensteine der Reformation, Schlüsseldokumente der frühen Wirksamkeit Martin Luthers, hg. v. *Irene Dingel / Henning P. Jürgens*, Gütersloh 2014, 28–45. 244–252.

Maurer, Wilhelm, Historischer Kommentar zur Confessio Augustana, 2 Bde., Gütersloh I ²1979, II 1978.

McGoldrick, James Edward, Luther's Scottish connection, Madison NJ 1989.

Mehlhausen, Joachim, Art. Interim, in: TRE 16 (1987), 230–237.

Meier, Marcus, Art. Dissenters, in: Enzyklopädie der Neuzeit 2 (2005), 1055–1057.

Mennecke-Haustein, Ute, Luthers Trostbriefe, Gütersloh 1989 (QFRG 56).

– Jonas als Übersetzer – Sprache und Theologie. Dargestellt am Beispiel seiner Übersetzung von Luthers Schrift »De servo arbitrio« – »das der freie wille nichts sey«, in: Justus Jonas (1493–1555) und seine Bedeutung für die Wittenberger Reformation, hg. v. *Irene Dingel*, Leipzig 2009 (LStRLO 11), 131–144.

Mennonitische Geschichtsblätter 1, 1936 ff.

Mertz, Georg, Das Schulwesen der deutschen Reformation im 16. Jahrhundert, Heidelberg 1902.

Methuen, Charlotte, John Knox, in: Das Reformatorenlexikon, hg. v. *Irene Dingel / Volker Leppin*, Darmstadt 2014, 138–146.

Michel, Stefan, Der »Unterricht der Vistatoren« (1528) – die erste Kirchenordnung der von Wittenberg ausgehenden Reformation?, in: Gute Ordnung. Ordnungsmodelle und Ordnungsvorstellungen in der Reformationszeit, hg. v. *Irene Dingel / Armin Kohnle*, Leipzig 2014 (LStRLO 25), 153–167.

Moehn, Wim, Predigten, in: Calvin Handbuch, hg. v. *Herman J. Selderhuis*, Tübingen 2008, 173–179.

Moeller, Bernd, Deutschland im Zeitalter der Reformation, in: *Bernd Moeller / Martin Heckel u.a*, Deutsche Geschichte, Bd. 2: Frühe Neuzeit, Göttingen 1985, 1–154.

– (Hg.), Die frühe Reformation in Deutschland als Umbruch, Gütersloh 1998 (SVRG 199).

– Zwinglis Disputationen. Studien zur Kirchengründung in den Städten der frühen Reformation, Göttingen ²2011.

– Geschichte des Christentums in Grundzügen, Göttingen ¹⁰2012 (UTB 905)

– »Thesenanschlag« und kein Ende, in: Luther 85 (2014), 125–129.

Montgomery, Ingun, Art. Norwegen, in: TRE 24 (1994), 643–659.

Moulin, Claudine, »Ein Sermon von Ablass und Gnade« (1518) – Materialität: Dynamik und Transformation, in: Meilensteine der Reformation, Schlüsseldokumente der frühen Wirksamkeit Martin Luthers, hg. v. *Irene Dingel / Henning P. Jürgens*, Gütersloh 2014, 113–119. 265f.

Muller, Richard A., The Unaccommodated Calvin. Studies in the Foundation of a Theological Tradition, Oxford 2000.
Müller, Gerhard, Franz Lambert von Avignon und die Reformation in Hessen, Marburg 1958 (VHKH 24,4).
– (Hg.), Die Religionsgespräche der Reformationszeit, Gütersloh 1980 (SVRG 191).
– Philipp Melanchthon zwischen Pädagogik und Theologie, in: *ders.*, Zwischen Reformation und Gegenwart II. Vorträge und Aufsätze, Hannover 1988, 99–108.
Müller, Karl, Kirchengeschichte, Bd. II/1, Tübingen 1911, Neudr. 1922.
Munro, John H., Patterns of Trade, Money and Credit, in: Handbook of European History 1400–1600. Late Middle Ages, Renaissance and Reformation, vol. I: Structures and Assertions, ed. by *Thomas A. Brady / Heiko A. Oberman / James D. Tracy*, Leiden / New York / Köln 1994.
Naphy, William G., Calvins zweiter Aufenthalt in Genf, in: Calvin Handbuch, hg. v. *Herman J. Selderhuis*, Tübingen 2008, 44–57.
Nembach, Ulrich, Predigt des Evangeliums. Luther als Prediger, Pädagoge und Rhetor, Neukirchen-Vluyn 1972.
Neubauer, Andreas, Die Gründung der Landesschule zu Hornbach durch Herzog Wofgang 1559, überarbeitet, ergänzt und kommentiert durch Klaus Schwarz, Hornbach 2014.
Neuser, Wilhelm H., Dogma und Bekenntnis in der Reformation: Von Zwingli und Calvin bis zur Synode von Westminster, in: Handbuch der Dogmen- und Theologiegeschichte, hg. v. *Carl Andresen*, Bd. 2, Göttingen ²1998, 167–352.
– Prädestination, in: Calvin Handbuch, hg. v. *Herman J. Selderhuis*, Tübingen 2008, 307–317.
Nieden, Marcel, Die Wittenberger Reformation als Medienereignis, in: Europäische Geschichte Online | EGO, hg. vom *Leibniz-Institut für Europäische Geschichte* (IEG), Mainz 2012-04-23. URL: www.ieg-ego.eu/niedenm-2012-de URN: urn:nbn:de:0159-2012042305.
Nieto, José C., Juan de Valdés and the Origins of the Spanish and the Italian Reformation, Genf 1970 (THR 108).
Nijenhuis, Willem, Art. Johannes Calvin, in: TRE 7 (1981), 568–592.
Nipperdey, Thomas, Luther und die Bildung der Deutschen, in: Luther und die Folgen. Beiträge zur sozialgeschichtlichen Bedeutung der lutherischen Reformation, hg. v. *Hartmut Löwe / Claus-Jürgen Roepke*, München 1983, 13–27.
Nürnberger, Richard, Die Politisierung des französischen Protestantismus. Calvin und die Anfänge des protestantischen Radikalismus, Tübingen 1948.
Olesen, Jens E., Dänemark, Norwegen und Island, in: Dänemark, Norwegen und Schweden im Zeitalter der Reformation und Konfessionalisierung. Nordische Königreiche und Konfession 1500 bis 1660, hg. v. *Matthias Asche / Anton Schindling*, Münster 2003 (KLK 62), 27–106.
Opitz, Peter, Der spezifische Beitrag der Schweizer Reformation zur reformatorischen Bewegung, in: 500 Jahre Reformation. Bedeutung und Herausforderungen, hg. v. *Petra Bosse-Huber / Serge Fornerod / Thies Gundlach / Gottfried Locher*, Zürich/Leipzig 2014, 88–98.
Ott, Joachim / Treu, Martin (Hg.), Faszination Thesenanschlag – Faktum oder Fiktion, Leipzig 2008 (Schriften der Stiftung Luthergedenkstätten in Sachsen-Anhalt 9).
Ozment, Steven E., Sebastian Franck. Kritiker einen »neuen Scholastik«, in: Radikale Reformatoren. 21 biographische Skizzen von Thomas Müntzer bis Paracelsus, hg. v. *Hans-Jürgen Goertz*, München 1978 (Beck'sche Schwarze Reihe 183), 201–209.
Packull, Werner O., Hans Denck. Auf der Flucht vor dem Dogmatismus, in: Radikale Reformatoren. 21 biographische Skizzen von Thomas Müntzer bis Paracelsus, hg. v. *Hans-Jürgen Goertz*, München 1978 (Beck'sche Schwarze Reihe 183), 51–59.

Pater, Calvin Augustine, Karlstadt as the Father of the Baptist Movements. The Emergency of Lay Protestantism, Toronto/Buffalo/London 1984.
Peters, Albrecht, Realpräsenz. Luthers Zeugnis vom Christi Gegenwart im Abendmahl, Berlin ²1966 (AGTL 5).
– Kommentar zu Luthers Katechismen, 5 Bde, hg. v. *Gottfried Seebaß*, Göttingen 1990–1994.
Pettegree, Andrew (Hg.), The Early Reformation in Europe, Cambridge 1992.
Poschmann, Brigitte, Königlich Preußen, Ermland, in: Die Territorien des Reichs im Zeitalter der Reformation und Konfessionalisierung. Land und Konfession 1500–1650, Bd. 2: Der Nordosten, hg. v. *Anton Schindling / Walter Ziegler*, Münster 1990 (KLK 50), 206–219.
Prietz, Frank Ulrich, Das Mittelalter im Dienst der Reformation: Die Chronica Carions und Melanchthons von 1532. Zur Vermittlung mittelalterlicher Geschichtskonzeptionen in die protestantische Historiographie, Stuttgart 2014 (Veröffentlichungen der Kommission für geschichtliche Landeskunde in Baden-Württemberg Reihe B, Forschungen 192).
Rabe, Horst, Reichsbund und Interim. Die Verfassungs- und Religionspolitik Karls V. und der Reichstag von Augsburg 1547/1548, Köln/Wien 1971.
– Zur Interimspolitik Karls V., in: Das Interim 1548/50. Herrschaftskrise und Glaubenskonflikt, hg. v. *Luise Schorn-Schütte*, Gütersloh 2005 (SVRG 203), 127–146.
Reu, Johann Michael, D. Martin Luthers Kleiner Katechismus. Die Geschichte seiner Entstehung, seiner Verbreitung und seines Gebrauchs, München 1929.
Reuter, Fritz (Hg.), Der Reichstag zu Worms von 1521. Reichspolitik und Luthersache, Köln/Wien ²1981.
Rhein, Stefan, Melanchthon und Europa. Eine Spurensuche, in: Philipp Melanchthon. Ein Wegbereiter für die Ökumene, hg. v. *Jörg Haustein*, Göttingen ²1997 (BenshH 82), 46–63.
Řičan, Rudolf, Tschechische Übersetzungen von Luthers Schriften bis zum Schmalkaldischen Krieg, in: Vierhundertfünfzig Jahre lutherische Reformation 1517–1967. Festschrift für Franz Lau zum 60. Geburtstag, Göttingen 1967, 282–301.
Richter, Matthias, Gesetz und Heil. Eine Untersuchung zur Vorgeschichte und zum Verlauf des sogenannten zweiten antinomistischen Streits, Göttingen 1996 (FKDG 67).
Rogge, Joachim, Johann Agricolas Lutherverständnis, Berlin 1960.
– Anfänge der Reformation. Der junge Luther 1483–1521. Der junge Zwingli 1484–1523, Berlin ²1985 (KGE II/3 u. 4).
Sallmann, Martin, Zwischen Gott und Mensch. Huldrych Zwinglis theologischer Denkweg im ›De vera et falsa religione commentarius‹ (1525), Tübingen 1999 (BHTh 108).
Salvadori, Stefania, Pietro Paolo Vergerio der Jüngere, in: Das Reformatorenlexikon, hg. v. *Irene Dingel / Volker Leppin*, Darmstadt 2014, 263–267.
Schäufele, Wolf-Friedrich, Juan de Valdés, in: Das Reformatorenlexikon, hg. v. *Irene Dingel / Volker Leppin*, Darmstadt 2014, 258–262.
– Wegbereiter der Reformation? »Vorreformatorische« religiöse Bewegungen und ihre Anhänger im 16. Jahrhundert, in: Entfaltung und zeitgenössische Wirkung der Reformation im europäischen Kontext – Dissemination and Contemporary Impact oft he Reformation in a European Context, hg. v. *Irene Dingel / Ute Lotz-Heumann*, Gütersloh 2015 (SVRG 216), 137–153.
Scheible, Heinz, Melanchthon. Vermittler der Reformation, München 2016.
Schilling, Heinz, Aufbruch und Krise. Deutschland 1517–1648, Berlin 1988, Sonderausg. 1994.

- / *Smolinsky, Heribert* (Hg.), Der Augsburger Religionsfrieden 1555, Gütersloh 2007 (SVRG 206).
- Martin Luther. Rebell in einer Zeit des Umbruchs, München [3]2014.

Schilling, Johannes, »Ein Sermon von Ablass und Gnade« (1518) – Historische und theologische Aspekte, in: Meilensteine der Reformation, Schlüsseldokumente der frühen Wirksamkeit Martin Luthers, hg. v. *Irene Dingel / Henning P. Jürgens*, Gütersloh 2014, 108–112. 264f.

Schindler, Alfred, Die Klagschrift des Chorherrn Hofmann gegen Zwingli, in: Zwing. 23 (1996), 325–359.

Schindling, Anton, Humanistische Hochschule und freie Reichsstadt. Gymnasium und Akademie in Straßburg 1538–1621, Wiesbaden 1977 (VIEG 77).

- Die humanistische Bildungsreform in den Reichsstädten Straßburg, Nürnberg und Augsburg, in: Humanismus im Bildungswesen des 15. und 16. Jahrhunderts, hg. v. *Wolfgang Reinhard*, Weinheim 1984, 107–120.
- Scholae Lauinganae: Johannes Sturm, das Gymnasium in Lauingen und die Jesuiten in Dillingen, in: Johannes Sturm (1507–1589). Rhetor, Pädagoge und Diplomat, hg. v. *Matthieu Arnold*, Tübingen 2009 (SMHR 46), 261–292.
- Primus Truber, in: Das Reformatorenlexikon, hg. v. *Irene Dingel / Volker Leppin*, Darmstadt 2014, 247–252.

Schlachta von, Astrid, Täufergemeinschaften: Die Hutterer, in: Europäische Geschichte Online (EGO), hg. vom *Leibniz-Institut für Europäische Geschichte* (IEG), Mainz 2011-04-27. URL: www.ieg-ego.eu/schlachtaa-2011-de URN: urn:nbn:de:0159-20110201120 [2016-01-05].

Schmeidler, Bernhard, Das spätere Mittelalter von der Mitte des 13. Jahrhunderts bis zur Reformation, Wien 1937, Repr. Darmstadt 1980.

Schmidt, Charles, La vie et les travaux de Jean Sturm, premier recteur du Gymnase et de l'Académie de Strasbourg, Strasbourg 1855, Nachdr. Nieuwkoop 1970.

Schneider, Hans, Martin Luthers Reise nach Rom – neu datiert und neu gedeutet, in: Studien zur Wissenschafts- und zur Religionsgeschichte, Red. Werner Lehfeldt. Berlin u.a. 2011 (AAWG, Sammelbd. 2), 1–157.

Schnell, Uwe, Die homiletische Theorie Philipp Melanchthons, Berlin/Hamburg 1968 (AGTL 20)

Schorn-Schütte, Luise, Die Reformation. Vorgeschichte, Verlauf, Wirkung, München [6]2016.

Schubert, Anselm, Balthasar Hubmaier, in: Das Reformatorenlexikon, hg. v. *Irene Dingel / Volker Leppin*, Darmstadt 2014, 133–137.

Schultz, Selina Gerhard, Caspar Schwenckfeld von Ossig (1489–1561). Spiritual Interpreter of Christianity, Apostle of the Middle Way, Pioneer in Modern Religious Thought, Norristown, Pa. 1946, Repr. 1962.

- A Course of Study in the Life and Teachings of Caspar Schwenckfeld von Ossig (1489–1561) and the History of the Schwenckfelder Religious Movement (1518–1964), Göttingen 1964, [2]1981.

Schulze, Winfried, Bäuerlicher Widerstand und feudale Herrschaft in der frühen Neuzeit, Stuttgart-Bad Cannstatt 1980 (Neuzeit im Aufbau 6).

Schwarz, Reinhard, Die apokalyptische Theologie Thomas Müntzers und der Taboriten, Tübingen 1977 (BHTh 55).

- Luther, Göttingen [4]2004.
- Martin Luther. Lehrer der christlichen Religion, Tübingen 2015.

Schwarz-Lausten, Martin, Art. Hans Tausen, in: RGG[4] 8 (2005), 99.

- Die Reformation in Dänemark, Gütersloh 2008 (SVRG 208).
- Peder Palladius, in: Das Reformatorenlexikon, hg. v. *Irene Dingel / Volker Leppin*, Darmstadt 2014, 202–206.

Scott, Tom, Thomas Müntzer. Theology and Revolution in the German Reformation, London 1989.
Seebaß, Gottfried, Art. Antichrist, in: TRE 3 (1978), 28–43.
– Hans Hut. Der leidende Rächer, in: Radikale Reformatoren. 21 biographische Skizzen von Thomas Müntzer bis Paracelsus, hg. v. *Hans-Jürgen Goertz,* München 1978 (Beck'sche Schwarze Reihe 183), 44–50.
– Das Täuferreich von Münster unter dem König Jan van Leiden galt vielen Zeitgenossen als konsequenteste Ausprägung des Täufertums, in: Martin Luther und die Reformation in Deutschland. Katalog der Ausstellung Nürnberg 1983, Frankfurt/M. 1983, 267f.
– Artikelbrief, Bundesordnung und Verfassungsentwurf. Studien zu drei zentralen Dokumenten des südwestdeutschen Bauernkrieges, Heidelberg 1988 (AHAW.PH 1988/1).
– Martin Bucer und die Reichsstadt Augsburg, in: Martin Bucer and Sixteenth Century Europe. Actes du colloque de Strasbourg (28–31 août 1991) hg. v. *Christian Krieger / Marc Lienhard,* Bd. 2, Leiden / New York / Köln 1993 (SMRT 53/II), 479–491.
– Der »linke Flügel der Reformation«, in: *ders.,* Die Reformation und ihre Außenseiter. Gesammelte Aufsätze und Vorträge, hg. v. *Irene Dingel,* Göttingen 1997, 151–164.
– Evangelium und soziale Ordnung. Luthers Evangeliumsverständnis nach den Bauernkriegsschriften, in: *ders.,* Die Reformation und ihre Außenseiter, hg. v. *Irene Dingel,* Göttingen 1997, 44–57.
– Die Augsburger Kirchenordnung von 1537 in ihrem historischen und theologischen Zusammenhang, in: *ders.,* Die Reformation und ihre Außenseiter, hg. v. *Irene Dingel,* Göttingen 1997, 125–148.
– Luthers Stellung zur Verfolgung der Täufer und ihre Bedeutung für den deutschen Protestantismus, in: *ders.,* Die Reformation und ihre Außenseiter, hg. v. *Irene Dingel,* Göttingen 1997, 267–282.
– Müntzers Erbe. Werk, Leben und Theologie des Hans Hut, Gütersloh 2002 (QFRG 73).
– Die Geschichte des Christentums III. Spätmittelalter – Reformation – Konfessionalisierung, Stuttgart 2006 (ThW 7).
Seegrün, Wolfgang, Schleswig-Holstein, in: Die Territorien des Reichs im Zeitalter der Reformation und Konfessionalisierung. Land und Konfession 1500–1650, Bd. 2: Der Nordosten, hg. v. *Anton Schindling / Walter Ziegler,* Münster 1990 (KLK 50), 140–164.
Séguenny, André, Le spiritualisme de Sebastian Franck: ses rapports avec la mystique, le luthéranisme et l'humanisme, in: Sebastian Franck, hg. v. *Jan-Dirk Müller,* Wiesbaden 1993 (Wolfenbütteler Forschungen 56), 87–102.
Sehling, Emil, Art. Kirchenordnungen, in: RE³ 10 (1901), 458–460.
Seidel, J. Jürgen, Art. Hans Andreas Tausen, in: BBKL 11 (1996), 580–582.
Seidel-Menchi, Silvana, Erasmus als Ketzer. Reformation und Inquisition im Italien des 16. Jahrhunderts, Leiden / New York / Köln 1993.
Selderhuis, Herman J., Johannes Calvin, 1509–2009, in: ThLZ 134 (2009), 769–781.
– Johannes Calvin. Mensch zwischen Zuversicht und Zweifel. Eine Biographie, Gütersloh 2009.
Sider, Ronald, Andreas Bodenstein von Karlstadt. The Development of His Thought, Leiden 1974 (SMRT 11).
Smedberg, Gunnar, Art. Laurentius Andreae, in: BBKL 4 (1992), 1245–1246.
Smolinsky, Heribert, Kirchenreform als Bildungsreform im Spätmittelalter und in der frühen Neuzeit, in: Bildungs- und schulgeschichtliche Studien zu Spätmittelalter,

Reformation und konfessionellem Zeitalter, hg. v. *Harald Dickerhof,* Wiesbaden 1994, 35–51.

Spehr, Christopher, Luthers Psalmen-Vorlesung (1513–1515) – Historische und theologische Aspekte, in: Meilensteine der Reformation, Schlüsseldokumente der frühen Wirksamkeit Martin Luthers, hg. v. *Irene Dingel / Henning P. Jürgens,* Gütersloh 2014, 18–27. 243f.

Sprengler-Ruppenthal, Anneliese, Art. Kirchenordnungen II. Evangelische, in: TRE 18 (1989), 670–707.

Staedtke, Joachim, Art. Abendmahl III/3, in: TRE 1 (1977), 106–131.

Stirm, Margarete, Die Bilderfrage in der Reformation, Gütersloh 1977 (QFRG 45).

Stöber, Rudolf, Deutsche Pressegeschichte. Von den Anfängen bis zur Gegenwart, Konstanz/München ³2014.

Strohm, Christoph, Johannes Calvin. Leben und Werk des Reformators, München 2009.

– Martin Bucer, in: Das Reformatorenlexikon, hg. v. *Irene Dingel / Volker Leppin,* Darmstadt 2014, 65–73.

– Umwälzung der Mediengeschichte. Wie Flugblätter und Flugschriften die Verbreitung der Reformation förderten, in: Reformation – Bild und Bibel, hg. von der *EKD,* o.O. o.J. [2014], 14f.

Strübind, Andrea, Eifriger als Zwingli. Die frühe Täuferbewegung in der Schweiz, Berlin 2003.

Sutherland, Nicola M., The Edict of Nantes and the ›protestant State‹, in: Annali della fondazione per la storia amministrativa 2 (1965), 199–236.

Tschackert, Paul, Die Entstehung der lutherischen und der reformierten Kirchenlehre samt ihren innerprotestantischen Gegensätzen, Göttingen 1910, Neudr. 1979.

van Stam, Frans Pieter, Calvins erster Aufenthalt in Genf, in: Calvin Handbuch, hg. v. *Herman J. Selderhuis,* Tübingen 2008, 30–37.

van 't Spijker, Willem, Calvin, Göttingen 2001 (KiG 3, J2).

Veselý, Daniel, Die lutherische Reformation in der Slowakei bis 1548, in: Recent Research on Martin Luther, hg. v. *The Evangelical Theological Faculty of the Comenius University in Bratislava,* Bratislava 1999, 114–122.

Vogel, Lothar, Das zweite Regensburger Religionsgespräch von 1546. Politik und Theologie zwischen Konsensdruck und Selbstbehauptung, Gütersloh 2009 (QFRG 82).

Vogler, Bernard, L'Impact du Gymnase sur d'autres écoles, in: Bulletin de la Société de l'Histoire du Protestantisme Français, supplément au t. 137, n° 2 (1990), 29–35.

Vogler, Günther, Die Täuferherrschaft in Münster und die Reichsstände. Die politische, religiöse und militärische Dimension eines Konflikts in den Jahren 1534–1536, Gütersloh 2014 (QFRG 88).

Völker, Alexander, Art. Gesangbuch, in: TRE 12 (1984), 547–565.

Volz, Hans, Martin Luthers deutsche Bibel. Entstehung und Geschichte der Lutherbibel, eingel. v. *Friedrich Wilhelm Kantzenbach,* hg. v. *Henning Wendland,* Hamburg 1978 u. 1981.

Wartenberg, Günther, Landesherrschaft und Reformation. Moritz von Sachsen und die albertinische Kirchenpolitik bis 1546, Güterloh 1988 (QFRG 55).

– Das Augsburger Interim und die Leipziger Landtagsvorlage zum Interim, in: Politik und Bekenntnis. Die Reaktionen auf das Interim von 1548, hg. v. *Irene Dingel / Günther Wartenberg,* Leipzig 2006 (LStRLO 8), 15–32.

– Die albertinische Kirchen- und Religionspolitik unter Moritz von Sachsen, in: Moritz von Sachsen – Ein Fürst der Reformationszeit zwischen Territorium und Reich, hg. v. *Karlheinz Blaschke,* Stuttgart 2007 (Quellen und Forschungen zur Sächsischen Geschichte 29), 163–172.

Weber, Wolfgang, Art. Andreas Knöpken, in: BBKL 4 (1992), 167–169.
Weigelt, Horst, Sebastian Franck und die lutherische Reformation, Gütersloh 1972 (SVRG 186).
– Art. Kaspar von Schwenckfeld / Schwenckfeldianer, in: TRE 30 (1999), 712–719.
– Von Schlesien nach Amerika. Die Geschichte des Schwenckfeldertums, Köln / Weimar / Wien 2007 (Neue Forschungen zur schlesischen Geschichte 14).
Welti, Manfred E., Kleine Geschichte der italienischen Reformation, Gütersloh 1985 (SVRG 193).
Wendel, François, Calvin. Ursprung und Entwicklung seiner Theologie, Neukirchen-Vluyn 1968.
Wengert, Timothy J., Law and Gospel. Philip Melanchthon's Debate with Johann Agricola of Eisleben over Poenitentia, Grand Rapids MI 1997.
– Human Freedom, Christian Righteousness. Philip Melanchthon's Exegetical Dispute with Erasmus of Rotterdam, Oxford 1998.
– Defending Faith. Lutheran Responses to Andreas Osiander's Doctrine of Justification, 1551–1559, Tübingen 2012 (SMHR 65).
– The Biblical Commentaries of Philipp Melanchthon, in: *Irene Dingel / Robert Kolb / Nicole Kuropka / Timothy Wengert*, Philip Melanchthon. Theologian in Classroom, Confession, and Controversy, Göttingen 2012 (Refo 500 Academic Studies 7), 43–76.
Wernisch, Martin, Luther and Medieval Reform Movements, Particularly the Hussites, in: *Robert Kolb / Irene Dingel / L'ubomír Batka* (Hg.), The Oxford Handbook of Martin Luther's Theology, Oxford 2014, 62–70.
Wien, Ulrich, Wirkungen des Calvinismus in Siebenbürgen im 16. und 17. Jahrhundert, in: Calvin und Calvinismus – Europäische Perspektiven, hg. v. *Irene Dingel / Herman J. Selderhuis*, Göttingen 2011 (VIEG Beih. 84), 127–153.
Williams, George H., The Radical Reformation, Kirksville MO ³2000 (Sixteenth Century Essays & Studies 15).
Windhorst, Christof, Täuferisches Taufverständnis. Balthasar Hubmaiers Lehre zwischen traditioneller und reformatorischer Theologie, Leiden 1976.
– Balthasar Hubmaier, in: Radikale Reformatoren. 21 biographische Skizzen von Thomas Müntzer bis Paracelsus, hg. v. *Hans-Jürgen Goertz*, München 1978 (Beck'sche Schwarze Reihe 183), 125–136.
– Art. Balthasar Hubmaier, in: TRE 15 (1986), 611–614.
Wohlfeil, Rainer, Einführung in die Geschichte der deutschen Reformation, München 1982.
Woitkowitz, Torsten, Die Freundschaft zwischen Philipp Melanchthon und Joachim Camerarius, in: Philipp Melanchthon und Leipzig. Beiträge und Katalog zur Ausstellung, hg. v. *Günther Wartenberg*, Leipzig 1997, 29–39.
Wolgast, Eike, Die Wittenberger Theologie und die Politik der Stände. Studien zu Luthers Gutachten in politischen Fragen, Gütersloh 1977 (QFRG 47).
– / *Volz, Hans*, Geschichte der Luther-Ausgaben vom 16. bis zum 19. Jahrhundert, in: WA 60, 427–637.
– Die Einführung der Reformation und das Schicksal der Klöster im Reich und in Europa, Gütersloh 2014, ²2015 (QFRG 89).
– Die Einführung der Reformation im internationalen Vergleich, in: Kirche und Politik am Oberrhein im 16. Jahrhundert. Reformation und Macht im Südwesten des Reiches, hg. v. *Ulrich A. Wien / Volker Leppin*, Tübingen 2015 (SMHR 89), 1–27.
– Thomas Müntzer, in: Das Reformatorenlexikon, hg. v. *Irene Dingel / Volker Leppin*, Darmstadt 2014, 174–182.

Wotschke, Theodor, Andreas Samuel und Johann Seklucyan, die beiden ersten Prediger des Evangeliums in Posen. Ein Beitrag zur polnischen Reformationsgeschichte, in: Zeitschrift der Historischen Gesellschaft für die Provinz Posen 17 (1902), 169–244.

Wuttke, Dieter, Humanismus in den deutsch-sprachigen Ländern und Entdeckungsgeschichte. 1493–1534, in: Die Folgen der Entdeckungsreisen für Europa, hg. v. *Stephan Füssel,* Nürnberg 1992 (Pirckheimer Jahrbuch 7), 9–52.

Zach, Krista, Art. Siebenbürgen, in: TRE 31 (2000), 250–259.

Ziemann, Benjamin, Sozialgeschichte der Religion: Von der Reformation bis zur Gegenwart, Frankfurt/M. 2009 (Historische Einführungen 6).

종교개혁,
인물과 중심지를
따라 읽다

색인

인명색인
지명색인
성구색인

Reformation

인명 색인

ㄱ

가이스마이르, 미카엘 (Gaismair, Michael) 319
가티나라, 메르쿠리노 (Gattinara, Mercurino) 415
갈루스, 니콜라우스 (Gallus, Nikolaus) 370
게오르크 3세, 안할트-플뢰츠카우의 제후 (Georg III., Fürst von Anhalt-Plötzkau) 331
게오르크 폰 팔츠, 슈파이어의 주교 (Georg von der Pfalz, Bischof von Speyer) 231-32
게오르크, 경건한 사람, 브란덴부르크-안스바흐 후작 (Georg der Fromme, Markgraf von Brandenburg-Ansbach) 286, 291
게오르크, 수염의 사람, 작센의 공작 (Georg der Bärtige, Herzog von Sachsen) 86, 88
겐스플라이쉬 춤 구텐베르크, 요한네스 (Gensfleisch zum Gutenberg, Johannes) 127
고네시우스, 페트루스 (Gonesius, Petrus) 225
곤자가, 에르콜레, 추기경 (Gonzaga, Ercole, Kardinal) 419
구스타프 1세 바사, 스웨덴의 왕 (Gustav I. Wasa, König von Schweden) 385, 387-88
구텐베르크, 요한네스 -> 겐스플라이쉬 춤 구텐베르크, 요한네스 (Gensfleisch zum Gutenberg, Johannes)
그라이펜클라우 추 폴라드스, 리카르트 폰, 트리어의 대주교와 선제후 (Greiffenklau zu Vollrads, Richard von, Erzbischof und Kurfürst von Trier) 270
그레벨, 콘라드 (Grebel, Konrad) 146(각주 152), 185-86, 193
그로퍼, 요한네스 (Gropper, Johannes) 246, 248-49, 311-13
그뤼나이우스, 지몬 (Grynaeus, Simon) 396
글라피온, 예안 (Glapion, Jean) 231

ㄴ

나우제아, 프리드리히 (Nausea, Friedrich) 310
노리치의 율리아나 (Juliana von Norwich) 52
녹스, 존 (Knox, John) 414
니콜라우스 폰 쿠에스 (Nikolaus von Kues) 54

ㄷ

다비드, 프란츠 (Dávid, Franz [Ferenc])	225
다테누스, 페트루스 (Dathenus, Petrus)	383
데스프빌, 샤를 (d'Espeville, Charles) -> 칼빈, 요한네스 (Calvin, Johannes)	
뎅크, 한스 (Denck, Hans)	187, 190-91, 215(각주 268), 216, 219, 223, 237-38, 238, 238(각주 306)
드레흐젤, 토마스 (Drechsel, Thomas)	157
드링엔베르크, 루트비히 (Dringenberg, Ludwig)	67
디트리히, 폰 만더샤이트 백작 (Dietrich, Graf von Manderscheid)	312

ㄹ

라귀니에, 드니 (Raguenier, Denis)	375
라스코, 요한네스 아 (Lasco, Johannes a)	369-70, 383, 411
라인하르트, 안나 (Reinhart, Anna)	141
라인홀트, 에라스무스 (Reinhold, Erasmus)	111
라파겔라누스, 슈타니슬라우스 (Rapagelanus, Stanislaus)	393
람베르트 폰 아비뇽, 프란츠 (Lambert von Avinon, Franz)	141, 282-83, 413
랑, 요한 (Lang, Johann)	404(각주 660)
레나누스, 베아투스 (Rhenanus, Beatus)	67, 230
레나타 폰 페라라 (Renata von Ferrara [Renée de France])	352
레오 10세, 교황 (Leo X., Papst)	47-48, 90(각주 57), 93, 268, 271, 409
레티쿠스, 게오르크 요아킴 (Rheticus, Georg Joachim)	111
로뮐러, 요한네스 (Lohmüller, Johannes)	392
로이블린, 빌헬름 (Reublin, Wilhelm)	188
로이클린, 엘리자베트 (Reuchlin, Elisabeth)	104(각주 80)
로이클린, 요한네스 (Reuchlin, Johannes)	67-68, 69(각주 31), 104, 104(각주 80)
로처, 제바스티안 (Lotzer, Sebastian)	320
로츠달로브스키, 바클라브 (Rožďalovský, Václav)	401
로퀴카나, 얀 (Rokycana, Jan)	63
로피탈, 미셸 드 (Hôpital, Michel de l')	343, 407
롤라드파 (Lollarden)	61-62, 408
롬바르두스, 페트루스 (Lombardus, Petrus)	106
뢰러, 게오르크 (Rörer, Georg)	77
뢰이스브로크, 얀 판 (Ruysbroek, Jan van)	52
루더, 한스 (Luder, Hans)	77
루덴, 에버하르트 (Ruden, Eberhard)	312

루셀, 제라르 (Roussel, Gérard) 351
루이 12세, 프랑스의 왕 (Ludwig XII., König von Frankreich) 36
루이 14세, 프랑스의 왕 (Ludwig XIV., König von Frankreich) 407
루이 1세 드 부르봉, 콩데의 공자 (Louis I. de Bourbon, prince de Condé) 345
루이즈 데 알카라즈, 페드로 (Ruiz de Alcaraz, Pedro) 416(각주 687)
루카스 폰 프라하 (Lukas von Prag) 401
루키아누스 마르티아누스 (Lucianus, Martianus -> 칼빈, 요한네스 Calvin, Johannes)
루터, 마르가레테 (Luder, Margarete) 77
루터, 마틴 (Luther, Martin) 25, 52, 58, 64, 69-70, 74-109, 112-128, 138, 140, 143, 149, 153-55, 159-61, 187, 195, 198, 202-219, 230-237, 243-248, 251-258, 265-283, 288-292, 300-303, 306-308, 312-16, 320-324, 332-33, 338, 350, 355, 363-371, 373-77, 381-409, 412-13, 416-20
루트비히 10세, 바이에른의 공작 (Ludwig X., Herzog von Bayern) 309
루트비히 2세, 보헤미아, 헝가리, 크로아티아의 왕 (Ludwig II., König von Böhmen, Ungarn und Kroatien) 395
루트비히 5세, 화평하게 만드는 사람, 팔츠의 선제후 (Ludwig V., der Friedfertige, Kurfürst von der Pfalz) 309
르페브르 데타플, 자크 (Lefèvre d'Etaples, Jacques [Jocob Faber Stapulensis]) 351, 404
르프랑, 잔 (Lefranc, Jeanne) 350
리스벨트, 야콥 (Liesvelt, Jakob) 382
링크, 벤제슬라우스 (Linck, Wenzeslaus) 310

ㅁ

마로, 클레망 (Marot, Clément) 123, 377
마르그리트 당굴렘 (Marguerite d'Angoulême [Margarete von Navarra]) 351, 405
마르그리트 폰 나바라 (Margarete von Navarra -> 마르그리트 당굴렘 (d'Angoulême, Marguerite)
마르바흐, 요한네스 (Marbach, Johannes) 237
마르실리오 피치노 (Ficino, Marsilio) 66, 417
마르실리우스 폰 파두아 (Marsilius von Padua) 45-46
마르페크, 필그람 (Marpeck, Pilgram) 237, 239
마리아 부르군트 (Maria von Burgund) 34
마리아 폰 합스부르크, 카스티엔, 오스트리아, 부르군트의 공주, 헝가리, 보헤미아의 왕비, 네덜란드 총독 (Maria von Habsburg, Prinzessin von Kastilien, Österreich und Burgund, Königin von Ungarn und Böhmen, Statthalterin der Niederlande) 395
마이오르, 게오르크 (Major, Georg) 76(각주 40), 77, 114(각주 98)
마테시우스, 요한네스 (Mathesius, Johannes) 120(각주 109), 402
마튀스, 얀 (Matthys, Jan) 196-97
막시밀리안 1세, 독일 신성 로마 제국 황제 (Maximilian I., Kaiser des Heiligen Römischen Reiches deutscher Nation) 34, 36-39, 68, 99, 265, 268, 274
만스펠트의 두 백작 (Gebhard VII., Graf von Mansfeld) 295
만츠, 펠릭스 (Mantz, Felix) 146(각주 146), 152, 185-86, 193
말벤다, 페드로 데 (Malvenda, Pedro de) 329
매리 1세, 스튜어트, 스코틀랜드의 여왕, 프랑스의 왕비 (Maria I. Stuart, Königin von Schottland und Frankreich) 414
매리 1세, 튜더, 영국과 아일랜드의 여왕 (Maria I. Tudor, Königin von England und Irland) 369(각주 588), 411, 414, 419
매리 기즈, 스코틀랜드의 왕비 (Maria von Guise, Königin von Schottland) 414
메노파 (Mennoniten) 198, 200
메니우스, 유스투스 (Menius, Justus) 309, 330
메디치, 카타리나 폰 (Medici, Katharina von) 304, 343, 407
메첸하우젠, 요한 3세 폰, 트리어의 대주교와 선제후 (Metzenhausen, Johann III. von, Erzbischof und Kurfürst von Trier) 309
멜란히톤, 필립 (Melanchthon (Schwarzerdt), Philipp) 76-77, 86, 97, 102-117, 157, 175, 178-82, 187, 211, 235, 246-49, 254-55, 259-63, 272, 281-83, 288-94, 300-303, 307-312, 320, 331-32, 338, 355, 364, 369, 385-89, 393-97, 410-16
멜리우츠 유하츠, 페테르 (Méliusz Juhás, Péter) 398
멜히오르파 (Melchioriten) 196
모라비아 형제 (Mährische Brüder →) 보헤미아/모라비아 형제 (Böhmische/ Mährische Brüder)
모로네, 조반니 (Morone, Giovanni) 309-10, 313
모루스, 토마스 (Morus, Thomas) 410
모리츠, 작센의 공작과 선제후 (Moritz, Herzog und Kurfürst von Sachsen) 325-27, 330-36
모스비디우스, 마틴 (Mossvidius (Maszwidas), Martin) 393
무사이우스, 지몬 (Musaeus, Simon) 120(각주 109)
뮌처, 토마스 (Müntzer, Thomas) 121, 157, 184, 187, 190-91, 202-209, 215, 219, 239, 318, 323(각주 481)

색인 447

미코니우스, 오스발트 (Myconius, Oswald) 148
미코니우스, 프리드리히 (Myconius, Friedrich) 309
믹켈슨, 한스 (Mikkelsen, Hans) 385
밀티츠, 카를 폰 (Miltitz, Karl von) 268-69, 269(각주 391), 270-71

ㅂ

바오로 3세, 교황 (Paul III., Papst [Alexander Farnese, Kardinal]) 248, 304, 312, 328, 418-19
바이어, 크리스티안 (Beyer, Christian) 291
반삼위일체주의자 (Antitrinitarier) 184, 217, 219, 221-23, 225-27, 395, 419
반즈, 로버트 (Barnes, Robert) 408-10, 413
발데스, 알폰소 데 (Valdés, Alfonso de) 415
발데스, 페트루스 (Valdes, Petrus) 60, 63
발데스, 후안 데 (Valdés, Juan de) 415(각주 685), 416-18
발라, 로렌조 (Valla, Lorenzo) 65, 68, 417
발터, 요한 (Walter, Johann) 123
베르게리오, 피에트로 파올로 (Vergerio, Pietro Paolo) 419-20
베르그헨, 아드리안 판 (Berghen, Adriaan van) 381-82
베르나르 클레르보 (Bernhard von Clairvaux) 51
베르밀리, 페트루스 마튀르 (Vermigli, Petrus Martyr) 411, 416, 418-19
베르뵈치, 슈테판 (Verböczy, Stefan) 396
베르캥, 루이 드 (Berquin, Louis de) 405
베르텔리에, 필리베르 (Berthelier, Philibert) 359, 362
베벨, 하인리히 (Bebel, Heinrich) 67
베스트팔, 요아킴 (Westphal, Joachim) 363, 368-71
베자, 테오도르 (Beza, Theodor) 370, 372, 372(각주 593)
베하임, 바르텔 (Beheim, Bartel) 216
베하임, 제발트 (Beheim, Sebald) 216
벨트빅, 게르하르트 (Veltwyk, Gerhard) 311
보나벤투라 (Bonaventura) 51
보니파시오 8세, 교황 (Bonifatius VIII., Papst) 3 1, 43-44
보덴슈타인 폰 칼슈타트, 안드레아스 (Bodenstein von Karlstadt, Andreas)
86, 97, 154, 156, 184, 187, 211, 238, 253
보에스, 헨드릭 (Voes, Hendrik) 382
보카치오, 조반니 (Boccaccio, Giovanni) 65
보켈손, 얀 (Bockelson, Jan) 196
보헤미아/모라비아 형제들 (Böhmische/Mährische Brüder) 64, 199, 225,

	394, 401-402
본누스, 헤르만 (Bonnus, Hermann)	112
볼린, 앤 (Boleyn, Anna)	409
볼섹, 제롬 (Bolsec, Hieronymus)	360-61

볼프강 고백하는 사람, 안할트-쾨텐의 제후 (Wolfgang der Bekenner, Fürst von Anhalt-Köthen)　　286, 291, 295
볼프하르트, 보니파티우스 (Wolfhart, Bonifatius)　　244
부겐하겐, 요한네스 (Bugenhagen, Johannes [Pomeranus])
　　76, 102, 171, 179, 211, 258, 260, 283, 302-303, 307, 386-87, 389, 419

부드니, 스치몬 (Budny, Szymon)	226
부르봉, 앙투안 드 (Bourbon, Antoine de, duc de Vendôme)	345
부르크하르트, 프란츠 (Burckhard, Franz)	312
부아, 시몽 뒤 (Bois, Simon du)	405

부처, 마르틴 (Bucer, Martin)　　84, 110, 115, 171, 175, 213, 216, 229-250, 261, 263, 292, 295, 299-300, 303, 307-12, 350, 354-55, 364-65, 383, 388, 403, 411, 419

불링거, 하인리히 (Bullinger, Heinrich)	134, 352, 365-67, 370, 376, 398
뷔르, 이들레트 드(Bure, Idelette de)	354
뷘덜린, 한스 (Bünderlin, Hans)	217
브레, 귀도 드 (Brès, Guido de [Guy de Bray])	383

브레, 기 드 (Bray, Guy de) -〉 브레, 귀도 드 (Brès, Guido de)
브렌츠, 요한네스 (Brenz, Johannes)　　84, 171, 176, 216, 260-61, 283, 311, 363-64, 370

브루크만, 마르가레테 (Bruggmann, Margarete)	132
브뤼크, 그레고르 (Brück, Gregor)	286
브리소네, 기욤 (Briçonnet, Guillaume)	404
브리스만, 요한네스 (Brieβmann, Johannes)	391-92

브와디스와프 2세 자기엘로, 키브의 제후, 리투아니아의 대제후 (Władysław II. Jaiełło, Fürst von Kiew, Groβfürst von Litauen)　　394(각주 636)

블라러, 암브로시우스 (Blarer, Ambrosius)	243, 299
블라우로크, 요르크 (Blaurock, Jörg)	187, 193
비레, 피에르 (Viret, Pierre)	352
비로 데바이, 마티야스 (Bíró Dévai, Mátyás)	397
비보르, 옌스 (Viborg, Jens)	387
비블리안더, 테오도르 (Bibliander, Theodor)	371
비스콘티, 발렌티나 (Visconti, Valentina)	36
비안드라타, 조르지오 (Biandrata, Giorgio)	225-26, 399
비엘, 가브리엘 (Biel, Gabriel)	54

비오 2세, 교황 (Pius II., Papst) 48
비오, 토마스 데 (Vio, Thomas de -> 카예탄 (Cajetan, Thomas)
비트첼, 게오르크 (Witzel, Georg) 179
빈터, 크리스티에른 (Winter, Christiern) 385
빌리카누스, 테오발트 (Billicanus, Theobald) 84
빌헬름 3세, 혼슈타인의 백작, 스트라스부르의 주교 (Wilhelm III., Graf von Hohnstein, Bischof von Straßburg) 309
빌헬름 4세, 현명한 사람, 헤센-카셀의 지방백작 (Wilhelm IV., der Weise, Landgraf von Hessen-Kassel) 334, 336
빌헬름 4세, 확고한 사람, 바이에른의 공작 (Wilhelm IV., der Standhafte, Herzog von Bayern) 326
빌헬름 5세, 부유한 사람, 윌리히-클레베-베르크의 공작, 마르크, 라벤스베르크의 백작 (Wilhelm V. der Reiche, Herzog von Jülich-Kleve-Berg und Graf von Mark und Ravensberg) 248
빔펠링, 야콥 (Wimpfeling, Jakob) 67

ㅅ

사돌레토, 자코모 (Sadoleto, Giacomo) 305
사보나롤라, 지롤라모 (Savonarola, Girolamo) 55, 417
샤를 9세, 프랑스의 왕 (Karl IX., König von Frankreich) 343
성례주의자 (Sakramentierer) 296, 299, 369
세네카 (Seneca) 350
세례파 (Täufer) 146(각주 146), 152, 184-202, 213-219, 222-225, 237-241, 244, 285, 287(각주 418), 296, 299, 338, 383, 393, 403
세르베트, 미카엘 (Servet, Michael) 217, 217(각주 269), 223-225, 362-63
세소, 돈 카를로스 데 (Seso, Don Carlos de) 417
세이모어, 제인 (Seymour, Jane) 411
소치니, 렐리오 (Sozzini, Lelio) 225-26
소지니, 파우스토 (Sozzini, Fausto) 2 25-28
소치니파 (Sozinianer) 226
소토, 도밍고 데 (Soto, Domingo de) 329
쇼만, 게오르크 (Schomann, Georg) 226
술레이만 1세, 웅장한 사람, 오스만 제국의 술탄 (Suleiman I., der Pächtige, Sultan des Osmanischen Reiches) 278, 296, 325
쉐퍼, 페테르 (Schöffer, Peter, d. J.) 409
슈네프, 에르하르트 (Schnepf, Erhard) 84, 299, 311, 370
슈벵크펠트 폰 오시히, 카스파르 (Schwenckfeld von Ossig, Caspar) 195,

	210-15, 217-18, 237, 240
슈타우피츠, 요한네스 폰 (Staupitz, Johannes von)	55, 75, 79, 125, 267
슈토르흐, 니콜라우스 (Storch, Nikolaus)	157, 204
슈퇴켈, 레온하르트 (Stöckel, Leonhard)	397
슈투름, 야콥 (Sturm, Jakob)	175, 233, 235, 239, 311-12
슈투름, 요한 (Sturm, Johann)	235, 237, 242, 261-63, 354
슈튀브너, 마르쿠스 (Stübner, Markus)	157
슈팔라틴, 게오르크 (Spalatin, Georg)	108, 126, 231, 265, 277, 307-308
슈페라투스, 파울 (Speratus, Paul)	391-93, 403
슈펭글러, 라자루스 (Spengler, Lazarus)	126
슐리크, 슈테판 (Schlick, Stephan)	402
슐츠, 히에로니무스, 브란덴부르크와 하펠베르크의 주교 (Schulz, Hieronymus, Bischof von Brandenburg und Havelberg)	88
스위스 형제들 (Schweizer Brüder)	194, 200
스체게디 키스, 이스트반 (Szegedi Kis, István)	398
스퀴테, 마르틴 (Skytte, Martin)	389
스포르자, 루도비코 (Sforza, Ludovico)	36
스포르자, 비앙카 (Sforza, Blanca)	36
스포르자, 프란체스코 (Sforza, Francesco)	305
시몬스 메노 (Simons, Menno)	198

ㅇ

아그리콜라, 루돌프 (Agricola, Rudolf)	67
아그리콜라, 미카엘 (Agricola, Michael)	389
아그리콜라, 요한 (Agricola, Johann)	77, 86, 102, 177-181, 307, 329
아리스토텔레스 (Aristoteles)	70, 91, 111, 167, 255, 263
아모, 피에르 (Ameaux, Pierre)	359
아우구스타, 얀 (Augusta, Jan)	402
아이첸, 파울 폰 (Eitzen, Paul von)	370
아이피누스, 요한네스 (Aepinus, Johannes)	369
안나 자길로, 보헤미아와 헝가리 (Anna Jagiello von Böhmen und Ungarn)	395
안드레아이, 라우렌티우스 (Andreae, Laurentius)	388
안드레아이, 야콥 (Andreae, Jacob)	364, 370
알레안더, 히에로니무스 (Aleander, Hieronymus)	270
알바의 공작, 페르난도 알바레스 데 톨레도 (Fernando Álvarez de Toledo, Herzog von Alba)	291, 291(각주 428)

알베르, 마태우스 (Alber, Matthaeus) 170
알베르, 에라스무스 (Alber, Erasmus) 370
알브레히트 3세, 대담한 사람, 작센의 공작 (Albrecht III., der Beherzte, Herzog von Sachsen) 74
알브레히트 4세, 용감한 사람, 바이에른의 공작 (Albrecht IV., der Großmütige, Herzog von Bayern) 319
알브레히트 7세, 만스펠트의 백작 (Albrecht VII., Graf von Mansfeld) 180, 291, 295
알브레히트 뒤러 (Dürer, Albrecht) 126
알브레히트 알키비아데스 2세, 브란덴부르크-쿨름바흐의 후작 (Albrecht II. Alcibiades, Markgraf von Brandenburg-Kulmbach) 326, 334, 336
알브레히트 폰 브란덴부르크, 마그데부르크 대주교, 할베르슈타트 보좌신부, 마인츠 대주교, 추기경 (Albrecht von Brandenburg, Erzbischof von Magdeburg, Administrator von Halberstadt, Erzbischof von Mainz, Kardinal) 82
알브레히트, 브란덴부르크-안스바흐의 후작 (Albrecht, Markgraf von Brandenburg-Ansbach) 34
알브레히트, 프로이센의 공작 (Albrecht, Herzog von Preußen) 385
알트하머, 안드레아스 (Althamer, Andreas) 216
암스도르프, 니콜라우스 폰, 나움부르크 주교 (Amsdorf, Nikolaus von, Bischof von Naumburg) 77, 307, 310, 332
앙리 1세 드 부르봉, 콩데 (Henri I. de Bourbon, prince de Condé) 345
앙리 2세, 프랑스의 왕 (Heinrich II., König von Frankreich) 304, 335, 342
앙리 3세, 프랑스의 왕 (Heinrich III., König von Frankreich) 345
앙리 4세 나바라, 프랑스의 왕 (Heinrich IV. von Navarra, König von Frankreich) 345
야드비가 (Jadwiga [Hedwig von Anjou]) 394(각주 636)
얀 판 레이덴 (Jan van Leiden) 197
어거스틴 (Augustinus) 60, 80-81, 135, 201, 361, 408
에그라누스, 요한네스 (Egranus, Johannes) 203
에드워드 6세 튜더, 잉글랜드와 아일랜드의 왕 (Edward VI. Tudor, König von England und Irland) 369(각주 588), 411-12, 414
에라스무스 폰 로테르담 (Erasmus von Rotterdam) 50, 54, 69-71, 99, 114, 114(각주 99), 126, 133, 135, 161-66, 187, 218, 252, 293, 298, 329, 351, 363, 381, 405, 408, 416
에른스트 1세, 고백자, 브라운슈바이크-뤼네부르크의 공작 (Ernst I., der Bekenner, Herzog von Braunschweig-Lüneburg) 283, 286-87, 291, 295
에른스트, 작센의 선제후, 튀링엔의 지방백작, 마이센의 후작 (Ernst, Kurfürst

von Sachsen, Landgraf in Thüringen, Markgraf zu Meißen) 74
에리히 2세, 브라운슈바이크-칼렌베르크-괴팅엔의 공작 (Erich II., der
Jüngere, Herzog von Braunschweig-Kalenberg-Göttingen) 326
에스헨, 요한네스 판 덴 (Esschen, Jan van den) 382
에우세비오스 (Eusebius) 203
에우제니오 4세, 교황 (Eugenio IV., Papst) 47
에크, 요한네스 (Eck, Johannes) 86-88, 110, 270-72, 293, 310, 312, 404
에크하르트 폰 호흐하임, 마이스터 에크하르트 (Eckhart von Hochheim, gen.
Meister Eckhart) 51-52
엘리자베스 1세 튜더, 잉글랜드의 여왕 (Elisabeth I. Tudor, Königin von
England) 411
엠저, 히에로니무스 (Emser, Hieronymus) 272
영성주의자 (Spiritualisten) 84, 184, 200-202, 217, 219, 221-22, 237
오데 드 샤티용, 보베의 제후주교와 추기경 (Odet de Châtillon, Fürstbischof
von Beauvais und Kardinal) 345
오리게네스 (Origenes) 69, 163
오스발트, 게오르크 (Oßwald, Georg) 244
오시안더, 안드레아스 (Osiander, Andreas d. Ä.) 175, 210(각주 258),
283, 311, 389-90, 393
오컴, 윌리엄 (Wilhelm von Ockham) 46
오키노, 베르나르디노 (Ochino, Bernhardino) 371, 416
오트망, 프랑수아 (Hotman, François) 264
올리베탕, 피에르 로베르 (Olivétan, Pierre-Robert) 350, 352, 404(각주 658)
왈도파 (Waldenser) 60-62, 64
외콜람파드, 요한네스 (Oekolampad, Johannes) 170-71, 175, 213, 243, 416
요나스, 유스투스 (Jonas, Justus) 77, 102, 108, 165(각주 177), 175, 211,
289, 303, 307
요아킴 1세 네스토르, 브란덴부르크의 선제후 (Joachim I. Nestor, Kurfürst
von Brandenburg) 88
요아킴 2세 헥토르, 브란덴부르크의 선제후 (Joachim II. Hector, Kurfürst von
Brandenburg) 3 12, 326-27
요한 1세, 견고한 사람, 작센의 선제후 (Johann I., der Beständige, Kurfürst von
Sachsen) 179, 206, 266, 268, 270-71, 274, 278, 287-89, 291, 295,
326-27, 333
요한 22세, 교황 (Johannes XXII., Papst) 45
요한 알브레히트 1세, 메클렌부르크의 공작 (Johann Albrecht I., Herzog von
Mecklenburg) 334
요한 지기스문트 자폴리아, 헝가리의 왕, 지벤뷔르겐의 제후 (Johann

Sigismund Zápolya, König von Ungarn und Fürst von Siebenbürgen)
225, 325, 393
요한 폰 브란덴부르크-퀴스트린 (Johann von Brandenburg-Küstrin) -> 한스 폰 퀴스트린 (Hans von Küstrin)
요한 프리드리히 1세, 용감한 사람, 작센의 선제후와 공작 (Johann Friedrich I., der Großmütige, Kurfürst und Herzog von Sachsen)　　291, 306-307, 326-27, 336,
요한네스 크리소스토모스 (Johannes Chrysostomus)　　135
우르바노 6세, 교황 (Urban VI. Papst)　　46
우르시누스, 자카리아스 (Ursinus, Zacharias)　　374, 384
울리히, 뷔르템베르크의 공작 (Ulrich, Herzog von Württemberg)　　299
울지, 토머스, 추기경 (Wolsey, Thomas, Kardinal)　　410
위그노 (Hugenotten)　　242, 342-347, 406
위샤트, 조지 (Wishart, George)　　414
위클리프, 존 (Wyclif, John)　　61-64, 87, 408
유덱스, 마태우스 (Judex, Matthaeus)　　370, 384
유드, 레오 (Jud, Leo)　　148
유스티니아누스 1세, 로마 황제 (Justinian I., römischer Kaiser)
189(각주 223)
율리오 2세, 교황 (Julius II., Papst)　　70
이냐시오 로욜라 (Ignatius von Loyola)　　56
이레나이우스, 리옹의 (Irenaeus von Lyon)　　302
인문주의자 (Humanisten)　　67-71, 104, 118, 124-26, 133, 135, 161-62, 203, 224, 230, 252, 256, 344, 350-51, 404

ㅈ

자유파 (Libertiner)　　224, 359, 362
자케리우스, 에라스무스 (Sarcerius, Erasmus)　　249
자틀러, 미카엘 (Sattler, Michael)　　194, 237-38
자폴리아, 요한 지기스문트 (Zápolya, Johann Sigismund -> 요한 지기스문트 자폴리아 (Johann Sigismund Zápolya)
잔 달브레 (Jeanne d'Albret [Johanna III. von Navarra])　　345
잔주의자 (Kalixtiner)　　63
잘차, 야콥 폰, 브레슬라우의 주교 (Salza, Jakob von, Bischof von Breslau) 210
잘처 (Saltzer, M.)　　329
잠, 콘라드 (Sam, Konrad)　　243
제르송, 장 (Gerson, Johannes)　　52

조이제, 하인리히 (Seuse, Heinrich)	52
줄처, 지몬 (Sulzer, Simon)	365
지글러, 클레멘스 (Ziegler, Clemens)	238
지기스문트 1세, 폴란드의 왕 (Sigismund I., König von Polen)	325, 393
지베르티, 지안 마테오 (Giberti, Gian Matteo)	420
지킹엔, 프란츠 폰 (Sickingen, Franz von)	162, 231
질베라이젠, 엘리자베트 (Silbereisen, Elisabeth)	231

ㅊ

청교도 (Puritaner)	412
첼, 마태우스 (Zell, Matthäus)	229, 232, 240
첼, 카타리나 (Zell, Katharina)	240
취트펜, 하인리히 폰 (Zütphen, Heinrich von)	385
츠비카우 선지자 (Zwickauer Propheten)	154, 157, 204, 207, 211
츠빌링 가브리엘 (Zwilling, Gabriel)	154-55, 158
츠빙글리, 울리히 (훌드리히 츠빙글리의 아버지) (Zwingli, Ulrich [Vater von Huldrych Zwingli])	132
츠빙글리, 훌드리히 (Zwingli, Huldrych [Ulrich])	115, 131-52, 166-176, 185, 187, 189, 211-13, 217, 234, 243-44, 248, 285, 288, 292, 299, 301, 319-20, 355, 360, 364-65, 367-70, 383, 414

ㅋ

카라파, 지안 피에트로 (Carafa, Gian Pietro)	305
카르네세치, 피에트로 (Carnesecchi, Pietro)	418
카를 1세, 대범한 사람, 부르군트와 룩셈부르크의 공작, 샤롤레의 백작 (Karl I., der Kühne, Herzog von Burgund und Luxemburg, Graf von Charolais [Charles le Téméraire])	35
카를 3세, 선한 사람, 사보이의 공작 (Karl III., der Gute, Herzog von Savoyen)	349, 365(각주 578)
카를 5세, 독일 신성 로마 제국 황제 (Karl V. Kaiser des Heiligen Römischen Reiches deutscher Nation)	31, 236, 248, 271, 278, 291, 325, 337, 339, 363, 395, 409, 415
카리온, 요한 (Carion, Johann)	112
카메라리우스, 안나 (Camerarius, Anna)	108
카메라리우스, 요아킴 (Camerarius, Joachim)	108
카메라리우스, 요한네스 (Camerarius, Johannes)	67

카스텔리오, 세바스티안 (Castellio, Sebastian) 360
카예탄 (데 비오), 토마스 (Cajetan [de Vio], Thomas) 266-68, 270
카우츠, 야콥 (Kautz, Jakob) 237
카타리나 폰 아라곤 (Katharina von Aragon) 409
카트라이트, 토마스 (Cartwright, Thomas) 412
카피토, 볼프강 (Capito, Wolfgang) 229, 232, 235, 238, 261, 301
칼빈, 요한네스 (Calvin, Johannes [Charles d'Espeville, Martianus Lucianus]) 61, 123, 172, 224-25, 235, 242, 248, 264, 309, 314, 342, 349-77, 383-84, 393, 395, 400, 403, 404(각주 658), 406, 412, 414, 418
칼슈타트 안드레아스 (Karlstadt, Andreas) -> 보덴슈타인 폰 칼슈타트, 안드레아스 (Bodenstein von Karlstadt, Andreas)
캄파누스, 요한네스 (Campanus, Johannes) 221, 223
캄페조, 로렌조 (Campeggio, Lorenzo) 310
켈러, 미카엘 (Keller, Michael) 244
켈키키, 페트르 (Chelčický, Petr) 64
켈티스, 콘라드 (Celtis, Conrad) 67
켐니츠, 마틴 (Chemnitz, Martin) 108
코르다투스, 콘라드 (Cordatus, Conrad) 396
코르비누스, 마티아스 (Corvinus, Matthias) 395-96
코뱅, 제라르 (Cauvin, Gérard) 350
코페르니쿠스, 니콜라우스 (Kopernikus, Nikolaus) 111
코흘래우스, 요한네스 (Cochläus, Johannes) 293, 310
콘타리니, 가스파로 (Contarini, Gasparo) 304, 312-13
콜렛, 존 (Colet, John) 408
콜론나, 비토리아 (Colonna, Vittoria) 420
콜리니, 가스파르드 (Coligny, Gaspard II. de) 344-45
콜리니, 프랑수아 당들로 드 (Coligny, François d'Andelot de) 345
콥, 니콜라스 (Cop, Nicolas) 351
크뇌프켄, 안드레아스 (Knöpken, Andreas) 391, 391(각주 630), 392
크라나흐, 루카스 (Cranach, Lucas) 77, 277, 385
크라우트발트, 발렌틴 (Krautwald, Valentin) 210, 218
크랜머, 토머스, 캔터베리 대주교 (Cranmer, Thomas, Erzbischof von Canterbury) 409, 411
크롬웰, 토머스 (Cromwell, Thomas) 410
크루키거, 카스파르 (Cruciger, Caspar) 77, 303, 307, 309
크리스토프, 뷔르템베르크의 공작 (Christoph, Herzog von Württemberg) 420
크리스티안 2세, 덴마크, 노르웨이, 스웨덴의 왕 (Christian II., König von

Dänemark, Norwegen und Schweden) 384, 387
크리스티안 3세, 덴마크, 노르웨이의 왕 (Christian III., König von Dänemark und Norwegen) 386-87
크바이스, 에르하르트, 포메사이엔의 주교 (Queis, Erhard, Bischof von Pomesanien) 391
클레멘스 5세, 교황 (Clemens V., Papst) 44
클레멘스 7세, 교황 (Clemens VII., Papst) 46, 277, 289, 304, 409, 419
클레멘스 8세, 교황 (Clemens VIII., Papst) 345-46
키릴로스, 예루살렘의 (Kyrill von Jerusalem) 63(각주 28)
키케로 (Cicero) 111, 263

ㅌ

타보르파 (Taboriten) 63-64, 400
타울러, 요한네스 (Tauler, Johannes) 52
토마스 아 켐피스 (Thomas von Kempen [a Kempis]) 55
트루바, 프리무츠 (Trubar, Primusz) 420
티만, 요한네스 (Timann, Johannes) 370
틴데일, 윌리엄 (Tyndale, William) 408-10, 413

ㅍ

파렐, 기욤 (Farel, Guillaume) 61, 349, 352-54, 406
파루타, 니콜로 (Paruta, Niccolò) 419
파르네제, 알렉산더, 추기경 (Farnese, Alexander, Kardinal) -> 바오로 3세, 교황 (Paul III., Papst)
파베르 스타풀렌시스, 야콥 (Faber Stapulensis, Jacob) -> 르페브르 데타플, 자크 (Lefèvre d'Etaples, Jacques)
파브리, 요한 (Fabri, Johann) 143, 293, 310
파이게, 요한 (Feige, Johann) 312
파이퍼, 하인리히 (Pfeiffer, Heinrich) 208
파푸스, 요한 (Pappus, Johann) 237
팔라디우스, 페더 (Palladius, Peder) 386
팔미에, 피에르 (Palmier, Pierre) 362
페랭, 아미 (Perrin, Ami) 359, 362
페레노 드 그랑벨, 니콜라 (Perrenot de Granvelle, Nicolas) 310
페르디난트 1세, 오스트리아의 대공, 독일 신성 로마 제국의 황제, 보헤미아, 크로아티아, 헝가리의 왕 (Ferdinand I., Erzherzog von Österreich, Kaiser

des Heiligen Römischen Reiches deutscher Nation, König von Böhmen, Kroatien und Ungarn)　213, 278-79, 284, 286-87, 309-10, 329, 331, 334-39, 341, 395, 401, 401, 419
페트라르카, 프란체스코 (Petrarca, Francesco)　68
페트리, 올라우스 (Petri, Olaus)　387-88
페페르코른, 요한네스 (Pfefferkorn, Johannes)　68
펠라르구스, 암브로시우스 (Pelargus, Ambrosius)　311
펠리칸, 콘라드 (Pellikan, Konrad)　148
펠리페 2세, 스페인의 왕 (Philipp II., König von Spanien)　291(각주 428)
포두스카, 얀 (Poduška, Jan)　401
포스터, 요한 (Forster, Johann)　245, 286-87
포이커, 카스파르 (Peucer, Caspar)　112
폭스, 에드워드, 허포드의 주교 (Fox, Edward, Bischof von Herford) 410
폴, 레지널드 캔터베리 대주교와 추기경 (Pole, Reginald, Erzbischof von Canterbury und Kardinal)　305
폴라누스, 안드레아스 (Volanus, Andreas)　394
폴렌츠, 게오르크 폰, 잠란트의 주교 (Polenz, Gerog von, Bischof von Samland)　391
폴리안더, 요한 (Poliander, Johann)　391
폴마르, 멜히오르 (Volmar, Melchior)　350
푀겔린, 에른스트 (Vögelin, Ernst)　110
풀랭, 발레랑 (Poullain, Valérand)　371
프라이스너, 토마스 (Preisner, Thomas)　396
프라이포시투스, 야코부스 (Praepositus, Jocobus [Probst, Jacob])　381
프란츠, 브라운슈바이크-뤼네부르크의 공작 (Franz, Herzog von Braunschweig-Lüneburg)　286-87, 291, 295
프랑수아 1세, 프랑스의 왕 (Franz I., König von Frankreich)　47, 107, 147, 268, 277, 304, 342, 350-51, 373, 405, 420
프랑수아 2세, 프랑스의 왕 (Franz II., König von Frankreich)　406
프랑크, 세바스티안 (Franck, Sebastian)　84, 215-16, 220, 237
프레제, 헤르만 (Frese, Herman)　387
프레히트, 마틴 (Frecht, Martin)　84, 214, 216, 311
프로벤, 요한네스 (Froben, Johannes)　127, 404(각주 660)
프로샤우어, 크리스토프 (Froschauer, Christoph)　139-40, 149
프리드리히 1세, 슐레스비히-홀슈타인의 공작, 덴마크와 노르웨이의 왕 (Friedrich I., Herzog von Schleswig-Holstein, König von Dänemark und Norwegen)　385, 387
프리드리히 2세, 리그니츠와 브리크의 공작 (Friedrich II., Herzog von Liegnitz

und Brieg) 210
프리드리히 2세, 팔츠의 궁중백작과 선제후 (Friedrich II., Pfalzgraf und Kurfürst von der Pfalz) 231, 312
프리드리히 3세, 현자, 작센의 선제후 (Friedrich III., der Weise, Kurfürst von Sachsen) 74, 274, 277-78, 280
프톨레마이오스 (Ptolemaeos) 111
플라키우스 일리리쿠스, 마티아스 (Flacius Illyricus, Matthias) 332, 369-70, 384
플루크, 율리우스 폰, 나움부르크 주교 (Pflug, Julius von, Bischof von Naumburg) 311-12
피기우스, 알베르투스 (Pighius, Albertus) 361
피네다, 페레즈 데 (Pineda, Pérez de) 417
피르크하이머, 빌리발트 (Pirckheimer, Willibald) 125
피셔, 존, 로체스터의 주교 (Fischer, John, Bischof von Rochester) 410
피스토리우스, 요한네스 (Pistorius, Johannes) 312
피에르 다이 (Pierre d'Ailly [Petrus de Alliaco]) 52
피코 델라 미란돌라, 조반니 (Pico della Mirandola, Giovanni) 66
피콜로미니, 에니아 실비오, 추기경 (Piccolomoni, Enea Silvio, Kardinal) 48
피테르츠, 도엔 (Pietersz, Doen) 382
필리페 4세, 미남왕, 프랑스의 왕 (Philipp IV., der Schöne, französischer König) 31
필립 1세, 브라운슈바이크-그루벤하겐의 공작 (Philipp I., Herzog von Braunschweig-Grubenhagen) 295
필립 1세, 용감한 사람, 헤센의 지방백작 (Philipp I., der Großmütige, Landgraf von Hessen) 295, 299, 307

ㅎ

하드리아노 6세, 교황 (Hadrian VI., Papst) 232
하제, 하인리히 (Hase, Heinrich) 312
하텐, 마테르누스 (Hatten, Maternus) 31
한스 폰 퀴스트린 (요한 폰 브란덴부르크-퀴스트린) (Hans von Küstrin [Johann von Brandenburg-Küstrin]) 326, 334
해밀턴, 패트릭 (Hamilton, Patrick) 413-14
해처, 루트비히 (Hätzer, Ludwig) 219, 223, 237
헤게, 야콥 (Hegge, Jakob) 393
헤드비히 폰 앙주 (Hedwig von Anjou) -> 야드비가 (Jadwiga)
헤디오, 카스파르 (Hedio, Caspar) 175, 229, 232, 261

헤르만 5세 폰 비트, 쾰른의 대주교와 선제후, 파더본의 제후주교 (Hermann V. von Wied, Erzbischof und Kurfürst von Köln, Fürstbischof von Paderborn) 245-46, 248

헤르만, 니콜라우스 (Hermann, Nikolaus) 402

헨리 8세, 영국의 왕 (Heinrich VIII., König von England) 46, 107, 268, 409-11

헬딩, 미카엘, 마인츠의 보좌주교 (Helding, Michael, Weihbischof von Mainz) 329

헬리에, 파울루스 (Helie, Paulus) 384

호니우스, 코르넬리우스 (Honius (Hoen), Cornelius) 168-69

호엔, 코르넬리우스 (Hoen, Cornelius) -> 호니우스, 코르넬리우스 (Honius, Cornelius)

호프만, 멜히오르 (Hoffman, Melchior) 195-96, 237, 239, 383

호프만, 콘라드 (Hofmann, Konrad) 135-36

혼테루스, 요한네스 (Honterus, Johannes) 399

홀바인, 한스 (Holbein, Hans) 149

후고 생 빅토르 (Hugo von St. Victor) 51

후고 폰 호헨란덴베르크, 콘스탄츠의 제후주교 (Hugo von Hohenlandenberg, Fürstbischof von Konstanz) 139, 141, 146, 149

후브마이어, 발타자르 (Hubmaier, Balthasar) 187-190, 193, 403

후스, 얀 (Hus, Jan) 62-64, 87, 204, 400-401

후스파 (Hussiten) 62-63, 400-401

후터, 야콥 (Huter, Jakob) 199, 403

후터파 (Hutterer) 198-200, 403

후텐, 폰 울리히 (Hutten, Ulrich von) 69, 124, 162

후트, 한스 (Hut, Hans) 187-88, 190-92, 239, 239(각주 310)

호로테, 헤르트 (Groote, Geert) 53, 55

히스, 니콜라우스, 캔터베리 부주교 (Heith, Nikolaus, Archidiakon von Canterbury) 410

히에로니무스 (Hieronymus) 69, 93(각주 58), 163

힐튼, 월터 (Hilton, Walter) 52

지명 색인

ㄱ

가에타 (Gaeta)	266
가이슬링엔 (Geislingen)	244
고슬라르 (Goslar)	296
괴팅엔 (Göttingen)	296
구스텐펠덴 (Gustenfelden)	216-17
그단스크 (Gdańsk) → 단치히 (Danzig)	
그라이프스발트 (대학, 시) (Greifswald)	259
글라루스 (Glarus)	133

ㄴ

나바라 (Navarra)	345, 405
나폴리 (Neapel)	44, 269, 305, 416, 418
낭트 (Nantes)	315, 342, 346, 407
네덜란드 (Niederlande)	34-35, 52, 55, 66, 138(각주 138), 168, 196, 198, 200, 226, 270, 273, 335, 337, 381-84, 412
네락 (Nérac)	351, 405
노르웨이 (Norwegen)	384-85, 387
노이마르크트 (Neumarkt)	399
뇌르틀링엔 (Nördlingen)	84
뇌샤텔 (Neuchâtel)	354
누아용 (Noyon)	350-51
뉘른베르크 (Nürnberg)	38, 41, 67, 125, 127, 159, 175, 208, 216-17, 252, 256, 260-61, 279, 283, 291, 295-97, 309-10, 390, 393, 415
뉴캐슬어폰타인 (Newcastle-upon-Tyne)	414
니다 (Nidda)	312
니더작센 (Niedersachsen)	319, 333
니멕크 (Niemegk)	397
니콜스부르크 (Nikolsburg [Mikulov])	188, 403
님 (Nîmes)	264, 347

ㄷ

단치히 (Danzig [Gdańsk]) 198, 393-94
데벤터 (Deventer) 53-55
데브레첸 (Debrecen) 398
덴마크 (Dänemark) 55, 384-87
도나우뵈르트 (Donauwörth) 215
도피네 (Dauphiné) 61
독일 기사단 국가 (Deutschordensstaat) 34, 390, 392
독일 신성 로마 제국 (Reich, Heiliges Römisches R. deutscher Nation)
33, 35, 39, 66, 395

ㄹ

라 로셸 (La Rochelle) 344
라우잉엔 안 데어 도나우 (Lauingen an der Donau) 264
라우첸마르크트 (Rautzenmarkt [Ráckeve, Kovin]) 398
라이비츠 (Leibitz [Leibic, L'ubica]) 396
라이프치히 (대학, 시) (Leipzig) 64, 74, 86-88, 110, 110(각주 91), 115,
117, 127, 138, 203, 260, 265, 271, 331-32, 388(각주 623), 401, 404
라인란트 (Rheinland) 54
라트비아 (Lettland) 391(각주 631)
란트슈툴 (Landstuhl) 231
러시아 (Russland) 380
런던 (London) 197(각주 234), 369, 383, 408, 419
레겐스부르크 (Regensburg) 105, 116, 246, 249, 284-85, 296, 308-309,
312-14, 325, 355, 361, 364, 420
레그니차 (Legnica) -> 리그니츠 (Liegnitz)
레바르토브 (Lewartow [Lubartow]) 264
레이덴 (Leiden) 196, 197(각주 234), 381-82
로마 (Rom) 59, 65, 265-66, 79, 79(각주 43), 268-70, 272,
274, 278, 296, 325, 337, 418, 420
로벤 (Löwen) -> 루뱅 (Leuven)
로슈토크 (대학, 시) (Rostock) 260, 388(각주 623)
로스킬데 (Roskilde) 386,
로이챠우 (Leutschau [Löcse, Levoča]) 397
로이틀링엔 (Reutlingen) 291, 303
로잔 (Lausanne) 141, 264
로트링엔 (Lothringen) 335

루바르토브 (Lubartow) -〉 레바르토브 (Lewartow)
루뱅 (시, 대학) (Löwen [Leuven])　　　　　　235, 271, 381-82, 413
루블린 (Lublin) 3　　　　　　　　　　　　　　94(각주 636)
루비카 (Ľubica) -〉 라이비츠 (Leibitz)
루체른 (Luzern)　　　　　　　　　　　　　　　　　　　　134
뤼베크 (Lübeck)　　　　　　　112, 197(각주 234), 198, 283, 296
뤼티히 (Lüttich [Liège])　　　　　　　　　　　　　　　　271
리가 (Riga)　　　　　　　　　　　　　　　　　　　　　　391
리그니츠 (Liegnitz [Legnica; Stadt, Herzogtum])　　210, 213, 396
리베 (Ribe) -〉 리펜 (Ripen)
리브란트 (Livland)　　　　　　　　　　　　　391(각주 630), 392
리사 (Lissa)　　　　　　　　　　　　　　　　　　　　　　394
리사본 (Lissabon)　　　　　　　　　　　　　　　　197(각주 234)
리옹 (Lyon)　　　　　　　　　　　　　　　　60, 302, 362, 404
리주 (Liège) -〉 뤼티히 (Lüttich)
리투아니아 (Litauen)　　　　　　　　　226, 393, 394(각주 636)
리펜 (Ripen [Ribe])　　　　　　　　　　　　　　　　　　387
린다우 (Lindau)　　　　　　　　　　　　　　　　236, 292, 295

ㅁ

마그데부르크 (시, 재단) (Magdeburg)　　54, 78, 260, 295, 310, 326-27, 330,
　　　　　　　　　　　　　　　　　　　　　　　　　　　　333-34
마드리드 (Madrid)　　　　　　　　　　　　　　　　　　　278
마르부르크 (시, 대학) (Marburg)　　54, 175-76, 176(각주 201), 259, 283, 288,
　　　　　　　　　　　　　　　　　　　　　　　　　290, 300, 413
마리엔베르더 (Marienwerder [Kwidzyn])　　　　　　　　　　392
마스트리히트 (Maastricht)　　　　　　　　　　　　　　　　382
마이센 (Meißen)　　　　　　　　　　　　　　　　154, 271, 334
마인츠 (Mainz)　　　　　　　　41, 82-83, 127, 230, 291, 311-12, 329
마주렌 (Masuren)　　　　　　　　　　　　　　　　　　　392
만스펠트 (백작령, 시) (Mansfeld)　　　　　　78, 180, 249, 291, 295
만토바 (Mantua)　　　　　　　　　　　　　　　　305-306, 419
메르제부르크 (Merseburg)　　　　　　　　　　　　　　　271
메츠 (Metz)　　　　　　　　　　　　　　　　　　　335, 337
메클렌부르크 (Mecklenburg)　　　　　　　　　　109, 319, 334
멤밍엔 (Memmingen)　　　236, 292, 295, 303, 318-19, 320(각주 476), 321
모 (Meaux)　　　　　　　　　　　　　　　　　　　　　　404

모데나 (Modena)	305
모드루츠 (Modrusz)	420
모라비아 (Mähren)	62, 188, 192, 199, 225, 400, 403, 419
모하치 (Mohács)	284, 396(각주 638)
몽스 (Mons)	383
뮌스터 (주교구, 시) (Münster)	195-98, 240
뮌스터란트 (Münsterland)	196
뮐베르크, 엘베 강가의 (Mühlberg an der Elbe)	327, 394
뮐하우젠 (Mühlhausen)	35, 203, 208, 319
미국 (USA)	199, 215
미쿨로프 (Mikulov) -〉 니콜스부르크 (Nikolsburg)	
밀라노 (시, 공작령) (Mailand)	36, 269, 278, 305

ㅂ

바르트부르크 (Wartburg)	97, 99-101, 106, 120, 153, 156, 159, 277, 277(각주 402)
바르트펠트 (Bartfeld [Bártfa, Bardiów])	397
바시 (Vassy)	344
바야돌리드 (Valladolid)	417
바이센부르크 (Weißenburg [Wissembourg])	231, 295
바이에른 (Bayern)	42, 296, 309, 319, 326
바젤 (Basel)	35, 47, 62, 67, 71, 127, 132-33, 135, 150, 159, 170, 213, 219, 243, 252, 256, 298, 352, 373, 419
바트란트 (Waadtland [Vaud])	365, 365(각주 578)
발트스후트 (Waldshut)	187-89, 193
발트해 (Baltikum)	195, 390
배스테로스 (Västerås)	387-88
버윅 (Berwick)	414
베니스 (공화국, 시) (Venedig) 2	78
베르겐 (Bergen)	387
베르됭 (Verdun)	335
베른 (Bern)	132, 134, 150, 349, 354, 356, 361, 365, 365(각주 578), 366-67
베스트팔렌 (Westfalen)	54, 67, 337
보 (Vaud) -〉 바트란트 (Waadtland)	
보름스 (Worms)	36-39, 67, 97, 106, 153, 159, 162-63, 175, 231, 243, 243(각주 322), 246, 249, 273-79, 285-86, 293, 308-14, 314(각주 466), 325, 341, 355, 364, 395, 404, 409, 420

보헤미아 (Böhmen) 62-64, 204, 213, 284, 319, 394-95, 400-403
본 (Bonn) 246, 248(각주 340)
볼로냐 (Bologna) 47, 289, 328
부다, 부다페스트 (Buda, Budapest) -> 오펜 (Ofen)
부르군트 (Burgund) 34-35, 268, 339
부르주 (Bourges) 47, 350
부츠바흐 (Butzbach) 54
부헨바흐 (Buchenbach) 216
뷔르템베르크 (Württemberg) 54, 84, 261, 283, 299, 420
브라쇼브 (Braşov) -> 크론슈타트 (Kronstadt)
브라운슈바이크 (Braunschweig) 203, 258, 283
브라운슈바이크- 뤼네부르크, 공작령 (Braunschweig-Lüneburg, Herzogtum) 283
브라티슬라바 (Bratislava) -> 프레스부르크 (Pressburg)
브란덴부르크 (Brandenburg) 34, 88, 226, 259, 271, 295, 312, 319, 326-27, 329-30, 407
브란덴부르크-안스바흐 (Brandenburg-Ansbach) 34, 216, 286-88, 390
브레멘 (Bremen) 295, 370
브레슬라우 (Breslau [Wrocław]) 210
브레텐 (Bretten) 103
브뤼셀 (Brüssel) 122, 291, 382
비버라흐 (Biberach) 295
비보르 (Viborg) 386
비상부르 (Wissenbourg) -> 바이센부르크 (Weißenburg)
비엔 (Vienne) 224
비텐베르크 (시, 대학) (Wittenberg) 25-27, 33, 69, 74-91, 95-119, 122, 125-128, 131, 138, 149, 153-161, 166, 170-71, 177, 180-82, 195, 202-207, 211-13, 230-31, 243-51, 254-55, 259, 262-66, 268, 271-72, 277, 283, 288-90, 294, 299-303, 307, 309-10, 324, 327, 331, 333, 355, 364-65, 368, 376, 380-404, 409-414, 417-19
비티콘 (Witikon [Zürich]) 188
빈 (Wien) 39, 132, 189, 289
빈데스하임 (Windesheim) 53-55
빈트스하임 (Windsheim) 295
빌트하우스 (Wildhaus) 132-33

ㅅ

사보이 (Savoyen) 349, 365(각주 578)
사비노프 (Sabinov) -〉 스체벤 (Szeben)
산티아고 데 콤포스텔라 (Santiago de Compostela) 59
살루조 (Saluzzo) 225
생 드니 (St. Denis) 345
생 제르맹 앙 레 (Saint-Germain-en-Laye) 343-44
샤르트르 (Chartres) 346
샤프하우젠 (Schaffhausen) 35, 150, 192
선제후령 팔츠 (Kurpfalz) 86, 260, 330, 383
세비야 (Sevilla) 415, 417
세인트 앤드루스 (대학) (St. Andrews) 413-14, 414(각주 682)
셀레스타 (Sélestat) -〉 슐레트슈타트 (Schlettstadt)
셸란 (Sjælland) -〉 제란트 (Seeland)
슈말칼덴 (Schmalkalden) 107, 214, 219, 236, 243, 245, 294-97, 300, 304-308, 324, 325(각주 488), 326-27, 331, 333-34, 366, 394, 403, 410, 419
슈바바흐 (Schwabach) 288, 290
슈바벤 (Schwaben) 35, 195, 199, 295, 316, 318-19, 321, 324, 350
슈배비쉬-할 (Schwäbisch-Hall) 41, 84, 171, 283, 311
슈비츠 (Schwyz) 134
슈토터른하임 (Stotternheim) 78
슈투트가르트 (Stuttgart) 311
슈파이어 (Speyer) 175, 214, 231, 234, 234(각주 296), 277, 279-80, 284-88, 291, 309
슐라이덴 (Schleiden) 235
슐라이트하임 (Schleitheim) 192, 194, 200
슐레스비히-홀슈타인 (Schleswig-Holstein) 283, 319, 384-87
슐레지엔 (Schlesien) 199, 210, 213, 226, 319, 396
슐레트슈타트 (Schlettstadt [Sélestat]) 67, 229-30, 252
스웨덴 (Schweden) 384-388
스위스 (Scweiz [Eidgenossenschaft]) 35, 131-34, 141-42, 159, 187, 212, 224, 248, 251, 264, 292, 300-301, 316, 318, 349, 364, 366, 369-70, 380, 399, 418, 420
스체벤 (Szeben [Kisszeben, Sabinov]) 397
스칸디나비아 (Skandinavien) 384
스코틀랜드 (Schottland) 376, 412-14
스톡홀름 (Stockholm) 388

스트라스부르 (시, 대학) (Straβburg)　　26, 35, 41, 49, 52, 67, 84, 123, 127,
　　150, 170, 175, 187, 195, 213-14, 217-18, 229, 232-250, 252, 256, 259, 261,
　　263-64, 279, 292, 295, 299, 301, 303, 309, 311-12, 351-52, 356, 364,
　　373, 380, 418-19
스페인 (Spanien)　　　　　　　415-18, 127, 223, 273, 284, 291, 291(각주 428),
　　　　　　　　　　　　　　　　　　　　　　328, 333-345, 362, 372
슬라브코프 (Slavkov)　　　　　　　　　　　　　　　　419
슬로바키아 (Slowakei)　　　　　　　　　　　　　　　395-97
슬로베니아 (Slowenien)　　　　　　　　　　　　　　419
시비우 (Sibiu) -〉 헤르만슈타트 (Hermannstadt)
시에나 (Siena)　　　　　　　　　　　　　　　　　225, 418

ㅇ

아드리아노펠 (Adrianopel [Edirne])　　　　　　　　398
아비뇽 (Avignon)　　　　　　　　　　44, 46, 141, 192, 282
아우크스부르크 (시, 주교구) (Augsburg)　27, 36, 107, 109-110, 110(각주 91),
　　115-17, 124, 127, 187-88, 190, 192, 214, 216, 219, 236, 237, 242, 243(각주
　　322), 244-45, 285, 292
아이드게노센샤프트 (Eidgenossenschaft) -〉 스위스 (Schweiz)
아이슬레벤 (Eisleben)　　　　　　　　78, 177, 179, 181, 260, 323
아이제나흐 (Eisenach)　　　　　　　　　　　　　　78
아이펠 (Eifel)　　　　　　　　　　　　　　　　235,
아인베크 (Einbeck)　　　　　　　　　　　　　　　296
아인지델른 (Einsiedeln)　　　　　　　　　　　　133, 246.
아일렌부르크 (Eilenburg)　　　　　　　　　　　　327
아펜젤 (Appenzell)　　　　　　　　　　　　　　　192
아헨 (Aachen)　　　　　　　　　　　　　　　　270, 273,
안트베르펜 (Antwerpen)　　　　　　　　　　　369, 381-85,
알슈테트 (Allstedt)　　　　　　　　　　　　　　　382
알칼라 (Alcalá)　　　　　　　　　　　　　　　　416
암스테르담 (Amsterdam)　　　　　　　　　　　　198, 381
앙부아즈 (Amboise)　　　　　　　　　　　　　　406
야히모프 (Jáchymov) -〉 요하킴스탈 (Joachimsthal)
에노 (Hennegau)　　　　　　　　　　　　　　　　383
에르푸르트 (Erfurt)　　　　　　　　　　　　　　41, 78
에베른부르크 (Ebernburg) 2　　　　　　　　　　31, 275
에스토니아 (Estland)　　　　　　　　　　　　391(각주 631)

에슬링엔 (Esslingen) 214, 218, 296, 303
엘자스 (Elsass) 67, 148, 229, 231, 252, 316
엠덴 (Emden) 195, 198, 369(각주 588), 383
영국 (England) 39, 44-46, 52, 61-62, 66, 184(각주 217), 409, 412
예나 (Jena) 170, 260
오를라뮌데 (Orlamünde) 159, 203, 253
오를레앙 (Orléans) 350
오스만 제국 (Osmanisches Reich) 57, 278, 284-85, 289, 296-97, 304, 315, 335-36, 398
오스트리아 (Österreich) 187-88, 192, 200, 278, 296, 316, 318
오스트프리슬란트 (Ostfriesland) 1 95
오펜 (Ofen [Buda, Budapest]) 395
오펜하임 (Oppenheim) 231
옥스퍼드 (Oxford) 408, 418-19
올뮈츠 (Olmütz [Olomouc]) 403
외레브로 (Örebro) 388
요아킴스탈 (Joachimsthal [Jáchymov]) 402
우리 (Uri) 134
우트레히트 (Utrecht) 52
운터발덴 (Unterwalden) 134
울름 (Ulm) 84, 214-15, 218-19, 240, 242-44, 249, 295, 303, 311
위터보크 (Jüterbog) 203
위트란트 (Jütland) 386
유럽 (Europa) 30, 33, 41, 52, 64-66, 71, 76, 112, 118-119, 123-25, 200, 222-23, 225, 228-29, 263-65, 269, 315, 338(각주 512), 341, 369, 371-73, 380, 384, 389, 407, 415, 418
이즈니 (Isny) 295
이탈리아 (Italien) 30-31, 36, 41, 60, 65, 128, 133, 224-25, 266, 269, 3 04-305, 335, 362, 371-72, 415-20
이흘라바 (Iglau [Jihlava]) 403
인스브루크 (Innsbruck) 335
잉골슈타트 (시, 대학) (Ingolstadt) 86, 215

ㅈ

작센 (Sachsen) 58, 74-76, 79, 88, 99, 102, 110, 126, 149, 179, 206, 208, 260, 266, 268, 270-71, 274, 277-82, 286-91, 295-96, 306, 312, 319, 325-27, 330, 332-336, 381, 395, 398-399, 402

잘츠부르크 (Salzburg) 319
잠란트 (Samland) 391
장크트 갈렌 (St. Gallen) 150, 192-93
장크트 아그네텐베르크 (St. Agnetenberg) 55
제네바 (Genf [Genevois]) 26, 120, 123, 224, 236, 242, 264, 349, 352-377,
380, 383, 395, 406, 414, 418-19
제란트 (Seeland [Sjælland]) 386
제란트 (Zeeland) 382
쥐드티롤 (Südtirol) 199
지벤뷔르겐 (Siebenbürgen) 225-26, 395, 398-400

ㅊ

첼레 (Celle) 283
추크 (Zug) 134
취리히 (Zürich) 26, 120, 131-150, 166, 169, 185-188, 194, 234, 243, 288,
292, 354, 356, 359(각주 564), 364-69, 380, 398, 418-19
츠볼레 (Zwolle) 53, 55, 381,
츠비카우 (Zwickau) 154, 157, 202-204, 207, 211, 397

ㅋ

카르팡트라 (Carpentras) 305, 355
카사 (Kassa) -> 카샤우 (Kaschau)
카샤우 (Kaschau [Kassa, Košice]) 397
카셀 (Kassel) 300
카아덴 (Kaaden) 299
카이저스마르크트 (Kaisersmarkt [Käsmark, Késmárk]) 396
카포디스트리아 (Capodistria [Koper]) 419
칼라브리아 (Kalabrien) 61
캉브레 (Cambrai) 335
캐나다 (Kanada) 199
케임브리지 (Cambridge) 250, 408, 419
케주마로크 (Késmárk, Käsmark) -> 카이저마르크트 (Kaisersmarkt)
코냑 (Cognac) 278
코부르크, 방어성 (Coburg, Veste) 289
코빈 (Kovin) -> 라우첸마르크트 (Rautzenmarkt)
코시체 (Košice) -> 카샤우 (Kaschau)

코퍼 (Koper) -〉 카포디스트리아 (Capodistria)
코펜하겐 (대학) (Kopenhagen) 384, 386
콘스탄츠 (Konstanz) 35, 47, 63, 87, 133, 139-46, 149, 236, 243, 292, 295
쾨니히스베르크 (시, 대학) (Königsberg) 210(각주 258), 260, 391-94, 403
쾰른 (대주교구, 시, 대학) (Köln) 41, 68-69, 198, 210, 245-48, 311-12
퀴스트린 (Küstrin) 326, 334, 391
크라이히가우 (Kraichgau) 103
크라쿠프 (Krakau [Kraków]) 226, 390
크레피 (Crépy) 325
크론슈타트 (Kronstadt [Braşov]) 399
크비진 (Kwidzyn) -〉 마리엔베르더 (Marienwerder)
키스체벤 (Kiszeben) -〉 스체벤 (Szeben)

ㅌ

타보르 (Tábor) 63-64, 204, 400
토겐부르크 (Toggenburg) 132
토렌부르크 (Thorenburg [Turba]) 399
토르가우 (Torgau) 179, 289, 327
토른 (Thorn) 34, 394
투르다 (Turda) -〉 토렌부르크 (Thorenburg)
투르쿠 (Turku) 389
툴 (Toul) 335
튀링엔 (Thüringen) 154, 277, 316-19, 323-24, 327
튀빙엔 (시, 대학) (Tübingen) 54, 104-105, 110, 112, 259, 420
트리어 (대주교구, 시, 대학) (Trier) 162, 270, 309, 311
트리엔트 (Trient) 70, 110, 328, 376
티롤 (Tirol) 199, 319, 403

ㅍ

파리 (시, 대학) (Paris) 45, 52, 123, 125, 128, 235, 342, 344, 347, 350, 374, 404-406, 413
파비아 (Pavia) 128, 277
파사우 (Passau) 327(각주 491), 333, 336, 340
팔츠 (Pfalz) -〉 선제후령 팔츠 (Kurpfalz)
팔츠-노이부르크 (Pfalz-Neuburg) 264
팔츠-츠바이브뤼켄 (Pfalz-Zweibrücken) 264

페라라 (Ferrara) 47, 352
페레/제란트 (Veere/Zeeland) 382
펜실베이니아 (Pennsylvania) 215
포르츠하임 (Pforzheim) 104
포메사니엔 (Pomesanien) 391
포쇼니 (Poszony) -> 브라티슬라바 (Bratislava) -> 프레스부르크 (Pressburg)
폴란드 (Polen) 34, 39, 44, 119, 224-26, 264, 325, 369, 383, 391-95,
397-98, 419
폴란드-리투아니아 (Polen-Litauen) 226, 394(각주 636), 395
폼메른 (Pommern) 319
푸아시 (Poissy) 343, 407
풀리아 (Apulien, Puglia) 61
퓌르펠트 (Fürfeld) 303
프라이부르크 (Freibrug [Fribourg]) 349
프라하 (Prag) 63, 203-204, 401-402
프랑란켄하우젠 (Frankenhausen) 209
프랑스 (Frankreich) 31-32, 35-36, 39, 41, 46-47, 52, 55, 60, 66, 107, 119,
123, 127, 147, 235, 242, 264, 268, 273, 277, 284, 296, 304-305, 315, 325,
335-37, 342-54, 358-62, 366, 371-77, 404-407, 420
프랑켄 (Franken) 192, 295, 318
프랑크푸르트 안 데어 오더 (시, 대학) (Frankfurt an der Oder) 210, 260, 394
프랑크푸르트 암 마인 (Frankfurt am Main) 33, 38, 356, 371, 383, 407
프레샤우 (Preschau [Eperjes, Preszów]) 397
프레쇼브 (Preszów) -> 프레샤우(Preschau)
프레스부르크 (대학, 시) (Pressburg [Pozsony, Bratislava]) 395
프로방스 (Provence) 61
프로이센 (Preußen) 198, 260, 385, 390-93
프리브로브 (Priebrow [Przyborów]) 391
피렌체 (Florenz) 7, 66, 278, 417-18
피사 (Pisa) 46
피에몬테 (Piemont) 61, 225
피카르디 (Picardie) 350
핀란드 (Finnland) 384, 388-89
필라흐 (Villach) 335

ㅎ

하게나우 (Hagenau) 246, 249, 308-309, 314(각주 466), 355

하이델베르크 (대학, 시) (Heidelberg)	84, 86, 88, 104, 216, 230, 251, 260, 65, 374, 376, 384
하일브론 (Heilbronn)	295
할레 (Halle)	327
할베르슈타트 (시, 재단) (Halberstadt)	203, 326, 334
함부르크 (Hamburg)	41, 283, 363, 369-70
헝가리 (Ungarn)	44, 225, 278, 284, 335, 376, 395-99
헤르만슈타트 (Hermannstadt [Sibiu])	398-99
헤센 (Hessen)	141(각주 142), 175, 200, 218, 241, 278-79, 282, 286-88, 291, 295, 299, 307, 312
호른바흐 (Hornbach)	264
홀슈타인 (Holstein)	283, 319, 384-87
홈베르크 (Homberg [Efze])	282
흐로닝엔 (Groningen)	198
힐데스하임 (Hildesheim)	54

성구 색인

출애굽기	12:11 173
출애굽기	20:4 157
레위기	18:6-18 149
신명기	5:16 258
사사기	7장 209
열왕기상	22:13-40 298(각주 441)
시편	109, 122-24, 149, 236, 242, 353, 377, 383, 416
시편	46편 122
시편	78:5f. 258
시편	127편 392
잠언	109
전도서	109
아가	360(각주 567)
이사야	13-19장 298(각주 441)
에스겔	9:2-5 191
다니엘	109, 206
다니엘	2장 206(각주 250)
다니엘	12:6 191
호세아	6:7-10:15 298(각주 441)

미가	1-3장 298(각주 441)
마태복음	134-35, 416,
마태복음	5장 193
마태복음	5:3 351
마태복음	11:25 158
마태복음	16:26-28 171(각주 192)
마태복음	17:1-12 63
마태복음	18:15-17[18] 89, 357
마태복음	23:8 159
마태복음	28:19f. 258
마가복음	14:22-24 171(각주 192)
마가복음	14:22 167
누가복음	2:9-16 122
누가복음	22:19 174(각주 198)
누가복음	22:19f. 171(각주 192)
요한복음	6장 169-71
요한복음	6:26-65 169
요한복음	15:14f. 52
로마서	80-81, 107, 354, 416-17, 419
로마서	1:17 80
로마서	9장 163
로마서	12:4-8 356(각주 558)
고린도전서	416
고린도전서	9:19 93
고린도전서	10:4 169
고린도전서	11:23-26 171(각주 192)
고린도전서	11:27 173
고린도전서	12:4-6 356(각주 558)
고린도전서	12:28 356(각주 558)
고린도전서	14:16-33 148
에베소서	1:20-23 172

에베소서	4:11-14 356(각주 558)
에베소서	4:12 357
데살로니가후서	2:3 147
요한계시록	7:2f. 191
요한계시록	14:17 205